《史记》虚词情感论

对于动词我们已有讨论，而代词、名词、形容词、感叹词亦值得注意。虚词感情色彩千差万别，即就相同的代词，感情轻重都有细致或微妙的区别。他们的作用可以窥视作者的精神和情感世界，对于《史记》的风格与抒情会有更为全面深切地把握。

一、代词的情感的作用

代词按传统列入虚词，然代词实有其功而有指称或其之意义，故置此一并讨论。人称代词如余、予、吾、我、仆，以及尔、女、而，看似明了，然在《史记》中情感变化极，第一人称有自负自大与谦恭平和的区别，第二人称你则有平等礼等与居高陈述有很大区别。

单就 太史公曰 的第一人称看，变化就很大，而情感随之亦有差别。其中"余"字用24处，"吾"为12处，"予"与"我"各1处。"吾"为开口呼，声重而音宏，是"大我"，"余"为"小我"，"予"则为"小小我"，"我"为常之"我"。《孟子·公孙丑上》名言"我善养吾浩然之气"，对人言称"我"，就已而言则为"吾"，"我"与"吾"所以不能倒置。《论语·先进》："子曰：回也，非助我者也，于吾言无所不说。"与上同理。同书《述而》："孔子谓颜回曰：'用之则行、舍之则藏，唯我与尔有是夫！'子路曰：'子行三军则谁与？'子曰：'暴虎冯河，死而无悔者，吾不与也。'"颜回是孔子称心的学生，故用泛一般的"我"；子路是有不足的学生，故曰"吾"。又《八佾》："子曰：'起予者商也，始可与言《诗》已矣。'"子夏的孔子向高材生，连老对他也有启发，故称"予"。

太史公曰"凡言到某地见到什么，均用大我"吾"，只有到各地去考调查，才言"我""余"，见《五帝本纪》。从他人口中调查，作主语则用"吾"，如《项羽本纪》"吾闻周生曰"，《赵世家》"吾闻冯王孙曰"。别人告诉自己的则用"余"，如《樊郦滕灌列传》"余与他广通，为言"云云，《刺客列传》的

作者稿影（一）

司马迁《史记》考名求实论

《史记》作为通史纪传体，以人物为中心，对于历史上的重要人物，在"本纪""世家""列传"中定格定位，……作为通史，把没有支往其为不同时代，又在合传中如何组合，在百科全书般对各领域的人物立传与否，以及对于孝之短促而显色彩，都存在名与实的艰辛选择。在责名求实不能兼顾时，面对名实矛盾，则毅然弃名求实，以寻求历史本真为目的，揭示历史内在的原则。许多疑议分歧都可在此视野下，得到明晰的观照。

一、本纪取舍之……原则

"本纪"是纪传体之大纲，其余四体"世家""表""书"与"列传"均可谓之目。既是史学本体的基本构架，也是本纪在通史里面具体观照社会历史古时今之演的变迁，最能体现"原察始终，见盛知衰"兴亡变化。司马迁用十二本纪，统领三千年历史，构成世代沿革的大系列，《史记》详近略远，上古与夏商周三代本纪仅是四篇，而战国至汉初的本纪则为八篇，时间的长短与篇数的多寡双何协调"。而后来被人异议者有三本纪，一是自始皇之前，秦为诸侯，只能入世家而有《秦本纪》，《项羽本纪》与《吕后本纪》，前者应入世家，后者应以惠帝入本纪。

秦在战国时地位是诸侯而作《秦本纪》，引起不少讥议。刘知几说："……之以天子为本纪，诸侯曰世家，斯诚谠矣。但区分既定，而疆理……，遂令后之学者罕详其义。案自后稷至于西伯，嬴自伯翳至于庄襄，爵乃诸侯，而名隶本纪。若以西伯、庄襄以上，别作周、秦世家，持殷纣以对武王，拔秦始以对周赧，便帝王传授，昭然有别，岂不善乎？"①此以求责实而言，似不无道理。牛运震说："按《索隐》说：秦西中附庸之君，不宜与五帝三王同列本纪，可降为秦世家。"②刘知己《史通'本纪

---
① ……甫之龙《史通通释·本纪》，上海古籍出版社1982年版，第37页。
② 今本三家注《史记》本纪《索隐》无此语。

国家社科基金
后期资助项目

《史记》风格论

A Study on the Style of Records of the Grand Historian

魏耕原 著

陕西新华出版
陕西人民出版社

图书在版编目(CIP)数据

《史记》风格论 / 魏耕原著. -- 西安:陕西人民出版社, 2025. -- ISBN 978-7-224-15813-7

I. K204.2

中国国家版本馆 CIP 数据核字第 2025Q0A389 号

责任编辑：姜一慧　黄　莺
整体设计：蒲梦雅

《史记》风格论

SHIJI FENGGE LUN

作　　者	魏耕原
出版发行	陕西人民出版社
	（西安市北大街 147 号　邮编：710003）
印　　刷	陕西天地印刷有限公司
开　　本	787 毫米×1092 毫米　　1/16
印　　张	23.25
字　　数	400 千字
版　　次	2025 年 7 月第 1 版
印　　次	2025 年 7 月第 1 次印刷
书　　号	ISBN 978-7-224-15813-7
定　　价	79.00 元

如有印装质量问题，请与本社联系调换。电话：029-87205094

国家社科基金后期资助项目出版说明

后期资助项目是国家社科基金设立的一类重要项目,旨在鼓励广大社科研究者潜心治学,支持基础研究多出优秀成果。它是经过严格评审,从接近完成的科研成果中遴选立项的。为扩大后期资助项目的影响,更好地推动学术发展,促进成果转化,全国哲学社会科学工作办公室按照"统一设计、统一标识、统一版式、形成系列"的总体要求,组织出版国家社科基金后期资助项目成果。

全国哲学社会科学工作办公室

自　序

　　先秦经史子著作大多带有与文学相结合的性质,如《论语》《孟子》既是经学的、思想史的,也是文学的;《左传》与《庄子》,都为文学名著,前者为史学,后者为哲学。读这些名著就需要"两只眼睛",而且最好能结合起来。

　　自现代学术分科以后,学术出身不同,研究自有分科差别,论述便各有范围,甚至于不相逾越,《史记》亦如此。然而最好的方法是文史"两眼"观照,如果能将史学与文学两方面打通自然为好。如就一方面开掘,亦可行。章学诚《文史通义·史德》所说的"史所贵者义也,而所具者事也,所凭者文也",基本是就史著而言。《史记》文史兼备,内涵更为丰富。大凡特立独行之著作,在思想、著述结构以及所倾注之感情与语言文字,包括修辞在内,都会有各自的风格。这五大要素加上叙事之方法,就成为讨论的重心与骨架。研究《史记》的著作不少,本书稿成后,名字却颇斟酌,本想援前人之例,以"文论""论艺"称,又觉不合时宜。西哲曾言:风格就是人格。《史记》体现了史学与文学的"双重人格",亦即两种独特风格。何况本来就想用"两只眼"看《史记》,讨论亦包含文学与史学的。关于文学的讨论要占绝大部分,史学思想只是属于纲要性的。

　　《史记》出自关中学者之手,为"二十四史"领头名著,又写得那么激荡人心,具有永恒的阅读魅力。从教三十多年,每年都有近半月讲《史记》。自20世纪80年代初期,学界标点了清代牛运震的《史记评注》,到2011年方才出版,此书与吴见思《史记论文》都是从文学角度研究,启迪甚大。数十年不知把《史记》读了多少遍,手边的白文版已磨损得很厉害。而且每读一遍就有一种新的收获,积累多了自然就有些想法。

　　这些想法从20世纪80年代初期就已萌生,那时只写了一篇思想论,后来只是每年温读一次《史记》。直到告退讲台,这才把先前的想法,做了盘点,反复斟酌整体骨架与格局,才逐章一篇一篇地作,行文又须注重话语体系的统一与个性。直到今年春天,大致已经竣稿,虽然余兴未尽。

　　时贤著述甚多,然亦有不少空白。诸如,其思想以"尚义"为宗,史学观为弃名求实,对历史人物的记录也有绝大的困惑;从结构学看各传,倒还有些空隙。至于情感,言者甚多,就从人生感慨与特殊的"哭"与"笑"入手。又如语言上的虚词、实词,尚属空白,就多用些力气。反复之修辞为人看重,然需进一步深论。还有对比、互见法、人物独白,亦当用力。有些细枝末节者,如"当是时"为特别之提示,今人不大理会。贤者识其大,不贤者识其小,花了力气,也还有些意义,也就在所不辞了。

  学风必为时代所限,一代必有一代学风。老辈学者曾为主流风气裹挟,难免望风落笔,受到时风的约束与局限。改革开放以来,学风丕变,风气与环境宽松,然而随着西方文化的影响,直贴时俗的追求时新研究成为风气,并流行数十年。一味求新,追求陌生,趋之若鹜,否则不易见刊,影响研究者的生存。搁置文本,闲置经典,避之唯恐不及。架空高论,追逐生僻,成为时髦,看似创新,实则空疏,不知要解决什么问题。以上种种风气应当引起我们的警觉与独立思考。在重要的大领域发现问题,推进研究,保持学人独立自主精神,应是创新之根本。文本与前人研究,这些文献应是研究的基础和前提,特别是经典本身,更是研究的重要核心材料。这部书稿就尽力朝此努力。回归文本,在21世纪伊始就有学者发出呼唤,然至今仍然不时被当作"背时的空言"。作为学者个人,扭转不了时风,然而人人都有独立自主的方法选择。今之视昔,先前那种属于不自主的被裹挟,而今学术研究氛围宽松却被世俗之风吹卷得踉跄不宁,甚至人云亦云唯恐落后。"后之视今,亦犹今之视昔",趋时者必落时。立定脚跟,努力朝着认定的目标,走自己的路,将来回顾今日,恐怕不会有何惶悚与不安!

  谨为序。

目 录

导论 ··· 1

第一章 思想论 ·· 22
- 第一节 《史记》"尚义"精神论与对孟子思想的继承 ············ 22
- 第二节 司马迁《史记》弃名求实论 ································ 34
- 第三节 《伯夷列传》：司马迁的追求与困惑 ······················ 47

第二章 结构论 ·· 53
- 第一节 《史记》单传结构论 ·· 53
- 第二节 《史记》合传结构论 ·· 65
- 第三节 《史记》类传结构论 ·· 79
- 第四节 《史记》附传功能论 ·· 90
- 第五节 《史记》"论赞"的文体价值与传文关系及其他 ······· 102

第三章 叙事论 ··· 117
- 第一节 《史记》叙事方法论 ·· 117
- 第二节 《史记》互见法论 ··· 131
- 第三节 《史记》隐形对比艺术论 ···································· 144
- 第四节 《史记》人物独白与特殊话语 ······························ 160
- 第五节 《史记》烘托手法论 ·· 171
- 第六节 《史记》叙事特别提示：介宾短语"当是时"功能论 ········ 183

第四章 抒情论 ··· 200
- 第一节 《史记》人生感喟论 ·· 200
- 第二节 哭在《史记》 ·· 212
- 第三节 《史记》情感论 ·· 219
- 第四节 《史记》笑的艺术论 ·· 231
- 第五节 笑在《史记》再论 ··· 245

第五章　人物论 ……………………………………………………… 263
第一节　汉高祖的荒诞、痛苦与性格的多维度 …………… 263
第二节　《留侯世家》的传说真伪与性格刻画 …………… 279
第三节　《李将军列传》对比的感慨与力量 ……………… 284
第四节　《史记》人物形貌和个性描写 …………………… 288

第六章　语言论 ……………………………………………………… 295
第一节　《史记》动词及合成词的艺术魅力 ……………… 295
第二节　《史记》虚词的情感魅力 ………………………… 306
第三节　《史记》实词反复的特征 ………………………… 318
第四节　《史记》特殊的反复形态 ………………………… 331

附　录 ………………………………………………………………… 345
1.《史记·太公自序》"厥协《六经》异传"之"厥"字解 …… 345
2. 自称代词"吾""我""余""予"词义辨析 ……………… 348

参考文献 ……………………………………………………………… 358
后　记 ………………………………………………………………… 362

导 论

《史记》风格的渊源与特征

任何伟大的作品都具有独特的风格,而其所形成的特征也必然有所本源。像《史记》这样的史学兼文学名著,是带有百科全书性质的大著作,在中国史学史、文学史、文化史上,都是空前的,甚至是绝后的。它是一部集大成著作,必然与此前文化渊源有千丝万缕的联系,也与它所处的时代,以及作者的审美追求具有紧密的关系。本此三者关系,我们想努力去把握、去体味、去追寻。

一、厚重雄浑而激扬的风格

按照理论家的说法,风格是作品的独特性,它表现在内容与形式的特征中。简而言之,风格就是形式和内容。每个时代的伟大作品都是时代生命力的最高体现,作品自身风格与时代风格的关系犹如植物与赖以生存的土壤。"风格是艺术作品的富有表现力的形象形式的特点,但它是各种形象形式在它的具体内容的结构细节和语言细节的直接美感的具体统一中表现出来的特点。"或者说"对于作品的风格来说,作品内容的一切和特点都是风格形成的因素。"[①]依此而论,作品风格的分析,就是分析作品形式表现力的三个方面,即内容、结构与语言,此为内在规律,它们的特点都是风格形成的因素。然而作品的内在规律往往与作者本身的人格以及所处社会乃至此前的文化遗产也有重要联系,此又形成外在的三个方面。作品内外六个方面,即内容、结构与语言,则与人格、时代风气、文化遗产,相互之间有影响、融合。内在的三个规律呈现在作品中是外在的,而外在的三

---

① 以上两节引文,见波斯彼洛夫:《文学原理》,王忠琪等译,生活·读书·新知三联书店1985年版,第403—404页。

个方面的影响却是内在的。我们要把握作品本身即内在的规律,同时也要考虑对之有影响的外在特征,这才能接近、把握《史记》的风格。

司马迁两次说过"唯倜傥非常之人称焉"(《报任安书》),在《史记·太史公自序》里即说,他之所以要写成以人为中心的《史记》,就是为了"扶义俶傥,不令己失时,立功名于天下,作七十列传"。"非常之人"可以被看作英雄,因此他要把李广列入单传,而地位比李广高得多的卫青与霍去病却写成合传,是因为后面二人是靠裙带关系成事的,还够不上"非常之人",与"倜傥"不群还有一定的距离。他瞧不起平庸,而以此类手段钻营的人,即便是做了丞相,他也是瞧不起的,这一点我们看《万石君列传》幽默辛辣的讽刺就知道。司马迁是"倜傥之人",而且他自己说过"少负不羁之才"。司马迁在《自序》里说过:"先人有言:'自周公卒五百岁而有孔子,孔子卒后至今五百岁,有能绍明世,正《易传》,继《春秋》,本《诗》《书》《礼》《乐》之际?'意在斯乎!意在斯乎!小子何敢让焉。"他放眼历史,以五百年必有一大人物自居,要像孔子作《春秋》那样,要记载"明主贤臣忠臣死义之士"——要以历史人物为中心——以"上计轩辕,下至于兹"的通史,要"原始察终,见盛观衰","亦欲以究天人之际,通古今之变,成一家之言"。他以一种前所未有的勇气去审视历史,去记载历史,这不是"倜傥非常之人"又是什么呢?他"鄙末世而文采不表于后也"的精神与追求,就直然是《论语》所说的"君子疾没世而名不称焉"的再版,或者干脆说,他是以孔子的人格与精神自居的。汉承秦制,或被严法之刑,自杀或被杀者,可谓成群结队,司马迁受宫刑后也想到死,其所以隐忍苟活,"幽于粪土之中而不辞者",正是把孟子舍生取义的精神转化为舍死取义,这也是他读《孟子》废书而叹的原因之一!总之,司马迁是一个敢于担当历史责任的勇者,他在骨子里把自己当作时代的代表人物,他要做一番伟大的事业,完成对以往三千年历史的记载。

司马迁所处的时代,西汉开国已七十年,七十年是个大数,就像项羽、李广都身经七十余战,也是个大数。经过文景之治近四十年的休养生息,汉代已成为大汉帝国,雄才大略的汉武帝决心要做一番大事业,他首先要解决匈奴长期入侵的问题。其曾祖刘邦在平城被围,曾祖母吕后曾遭到单于书信之嫚辱而不敢有所举动,他决心洗刷这些耻辱[①]。他16岁继位,71岁崩,自继位第6年祖母窦太后过世,主政整整半个世纪。主政伊始,立即派李广屯兵云中,程不识驻防雁门,终其一生发动出击匈奴凡18次,多数

[①] 汉武帝太初四年《击匈奴诏》:"高皇帝遗朕平城之忧,高后时单于书绝悖逆。昔齐襄公复九世之仇,《春秋》大之。"见班固:《汉书·匈奴传》。

为数十万大军。直至死前两年才告结束,也就是到了69岁时,思想才有点澄澈,这或许与太子被逼死且自己上了年纪有关。他对群臣说:"朕即位以来,所为狂悖,使天下愁苦,不可追悔,自今事有伤害百姓,靡废天下者,悉罢之。"①汉武帝的另一大"狂悖"在于他似乎以秦始皇为影子,极好求仙,多次到泰山封禅,到东海求仙。他听了公孙卿胡诌的黄帝乘龙上天,且战且学仙的故事,高兴极了:"嗟乎,吾诚得如黄帝,吾视脱妻子如脱屣耳!"他上了方士许多次当,但总不能戒绝,时时求仙,嗜瘾再发。究其一生,"实在是在'且战且学仙'里度过的"(李长之语)。同样在这一年,悉罢方士候神人者,每对群臣自叹:"向时愚惑,为方士所欺。天下岂有仙人,尽妖妄耳。节食服药,差可少病而已。"②汉武帝一生做了许多事,他的车子很少停息过,"孝武初立,卓然罢黜百家,表章《六经》。……兴太学,修郊祀,改正朔,定历数,协音律,作诗韵,建封禅,礼百神。"③他还修治黄河,改革货币,兴建水利,穿凿昆明池,起建柏梁台、建章宫。还征西羌、西南夷,击朝鲜,伐南越,不惜代价以求汗血马。史学家曾严厉批评他:"汉武帝穷奢极欲,繁刑重敛,内侈宫室,外事四夷。信惑神怪,巡游无度,使百姓疲敝,起为盗贼,其所以异于秦始皇者无几矣。然秦以之亡,汉以之兴者,孝武能尊先王之道,知所统守,受忠直之言,恶人欺蔽,好贤不倦,诛赏严明,晚而改过,顾托得人,此其所以有亡秦之失而免亡秦之祸乎!"④

汉武帝的好大喜功,使汉代走向帝国,也使汉代为之付出了沉重的代价,但毕竟其为一代天骄,以雄才大略开创了一个前所未有的局面,这一时期也是一个人才辈出的时代。"汉兴六十余载,海内艾安,府库充实,时而四夷未宾,制度多阙。上方欲用文武,求之如弗及,始以蒲轮迎枚生,见主父而叹息,群士慕向,异人并出。卜式拔于刍牧,弘羊擢于贾竖,卫青奋于奴仆,日䃅出于降虏,斯亦曩时版筑饭牛之朋已。汉之得人,于兹为盛,儒雅则公孙弘、董仲舒、兒宽,笃行则石建、石庆,质直则汲黯、卜式,推贤则韩安国、郑当时,定令则赵禹、张汤,文章则司马迁、相如,滑稽则东方朔、枚皋,应对则严助、朱买臣,历数则唐都、洛下闳,协律则李延年,运筹则桑弘羊,奉使则张骞、苏武,将率则卫青、霍去病,受遗则霍光、金日䃅,其余不可胜纪。是以兴造功业,制度遗文,后世莫及。"⑤这是群星灿烂的时代,无数

---

① 司马光:《资治通鉴》,中华书局2007年版,第2册738页。论者或称此为《轮台罪己诏》。
② 司马光:《资治通鉴》,中华书局2007年版,第2册738页。论者或称此为《轮台罪己诏》。
③ 班固:《汉书·武帝纪》,中华书局1983年版,第212页。
④ 司马光:《资治通鉴》,中华书局2007年版,第2册第747—748页。
⑤ 班固:《汉书·公孙弘卜式兒宽传》,中华书局1983年版,第9册第2633—2634页。

人围绕汉武帝各自建功立业，做了种种不同的弘业。究其出身，有放猪、牧羊、小商人、奴仆、俘虏、书生、小妾的私生子、小官吏、学人，即便是外戚，也都有辉煌的军功。汉武帝所用各方面的人才，正如元封五年求人才诏书所言：

> 盖有非常之功，必待非常之人。故马或奔踶而致千里，士或有负俗之累而立功名。夫泛驾之马，跅弛之士，亦在御之而已。①

这和司马迁所说的"古者富贵而名摩灭，不可胜记，唯倜傥非常之人称焉"的精神又何等相似！而"亦欲以究天人之际，通古今之变，成一家之言"，又是何等的心胸眼光，何等的抱负宏愿，何等的精神气魄！他要从宇宙到人生，从自然到社会政治皆有所阐述，也就是其中要贯穿一种哲学史的思考精神。要把从轩辕到武帝的古今历史发展规律梳理清楚，而且还要是"文采表于后"的具有个性的大著述。所以他的《史记》是带有哲理性的历史记述，是揭示历史嬗变原因的史著，"原始察终，见盛观衰"，是他记述历史的使命。

历史是在发展中进行的，而每一次发展，都会酿造许多历史的悲剧！血与火的付出换得历史的进展。汉初面临最大的历史变迁，莫过于汉之兴与秦之亡，这就是陆贾所论秦之失天下而汉之所以得者，而陆贾所论不过是"行仁义，法先圣"，这和贾谊的《过秦论》一样，并没有指出问题的关键。而《史记·六国年表》序论则言："论秦之德义不如鲁卫之暴戾者，量秦之兵不如三晋之强也，然卒并天下，非必险固便形势利也，盖若天所助焉。"对此"盖若天助"则指出："秦取天下多暴，然世异变，成功大。传曰'法后王'，何也？以其近己而俗变相类，议卑而易行也。学者牵于所闻，见秦在帝位日浅，不察其终始，因举而笑之，不敢道，此与以耳食无异。悲夫！"司马迁能看见历史前进中的悲剧，这种眼光又是何等的超人！他肯定历史的前进，又对其中发生的悲剧予以悲痛，一部《史记》之所以"悲世之意多，愤世之意少"，就是因为作者"立身常在高处"②。所以钱大昕说："太史公修《史记》以继《春秋》，其述作依乎经，其议论兼乎子。"③也就是说《史记》实则以史

---

① 班固：《汉书·武帝纪》，中华书局1983年版，第97页。
② 刘熙载：《艺概·文概》，上海古籍出版社1978年版，第12页。
③ 钱大昕为梁玉绳《史记志疑》所作《序》，见梁玉绳：《史记志疑》，商务印书馆1937年版，第1册第1页。

明义,其历史观带有历史哲学的眼光,是带有历史哲学性的大著作,可称"哲史"——一部哲学性的历史。

汉代以前的中国史书的统绪,就史学而言,《尚书》记言,《春秋》记事,《左传》详瞻而富文采,《国语》分国记言,《战国策》不主一家、放言纵论。《春秋》严峻,写得很冷,仅在用词上显示微言大义,《左传》舒缓,不动声色,其言简要,其事详博。"《左传》善用密,《国策》善用疏,《国策》之章法笔法奇矣。若论字句之精严,则左公允推独步。"①除了史书以外,司马迁还"厥协《六经》异传,整齐百家杂语","集义养气,是孟子本领"②。孟子以理明义,《春秋》以道明义,《史记》继承二者,以史事明义,而铸成"一家之言"。还有使司马迁"未尝不垂涕想见其为人"的屈原,包括屈子所作辞赋,对司马迁的影响极其深刻。鲁迅先生称《史记》为"无韵之《离骚》",这不但就思想而言,更重要的是指出《史记》记事是抒情的,司马迁是持着悲世的深切的同情心,记述了历史发展中的悲剧。由此说来,《史记》不但是带有哲理的"哲史",也是倾注满腔感情的"情史"。比起《春秋》的冷静,《左传》的不动声色,《史记》更近《孟子》,不但在集义尚气上为近,在语言之质朴、感情之热烈上也更为接近,因之我们说《史记》是一部直面历史的"热史"。

西方著名史学家柯林伍德曾有句名言:"一切历史都是思想史。"他把人类历史形成看作许多问题与对问题的回答这一衔接的不尽过程,而史学家对这些问题的追寻,就是对历史的再现。作为"哲史"的《史记》,其所以看重"原始察终,见盛观衰",原因也正在这里。柯氏《历史的观念》又认为一切历史都具有当代史性质,主张以当代精神对历史进行深入理解与把握,去描述历史事件背后的思想与规律、历史过程层面的思想变化过程,否则就不能真正了解历史。"要做到这一点,唯一的办法就是在他自己的心灵中重新思考它们"③,"这并不是屈从过去的思想,而是将其纳入自己的知识结构中来重演它,重演它即批判它,并对它形成自己的价值判断。"④司马迁在记述历史时以具有批判思想而著称,他身后的"谤书"之诬称,也从反面说明了这一问题。他不仅具有批判精神,而且以悲愤精神来完成对历史的书写,希望以后的悲剧能因此减少。他站在历史的更高处,这也是我们称《史记》为"哲史"的原因。

---

① 刘熙载:《艺概·文概》,上海古籍出版社1978年版,第3页。
② 刘熙载:《艺概·文概》,上海古籍出版社1978年版,第6页。
③ 柯林伍德:《历史的观念》,商务印书馆1997年版,第215页。
④ 柯林伍德:《历史的观念》,商务印书馆1997年版,第281页。

司马迁出生于关中平原东北的高地韩城，他自小看惯了奔啸的黄河，黄河对岸就是大禹开辟的禹门，亦称龙门，沿河往北不远就是著名的壶口瀑布，那奔腾四溅的飞沫，喧嚣吼叫的水声震动数里。往南就是令人神往的华山，其上可以俯视八百里秦川与渭河，而秦川的北部是厚重的黄土高原，南面就是逶迤千里的划分中国南北的秦岭，长安就坐落在八百里秦川的中部。这是司马迁生活成长的地方，这里培养出了一代又一代的名人，《汉书》的作者班固就出生在关中平原的茂陵，如此得天独厚的一方水土，是那样的大气磅礴、厚重雄阔，它孕育了一代史学家司马迁，帮助《史记》形成厚重雄浑而又激昂的风格，这种风格体现在结构、语言与情感等方面。

二、集大成的百科全书式纪传体通史的大结构

　　中国是史学大国，而先秦早期的经学著作，往往也蕴含着史学材料，即便是文学作品，如屈原的辞赋之作，亦如此。司马迁立志要撰述一部历史大著作，必然要对先秦文化有所继承、吸纳、辨别与选择。

　　对此，李长之先生认为司马迁《史记》所代表的汉人精神，骨子里就是楚人的文化，他认为："汉的文化并不接自周秦，而是接自楚，还有齐。原来就政治上说打倒暴秦的是汉，但就文化上说，得到胜利的乃是楚。"①他特别指出："周的文化可说是近于数量的、科学的、理智的、秩序的"，"他们的精神重在凝重典实，……这种凝重坚实的文化最好的代表可以看铜器，尤其是鼎。楚文化和这恰可做一对照，它是奔放的、飞跃的、轻飘的、流动的，最好象征就是漆画了。这两种文化也可以说一是色彩学的，一是几何学的。……周文化是古典的，楚文化是浪漫的。就是这种浪漫的文化征服了汉代，而司马迁是其中的一个代表人物。"②所以他说："司马迁的先驱实在是屈原。"

　　李长之先生对楚汉两种文化的分析，极为精到。但汉文化与秦文化不一样，秦文化是唯我独尊，战胜且要摧毁其他文化；而刘邦和他共同起事的哥们儿的沛县、沣县，名为楚地，实际上已临近中原地带。而且汉文化是吸收性和综合性的，秦之统一在历史长河中不过是昙花一现，而真正的大一统到了汉代方能彻底完成。汉文化不似秦文化那样狠戾霸气带些小家子气，前者容纳百川才能雄居天下。所以刘邦一听娄敬建都关中的提议，当日即进发，而不像项羽硬抱着楚之地方性文化，执意以彭城为都。刘邦一

---

① 李长之：《司马迁之人格与风格》，生活·读书·新知三联书店1984年版，第2页。
② 李长之：《司马迁之人格与风格》，生活·读书·新知三联书店1984年版，第4页。

入咸阳便约法三章，与民方便，这便是一种融合的大文化胸襟，而非让咸阳染上楚文化的色彩。娄敬不穿楚服，刘邦也听取了他的建议，如果汉家要以楚文化"征服汉代"，汉代是否能成为泱泱大国，那就是另外一回事了。

如果说屈原是司马迁的先驱，那只是从"作辞以讽谏，连类以争义"的角度出发。更被看重的先驱应是"匡乱世反之于正，见其文辞，为天下制仪法"的孔子，还有"猎儒墨之遗文，明礼仪之统计，绝惠王利端，列往世兴衰"的孟子。而从大方面看，司马迁对周秦文化、中原文化、鲁齐文化以及楚文化，带有全面汲取吸收的胸襟。我们看他在《太史公自序》所说：要"网罗天下放矢旧闻，王迹所兴，原始察终，见盛观衰，论考之行事"，还要"以拾遗补义，成一家之言，厥协《六经》异传，整齐百家杂语"，这绝不是仅从楚文化的角度出发的，也不是南方浪漫精神所能范围。

司马迁处在前所未有的大一统的新时代，汉武帝具有征服天下的雄心，司马迁"亦欲以究天人之际，通古今之变，成一家之言"（《报任安书》），可见在学术上，他想要集大成式地囊括一切，显示了汉代人征服一切的力量。因而，"武帝是亚历山大，司马迁就是亚里士多德，这同是一种时代精神的表现而已。"[①]司马迁之前的史书，《春秋》《左传》为编年史，《国语》《战国策》为国别体，都属于断代史，自司马迁作《史记》记述轩辕以至汉武帝时三千年，方才出现一部通史，显示了中华民族的不断发展壮大，具有重大意义，前所未有。只有汉代人才有如此打通史书之勇气。此前史书以一国或一代的政治史、战争史为主要内容，而经济史、水利史、货币史，包括军事制度之沿革变化，很少有系统记述。这是就其要者而言。《史记》五体的十二本纪，与三十世家、七十列传都具有通史性质，而且本纪与世家，大多带有编年体制，世家又具有国别体特点，八书为各种典章制度的专门史，更为以前所未有。如果说本纪为大纲，世家为大目，而列传则为细目，八书则为这棵大树的主要侧枝，表则是不同时代的细枝末节的人或事，亦即大树上的密叶与细枝。或者言之，本纪犹如人之首腹主体，世家犹如手足四体，列传犹如皮肤肌肉，书则为关节枢纽，表则为枢纽处的细枝末节。或者犹如建筑，本纪为堂室一体，两边厢房为世家，周围罗布的寝室则为列传，仓库、储存之所则为八书，走廊、通道则为表。五体组成一个有机的整体，有联络、有补充，互为作用。"其勒此五体，以为一书，使之虚实相资，详略互见，彼此裨补，各尽其用。既具史事之文，又见治乱盛衰成败之机者，则太史公首

[①] 这两句见于李长之：《司马迁之人格与风格》，天津人民出版社2007年版，第14页。这是按开明书店1948年初版照排的，生活·读书·新知三联书店1984年版把这两句删掉了。

创,正史中不祧之宗也。"①这是自有史书以来,开天辟地的大气象,如此集大成的百科全书性质的大著作,具有极其重要的历史意义。她是一座丰碑,永远照亮中华民族的三千年历史,以后的史书都是在此基础上,沿此体例,络绎奔来。

这种灵活庞大的有机整体,作为体例,就成了《史记》最显著的风格特征之一。本纪之十二,犹如天有十二格,年有十二月,日有十二时。世家之三十,犹如车轮之有辐条,可以加固车轮之运行,此即"三十辐共一毂,运行无穷"之谓也。八书有如不同方位,可以辐射到各个领域,所谓"礼乐损益,律历改易,兵权、山川、鬼神,天人之际,承敝通变",都包括在内。列传之七十是个大数,可以记载形形色色的人物。依他的设计,《史记》堂皇的精心设置的结构,"不唯是一个建筑,简直是一个宇宙的缩影,秩序的天体之副本了"②。

凡是叙述事件的著述,结构很紧要,包括小说、戏剧在内。我们看《水浒传》一个个故事很生动,但一经纳入百川灌河的结构,一个一个逼上梁山,气势就更为轰轰烈烈。《三国演义》的网状结构使故事不仅引人入胜,而且惊心动魄。《史记》这种大结构,主体、辅助配备齐全,具有气势浩荡的艺术效果。刘大魁说:"文贵大,道理博大,气脉洪大,丘壑远大。丘壑中,必峰峦高大,波澜阔大,乃可谓之远大。古文之大者莫如史迁,震川论《史记》,谓为'大手笔',又曰'起头处来的勇猛',又曰'连山断岭,峰头参差',又曰'如画《长江万里图》',又曰'如大塘上打纤,千船万船,不相妨碍。此气脉洪大,丘壑远大之谓也。'"③《史记》就整体看,有全书之结构;就一篇看,有每篇之结构,就篇与篇,有相互照应之结构。我们看《陈涉世家》就如千船争渡,不相妨碍;读《项羽本纪》,犹如"连山断岭,峰头参次";读《高祖本纪》,犹如看《长江万里图》,这些小结构又在大结构里安排得井井有条。刘邦、项羽进入本纪体,陈平、萧何、张良列入世家体,但都用了传体去叙述,这种"圆而神"的手法不仅打破了文体的限制,而且运用得体,在结构处理上采用文史结合之手段,既写活了历史,又写活了人物。在本纪不立惠帝,却代之高后吕雉,如从史学看,也显示了他弃名求实的一贯宗旨,何况吕后是更重要的人物,而且可以写得更为生动。陈涉、项羽分别安排在世家或本纪,也出于同样的道理。再如他的列传又分了单传、合传、类传、附

---

① 程金造:《〈史记〉体例溯源》,见所著《史记管窥》,陕西人民出版社1985年版,第31—32页。
② 李长之:《司马迁之人格与风格》,生活·读书·新知三联书店1984年版,第255页。
③ 刘大櫆:《论文偶记》,人民文学出版社1998年版,第7页。

传，每一类的结构都极尽千变万化之能事。他把屈原与贾谊合为一传，鲁仲连与邹阳合为一传，把战国人与汉代人合在一起叙写，时代差异显著，然而精神又何等相似！孟子和荀子分属战国中期和后期，因都属儒家，完全可置一传，而又把阴阳家、墨子等人渗透其间，此篇名为合传，实际上又近似战国诸子传。而对诸子中的兵家、法家与纵横家又非常重视，对商鞅、苏秦、司马穰苴都用了单传，孙子与吴起、范雎与蔡泽、张仪与陈轸、白起与王翦等均用了合传。同样的道理，给李广立了单传，写卫青与霍去病却用了合传，孰轻孰重，一目了然。同样的道理，给乐贤荐士、救人于危难之中的韩安国立了单传，却把丞相张仓、御史大夫周昌等六七人合为一传，无不包含着轻重肯否。他把汉之纵横家郦生、陆贾以及朱建合为一传，却把随和作为附传，分别附在其他几传，这些都显示了在"小结构"的安排上特别之用心。而在每一篇传里，结构方法又千变万化，有对比、对称、烘托、穿插、连类而及的引带等。即便是小人物的附传，在结构处理上，也常常出人意料。又在英布、栾布传里带出丁公，他投降了刘邦却被杀掉，就与二布差异极大。还有项伯，他在鸿门宴里也算个重要人物，但未进正传，只作为附传，又散见于《项羽本纪》。这些大大小小、林林总总的各种传记，犹如建章宫的宫殿群，千门万户，气象万千，从中也可以看出在小结构上最见作者精心的地方。

对于《史记》的结构，陈于陛《意见》"太史公"条说："太史公真是千古绝伦，今二千年，文家极力模拟，仅得一字一句，便以为工，至其结构之神巧处，瞠乎不可及也。"张秉直《文谈序》也说："司马迁开合抑扬，纵横变化，不可羁勒，故为文章之祖。"程金造据此则谓："详陈、张此言，都以《史记》一书，所以为千古绝伦之作，只是由于文章结构变化神奇，故为人所不及。"①所以，本书在结构解析上下了绝大功夫，以见作者在纵横变化、离合断续的绝大用心。

总之，风格是著者全部作品显示出的个性特征，而结构是作者成熟的标志。通过结构，我们可以约略了解风格的整体规模与特色，因为"庄严而生动的布局"，就像远看一座建筑，是那样的崇高、雄伟、辉煌，而吸引人走入她的殿堂，去阅读这部集大成的百科全书，就会发现她的语言更为生动感人！

---

① 程金造：《史记中把抽象情理作具象化之妙用》，见所著《史记管窥》，陕西人民出版社1985年版，第380页。

三、质苍雅健的语言风格

就《史记》来说,她的五体布局的大结构是外在的,而每篇文章的小结构则是内在的,只有深入细读才会有更多的发现。而其语言则是外在的,不仅使人"一见钟情",而且常读常新,好像刚脱笔砚之间,永远蕴含使人耐读的魅力。她像唐诗一样,能唤起种种共鸣,又像晋字——东晋书法经得起看,那样潇洒雅健,千古长青,使人神往。

我们定睛细看《史记》的语言,是那样的质朴无华,不做作,不粉饰,甚至让人怀疑司马迁掌握的词汇肯定没有班固丰赡,然而他能把那有限词汇的弹性发挥到极致,不仅质朴,还能苍劲老辣,且能俗中出雅,以至于雄深雅健,可歌可泣,可惊可叹,显得非常奇异。我们看影视剧,无论大片小片,很少有人去看第二次,小说也是这样,无论是《红楼梦》还是《水浒传》,回头通读第二遍的人恐怕不会太多。《汉书》就缺乏像《史记》这样的吸引力,原因之一就是语言太讲究,太矜持,缺乏唤起人阅读的魅力,缺乏奇异的可读性。

刘大櫆说:"文贵奇,所谓'珍奇者必非常物'。然有奇在字句者,有奇在意思者,有奇在笔者,有奇在丘壑者,有奇在神者。字句之奇,不足为奇,奇气则真奇矣。神奇则古来亦不多见,次第虽如此,然字句亦不可不奇,自是文家能事。"而"奇气最难识,大约忽起忽落,其来无端,其去无迹。读古人文,于起灭转接之间,觉有不可测识,便是奇气"。"奇者,于一气行走之中,时时提起。"① 司马迁好奇,凡是读过《项羽本纪》,巨鹿之战一节之奇特,人人都会情感激发,受到文字的鼓动:"当是时,楚兵冠诸侯,诸侯军救巨鹿下者十余壁,莫敢纵兵。及楚击秦,诸将皆从壁上观。楚战士无不一以当十,楚兵呼声动天,诸侯军无不人人惴恐。"这里的文字却没有奇字奇句,只是一片素朴,不,全为粗硬劲健,而且粗服乱头,简朴至极,还不免质而俗。前人谓"叙巨鹿之战,踊跃振动,极羽平生"②,或谓"项羽最得意之战,太史公最得意之文"③。这里固然写得如火如荼,但是尚未达注家之所评。然而有了以下几句,则如平地惊雷,不同凡响:

---

① 刘大櫆:《论文偶记》,人民文学出版社1998年版,第6—7页。
② 唐顺之:《精选批点史记》,见杨燕起等编《历代名家评史记》,北京师范大学出版社1986年版,第345—346页。
③ 唐顺之:《精选批点史记》,见杨燕起等编《历代名家评史记》,北京师范大学出版社1986年版,第346页。

于是已破秦军,项羽召见诸侯将,(诸侯将)入辕门,无不膝行而前,莫敢仰视。项羽由是为诸侯上将军,诸侯皆属焉。

括号里的"诸侯将"诸本俱无,只见于张文虎所据毛晋据宋板《集解》所刻本。我们以为这三个字少它不得,有了它,以下数句才能虎虎而有生气,气氛才会顿时紧张起来。《史记》最喜欢使用反复,而顶针可以说是一种特殊的反复①。这一段文字就有不少反复,反复于此起了陪衬作用,才使这场大战熠熠生光。很诧异,这节雄劲无比的破秦军文字,秦军却没有出现,只是一而再再而三地让诸侯军反复作陪衬。由"楚兵冠诸侯"领起,所谓诸侯军"莫敢纵兵","及楚适秦,诸将皆从壁上观","楚兵呼天动地,诸侯军无不人人慴恐",层层烘托,"于是已破秦军",这真是大刀阔斧的叙写,也真是粗枝大叶,并不会使读者得到惬意。然而有了"(诸侯将)入辕门,无不膝行而前,莫敢仰视"——这一次陪衬是逼真的,因是描写,而不是叙述,是具体的,不是概括,但是仍然属于陪衬,——然而有了这一层再陪衬,全局皆活。而"入辕门,无不膝行而前,莫敢仰视",这种粗硬质俗而又雅健雄深的语言,使项羽如丈二金刚,光芒四射,又如颊上三毫,项羽的威武真是栩栩如生。这里的"无不",又与"楚战士无不一以当十","诸侯军无不人人慴恐",三个"无不"呼应一片,这场大战的屋瓦震裂的气势恍如目前。还有"莫敢仰视"的"莫敢",真是质朴不过,硬语盘空,全然提动了这节大战的所有文字,与前诸侯军"莫敢纵兵"呼应一片,这样方能看出"数语有如火如荼之观"。其实不仅如此,"羽杀会稽守,则一府慴伏,'莫敢起',羽杀宋义,'诸将皆慴服,莫敢枝梧',羽救巨鹿,'诸将莫敢纵兵',已破秦军,'诸侯膝行而前,莫敢仰视'。"势愈张而人愈惧,下四'莫敢'字,而羽当时勇猛,宛然可想见也。"②不仅如此,楚汉广武相持,汉之楼烦三次射杀楚之挑战者,项羽披甲持戟杀射挑战,楼烦欲射之,"项王瞋目斥之,楼烦目不敢视,手不敢发,遂走还入壁,不敢复出。"这里的三"不敢",则与前次诸多"莫敢"连成一气。还有垓下之围霸王别姬时,慷慨悲歌,"泣数行下,左右皆泣,莫能仰视"。这又与巨鹿之战的"莫敢仰视"呼应一片,形成大起大伏大对比,引起人不尽的深思。这些其实都是一种变化的反复,而反复是《史记》语言最为

---

① 何凌风:《史记"联珠格"运用艺术成就初探》,所言"联珠格"实指顶真。谓《史记》128篇用了顶真,数量多达4510对,字数为13988字,约占全书536500字的2.66%。文载《宜春师专学报》,1997年第6期。

② 明人凌约言评语,见凌稚隆辑校:《史记评林》,天津古籍出版社1998年版,第2册第21页。

显著的特色,很值得深入全面研究。

司马迁所用动词,最能见《史记》质朴的风格。项羽与项梁杀会稽太守时,"梁眴籍曰:'可行矣。'于是籍拔剑斩守头。"这瞬间紧张间不容发。"眴","动目使人,犹言'丢个眼色'"。——王伯祥《史记选》这个注释很精彩[1],然而"可行矣"不是说的话,而是使眼色示意,也就是眼睛"说的话"。注家未注,未免可惜。这个"眴"用得很出彩、很雅,而且雅而有力。韩愈谓《史记》语言"雄深雅健",柳宗元谓之"峻洁",都可以于此看出其间消息。至于质朴通俗,则"操"是绝好的范例。鸿门宴上,刘邦借如厕将要溜走,"乃令张良留谢。良问曰:'大王来何操?'""操"字很普通,然而用在这里却很别致、很特殊,是说这次来特意带了什么贵重的东西,若用作"持",就少了很多意味,这个简洁的字也显示了当时的气氛极为紧张。而《范雎传》说,范雎死里逃生,"魏人郑安平闻之,乃遂操范雎亡",论者谓有"奇货可居之意"[2],甚确,亦即特意带着的意思。在《绛侯周勃世家》里,文帝以为周勃有造反迹象被关入大牢。"文帝朝,薄太后以冒絮提文帝",是说以头巾掷打文帝,"提"字俗而奇。而《刺客传》说"侍医夏无且以其所奉药囊提荆轲"。薄太后的"提",只是做个样子,以示警告,夏无且的"提",却是在情急时无所选择,只好以此一"提",也就是一掷。这些朴素普通的动词,只因为用在恰好的地方,就显得新颖而内涵增多,显示出质苍雅健的特色。

《史记》语言之风格不仅质苍雅健,而且用笔疏朗,动态感极强。从巨鹿之战就已看得分明,这和班固《汉书》的行文密实截然不同。至于总论其语言风格,真可用一部大书来完成。质朴疏朗的语言,为何那么动人?其中所饱含的感情,就很值得实实在在留意!

四、倾注情感的风采

按理,撰著史书,著者的感情越冷静越好,越客观才能越接近史实,先秦的《尚书》《春秋》《左传》都可以说是冷静的史书,只有《战国策》写得恣意尽性。然那些执笔的纵横家们,老是盯着利禄与富贵,境界并不高,故常为人诟病。《左传》文辞丰赡,把自己的感情表达得很含蓄,故被认为是史家之上乘。《春秋》因了名词,特别是动词的选择,具有自家的用意与标准,千百年来被盛称为具有微言大义的史书,而且上升到经部。《汉书》写得很矜持,尽量不把感情直接流露出来,处处控制自己,所以唐代以前对《汉书》的

---

[1] 《汉书》颜师古注:"眴,动目也,音舜,动目而使之也。"王伯祥注据此,更为明确。
[2] 李长之:《司马迁之人格与风格》,生活·读书·新知三联书店1984年版,第287页。

评价总在《史记》之上。

《史记》不隐恶、不虚美，要写成一部忠实于历史真相的实录，除了对历史每一进程"原始察终，见盛观衰"，推究天人之际，揭示承敝通变的原因，对那些"扶义俶傥，不令己失时，立功名于天下"的可歌可泣的形形色色人物予以记载，还要加以褒贬，并且以"鄙末世文采不表于后也"的理念与追求，发愤著书，以成就"一家之言"。司马迁以忧愤的悲世情怀，站在历史的高度，要对历史人物与事件不仅予以记录，而且还要予以裁判，就没必要隐蔽自己的情感。唯其如此，才能把三千年的历史写成生动的"现代史"。

对此，首先开辟了"太史公曰"的论赞体例，置于每篇之末尾。其本源来自《春秋》三传，或为作者自言，如"公羊子曰""穀梁子曰"；或假借他人以自言，如"君子曰"；或借名人以传己言，如"孔子曰"。它们都处于一件事之末尾，表示对史事与人物之评判。由于位置处在文之中间，故只能出自简短的只言片语。《史记》则置于正文之末尾，而且可以增大论述空间，构成一种微型史论，带有文体论性质，或者说即是该篇的跋文，还可以说后世的跋文即源于此。正文是以第三人称记叙，论赞是以第一人称直接表示自己的评判与看法。二者互相补充，使史事表述显得更为圆满。

《史记》倾注感情的风采，首先体现在这些画龙点睛的论赞上。我们看《孔子世家》论赞："诗有之：'高山仰止，景行行止。'虽不能至，然心向往之。余读孔氏书，想见其为人。"他是用朝圣的语气表示了自己的无限敬仰。以下又言，"适鲁"见到孔子庙堂礼器，又如何"祇回留之不能去云"，说如何流连忘返，徘徊而不能去，充分发抒了对孔子极为崇敬的心情，然后方言"天下君王至于贤人众矣，当时则荣，没则已焉"，把孔子置于对比大框架中，指出"孔子布衣，传十余世，学者宗之。自天子王侯，中国言六艺者折中于夫子，可谓至圣矣！"经他两番对比，无冕之王的孔子的伟大，便矗立得熠熠生辉！李广是司马迁赞美的真英雄，对他的礼赞则充满了不尽的同情："余睹李将军悛悛如鄙人，口不能道辞。及死之日，天下知与不知，皆为尽哀。"李广口讷，不善言辞，就用了最朴素的语言。对于他的委屈而死，致以不尽的同情，还要加上"彼其忠实心诚信于士大夫也"！是说上至大夫，下至百姓，都被李广的"忠实"所感动，而为之"尽哀"。这是至高无上的赞美，对忠实老将给予无比的隆敬。要知道他对王侯将相，包括汉家的天子们，没有用过对孔子、对李广这样崇高的语言。不仅如此，在这段话前还加上《论语·子路》的"其身正，不令而行；其身不正，虽令不从"，末尾还要再加上"'桃李不言，下自成蹊'，此言虽小，可以谕大也"。这就把李广虽然"口不能道辞"，但其本身具有无比的感召力量全方位展现出来。它像一座丰碑永世矗立在历史的上空。

对礼贤下士的魏公子无忌，他也无限向往与敬仰。在传文末了则言"高祖始微少时，数闻公子贤。及即天子位，每过大梁，常祠公子。高祖十二年，从击黥布还，为公子置守冢五家，世世岁以四时奉祠公子。"他将敬仰融入不动声色的叙写中，而且前后三致意焉。因而在论赞中还说："吾过大梁之墟，求问其所谓夷门。夷门者，城之东门也。天下诸公子亦有喜士者矣，然信陵君之接岩穴隐者，不耻下交，有以也。名冠诸侯，不虚耳。高祖每过之而令民奉祠不绝也。"他访问夷门就像瞻仰一处胜地，因为魏公子礼敬过这里的看门老头侯嬴，此为历史上永恒的佳话。魏公子"喜士"，"不耻下交，有以也，名冠诸侯，不虚耳"。这里何等虔敬的笔墨，娓娓袅袅，何等渗透人心。末尾再一句："高祖每过之而令民奉祠不绝也。"又和上文连成一篇，成为美妙的赞歌。

是的，太史公的论赞，是褒贬分明的史论，对于"倜傥非常"之人物，他充满十二分礼敬，倾注衷心的向往，这样的文字简直是散文诗，不，应是充满感情的"咏史诗"。正是在这一点上，我们说《史记》是一部与"冷史"相对的"热史"，是一部充满感情的"情史"！不要忘记它还是带有历史哲学性的"哲史"。

对于在博浪沙刺杀秦始皇后来又成为智囊式人物的张良，在《留侯世家》先用了一种扑朔迷离的语言："学者多言无鬼神，然言有物。至如留侯所见老父予书，亦可怪矣。高祖离困者数矣，而留侯常有功力焉，岂可谓非天乎？"这不是一种天命论，而是以一种理性的思索对异常事物的追寻。接言："上曰：'夫运筹策帷帐之中，决胜千里外，吾不如子房。'余以为其人计魁梧奇伟，至见其图，状貌如妇人好女。盖孔子曰：'以貌取人，失之子羽。'留侯亦云。"这种意想不到的笔调，犹如观看北宋山水画，天外远峰，若有若无，在虚无缥缈之间，使人无限神往，真把张良这个道家人物写活了，其中同样充满了作者的礼敬。

刘邦做大汉天子只有六七年，他的天子"伟绩"就是平叛，韩信是吕后帮他除掉的，罪名和其他"反叛者"一样，就是要"造反"，因此对韩信的论赞变成很棘手的事。但他却说："假令韩信学道谦让，不伐己功，不矜其能，则庶几哉，于汉家勋可以比周、召、太公之徒，后世血食矣。不务出此，而天下已集，乃谋畔逆，夷灭宗族，不亦宜乎！"评说判处死刑的韩信，就像拿捏烫手的山芋一样，深浅很难把握。既要与汉庭主流结论保持一致，是因"叛逆"而死，又要把屈死真相有所暗示，就很难为。所谓"天下已集，乃谋畔逆"，是说韩信在手握重兵之时，楚使武涉劝其叛汉，还有善辩而有奇策的蒯通鼓动归楚,这些用了此传的四分之一文字详载传中,韩信都没有动心,而在"天下已集"而手无兵权之时,他又怎么能叛逆造反?而他被处死的原因,就是不能"学道谦让""伐己功""矜其能"。高祖说自己能将兵十万,他却言多多益善。命他奔赴垓下歼灭项羽,他则迟迟不动兵,高祖只好许了他许多封地,像这样肆无忌惮能带兵的大将军,不杀掉他高祖怎能放心地死去呢?尤其是还特别指出,他在汉家的功勋,可比周、召、姜太公,这简直是极高的无所顾忌的赞美,也是为他的冤死鸣屈。司马迁把自己的感情隐蔽起来,用官方的结论来评说,而实际效果却是相反,这就不得不佩服他摇曳生姿的笔端,能够使情感在冰下悠然自在流淌。

  司马迁把那么多的历史人物写得栩栩如生,其原因就是把不管远近的历史都能写成"现代史",把人物的言行举止写活了。尤其值得一提的是人物自己的话语,千年之下,如在耳畔。这不仅是以人物为中心的"纪传体"的重点,也是借历史人物的话语,展示他们的个性与感情,同样也是抒情性的一大亮点。先秦史传除了《春秋》《尚书》,《国语》《战国策》的对话都占了绝大的比重。《左传》的对话也不少,这是史传优秀的传统。缘此,司马迁笔下的人物对话不仅作为叙事的手段,同样也是刻画人物的重要方法,这就显得更为超乎其上。《汉书》的《苏武传》之所以感人,就是因为效法《史记》用对话来刻画人物。新旧《唐书》在二十四史也有名声,但郭子仪与李光弼传,以仕履为主,很难见到人物自己的语言。苏轼喜读《后汉书·范滂传》,其中母子的对话尤为感人。我们看《史记》的《魏其武安侯列传》就像话剧,全靠对话叙事写人。《李将军列传》里很少见到对话,因为李广口讷少言。《淮阴侯列传》不算《史记》的上乘文字,但只要看韩信过访樊哙,"哙跪拜送迎,言称臣,曰:'大王乃肯临臣!'信出门,笑曰:'生乃与哙等为伍!'"樊哙语见出何等诚惶诚恐,以韩信过访为荣,毕恭毕敬。韩信的话带有无奈自嘲——"活着居然肯与樊哙这样的人来往!"[1]怏怏失意怅然无奈之状可见,而且两人恰成对照。鸿门宴上樊哙不怕项羽,此处却敬韩信若神明,"乃肯临臣",竟然肯来光临,而信语之"乃"为居然意,两"乃"用意不同,真是各有千秋!不仅写活了人物当时的内心情感与个性,也是《史记》善于言情之处。

---

[1] 王伯祥:《史记选》说这句话"与'羞与绛、灌等列'意同。生,自称。伍犹等列"。见人民文学出版社1957年版,第365页注334。韩兆琦:《史记选注集说》说"生——犹言'一辈子'",见江西人民出版社1982年版,第342页注77。因前有"信知汉王恶能,常称病不朝从。信由此日夜怨望,居常怏怏,羞与绛、灌等列",可知韩信处境。

在《魏其武安侯列传》里，用对话写活了年轻的汉武帝。当田蚡得志时常"坐语移日"，"权移主上"，逼得汉武帝"上乃曰'君除吏已尽未？吾亦欲除吏。'"田蚡提拔官员没完没了，说自己也想委任几个官员，硬把其人挡了回去，这是说气话时用了狠重的刺激语。田蚡"尝请考工地益宅，上怒曰：'君何不遂取武库！'"考工地是督造械器的官衙，可见田蚡贪得无厌，武帝便骂他何不占了国家兵器重地，他的潜台词就是老舅莫非想要造反。田蚡是汉武帝母亲王太后同母弟，对老舅如此狠语应对，可见他的鹰派之性格了。田蚡为太尉时曾与淮南王刘安勾结，刘安送了重金，直到田蚡死后，汉武帝方闻此事，便愤愤然说："使武安侯在者，族矣！"以斩绝的快语见出武帝对其人的深恶。在《汲郑列传》里，汉武帝说"吾欲云云"，是说我想干这干那，汲黯对曰："陛下内多欲而外施仁义，奈何欲效唐虞之治乎？"据荀悦《汉纪·孝武皇帝纪》谓武帝的"云云"是"吾欲兴政治，法尧、舜如何？"所以汲黯一下就把汉武帝拉大旗作虎皮襥夺了下来。闹得"上默然，怒，变色而退朝，公卿皆为黯惧，上退谓左右曰：'甚矣，汲黯之戆也。'"匈奴来降，汉武帝高兴，花大代价出车马欢迎，汲黯反对，"上默然，不许曰：'吾久不闻汲黯之言，今又复妄发矣！'前言"戆"是愚而刚直，与俗语发急疯相近，见出如何敬惮，这是鹰派人物的妥协语、胆怯语，汉武帝下不了台，为自己的回护语，读了可笑，又见出性格的另一面。以上这些地方，司马迁就像一个高明的雕塑家，从对话的不同方面，要把所塑造人物多方面的性格，有棱有角地刻画出来，处处投注着丰富饱满的感情。

有时候只有一两句人物话语，个性顿出。《吕后本纪》里，吕后崩，周勃等欲除诸吕而先夺兵权，掌兵权的吕禄却时出游猎，"过其姑吕媭，媭大怒曰：'若为将军而弃军，吕氏今无处矣。'乃悉出珠玉宝器散堂下曰：'勿为他人守也。'"就可以见出这是一个很有政治嗅觉与眼光的女人，个性之狠戾不亚于同胞吕雉。这个人物只出现了这一次，就因了她的狠鸷语，给人留下了难忘的印象。

即使不含实义的虚词，在他手里也全都用得充满感情。李长之曾说："'矣'字最能代表司马迁的讽刺和抒情"，"用'也'字的时候，让文字格外多了一番从容，有舒缓悠扬之致"，"以'而'字为转折，原很普通，但司马迁用来却特别有一种娟峭之美，清脆之声"，又以为"'则'字有无限声色"，"能把'乃'字用得很响"，"在轻易之中，却也把'亦'字发挥了许多作用"[①]。而他的虚词连用就更为出色了。李广曾对望气王朔私下说："自汉击匈奴而广

[①] 李长之：《司马迁之人格与风格》，生活·读书·新知三联书店1984年版，第289、290、291页。

未尝不在其中,而诸部校尉以下,才能不及中人,然以击胡军功取侯者数十人,而广不为后人,然无尺寸之功以得封邑者,何也?岂吾相不当侯邪?且固命也?"转折连词"而"与"然"共出现了五次,还有表疑问和揣测的"岂"与"且",以及"何也"与"邪"疑问,把李将军满腹的委屈表达得山转水绕,淋漓尽致。这些虚词起了极浓郁的抒情作用,而且是那样地强烈与激动。

除了《史记》,司马迁只有两篇文章流传后世,分别是《悲士不遇赋》与《报任安书》,而后者简直是《太史公自序》的副本。信中说自己遭受宫刑,"所以隐忍苟活,函粪土之中而不辞者,恨私心有所不尽,鄙没世而文采不表于后也。"但《史记》"草创未就适会此祸,遭此祸,惜其不成,是以就极刑而无愠色",于是"是以肠一日而九回,居则忽忽若有所亡,出则不知其所往。每念斯耻,汗未尝不发背沾衣也!"这是一种何等悲壮的心理。所以那些"倜傥非常之人"常能唤起他的共鸣,所以"史公之身,乃《史记》之身,非史公所得自私"①。如前所言,历史每前进一步,都要付出绝大的代价,甚至血与火般的惨重,这是使人凄怆的悲剧。司马迁正以发愤之情怀,以《史记》展示三千年的大大小小的悲剧史,以淑世情怀求对社会有改变,他"悲世之意多",而"立身常在高处",故能成就一部悲剧史,这大概是《史记》风格最为悲怆的底色与基本风格。

五、风格总论

总之《史记》是一部继往开来的大著作。"本纪"与"世家"是像《春秋》与《左传》的编年体;"世家"又如《国语》《战国策》那样的国别体;"书"与"表"虽前有所承,却是以上诸史所缺乏的;加上七十列传专以纪人,则是比前宗法社会诸史所缺乏的。因而《史记》既是一部集此前各代之大成的著作,此为既往;又是一部创新性的百科全书式的大著作。五体交相为用,而且互为变通,成为圆通而灵活的整体,故能铸就史家之极则与百代遵循之范式,此为开来。如此恢宏的大结构,可以被称为史学之大风格,因而能构成中国正史的典范形式,形成"二十四史"领头的大著作,彪炳中国文化史。

《史记》不仅是"史家之绝唱",又是"无韵之《离骚》",带有浓郁的抒情性,具有明显的诗化特征。记载历史如"实录"不是它单一的目的,对历史人物赞扬与批评,歌颂对历史发展有贡献的人物,唯其如此才能"究天人之际,通古今之变",方能"成一家之言"。而"一家之言"则具有明显风格,是和"他家之言"具有明显区别的,这也是《史记》《汉书》分别明显的原因。

---

① 包世臣:《复石赣州书》,见《包世臣全集》,黄山书社1994年版,第285页。

《史记》的文学风格，说到底应当是语言与叙事的风格，前者包含审美趋向，后者体现于结构之中。

《史记》的语言风格疏朗激荡，淳朴刚健，与《汉书》的密致丰赡、整饬肃穆属于两种不同的审美类型。司马迁尚奇、尚气、尚情，我们看《报任安书》所说的"人固有一死，或重于泰山，或轻于鸿毛，用之所趋异也"，"古之富贵而名摩灭，不可胜记，唯倜傥非常之人称焉"，不仅体现了思想上的"尚义"精神，而"倜傥非常之人"就是一种奇人，不平凡的人，他鄙视平庸，高扬伟奇，所以其文雄深雅健而为人盛称。需要指出他的"雅"不是温文尔雅，而是从粗朴豪健中所迸发出之大雅，是粗服乱头式的雄健。他行文喜用"单笔"，对整饬的对偶没有多大兴趣。他的疏荡与奇气，带有北方人的豪健，是从敢于承担历史所赋予的使命中形成。他之前的宗法社会，而至思想解放的战国时代，再到新的大一统的人人都欲建功立业的西汉时代，便是尚奇的土壤。广袤的关中平原，咆哮奔腾的黄河，哺育了雄奇纵横的司马迁。我们也不要忘记，他早年考察历史，便由长江中游乃至下游，所以他的文笔是那样澄澈清莹，能叩问历史人物心灵的奥妙与底蕴，浩荡涌流之气亦与长江相仿。

他所写的历史无疑是一部悲剧史，历史正是在逆折冲击中前进。他本身是旷世奇才，却又是蒙受宫刑的悲剧人物，他所选择的人物无论是成功的还是失败的，无不属于悲剧范畴。但他能以博大的情怀为世而悲，为一己的愤世自然减少，所以能站在历史与现实的高度，缩短了历史与现实的距离，把历史描写得绘声绘色，人物声容笑貌千古之下犹如在耳目之前，犹如唐诗刚脱笔砚之间，富有永恒的魅力。从这个意义上讲，他克服了现实与历史时间阻隔的矛盾，而达到了西哲所言的"一切真历史都是当代史"的命题。如果说历史是可塑形的泥巴，可以捏成婢女，也可捏成闺秀，对他来说无疑是一种亵渎。"如果我们把自己限制在真历史的范围内，限制在我们的思想活动所真正加以思索的历史范围之内，我们就容易看出，这种历史和最亲历的及最当代的历史是完全等同的。"[①]司马迁正以当下情怀去关注历史，书写历史，所以能站在现实与当下的高度去回顾、俯瞰历史，去探究把握历史的变迁。

梁启超称杜甫为"情圣"，我们读《史记》无不觉得情感涌动，激荡人心，《史记》称得上是一部感动激发的"情史"，犹如称庄子为"情哲"。《史记》是南北文化的结晶，是长江、黄河共同哺育的，所谓"学离骚者，能得其深情挚

[①] 贝奈戴托·克罗琦：《历史学的理论和实际》，商务印书馆1982年版，第9页。

意者为太史公"。刘熙载还说:"太史公文,兼括六艺百家之旨。第论其恻怛之情,抑扬之致,则得之于《诗三百篇》及《离骚》者居多。"①《左传》《汉书》是冷静、不动声色的,《史记》是热情的,其间的区别泾渭分明。站在现实的高度追问历史,就有是非得失,肯否褒贬出入予夺必然激荡其间,而胸间之气也积垒其间。历史事件不能没有盛衰消长,投入拷问其间,必然往复凭吊,流连不已。因而凡文"所以动人者,气也",凡文"所以入人者,情也,气积而文昌,情深而文挚,天下之至文也"②。尚奇、尚情、尚气,以气运文,又涌动不尽之情感,去书写"倜傥非常"之人物,自然会培育出天下之至文,必然生成一部感情激荡的大著作。

　　文以气为主,而气盛则言宜。气盛为阳刚之美,气以盛壮为美,而气也有休息之时,正如风已止而树不息,正是别一番景象。巨鹿之战、鸿门宴、垓下之围是何等的气势磅礴,而到了"项王已死,楚地皆降汉,独鲁不下"一段,却是余味无穷,深情摇曳的文字。真是"文外无穷,虽一溪一壑,皆与长江大河相若"③。凡文之有气势处,无论气之强弱,都能体现出一种大气象来,也是至上之大文。"道理博大,丘壑远大,丘壑中,必峰峦高大,波澜壮阔,大乃可谓之远大"④,《史记》最喜叙写波澜壮阔之大场面,场面越大,则精神越抖擞,神采越焕发。魏公子延请侯嬴则礼贤下士到了极致;窦婴与田蚡的东朝廷辩,画活了每一个人的面孔,想见汉武帝大臣们在干什么;右北平之战是那样的危急,李广却意气自如,文字的背后却显示汉家不重用一代名将;完璧归赵把蔺相如言谈举止刻画得那么栩栩如生。这可以是说不完的话题。无论何等场面,刻画得如此生动,人物语言起了非常重要的作用,而且与叙述语言相较占了很大的比重⑤,这是《史记》风格亮眼的光芒,应引起我们的深思。按理说记事本末体要比纪传体科学得多,近现当代史都采用了前者,然而科学的体例的生动感人性却远远落后于《史记》,

---

① 刘熙载:《艺概·文概》,上海古籍出版社1978年版,第12页。
② 章学诚:《文史通义校注·史德》,叶瑛校注,中华书局1985年版,第220页。
③ 刘熙载:《艺概·文概》,上海古典出版社1978年版,第12页。
④ 刘大櫆:《论文偶记》,人民文学出版社1998年版,第7页。
⑤ 据可永雪先生统计,《范雎蔡泽列传》人物语言占比为71.4%,《平原君虞卿列传》为65.4%,《淮阴侯列传》为60.2%,《商君列传》为56.2%,《留侯世家》为49.5%,《滑稽列传》为49%,《张释之冯唐列传》为45.5%,《刺客列传》为44.7%,《孙子吴起列传》为42.6%,《魏公子列传》为38.2%,《廉颇蔺相如列传》为38.3%。如果以上诸篇与外交辞令有关,那么《季布栾布列传》为38.7%,《陈丞相世家》为35%,《汲郑列传》为33.3%,《项羽本纪》为30.7%,《魏其武安侯列传》为27.1%,《田单列传》为24.3%,即便是口讷不善道言辞的李广传也有14.4%,头绪众多的《陈涉世家》为17%,专问诸大动作的《游侠列传》为10.8%。这只是仅就名篇的统计,见可永雪:《史记文学成就论衡》,中央民族大学出版社2012年版,第323页。

还不是值得深长思之的大问题。换句话说,体现《史记》风格之一的对话确实大有汲取之处。

《史记》最见神采的修辞就是反复与顶针,后者其实也是一种反复,反复最能见其抒情性,可以说以抒情为其天职。《贾生传》末尾说梁怀王堕马而死,"贾生自伤为傅无状,哭泣岁馀,亦死。贾生之死时年三十三矣"。金代文学批评家王若虚认为这是"字语冗复""不必再言'贾生之死'"①,去掉这四字,则是纯粹史家之记法,而有了这冗复的四字,作者对其不幸则表现沉重的悲痛,此用了提示性的强调,情感自在其中。还有李广以石为虎而射之一段,用了四个"石"字,王氏要删掉三个,实在是把颊上三毫之笔当作累赘!《史记》还有被人盛称"于序事中寓论断",笔墨却极为简省,却有深长之意存焉。或谓为:"太史公如郭忠恕画天外数峰,略有笔墨,然而使人见而心服者,在笔墨之外也。"②"诚不可以方体论。如叙万石君,则愉愉怡怡,满纸太和气象;传酷吏则削刻,一似老吏断狱,字字爱书。其因物赋形,绝妙千古,真令人览之不尽!"③而且在"太和之气"中又充斥着不尽的讽刺和揶揄!"客意旁人而不离其宗。"④梁启超说:"《史记》每一篇列传必代表某一方面的重要人物,每篇都有深意,大都从社会着眼,用人物来做一种现象的反影,并不是专替一个人作起居注。"⑤他不仅采取了互见法以省笔墨,而且把一个人的事迹可以分见于他传之中,使文章的中心更为突出,他把这种"消极的互见法"转化为"积极的互见法",而且运用到了出神入化的极点。他写人物最习惯于采用对比手法,一经对比,人物各自棱角都亮堂起来,甚至连心里的奥秘都显示无遗,至于性格的突出那就不用说了。《史记》秉承《春秋》褒贬人物的传统,但他手法多样,或"错议他人以寓微词",或"用反写法以寓微词",或"引他人语以寓微词"⑥。总之,以上诸端都可以看出《史记》在叙事风格上的多样性。

需要提及的是,《史记》思想上的主体风格是"尚义"精神,评价历史人物升降标准是"弃名求实",这和"尚义"精神是相辅相成的。其中文学风格具体体现在结构、叙事、抒情、描写人物以及书写之语言,这些都是我们用

---

① 王若虚:《史记辨惑》,见胡传志等校注《滹南遗老集校注》,辽海出版社 2006 年版,第 174 页。
② 王楙:《野客丛书》附录其父王大成《野老纪闻》,上海古籍出版社 1991 年版,第 448 页。
③ 章廷华:《论文琐言》,见王水照主编《历代文话》,复旦大学出版社 2007 年版,第 9 册第 8408 页。
④ 王治皞:《史记权衡·读史总论》,见杨燕起等编《历代名家评史记》,北京师范大学出版社 1986 年版,第 207 页。
⑤ 梁启超:《中国历史研究法》,上海古籍出版社 1998 年版,第 173 页。
⑥ 靳德峻:《史记释例》,商务印书馆 1933 年版,第 219 页。

力讨论的地方,采用方法是直面文本予以实在而具体的分析,包括对前人批评之继承。这在时下求新求大乃至求生癖,一味新人耳目的时风中,未免显得"陈旧""不新鲜"。然而舍弃以上六端,要讨论《史记》风格,不是缘木求鱼,就是南辕北辙。比如说《史记》乐用反复,自北宋洪迈《容斋随笔》早已提出这是"重沓熟复",并认为是"简妙"最节约的文字。钱钟书在《管锥编》又举出两例,两家均就人物对话讨论反复,若问除对话反复外,反复还有哪些形态?特别是叙述语言又是怎样反复?这种特意的反复,是司马迁的首创,还是有所本源?它的效果除了"简妙"以外,还有什么?恐怕答案至今还是盲点。我们只有沉浸文本,老老实实梳理出种种头绪,才会有不少新的发现。至于洪氏所说的对《史记》反复"未尝不惊呼击节,不知其所以然",自会了然于心,也会使人有所领悟。"老生常谈"自有大道理存乎其中,把前人未彻底解决的问题搞得一清二楚,把前人意会到的上升到理性的"问题意识"中去深入讨论。尤其是解决"风格论"这样的"老问题",实际上也是大问题。较之架空高论、追逐浮泛的时新、空疏的新鲜,恐怕"老生常谈"更具有学术性与实用性。

第一章 思想论

第一节 《史记》"尚义"精神论与对孟子思想的继承

西汉前期距战国未远,故战国士阶层独立自主崇尚功名的精神,于汉武帝时代沾溉尤多。秦亡汉兴,汉家酷法直承秦制,然暴秦仁义不施,亦牵动汉初上层社会极大关注。汉初以黄老思想领班,刑名与儒家之学亦有呈露。至汉武帝时公孙弘为相,儒家独尊已成不移之势。生于文景之治末期,而与汉武帝相始终的司马迁,固然对道家颇为好感,然其对以仁义为本的先秦儒家就更为亲和而向往。且于孟子思想,尤其是孟子的"尚义"精神,最为热衷讴歌张大弘扬。《史记》中最为鲜活,最能激愤而引人注目的精神,就是这种最具独立自主崇尚功名,而且带有悲伤色彩的"尚义"精神。这种"尚义"精神体现了一部《史记》思想取向的核心,我们讨论《史记》风格,不能脱离它的思想渊源。思想趋向既决定了对历史变迁、事件、人物的取舍,也就是"写什么",同时也决定了"怎样写"的风采,所以体现思想的立足点,也是一种思想精神与风格,因而论《史记》风格,首当其冲的要审视探究它的思想趋向与渊源。"掌握伟大思想的能力",曾经被认为是形成崇高风格的首要因素,所以讨论《史记》的风格就得首先从它所体现的思想精神入手。

一、《史记》对孟子"尚义"精神的承传

仁义是先秦儒家思想的核心。如果说孔子的仁学保留和发扬了早期奴隶制社会中还残存着的氏族公社时代才有的原始人道主义和博爱精神,那么,孟子"尚义"思想不仅属于修养范畴道德原则,更重要的是评判是非决定取舍的价值原则。"义"的崇尚,原本出于孔子,《论语·阳货》中孔子就说过"君子义以为上"。不过,这是针对子路"君子尚勇乎"问题的回答,

是与"勇"相较而言的。孔子多言"仁",而见于《论语》者109次;涉及"义"者只有24次。相较孔子的"仁","义"就属于其次了。孟子继承孔子的仁学,更为重要地推广扩展了"尚义"思想。而最能体现孟子思想与个性精神的则是"义"而非"仁"。前者见出孔孟一脉相传,后者见出孔孟之间的差异与不同。倘若"刚毅木讷近仁"(《论语·子路》孔子语)。然则是非分明,无畏勇为就近于义。仁义区别于斯,孔孟之不同亦在斯。孔子最向往的是"仁",故其思想与哲学属于群体伦理性,因而重礼;孟子崇"尚义",属于个体人格化哲学,追求民主与自尊;重礼者温和,企求社会的和谐;张扬民主者严厉,对社会邪恶始终坚持批判精神。孔子的"礼"未免保守,孟子的民主显得激进。保守者缘于向后看得多,激进者多看到现在和将来。儒有孔孟,犹年有四季。《史记·乐书》直录《礼记·乐记》说:"春作夏长,仁也;秋敛冬藏,义也。"孔孟因所处时代与社会发展而有别,犹自然因四季的转换而不同。

儒道两家对司马迁思想至为紧要,对《史记》思想,言儒、言道、言驳杂,即便是儒亦有孔子与董仲舒春秋公羊学之别,向来争论不休。哲学家主张吾道一以贯之,史学家尽管本有自己的思想倾向,但面对纷繁史象众多人物,不能不趋向于百科全书式的格局。缘此,过去我们曾认为史公以儒为主,兼及道、法,纵横诸家。这原本无甚大谬,但过于看重与孔子的关系,知其表而入其内不够,未免肤浅,流于大而化之,非常有必要进而论之。

司马迁对孔子确实有着无限的尊敬与亲和,推为"至圣",列入世家,以"绝大见识""等匹夫于国君"(李景星语)。又有《仲尼弟子列传》光大其德,以及《太史公自序》对孔子修《春秋》的尊崇,洵为战国诸子所难比拟。对道家的看重,在于能采撷儒墨名法之长,"与时迁移,应物变化","指约而易操,事少而功多"(司马谈《论六家要旨》语)。作为政治哲学,属于道家支流的黄老之学,在西汉武帝之前是成功的,实在是缘于西汉社会经济贫瘠实际的无奈,然当好黄老的窦太后寿终正寝,黄老也好,道家也好,这种流行于社会上层的思想,似乎大多成了"殉葬品",起码宣告彻底退出政治舞台。而且适应休养生息的黄老,在汉武帝经济蓬勃时期,若再以退为进作利器,自然退得老钝,而不适时用,投入型的儒家思想必然勃然兴起,建功立业就必然宜时而势在必行。作为人生哲学,庄子齐物我、超利害的思想在危乱衰世或许让人有所心动,而"用在现实生活中,显然很难行得通,也很少有人真正采取这种态度"[1],在蒸蒸日上的文景之治以后的汉武帝时代,尤其

---

[1] 李泽厚:《华夏美学·儒道互补》,见《李泽厚十年集》,安徽文艺出版社1994版,第295页。

如此。司马迁父子儒道思想的异同,正是这两种时代交换的微型标志,犹如战国晚期儒学大师荀况却带出进入统一时代的两个法家弟子——韩非和李斯。

对先秦儒家的选择,司马迁尊仰孔子及其仁学,在《孔子世家》中表现出无限敬慕。因个性气质与时代要求,孟子热烈激切的"尚义"思想与批判精神,对他就显得更加需要和切合。孔子把仁与义都作为道德范畴,《论语·卫灵公》孔子有言:"志士仁人,无求生以害仁,有杀身以成仁。"又言"义以为志"。包括其他场合在内,孔子的仁讲得比较泛化,属于人道与博爱,不太涉及具体行为与事物的价值。孟子也反对"仁内义外",《告子上》说"行吾敬,故谓之内"①,行为上的恭敬是从内心发出,所以说是内在的。但孟子反复强调义在行为上的体现,并且对仁义有所区别。《公孙丑上》谓仁是"人之安宅",《离娄上》又进而辩说:"仁,人之安宅;义,人之正路也。"《万章下》云:"夫义,路也;礼,门也。"《万章下》又云:"仁,人心也;义,人路也。"孔子的高足曾晳讲:"士不可不弘毅",孟子则求"尚志"。《尽心上》说:尚志即推重"仁义而已矣。杀一无罪非仁也,非其有而取之非义也。居恶在?人是也;路恶在?义是也。居仁由义,大人之事备矣。"孔子讲"好德如好色",孟子讲"尊德乐义",《尽心上》说:"故士穷不失义,达不离道。穷不失义,故士得己(自得)焉;达不离道,故民不失望焉"。总之,如前所言,孔子重仁,孟子"尚义"。孟子尽量把义上升到行为上,不拘囿于思想范围。所以孟子的"舍生取义",实际对孔子"杀身成仁",由修养拓展到行事、取舍的人生价值上,比起"义以为质","居仁由义"就具体得多了,其价值判断是非区别所显示可行性鲜明得多了。司马迁正是在这种鲜活具体的"尚义"思想鼓荡下,浇铸了他的《史记》。

《太史公自序》刻骨铭心记述其父"执手而泣"的遗嘱:自孔子作《春秋》以后四百多年,"明主贤君忠臣死义之士,余为太史而弗论载,废天下之史文,余甚惧焉,汝甚念哉"。司马迁俯首流涕表示要担负起这种历史责任,要继《春秋》而作史。他在与壶遂讨论作史时,三番五次强调《春秋》之义,他的作史与孔子整理《春秋》确实有相似之处。孟子的"尚义"思想就是在理论上对孔子之仁义与《春秋》之义的推展。孟子说得更为直露:"孔子成《春秋》而乱臣贼子惧"(《滕文公下》),《史记》正是继承了孟子所体认的这种批判精神与"尚义"思想,以"尚义"精神对历史人物"采善贬恶"。他在

---

① 朱熹:《四书章句集注》释此:"所敬之人虽在外,然知其当敬而行吾心之敬以敬之,则不在外也。"中华书局1983年版,第327页。

《史记》一百三十篇提要中,强烈展示出这种鲜明的目的。

为突出秦穆公"思义",作《秦本纪》——原本可入《秦始皇本纪》,因和暴秦相连而义不显。为显示反秦是汉之"扶义惩伐",故详著《秦楚之际月表》。肯定汉初削藩为"推恩行义",目的在于遏制动乱,作《王子侯者年表》。为"嘉庄王之义",作《楚世家》。作《魏世家》的目的之一,在于"文侯慕义"。而"末世争利,惟彼奔义",故特作《伯夷列传》,虽然传主并无功烈可言。孔子弟子能"崇仁厉义",又再立《仲尼弟子列传》。在诸子类传为突出孟子"明礼义之统纪,绝惠王利端",作《孟子荀卿列传》。因"黄歇之义"在于使士"南乡走楚",作《春申君列传》。《离骚》以辞讽谏,因"连类以争义",作《屈原贾生列传》。豫让等"义不二心",专作《刺客列传》。为国"敢犯颜色以达主义",作《袁盎晁错列传》。田叔守节赴义,且"义足以言廉,行足以厉贤",故专立单传。游侠救人于厄,"义者有取焉",故特撰类传。

以上凡十四义,有思义、扶义、行义、嘉义、慕义、奔义、厉义、明义、争义、达义、取义、廉义,以及某某之义,义不为,加上上文的死义、道义、礼义,一篇中多达 24 次,这些激切奔放凛冽满目的"义",无不体现《史记》记述历史评判人物所闪耀的"尚义"精神。《自序》书终明义,是打开《史记》的一把钥匙,也是走进作者思想的巍峨肃然的大门。《自序》最后说十二本纪与十表在于"原察始终,见盛观衰",亦通古今之变。为礼乐、律例、兵权所作八书,在于"究天人之际,承蔽通变"。而最能体现"成一家之言"的七十列传,以及还可以看作"列传"的近当代史的本纪与世家,其立传或入世家、本纪(如项纪)目的,《自序》以浓墨重彩最后推出:"扶义俶傥,不令己失时,立功名于天下",此篇长文画龙而以大笔金书点睛,片言居要,震动一部大书。毋宁说《史记》是一部"扶义"史,是一部捍卫、追求义的史书,是一部非常俶傥的史书,一部烈丈夫及时树立功名的史书,令人可歌可泣,可敬可慕。它贯穿着浓烈的悲剧气氛,其中所凸显的正是孟子最为倡扬的"舍生取义"精神。孟子把"尚义"推到哲学家的高度,司马迁则以之谱写悲壮的历史旋律。鲁迅先生所盛誉的"史家之绝唱,无韵之《离骚》",或许包括屈原"作辞以讽谏,连类以争义"的精神赞许。

《史记》除了高扬孟子"尚义"精神,对生死观、人生价值观、审美观,以及耻辱与发愤、勇于有为与批判精神等进行了多角度探索,读者会发现他们的思想精神、人生观念异常接近。

二、生死抉择与隐忍耻辱

孟子主张在大是大非面前追求义、捍卫义,高张"舍生取义"精神。《告子上》说:"生亦我所欲也,义亦我所欲也;二者不可得兼,舍生而取义者也。生亦我所欲,所欲有甚于生者,故不为苟得也;死亦我所恶,所恶有甚于死者,故患有所不避也。……是故所欲有甚于生者,所恶有甚于死者。非独贤者有是心也,人皆有之,贤者能勿丧耳。"孟子在鱼与熊掌不能兼得而必有舍弃的两难选择面前,主张舍小求大,弃轻扬重,比人生死更为重大的,照他看来非义莫属,勇于赴义乃至以身殉义的伟烈精神,便是值得热烈竭力宣扬的。

司马迁不幸遇到孟子所言的生死的两难选择,这在《报任安书》里有着呕心沥胆的倾诉。因为李陵辩解忽遭囹圄之灾,更有甚者后来还受到腐刑酷罚。在"人重犯法"的当时,汉代士人自杀真如稚童游戏般容易,当他"交手足,受木索,暴肌肤,受榜箠,幽于圜墙之中",未尝没有想到"蚤自财绳墨之外";在未惨遭宫刑时,未尝没有想到"诟莫大于宫刑";这两次选择,他选择耻辱地活,又耻辱地去永作"刑余之人"。这是否与孟子舍生取义大相径庭,而且背道而驰呢?其实不然。同样在《报任安书》里,他再三思考对生死以及受宫刑的痛苦抉择。一则曰:"假令仆伏法受诛,若九牛亡一毛,与蝼蚁何异?而世又不与能死节者比,特以为智穷罪极,不能自免,卒就死耳。"再则曰:"夫人情莫不贪生恶死,念亲戚,顾妻子。至激于义理者不然,乃有不得已也。"三则曰:"且夫臧获婢妾,犹能引决,况若仆之不得已乎?所以隐忍苟活,函粪土之中而不辞者,恨私心有所不尽,鄙没世而文采不表于后也。"[①]总而言之,他对于死"不能也,非不为也",他有比死、比耻辱更重要的——"鄙陋没世而文采不表于后世"——秉笔结撰《太史公书》,这样不是舍死求名吗?不正是与"舍生取义"大谬悖戾!其实亦不然。

成长于史学世家的司马迁,撰史不仅是父亲痛泣的"何敢让焉"的遗嘱,而且是义不容辞的社会责任。史书"述往事,思来者",属于"见之行事"而"深切著明"的事业,不仅像《自序》所说:"废明圣盛德不载,灭功臣世家贤大夫之业不述,堕先人所言,罪莫大焉",而且不能像孔子那样以《春秋》"贬天子、退诸侯、伐大夫",而"废天下之史文",丧失张扬道义的责任。死与否,撰史与否,二者交战,他毅然选择"隐忍苟活","是以就极刑而无愠色",只因他有用史书"扶义"庄严伟然的大目标。他宣示:"人固有一死,死有重于泰山,或轻于鸿毛,用之所趋异也。"他不愿意像一般人自杀死去,而趋向人生最耻辱的腐刑。在他看来,这种舍死取辱,未尝不是为了"扶义"。

然而他所面临的耻辱,"虽累百世,垢弥甚耳",永系于无形的耻辱柱

[①] 以上所引《报任安书》,见班固:《汉书·司马迁传》,中华书局1983年版。

上:"是以肠一日而九回,居则忽忽若有所亡,出则不知所如往。每念斯耻,汗未尝不发背沾衣",这比处死更难的选择,这种"活罪",可以压碎、扭变正常人的精神,司马迁"隐忍"了,因为他抱负着叙写评判历史义不容辞的使命。他凭借"取予者,义之符也"的观念,发愤抒写《史记》,"虽万被戮,岂有悔哉"!

《孟子·公孙丑上》说:"羞恶之心,义之端也。"《告子上》又说:"羞恶之心,义也。"把人皆有之的羞恶感与义浇铸一体。在司马迁看来,"闺阁之臣"般地活着是羞耻,引决自裁丧失对历史叙述与裁判,愈是更为惧焉的罪责。这不正是孟子"死亦我所恶,所恶有甚于死者,故患有所不辟也"——"舍生取义"的再现。至此,可以说司马迁舍死求义,与孟子的舍生取义形离而神合。进而言之,充分体现继承了仗义勇为的精神。生死观与荣辱观的一致,说明汉代士人颇具战国无畏精神,闪烁在司马迁身上,就最为耀眼不过了。

以此见于《史记》,最著者为《伍子胥列传》,兄伍尚"为人仁"而"归死"。伍员"刚戾忍诟,能成大事",以为"父子俱死,何益父之死",舍死奔吴,终于抱怨鞭尸。传末论赞说:"向令伍子胥从奢俱死,何异蝼蚁。弃小义,雪大耻,名垂于后世。悲夫!方子胥窘于江上,道乞食,志岂尝须臾忘郢邪?故隐忍就功名,非烈丈夫孰能致此哉?"此以归死为"小义",弃死"雪大耻""就功名"则为大义,为"烈丈夫",舍死求义为评判准则,其中无疑渗透着切身感愤。故论者言:"太史公满腹怨艾,亦借题发挥,洋溢于纸上,不可磨灭矣。"① 季布为项羽数困汉王,汉立而高祖悬千金购求布首级甚急,布髡钳为奴,朱家斡旋解纷,方遇赦。其论赞说:"以项羽之气,而季布以勇显于楚,身屦典军旗者数矣,可谓壮士!然至被刑戮,为人奴而不死,何其下也!彼必自负其材,故受辱而不羞,欲有所用其未足也,故终为汉名将。贤者诚重其死。夫婢妾贱人感慨而自杀者,非能勇也,其计画无复之耳。"这和伍员传直然异曲同调,朱家说辞既有:汉求布如此急,"夫忌壮士以资敌国,此伍子胥所以鞭荆平王之墓也",简直以布为伍员之第二。栾布始为彭越家人,汉诛彭越,布冒死哭祠,"请就亨",该传论说:"栾布哭彭越,趣汤如归者,彼诚知所处,不自重其死。虽往古烈士,何以加哉!"季布忍辱弃死欲有所用,栾布舍生赴义视死如归,二布死生对照,正反相映,而同为烈丈夫则无二致,合为一传,生死双绝。

尤其是《张耳陈余列传》附传为一曲舍死求义之歌。刘邦待其婿赵王

---

① 李景星:《四史评议·史记评议》,岳麓书社1986年版,第63页。

张敖罢慢无礼,其相贯高等义不受辱,欲杀刘邦,事泄,与谋者皆争自到,贯高独骂"公等皆死,谁白王不反者",挺身为敖辩白,吏治榜笞至"身无可击者,终不复言"。其友泄公受刘邦指使探问实情,贯高说:"人情宁不各爱其父母妻子乎?今吾三族皆以论死,岂以王易吾亲乎哉,顾为王实不反,独吾等为之。"其间特意叙出泄公对刘邦所言:谓高"固赵国立名义不侵为然诺者",乃赦赵王与高,高被赦后却反而自杀。高所以不死者,为白赵王不反;又自裁者,因有篡杀之名。他说:"纵上不杀我,我不愧于心乎?"死与不死,取舍由义。舍死求义与舍生取义共现一身。其事悲壮,生与死都展现"尚义"精神。孔子所谓"载之空言,不如见之于行事",于此得深切著明的体现。

又如《赵世家》,公孙杵臼与程婴相谋以保赵氏孤儿。公孙杵臼曰:"立孤与死孰难?"程婴曰:"死易,立孤难耳。"公孙杵臼曰:"赵氏先君遇子厚,子强为难者,吾为其易者,请先死。"孤儿赵武后来攻杀仇人屠岸贾,复仇毕,程婴乃辞曰:"昔下宫之难,皆能死。我非不能死,我思立赵氏之后,今赵武既立,为成人,复故位,我将下报赵宣孟与公孙杵臼。"武泣固请,程曰:"不可!彼以我能成事,故先我死;今我不报,是以我事为不成。"两义士,一为舍生取义赴难死,一为舍死求义成功死,都死得可歌可泣!视生死为难为易,一切置之度外。死亦为义,生亦为义,出生入死亦为义。史公的"尚义"精神,显得悲慨淋漓,大义凛然。于此亦最能见史公撰史以彰显死义之士深切用心。

还有《田儋列传》,田横因不忍北面事刘邦的耻辱而自剖,刘邦拜其随从二客为都尉,二客却穿横冢亦自到,其徒属五百余人于海岛闻悉亦自杀。传论曰:"田横之高节,宾客慕义而从横死,岂非至贤!"田横之死,搞得刘邦"为之流涕",二客继死,唬得刘邦"乃大惊"。直到遣使招五百人,而亦皆自杀,"于是乃知田横兄弟能得士也",这让刘邦怎能不心惊肉跳。没有几年,刘邦老病却医不治,恐怕与此不无关系,他被这种"尚义"烈举震颤了,那些活着的其他"田横",实在让他产生莫名的畏惧,也实在不愿延续"皇帝之贵"了。《田单列传》的附传说,燕之侵入齐,因齐人多高王蠋之义,请其为将,封赐万家。蠋以被劫为将,"是助桀为暴也。与其生而无义,固不如烹!"遂自杀。又用寓论断于叙事的手法写道:齐王大夫闻之,曰:"王蠋,布衣也,义不北面于燕,况在位食禄者乎!"一段小文,三见其"义",显示了爱国者之烈义。史公对屈原是赞美的,而且"观屈原所自沉渊,未尝不垂涕,想见其为人",表示了极大的同情,屈原绝望投江,其死未尝不带死谏之义,这与他生前《离骚》纳谏"争义"的精神是一致的。《史记》对生死大节进行了热烈而又严厉地叙写,歌颂为义献身的"非常傀傥"烈丈夫,其对象既有孟子舍生取义的大人物,又有所推展的舍死求义的伟丈夫,构成一支激荡人心的悲壮史曲。

三、犀利果锐的批判精神

"尚义"精神见之观念与行为,它既对壮烈行为充满热切的歌颂,又对邪恶持有强烈的批判锋芒,"义"不像"仁"的温和,既是是非分明的双刃剑,也是检验善恶的试金石。它闪动的光芒体现在孟子的君贵民轻的思想,而且锋芒对准不义君主,紧紧不放,显示出大无畏的批判精神,在诸子学说中具有鲜明的个性,如与孔子相较,《史记》最得前者之精神。

《孟子》首篇《梁惠王上》即声色俱厉痛斥贪婪之君:"庖有肥肉,厩有肥马,民有饥色,野有饿莩,此率兽而食人也。兽相食,且人恶之;为民父母,行政,不免于率兽食人也,恶在其为民父母也?"这样的痛斥无异于詈骂,想见其怒发戟手之状。而对"食人"之君,《梁惠王下》则言:"贼仁者谓之'贼',贼义者谓之'残'。残贼之人谓之'一夫'。闻诛一夫纣矣,未闻弑君也。"这是对齐宣王"臣弑其君,可乎"问题的回答,凡是不仁不义独夫民贼都在可诛之列。至于君臣之义,《离娄下》说:"君之视臣如手足,则臣视君为腹心;君之视臣为犬马,则臣视君如国人;君之视臣如土芥,则臣视君如寇仇。"认为君臣在平等基础上是互动的,臣可以以牙还牙,还可以废君。《万章下》:"君有大过则谏;反复之而不听,则易位。"不仅齐宣王听此"勃然变乎色",千载以下帝王亦复使然,朱元璋即为显例。孟子如此激进的民主思想,在君权更为集中的封建社会是不多见的,司马迁对君主尖锐果决的批判,与孟子是一脉相传的。

如果说《孟子》议论为"载之空言",《史记》则"见之于行事"。在汉初四代五帝中,"德莫盛于孝文帝",原本无甚功业,因突发事件偶然被推上皇座,当然也会被废掉。故在位谨慎行事,废连坐与肉刑,广施恩惠,废奴削谤,政简刑清。建储亦有犹豫,而且节俭异常,常衣绨衣(即粗衣),令夫人裙不拖地,帐不为绣,仅值百金的露台也不愿建,大行遗诏也要反对厚葬,一切从俭。《文帝纪》载录诏书最详细,"朕既不德","其不德大矣","吾甚自愧","以不敏不明而久抚天下,朕甚自愧","不为百姓,朕甚愧之"反复出现,好像是汉初一位厚德仁君。但在《绛侯周勃世家》,对把诛除诸吕扶持他上台的敦厚木讷的周勃,文帝立仅一月余,就把他折腾得请归相印,又赶出长安,逼得其总怕被抓,后来还是被抓进监狱。《贾谊传》里,听信元老忌贤之言,乃以贾谊为长沙王太傅。岁余召见于宣室,仅问鬼神之事,虽赏其才,但仍去做梁怀王太傅。这是不能用贤处。《佞幸列传》写他贪恋男色数人,邓通无技能,"赏赐通巨万以十数",原来文帝也豪奢,且耗费在嗜痂成癖上。《张释之传》里,随喜怒以陟降赏罚,也想把自己陵墓搞得无比牢固,只是还能听得进谏言,所以还算是有德之君。

《史记》的批判往往出之以讽刺,看似直书的实录,却寓含极辛辣的意味,此在《高祖纪》显得极突出。他的出生,因蛟龙附其母身,故"隆准龙颜"。"左股有七十二黑子"——因别人难得一见。好酒常醉卧,几家酒店老板娘"见其上常有龙",此因付酒钱数倍而代作的"广告"。路过"老父"相吕后为"天下贵人",儿女皆贵,相刘邦则"贵不可言"。后来"及高祖贵,遂不知老父处",着实戳穿"老父"纯属子虚乌有,这是夫人帮做的"广告"。赤帝子斩白蛇事是哥们儿协助的"广告",这从"高祖乃心独喜"看得出来。政治广告一多,形成"东南有天子气"的舆论,秦始皇为此东游"厌(镇)之",刘邦亡匿,吕后常能找到。高祖感到奇怪,吕后说是所匿处"常有云气",这自然会引起"高祖心喜",这是夫妇默契合作的"广告",他们连逃窜都要编出新玩意儿来,因此沛中子弟"多欲附者"。老友萧何所说的"刘季固多大言",拆穿了种种神异灵验的秘密,虽然这句话只说他"实不持一钱"而给言"贺钱万"。这些自造的谎言,给反秦带来轰动的人缘效果,于下文每有呼应。比如起事的旗帜皆赤,"由所杀蛇白帝子,杀者赤帝子",即属再滋生的"广告"。广武相持时中箭伤胸,乃扪足说中指;《淮阴侯列传》把"假王"改口为"真王",均为变形的故技重施。灭项羽后,诸臣请尊为帝,"汉王三让,不得已",曰:"诸君以为便,便国家。"高兴得语不成词,"不得已"便是装出来的。萧何营建未央宫壮丽,高祖嫌过度而"怒",听了萧何一番"道理","高祖乃悦"。但他一进咸阳,就"欲止宫休舍"。《项羽纪》里说他攻入彭城,"收其货宝,美人,日置高酒会",所以对萧何的"怒"自不会真。未央宫建成,大朝群臣,则对太上皇说:"始大人常以臣无赖,不能治产业,不如仲力。今某之业所就孰与仲多?"群臣欢呼。离楚归汉的智者陈平谓项羽恭敬爱人,刘邦"慢而少礼",士之廉节者多归楚,而"顽钝嗜利无耻者多归汉",事见《陈丞相世家》。"君仁,莫不仁;君义,莫不义",那么"无耻"者的领袖该是无耻之尤,其家大人说他是"无赖",实在没有委屈。这话由他本人口中非常得意时说出,其人就不仅无赖而且无耻了。

其实何止于无赖无耻!当项羽把他的老太公置于高俎,威胁投降,否则就烹掉,汉王自有"吾翁即若翁"的妙论,还要"幸分我一杯羹"。彭城大战败逃,三次推堕儿女下车,滕公夏侯婴劝阻,当时"行欲斩婴者十余",为了自己,父亲与儿女全可舍弃。这是他寡情薄义的一面。功臣中樊哙最亲,娶吕后之妹,但怕死后哙尽诛戚氏、如意,便派陈平去斩掉。萧何关系最近,早年送他钱多了两个,分封便为第一,益封二千户,又悉封父子兄弟十余人。楚汉相争时看守关中,多转漕给军。汉军数溃败辄发关中卒补缺,帮了绝大的忙。因不在身边"数使使劳苦丞相"——深疑而放心不下,萧何只好派子孙昆弟能胜兵者悉诣军所——去做"人质",汉王这才"大悦"。萧何设计暗杀韩信,虽称上心而又起疑,便"悉以家私财佐军",这才"乃大喜"。上亲击英布,则买地放贷以自污,于是"上乃大说"。而罢军归,便下廷尉系治。智囊张良吓得"弃人间事","学辟谷",饭也吃不下去。这是他忌刻的一面。凡是能带兵者,诸如韩信、彭越、陈豨、英布、韩王信等,以"反罪"尽诛无余,逼走卢绾。这是他狠毒的一面。项羽已灭,楚地皆降,独鲁不下,对他不无刺激震颤,便以鲁公礼葬项王,且"为发哀,泣之而去"——无异活鼠哭死猫。田横自杀,又"为之流涕"。所随二客又自杀,"乃大惊"。无论庆幸还是惊惧,其流涕均从虚伪流出。萧何无罪而系治,只好放出说:"我不过桀纣王,而相公为贤相。吾故系相国,欲令百姓闻吾过也。"从虚伪中滋生出虚伪。又"善骂",骂陆贾"乃公居马上而得之,安事诗书",骂郦食其为"竖儒",骂诸将相为"功狗",骂娄敬为"齐虏,以口舌得官",骂韩信"吾困于此,旦暮望若来佐我,乃欲自立为王",又复骂:"大丈夫定诸侯,即为真王耳,何以假为",真假并下。吕后为女婿张敖说情,则怒骂:"使张敖据天下,其少而女乎!"高祖还有不骂之骂的绝招,微时与客时时过长嫂食,嫂以勺擦锅佯示羹尽,及为帝不封嫂伯子,太上皇说情,乃封为"羹颉侯",以报怨示骂。又在洗脚时接见人以示倨傲恣侮。这些都是他泼皮刁钻处。他的好色,在《项羽纪》《佞幸传》《张丞相传》《外戚世家》都可看到。宠幸戚夫人,即谓如意"类我";封功臣"所封皆萧、曹故人所亲爱,而所诛者皆生平所仇怨"(《留侯世家》)。这是他的偏私。所封功臣,起初萧何为"刀笔吏,录录未有奇节"。曹参为"狱掾""豪吏";陈平自道:"我多阴谋",张良亦与之同类;周勃"常为人吹箫办丧事","才能不过中庸";樊哙"以屠狗为事"。郦食其为"监狱吏"而"贤豪不敢役",人称"狂生"。其弟郦商拦路"东西略人",后得幸吕太后。夏侯婴为"沛厩司御",灌婴"贩缯",任敖为"沛狱吏",石奋因"恭敬"得侍高祖。所以陈平谓刘邦集团为"顽钝嗜利无耻者"的团伙,并非毫无根据。司马迁亲至丰沛"问其遗老","故萧、曹、樊哙、滕公之家,及其素,异哉所闻!方其鼓刀屠狗卖缯之时,岂自知附骥之尾,垂名汉庭,德流子孙哉!"这似乎只肯定高祖,然对此团伙的否定,高祖就自不待言。何况高祖本人自称为"桀纣主",忠臣周昌亦称"陛下即桀纣之主也"(《张丞相世家》)。

对汉初四代五帝,《史记》洵臻"不隐恶"高度,批评的锋芒毫无回避。刻薄与好色似成汉之家法。吕后极意害死戚夫人之子赵王,惠帝刘盈则极意呵护。戚夫人被吕后残害成手足眼俱无的"人彘",惠帝看到大哭,谴责母后"此非人所为"。这位厚道皇帝"从此日饮为淫乐,不听政",故无政绩可言,《史记》因此未为他立本纪,而将其事写进《吕后纪》中。《佞幸列传》又说,"高祖最暴抗",然有男宠"籍孺以佞幸",孝惠时也有闳孺。"此两人非有才能,徒以婉佞贵幸,与上卧起,公卿皆因关说"。且形成一种风气,惠帝时郎侍中敷粉、贝带,"化闳、籍一属也"。景帝独宠郎中令,武帝宠者有韩嫣,"赏赐拟于邓通"。其弟韩说亦佞幸。李延年与其妹亦幸,延年贵幸"埒如韩嫣"。以此看来,嗜好男色乃成代传的家风。

汉法极酷,故酿造的悲剧至多,这与汉初诸帝的刻薄密切相关。周亚夫因平定吴楚七国之乱而为相,被文帝称为"真将军","真可任将兵"。因废太子、封皇后兄王信与匈奴将军为诸侯事,多次阻止过景帝,不仅免相,而且赐食大块肉,却不置筷,让他用手抓——予以人格侮辱,并谓之"此怏怏者非少臣也"。又抓住买甲盾为葬器,使法吏诬他造反,理由是"君侯纵不反地上,即欲反地下耳",最后终于死于牢狱。其父周勃以同样罪名入狱,曾言:"吾尝将百万军,然安知狱吏之贵乎!"其子又同样的悲剧而更惨。陈平是文帝即位次年老死,否则也会面临同样的命运。在文帝看来,他们能扶他即位,也能废除他。景帝的"非少主臣"的话出于与乃父同样的阴暗心理,这些均秉承了高祖与吕后残害功臣的"家法",手段与心理如出一辙。

对自己的亲人亦复如此。高祖少子淮南厉王刘长椎杀所迁怒的辟阳侯,"薄太后及太子诸大臣皆惮厉王",这当然包括薄太后的丈夫文帝,于是抓住小辫子说是"谋反","欲以危宗庙社稷",最后终于逼死,文帝这才不担心还有"谋反"。四年后,有民歌为此而发:"一尺布,尚可缝;一斗粟,尚可舂;兄弟二人不可相容。"文帝自觉处置得有理有法,不愿落杀弟之名,故有"天下其以我为贪淮南王地邪"之叹,也就是说"谋反"是属于莫须有,一方面让其子王淮南故地,一方面"追尊谥淮南王为厉王",这就是同乃父刘邦封其兄之子为"羹颉侯"如出一辙。后来雍正皇帝诛杀诸弟,谥号中有"狗"有"猪",都是刻薄隐狠手段的再现,因为汉代明君可以效法。

到了汉武帝时,大汉帝国财大气粗,所以武帝有许多大手笔。讨伐匈奴中逼死了一代名将李广,又因"李陵降番"而灭其九族。司马迁也因此入狱成了"腐迁"。苏武坚持不降匈奴,然其兄弟均因小小失误而自杀,母死而妻子改嫁。大思想家董仲舒的"灾异之记"里有"讥刺",于是下到法庭,判处死刑,虽获赦,但吓得董仲舒"竟不敢复言灾异",后来被赶出长安,连胶西王之相也不敢久做。这还是"罢黜百家,独尊儒术"时代,与本好刑名的文景帝时代有别。《酷吏列传》里如郅都、宁成、周阳由、赵禹、义纵、王温舒、尹齐、杨朴、减宣、杜周,这些"以酷烈为声"的法官们的素质有廉污之别,但都以刻薄寡恩著称。以张汤最为著名,"所治夷灭者几何人矣",然最后亦遭谋陷而自杀。善于推贤荐士的韩安国,被司马迁称"韩长孺之义"。因新幸卫青有功益国而被疏远,郁郁不欢,吐血而死。名臣汲黯好直谏"守节死义",不容人主之过,曾面责武帝"陛下内多欲而外施仁义",不愿"陷主于不义",本为忠臣,因"坐小法,会赦免官"。后又让他带病卧治淮阳,亦失意而卒。总之,凡《汉书·公孙弘传论》所并列出之"异人",绝大多数人结局都很悲凉。对于君王的刻薄与汉法的无义,司马迁可谓揭露无遗。

　　《史记》的批判当然不止于此,比如《封禅书》对汉武帝痴迷不悟至死方觉的求仙,就极尽讽刺。如果专就对汉前期诸帝"不隐恶"的秉笔直书批判精神,真可谓"实录"。实际上是对孟子"说大人当藐之"与君臣相视的"土芥""仇雠"观的具体体现。孟子文章质朴流畅,感情充沛,爱憎分明,似乎全部潜移默化于《史记》的句里行间。刘熙载说:"孟子之文至简至易,如舟师执舵,中流自在,而推移费力者不觉自屈。"又言:"集义养气,是孟子的本领,不从事于此,而学孟子之文,得无象之然乎?"对于《史记》,刘氏则言:"末世争利,维彼奔义,太史公于叙《伯夷列传》发之。而《史记》全书重义之旨,亦不异是。"又言:"崇尚意气者好《史记》。"①"集义"与"重义","养气"与"尚意气",正是同义语,这正说明二者相似,亦即传承之处。可以说司马迁正是从"尚义"重气,而秉承孟子的思想趋向,不正是在精神上极为相似吗? 在《孟子荀卿列传》里,特意打破文人论赞的惯例,而在发端即以传序的形式强调它的重要,"太史公曰:'余读孟子书,至梁惠王问"何以利吾国",未尝不废书而叹也。曰:嗟乎,利诚乱之始也! 夫子罕言利者,常防其原也。故曰:放于利而行,多怨。自天子至于庶人,好利之弊何以异哉!'"

　　一部《史记》只有两次"废书而叹",在这里孟子的思想,引起司马迁多么大的震动与感慨,对"好利之弊"的洞悉又多么的相似。而"好利"的反面正是"尚义",司马迁正是缘于此,把"尚义"的思想与精神贯注在一部《史记》里。

---

① 刘熙载:《艺概·文概》,上海古籍出版社1978年版,第5、6、11、13页。

而对孟子的推崇也是从《史记》开始的①,这奠定了孟子在儒学史的地位。而《史记》的"尚义"思想与秉承孟子的批判精神,也因此更为熠熠生光。

第二节　司马迁《史记》弃名求实论

史记风格大致可以分为史学和文学两种,其中的"尚义"精神属于史学风格的主导方面,而对历史人物的定位,名与实的取舍,亦属于史学风格主要的一面。《史记》作为纪传体,以人物为中心,对于历史上的重要人物,必须在"本纪""世家""列传"中定格定位。作为通史,把没有交集甚至不同时代的人物,又在合传中如何组合;在百科全书式的史著对名不见经传的小人物立传与否,以及对于秦之短促原因的追溯,都存在名与实的比较和选择。在责名求实不能兼顾时,面对名实乖迕,则毅然弃名求实,以寻求历史真伪为目的,揭示历史价值为原则,许多疑义分歧都可在此视野下,得到明晰的观照。

一、本纪取舍之原则

孔子处于春秋之末的礼崩乐坏之际,所以讲"正名";孟子处于战国中期思想解放时代,而敢为天下先,不讲君臣名分,提出"闻诛一夫纣矣,未闻弑君矣",而有"民贵君轻"的民本思想。司马迁尊重孔子,更亲近孟子的"尚义"思想,所以对史料取舍与人物地位的升降,尽力从历史本质出发,求其实而弃其名。这种"弃名求实"的作风,与"尚义"精神合构成《史记》的史学风格,对于前者就很值得探讨。

"本纪"是纪传体之大纲,其余四体"表""书""世家"与"列传"均可谓之目。这是纪传体的基本构架,而在通史里尤其体现社会历史长河发展的变迁,最能体现"原察始终,见盛观衰"的兴亡变化。司马迁要用十二本纪,统领三千年历史,构成世代嬗变的大系列,《史记》详近略远,上古与夏商周本纪仅具四篇,而战国至汉初的本纪则为八篇,时间的长短与篇数的多寡双

---

① 赵翼说:"其传孟子虽与荀卿、驺忌等同列,然驺忌等尊宠处,即云:'岂与仲尼菜色陈蔡,孟轲困于齐梁同乎哉!'又云:'卫灵公问陈,孔子不答,梁惠王谋攻赵,孟子称太王去邠,岂有意阿世苟合而已哉!'皆以孔子、孟子并称。是尊孟子亦自史迁也。"此说见赵翼:《陔余丛考》卷五《史记三》,中华书局1963年版,第85页。

向"倒挂"。而后者遭人异议者有三本纪:其一是自始皇之前,秦为诸侯,只能进世家而有《秦本纪》;其二三分别是《项羽本纪》与《吕后本纪》,前者应入世家,后者应以惠帝入本纪。

先看秦在战国时只是诸侯而作《秦本纪》,引起不少讥议。刘知几说:"迁之以天子为本纪,诸侯为世家,斯诚说矣。但区域既定,而疆理不分,遂令后之学者罕详其义。案姬自后稷至于西伯,嬴自伯翳至于庄襄,爵乃诸侯,而名隶本纪。若以西伯、庄襄以上,别作周、秦世家,持殷纣以对武王,拔秦始以对周赧,使帝王传授,昭然有别,岂不善乎?"①此从求名责实而言,似不无道理。牛运震说:"按《索隐》云:'秦本西戎附庸之君,不宜与五帝三王同称本纪,可降为秦世家。'"②刘知几《史通》亦云(已见上引)。二说似皆近理,然以《史记》之编次条理考之,则有不得不纪秦者。盖秦伯王之业,章于缪、孝,成于昭、襄,此始皇因之,所以并吞混一而称帝号也。……此正于《秦纪》末联合照应,针线相接,以为始皇并一天下之原本也。如欲降《秦本纪》为世家,则史家无世家在前,本纪在后之理,势必次《始皇本纪》于《周本纪》之后,而列《秦世家》于十二诸侯之中,将始皇开疆辟土席卷囊括之业,政不知从何处托基? 其毋乃前后失序而本末不属乎?……此其持论,非不有见,惜徒为局外闲观,而未察乎太史公编次之苦心也。读太史公《秦本纪小序》曰'昭、襄业帝',则纪秦之旨,太史公已自发之,后世读《史记》者,特未之深思耳。"③战国时秦已强大,故秦自为纪,始皇为统一时代,分属两个时代,秦之两纪源流分明。如列秦纪为世家,则本末倒置。刘知几拘牵体例"详求厥义",从"名实无佳"责全求备,有失通变之理。《史记》在名实不能兼顾时,则弃名求实,正是圆通灵活的地方。

对于《项羽本纪》,刘知几亦责难:"项羽僭盗而死,未得成君,求之于古,则齐无知、卫州吁之类也。安得讳其名字,呼之曰王者乎? 春秋吴、楚僭拟,书如列国。假使羽窃帝名,正可抑同群盗,况其名曰西楚,号止霸王者乎? 霸王者,即当时诸侯。诸侯而称本纪,求名责实,再三乖谬。"又说:"以本纪为名,非唯羽之僭盗,不可同于天子;且推其序事,皆作传言,求谓之纪,不可得也。"④此亦求名弃实的说法。司马迁谓项羽灭秦,主宰天下,

---

① 刘知几:《史通通释·本纪》,浦起龙注,上海古籍出版社1982年版,第37页。
② 今本三家注《史记》未见《索隐》这几句话。
③ 牛运震:《史记评注》,三秦出版社2011年版,第19—20页。
④ 刘知几:《史通通释》之《本纪》与列传,浦起龙注,上海古籍出版社,1982年版,第37、46页。

"政由羽出","则亦与天子无异,况亡秦者,实由于楚,其称本纪固宜"①。郭嵩焘说:"案秦灭,项羽主盟,分裂天下以封王侯,皆羽为之,实行天子之权,例当为本纪。以后世史例论之,当为《怀王本纪》。而怀王为项氏所立,拥虚名而已,天下大势未一系之。史公创为《项羽本纪》,以纪实也。"②郭氏从弃名求实出发,所言甚是。义帝虽有名号而无其实,从弃名求实看,当立《项纪》。司马迁弃名求实,认为项羽灭秦,分封天下,"政由羽出",这是从战国以来,未曾有过的现象,故应列入本纪,是符合历史本真的。至于纪传二体固有编年与记人之分,然《项纪》既把秦汉之际八年的灭秦与纷争,"兵所出入之涂,曲折变化,如太史公序之如指掌","太史公胸中固有一天下大势"③,不失为纪体;又写活了一人,不,应是写活了不少人,这比质木呆板的纯纪体不知道要好多少。所以,创立《项纪》亦是弃名求实不以成败论的体现。

至于《吕后本纪》,若从名号看,吕后尚不如义帝之有招牌,更不如她儿子惠帝名正言顺。因而郑樵谓"迁遗孝惠而纪吕,无亦奖盗乎"④,然又言:"汉吕、唐武之后立纪,议者纷纭不已,殊不知纪者编年之书也。若吕后之纪不立,则八年正朔所系何朝?……不察实义,徒事虚言,史家之大患也。"⑤依郑氏则吕纪与孝惠纪当并立,班固《汉书》即二纪并存,实为骈指累赘,不若《史记》峻洁。"高祖定天下,诛大臣,吕后有力焉。甚于孝惠之世,政教号令皆自后一人主之。削孝惠而纪吕后,纪其变也,著其实也"。⑥而且《吕纪》已言孝惠之年见"人彘"而气出病来,日饮酒,不听政,"终不能治天下",一直至七年病逝。所号"惠帝"实际是空壳子,故"太史公曰":"惠帝垂拱,高后女主称制,政不出房户,天下晏然。"不为惠帝立纪,正是纪其实。"纪吕可括惠纪,惠不能尽符"⑦。这是不因男女有所偏差,并与弃其名而求其实的实录宗旨相符。

还有不为秦二世立纪,却在《李斯列传》里写"凡秦兴亡并赵高始末具在,似为秦外纪,而并为赵高之使者"。按纪体应立二世纪,然二世本为

---

① 金锡龄:《读史记项羽本纪》,见其所著《劬书室遗集》卷十二,《清代诗文汇编》,上海古籍出版社2011年版,第645册第588页。
② 郭嵩焘:《史记札记》,商务印书馆1957年版,第47页。
③ 黄汝成:《日知录集释》,卷二六"史记通鉴兵事"条,中州古籍出版社1990年据世界书局1936年版影印。
④ 王应麟:《困学纪闻》卷十《考史》,翁元圻等注,上海古籍出版社2008年版,中册第1341页。
⑤ 郑樵:《通志》卷五上《前汉纪五上》,中华书局1987年版,第76页。
⑥ 邹方锷:《大雅堂初稿》卷六,见《清代诗文集汇编》,上海古籍出版社2010年版,第206册。
⑦ 王拯语,见刘咸炘:《刘咸炘学术论集·史学编(上)》,广西师范大学出版社2007年版,第44页。

赵扶持之傀儡，但赵高腐宦又不足代表秦，而李斯与秦之兴亡休戚相关。所以，《李斯列传》不仅记述一个热衷富贵的聪明人的发迹与败亡的全过程，秦之盛衰兴亡亦在其中，且蛀臣赵高亦合叙其中，一举三得，以简驭繁，而有多方面的作用。近人李景星说："《李斯传》以'竟并天下'、'遂以亡天下'二句为前后关锁。'竟并天下'是写前所以盛；'遂以亡天下'是写其后所以衰。盛衰在秦，所以盛衰之故，则皆由于斯。……洋洋洒洒，几及万言，似秦外纪，又似斯、高合传，而其实全为传李斯作用。"①如果求名责实，则二世纪必不可少，则又与李斯传重复，而以一传囊括二世纪与赵高传，既展示了秦亡之因与赵高传，正是由弃名求实所必然的抉择，此与有《吕纪》而无惠帝纪出于同样的史学原则。

由此看来，弃名求实，实在是史家最为基本最为重要之大法，如果唯以名分记载历史，那《史记》则是另外一种模样。何况作为汉家使臣，却要把汉家死对头项羽置入本纪，放在《汉高祖本纪》之前，这种冒天下之大不韪的精神，实在要有荆轲般勇气。不立惠帝纪而立吕后，也不是一件轻松的事情。所以弃名求实，追求历史本真，不受名分限制，实在是撰史之大法，最基本的重要原则，而且要冒很大的政治风险。

二、世家取舍之原则

本纪之取舍已如上言，而世家与列传的取舍、分布、合并，后世亦多异议。对于世家主要集中在吴太伯、孔子、陈涉与汉初功臣与诸侯王、外戚诸篇。

对于世家之讥议，同样是缘于其定义之界域。刘知几说："案世家之为义也，岂不以开国承家，世代相续？至如陈胜起自群盗，称王六月而死，子孙不嗣，社稷靡闻，无世可传，无家可宅，而以世家为称，岂当然乎？夫史之篇目，皆迁所创，岂以自我作故，而名实无准。"②王若虚亦言："迁史之例，唯《世家》最无谓。颜师古曰：'世家者，子孙为大官不绝也，诸侯有国称君，降天子一等耳。'虽不可同乎帝纪，亦岂可谓之世家。且既以诸侯为世家，则孔子、陈涉、将相、宗室、外戚等，复何预也？"③明人郝敬谓《史记》"事未必尽实，义未必皆衷"，"项羽未帝，亦为本纪；陈涉忽亡，亦为世家。同一蕃

---

① 李景星：《四史评议·史记评议》，岳麓书社1986年版，第80页。
② 刘知几：《史通通释·世家》，浦起龙注，上海古籍出版社1982年版，第42页。
③ 王若虚：《史记辨惑》（三）"取舍不当辨"条，见其所著《滹南遗老集》卷十一，海南出版社2006年版，第146页。

王也,梁王、五宗、三王即为世家矣,而吴、淮南、衡山之属又不与焉。同一功臣也,萧、曹、张、陈、周勃辈既世家矣,而韩、彭、黥、樊之徒又不与矣。盖名位有常尊,贤愚顺逆,轻重相觭。"①袁枚则以进退褒贬为标准:"《史记》有意为褒贬。如进项羽为本纪,陈涉为世家,而黜淮南、衡山为列传是也。"②

司马迁身处汉武帝时代,能把大汉开国前敌对者项羽升为本纪,使之与刘邦同样进入至高无上的地位,无论从何角度看,确是带有一定的政治风险,后人如何看待,都显得"看人挑担不吃力"。他能进项羽为纪,上文已述,至于进陈胜为世家,在他看来也应是"弃名求实"题中应有义。所以在此文末尾说:"陈胜虽已死,其所置遣侯王将相竟亡秦,由涉首事也。"这是进世家的一个原因,是说陈涉在反秦战争中起着无可替代的先行作用;其次,又说:"高祖时为陈涉置守冢三十家,至今血食。"虽无后嗣守国,然后世祭祀成为定制。陈胜反秦敢为天下先的功绩,正如贾谊《过秦论》所言:"率疲弊之卒,将数百之众,转而攻秦。斩木为兵,揭竿为旗,天下云集响应,赢粮而景从,山东豪俊遂并起而亡秦族矣。"司马迁正是从反秦的历史巨变中,看到陈胜"一夫发难而七庙堕"的历史功绩,同时把"云集响应"的各种反秦起兵者备载于其中,也是为了显示出"由涉首事"的号召力。并在《太史公自序》申明:

> 桀纣失其道而汤、武作,周失其道而《春秋》作。秦失其政,而陈涉发迹,诸侯作难,风起云蒸,卒亡秦族。天下之端,自涉发难。

这是把陈涉与推翻夏之商汤、灭商之周武、据说作《春秋》的孔子并言,以为他们对历史推动的功绩是相等的。犹如把项羽列入本纪是因了"羽岂舜之苗裔邪"——实则就是说和大舜具有相同的历史功勋!所以,清人刘光蕡说:"(陈涉)力亦不能为天下之功,而能为天下有力者发端,故功在发端也。世家者,见凡可以为治世安民之有力者必需者,皆可以为世家。如泰伯之让,太公之谋,金縢之忠君,甘棠之治民皆是。故陈涉之发难亦可为世家,见天子之位,世及不择贤,则陈涉之事,亦救民之一端,而戮暴君之焰,使之有所惕也。惟其然也,名臣贤佐,功能及天下者皆可入世家,故萧、

---

① 郝敬:《史记愚按》卷一,明崇祯间郝氏刻山草堂集本。
② 袁枚:《随园随笔·诸史类》上卷"史记体例未备"条,见王英志主编《袁枚全集》,江苏古籍出版社1997年版,第5册第25页。

曹、留侯、平、勃皆为列侯，未尝封王亦为世家。即可见功虽及天下，亦第宜世家，不宜世国世天下也。"①这是从正本清源的宏通观念出发，舍弃"开国承家，世代相续"之名，而求"救民"之实，颇得史公之用心。李景星亦言："升项羽于本纪，列陈涉于世家，俱属太史公破格文字。……陈涉未成，能为汉驱除，是当时极关系事，列之世家，盖所以重之，而不与寻常等也。且涉虽一起即蹶，所遣之王侯将相，卒能亡秦。既不能一一皆为之传，又不能一概抹杀，摈而不录。……惟斟酌纪传之间，将涉列为世家，将其余与涉俱起不能遍为立传之人，皆纳入涉世家中，则一时草莽英雄，皆有归宿矣。故通篇除吴广外，牵连而书者，至于二十余人之多，千头万绪，五花八门，却自一丝不乱，非大手笔，何能至此？"②这正看出其间特殊作用。所谓"破格文字"，实际就是对弃名求实的史学观的肯定。

对于《孔子世家》，王安石曾有异议："太史公叙帝王则曰本纪，公侯传国则曰世家，公卿特起则曰列传，此其例也。其列孔子为世家，奚其进退无所据耶！孔子，旅人也，栖栖衰季之世，无尺土之柄，此列之于传宜矣，曷为世家哉？岂以仲尼躬将圣之资，其教化之盛，舃奕万世，故为之世家以抗之？夫仲尼之才，帝王可也，何特公侯哉？仲尼之道，世天下可也，何特世其家哉？处之世家，仲尼之道不从而大；置之列传，仲尼之道不从而小，而迁也自乱其例，所谓多所抵牾者也。"③王氏位高名重而博学，但所论全从"责名求实"出发，同时忽视了在汉初孔子之不受官方重视的状态，所以，明人何良俊说："盖方汉之初，孔子尚未尝有封号，而太史公逆有褒崇之典，故遂为之立世家。夫有土者以有土而世其家，有德者以德世其家，以土者土去而爵夺，以德者德在与在。今观自战国以后，凡有爵土者，孰有能至今存耶？则世家之久，莫有过于孔子者。《史记》又以孔门七十二弟子与老子、孟子、荀卿并列传，则其尊之至矣。"④所谓"逆知褒典"尚不足餍足人心。而在影响深远者，所言甚是。陈仁锡说："史迁可谓知圣人之道矣，班氏谓其先黄老而后六经，非也。观其作《史记》，于孔子则立世家，于老氏则立传。至论孔子，则曰'可谓至圣'，论老氏，但曰'隐君子'，非知足以知圣人

---

① 刘光蕡：《史记太史公自序注》，见《烟霞草堂遗书》，西北大学出版社2014年版，第527页。
② 李景星：《四史评议·史记评议》，岳麓书社1986年版，第49页。
③ 王安石：《孔子世家议》，李之亮《王荆公文集笺注》卷三四，巴蜀书社2005年版，中册第1194页。
④ 何良俊：《四友斋丛说》卷五"史一"，中华书局1983年版，第44页。

而能若是乎？"①这是从思想趋向上看出尊孔的一面。或谓"当西汉儒风尚微，黄老恣横之日，太史公尚能尊孔子，不遗余力如此，岂非豪杰之士哉"②。这是从独具眼光不顾及时流的角度看出。或谓"史有定例，有创例。凡公侯传国者曰世家，定例也，置孔子于世家，创例也"③。近人吴曾祺说："自史公时，人之知有孔子，或不及后世为至，甚乃跻之老聃墨翟之流。史公独列之世家，以与诸子异，可不谓能焉？及予观世家太伯，列传首伯夷，愈以信迁之知有孔子，为不偶然也。……是二子者，孔子之所谓旷百世而靡有及者也。今史公之书，一以孔子之言为断，是首二子者，犹之乎世家孔子之意也。"④孔子推崇吴太伯、伯夷，史公列之世家之首，而进孔子为世家，二者的意义是相同的。

对这一公案做出总结的李景星说："太史公作《孔子世家》，其眼光之高，胆力之大，推崇之至，迥非汉唐以来诸儒所能窥测。""揭其要旨，厥有三端。孔子以布衣为万世帝王师，泽流后裔，历代罔替，任何侯王，莫之能比，史公列之于世家，是绝大见识，其不可及者一也。天地日月，难以形容，圣如孔子，亦难以形容，孟子称为'圣之时'，已是创论，而史公《世家》，更称为'至圣'，尤为定评。自是之后，遂永远不能易矣，其不可及者二也。王侯世家，各以即位之年纪，孔子无位，则以本身之年纪，等匹夫于国君，侔德行与爵位，尚德若人，是之谓矣，其不可及者三也。"⑤这是从影响百代、至圣、德行肯定应立世家。史公之思想是敬孔子而宗孟子的"尚义"精神，孟子视孔子为集大成之时圣，史公推为"至圣"而进入世家，从此把孔子推向圣坛，作为史学的力量甚至比哲学更大些。"古者富贵而名摩灭，不可胜记，唯倜傥非常之人称焉"，司马迁这一名言，以之衡量孔子，无论是创立儒家学派，发扬仁学，还是教育思想泽被后世，或是坚毅人格，都具有"非常"之地位。司马迁之《史记》亦是以孔子修《春秋》自许的，他的《孔子世家》对后世的影响也同样是深远的。

---

① 陈仁锡：《陈评史记》，见杨燕起等编《历代名家评史记》，北京师范大学出版社1986年版，第491—492页。
② 陈仁锡：《陈评史记》，见杨燕起等编《历代名家评史记》，北京师范大学出版社1986年版，第492页。
③ 金俶基：《学海堂四集·读史记孔子世家书后》，同上，第496页。
④ 吴曾祺：《史记世家首太伯列传首伯夷论》，见其所著《漪香山馆文集》二集，杨燕起等编《历代名家评史记》，北京师范大学出版社1986年版，第499页。
⑤ 李景星：《四史评议》，岳麓书社1986年版，第48—49页。

三、《伯夷列传》的用意

　　司马迁作列传的原则,是"扶义俶傥,不令己失时,立功名于天下",所写之人,大都是可歌可泣之人物。而居于七十列传之首的《伯夷列传》,无论是传主的行事,还是作者行文之风格,都显得非常特别,因而引人注目。首先是伯夷事迹寥寥,一是让国,二是扣马而谏,三是隐居而终,并没有惊动人的事迹,也对当时商周易代之际没有什么影响。而且武王伐纣顺应人心,他们却跑到山下拦堵劝阻,实属逆时不义之举。然《太史公自序》却说:"末世争利,维彼奔义;让国饿死,天下称之。作《伯夷列传》第一。"对此,刘知几极为不满:"子长著《史记》也,驰骛穷古今,上下数千载。至如皋陶、伊尹、傅说、仲山甫之流,并列经诰,名存于史,功烈尤显,事迹居多,盍各采而编之,以为列传之始?而断以夷、齐居首,何龌龊之甚乎!"依他的看法,"若秦之由余、百里奚,越之范蠡、大夫种,鲁之曹沫、公仪休,齐之宁戚、田穰苴,斯并命代大才,挺生杰出。或陈力就列,功冠一时;或杀身成仁,声闻四海。苟师其德业,可以治国字人;慕其风范,可以激贪励俗。此而不书,无乃太简。"①《史记》于以上诸人均有记载,而只有田穰苴有单传。详刘氏之意,这些人似乎都应列单传或合传,均比伯夷重要得多。南宋叶适认为:"迁本意取高让不受利禄者为传首,是也"。但"虽以孔子之言,谓伯夷之非怨,而又以妄人之诗疑伯夷之不能不怨"。而且"武王、周公以至仁大义灭商,夷、齐奚为恶之?此特浅浮之词,而迁信之,何哉?"②略早于叶适的陈长方《步里客谈》曾谓伯夷所歌,"此太史公文笔,非伯夷意也"。后之由此发难者甚多,除了叶适,还有陈善《扪虱新语》卷一说,此传载"伯夷扣马而谏父死不葬之语,是因伯夷饿于首阳之事而增益之也"。他的根据是《仲尼弟子列传》中的"《宰我传》载宰我与田常作乱事,因孔子有'予也无三年之爱于父母'之说而妄意之也。迁于著书勤矣,然其为人浅陋不学,疏略而轻信,多爱而不能择,故其失如此"③。四库馆臣批评陈氏苛诋古人,"颠倒是非,毫无忌惮"(《四库全书总目提要》)。宋人好放言高论,故清人认为,此亦偏激之论。

　　关于此传的怨与不怨,李贽说:"(杨慎)曰:'朱晦翁谓"孔子言伯夷求

---

① 以上两节均见刘知几:《史通通释·人物》,浦起龙注,上海古籍出版社 1982 年版,第 238 页。
② 叶适:《习学记言序目·史记二》,中华书局 2009 年版,第 281—282 页。
③ 陈善:《扪虱新话》卷一,见杨燕起等编《历代名家评史记》,北京师范大学出版社 1986 年版,第 536—537 页。

仁得仁，又何怨？今太史公作《伯夷传》，满腹是怨。"此言殊不公也。'卓吾子曰：'何怨'是夫子说，'是怨'是司马子长说。翻不怨以为怨，文为至精至妙也。"①陈仁锡说得更为清晰："子长写夷齐之怨，乃所以自写其怨，寓意颇深。孔子以夷、齐无怨，而太史公作传，通篇是怨。然孔子所云无怨者兄弟逊国，而太史公所怨者以暴易暴，之间原本相乖。"②话虽然说对了，然司马迁推的是让国奔义，怨的是"积仁洁行如此而饿死"，"倘所谓天道，是邪非邪"——怨天道之不公！目的不是评价夷、齐，而是追索是非好恶倒挂的原因。由此对历史人物方能有一公正的评价，这也是史学家必须思考的历史哲学。

伯夷无多事迹，而推为首传，则有比评价其人更重要的作用。郝敬约略有所触及："太史公始为列传，括综三（皇）五（帝）以来名贤，难于最，而最伯夷。伯夷生商周间，世未远，行谊绝代。……故直断自伯夷。临文踯躅，恐岩穴埋郁，忾然有余思，故伯夷一传，诸传之本叙也，包罗远而感慨深。古今贤愚，升沉不胜数，孔子既为世家，则其冠冕人伦，未有如伯夷者矣。"③虽然看出诸传之总叙，然具体价值所言未必中肯。何焯则进而言之："《伯夷列传》，此七十列传之凡例也。本纪、世家事迹显著，若列传则无所不录。然大旨有二：一曰征信，不经圣人表章，虽遗冢可疑。而无征不信，如由、光是矣；一曰阐幽，积仁洁行，虽穷饿岩穴，困顿生前，而名施后世者，如伯夷、颜渊是也。"④章学诚也有大致相同看法："太史《伯夷传》，盖为七十列传作叙例，惜由、光让国无征，而幸吴太伯、伯夷之经夫子论定，以明己之去取是非，奉夫子为折衷。篇末隐然以七十列传，窃比夫子之表幽显微。传虽以伯夷名篇，而文实兼七十篇之发凡起例，亦非好为是叙议之夹行也。"⑤或谓此传"皆为自己写照"（牛运震语），则忽略了居于诸侯之首的重要作用。

夏商周三代只给伯夷立传，一是史料缺乏，伯夷的史料也同样存在这样的问题。然让国奔义最为史公看重，一部史记可以说是以义为灵魂。仅以《太史公自序》看，就有死义、恩义、扶义、行义、慕义、厉义、主义、取义，至

---

① 李贽：《焚书》卷五《伯夷传》，中华书局 1975 年版，第 211 页。
② 陈仁锡：《陈评史记》卷六一，见杨燕起等遍《历代名家评史记》，北京师范大学出版社 1986 年版，第 540 页。
③ 郝敬：《史记愚按》卷四，明崇祯间郝氏刻山草堂集本，第 539—540 页。
④ 何焯：《义门读书记·史记下》，中华书局 1987 年版，第 215 页。
⑤ 章学诚：《丙辰札记》，见杨燕起等编《历代名家评史记》，北京师范大学出版社 1986 年版，第 545 页。

于单用者更多。在这点上与《吴太伯世家》冠"世家"之首有同等作用。他要用言行趋义作为衡量历史人物的大纲,符合积仁洁行,舍生取义者褒扬,违背者贬斥。伯夷奔义,正是司马迁选择的焦点。二是"伯夷、叔齐虽贤,得夫子而名益彰",如无孔子称扬则名"堙灭而不称"。而一部《史记》就是要记述"明主贤君忠臣死义之士",由此"原察始终,见盛观衰",补充十二本纪。而"扶义俶傥,不令己失时、立功名于天下"则是作列传的目的。总之,要让那些三千年俶傥非常之人的事迹,通过《史记》记述下来,不使那可歌可泣的人物"失时"而"名益彰";使那些见利背义之人的恶迹亦牢牢钉在历史的耻辱柱上。惩恶扬善恪尽史家的凛然责任,正是《伯夷列传》的宣示,把天道之不公,而以人道之判断纠正过来。虽然措辞错综震荡,我们还是感觉到他的感情沸腾,其意图亦隐约可见。

作为七十列传的冠首,不选择皋陶、伊尹、傅说、仲山甫等人,他们功名煊赫,然事迹留存无多,而伯夷奔义功名无闻,唯义是求,选择后者同样是属于"弃名求实"的范畴,其间的意义似乎更为重大。

四、合传之原则

《史记》是一部通史,上下数千年,不可能把比较重要的人物都立专传,要用七十列传囊括二千年之人物,势必合传更多,且要有类传与附传。在合传中,司马迁把不同时代互不相干的人物组合在一起,因而引起后人的争议。其中《屈原贾生列传》《老子韩非列传》,还有《鲁仲连邹阳列传》《扁鹊仓公列传》,以及类传《刺客列传》均属此类。

刘知几《史通·六家》认为纪传体的缺点是:"寻《史记》疆域辽阔,年月遐长,而分以纪传,散以书表。每论家国一政,而胡越相悬;叙君臣一时,而参商是隔,此其为体之失者也。"①这里就包括合传与类传。他在《二体》里又说:"编次同类,不求年月,后生而擢居首帙,先辈而抑归末章,遂使汉之贾谊将楚之屈原同传,鲁之曹沫与燕之荆轲并编。此其所以为短也。"②在《屈原贾生列传》里,中间只以"自屈原沉汨罗后百有余年,汉有贾生,为长沙王太傅,过湘水,投书以吊屈",把两人简单地绾合起来。论时代有战国之楚与汉代之别,言地域洛阳贾谊与屈原有南北之分,论出身则有宗室之臣与布衣新进之异,二者在名分外在上有很大差异。明人余有丁说:"汉帝非楚王比,汉之用贾谊亦不类楚之放平。平,贵戚之卿,见楚将亡,不用己

---

① 刘知几:《史通通释·六家》,浦起龙注,上海古籍出版社1982年版,第19页。
② 刘知几:《史通通释·二体》,浦起龙注,上海古籍出版社1982年版,第28页。

之言,不得已而自沉。谊以新进之士,欲间大臣而更帝制,则不能自用于帝。太史公同取其文而同悲其志,故列为同传焉。"①这是看到悲其不遇。或谓:"贾生经世才,与屈原同传,以骚合耳。"②这是看到都是辞赋家。王治皞说:"屈原以忠义博雅之人,俱逢时得主后遭贬斥,不得已而以虚文自见,此其志足悲者。……史第序其类屈者著之。"③这是看到他们有共同相似遭遇。陈三立说:"吾意七十子之后,周、汉相望,百余年之间,有王佐之才者,唯屈原、贾生两人而已。……太史公明天地之际,通古今之变,方痛世运之流而不返,生民之祸无终极,……于是旷世低佪,而独然许此两人,为之示其微尚所在而不恤,特与扁鹊、仓公同例。若曰医民疾者,周时独有扁鹊,汉时独有仓公;医国病者,亦独有周屈原、汉贾生耳。"④这是专从政治才能发论。以上诸家所论,各就其一端,而不及其余。然究其实质,确有种种相同之处,一是两人都是具有远见的政治家,敢于干预时局;二是都在政治上遭到贬黜,而怀才不遇,或沉江以醒君主,或郁郁不欢英年早逝,同属悲剧人物;三是他们都是文学家,都以辞赋见长。屈辞眷恋故国而精彩绝艳,贾赋追踪屈辞,且有见解犀利、辞采飞扬的政治宏文。另外,司马迁写的是通史,以通变的眼光,弃名求实的选择标准,打破时空与出身的悬隔,把屈、贾组成合传,其中更揭示了一个历史规律,这就是《伯夷列传》所言:"非公正不发愤,而遇祸灾者,不可胜数也。"

此传"太史公曰"有言:"余读《离骚》《天问》《招魂》《哀郢》,悲其志。适长沙,观屈原所自沉渊,未尝不垂涕,想见其为人。"此传夹叙夹议,亦饱含悲愤之感情,在列传亦属变体。然李晚芳说:"司马作《屈原传》,是自抒其一肚皮愤懑牢骚之气,满纸俱是怨辞。盖屈原获罪被放,司马亦获罪被刑,其获罪同,而所以获罪则不同,屈原亦怨,司马迁不宜怨。……若司马之怨,不过为庇一李陵而不得耳。……乌得与屈大夫同日论哉!"⑤此无疑是一种偏见苛论,史公借此传发千古士之不遇的大感慨,固然倾注着自己抑郁难遇之气,可"直作屈、贾、司马三人合传读"(李景星语),然并非发一己之私愤,而是为千古仁人志士"非公正不发愤,而遇祸灾者,不可胜数也",

---

① 余有丁语,见凌稚隆辑校《史记评林》,天津古籍出版社1998年版,第5册第564—565页。
② 《史记》,葛鼎、金蟠辑评,载钟惺语,见杨燕起等编《历代名家评史记》,北京师范大学出版社1986年版,第615页。
③ 王治皞:《史记榷参》卷之中,见杨燕起等编《历代名家评史记》,北京师范大学出版社1986年版,第615页。
④ 陈三立:《散原精舍文集·书史记屈原贾生列传后》卷五,《清代诗文集汇编》,上海古籍出版社2010年版,第778册。
⑤ 李晚芳:《读史管见》卷三,商务印书馆2016年版,第235页。

第一章　思想论

发愤而鸣不平,这也正是史公读屈辞"未尝不垂涕"的原因。

　　《史记》所记近代战国与秦汉史特详,所记人物尤多。所记的战国诸子百家,除了《孔子世家》《孟子荀卿列传》,还有《老子韩非列传》与《商君列传》,以及兵家、纵横诸传。即便是按今日哲学家思路,也会把道家与法家分开列章,如《史记》的《孙子吴起列传》与《范雎蔡泽列传》,兵家与纵横家各自合传。然《孟荀传》里夹杂阴阳家三驺子、黄老之学的慎到,以及以滑稽为能事的淳于髡还有名家公孙龙与墨子等,又把法家李悝一笔带过,简直是战国诸子的"大合传",是把诸子"一锅煮"成了"大杂烩"。不过前以孟子后以荀子为重点,还称得上提纲挈领,尚不大遭人非议。而《老韩传》则不然,把老子、庄子、与申不害、韩非子合传,道家清静无为与法家的法、术、势,简直是风马牛不相及,甚或水火不能相容,竟然合为一传,就招来了不少讥议。何况《老韩传》说过:"世之学老子者则绌儒学,儒学亦绌老子。'道不同不相为谋',岂谓是邪?"而为何又把道家和法家合为一传呢?

　　注《史记》的司马贞说:"伯阳(老子之字)清虚为教,韩子峻刻制法,静躁不同,德刑斯舛,今宜柱史(指老子)共漆园(指庄子)同传,公子(指韩非)与商君并列,可不善欤! 其中远近乖张,词义舛驳,或篇章倒错,或赞论相疏,盖由逢遭非罪,有所未暇。"①但黄震说:"老子与韩非同传,论者非之。然余观太史之意,岂苟然哉? 于老子,曰'无为自化';于庄子,曰'其安本归于老子之言';于申不害,曰本于黄老而主刑名;于韩非曰'喜刑名法术之学',而其归本于黄老。夫无为自化,去刑名,固霄壤也。然圣人所以纳天下于善者,政教也,世非太古,无为安能自化? 政教不施,则其弊不得不出于刑名。此太史公自源徂流,详著之,为后世诫也。"②真德秀谓"老子将欲歙之必固张之,将欲取之必固与之,此阴谋之言也,阴谋之术,则申商韩非之所本也"③,这是从政治哲学看到其中的共性。何良俊说:"今观韩非书中有《解老》《喻老》二卷,皆所以明老子也。故太史公于论赞中曰:申韩苛察惨刻,'皆原于道德之意,而老子深远矣',则知韩非原出于老子。"④从辨察源流上指出韩出老之迹。张文虎则从汉初主流思潮指出:"老庄申韩同

---

① 司马贞:《补史记序》,载明黄嘉惠刻本《史记》,见杨燕起等编《历代名家评史记》,北京师范大学出版社1986年版,第103页。
② 黄震:《黄氏日抄》卷四六"史记"条,见杨燕起等编《历代名家评史记》,北京师范大学出版社1986年版,第556页。
③ 见柯维骐:《史记考要》卷八,见杨燕起等编《历代名家评史记》,北京师范大学出版社1986年版,第557页。
④ 何良俊:《四友斋丛说·子二》,中华书局1983年版,第182页。

传,或是之,或非之。案,汉初崇尚黄老,景、武时犹然。而晁错诸人又变而为名法,武帝时用法尤严,于是酷吏兴焉。史公目击其弊而为此传,用意甚深,读者殊未理会,而漫云史公进黄老,何哉?"①综上诸家之说,老庄言道德,申韩尚刑名,二者外似不合,而《史记》合为一传,看到两者内在实质的相同处,这正体现了弃名求实。《史记》将老庄与申韩合为一传,在哲学史上是第一次,在史学上也有通变的过人意识。

而商鞅单立专传,而是由于在秦"能明其术,强霸孝公,后世遵其法",自序所言正是指出成功大,奠定秦国强势基础,不仅仅以学术鸣世,所以独立于老庄申韩之外。

至于《孟荀传》二者有战国中期与晚期之别,犹如老子为春秋末期而韩非为战国晚期,曹沫为春秋而荆轲亦为战国末叶,以及鲁仲连与邹阳、扁鹊与仓公之不同时代。能在"编次同类,不求年月",这是通史与断代史不同之处,也是一种大刀阔斧处理材料的胆识,其原则均从弃名求实的出发。今日看屈、贾同列,曹沫与荆轲并编,正是敢为天下先的卓识。

《孟荀传》看似诸子丛传,"历叙纵横之徒,及邹衍之尊用,反复辩论,而其意专归功于孟子。故曰:'天下方务于合纵连横,以功伐为贤,而孟子乃述唐、虞、三代之德,是以所入不合,退而与万章之徒序《诗》《书》,述仲尼之意,作《孟子》七篇',是明以孟子继孔子也,荀卿特附传之耳。"②此传篇首之序,开端即言:"余读孟子书,至梁惠王问'何以利吾国',未尝不废书而叹也。曰:嗟乎,利诚乱之始也!夫子罕言利,常防其原也。故曰'放于利而行,多怨'。自天子至于庶人,好利之弊何以异哉!"孟子"尚义"而反对好利,这也是一部《史记》的主旨所在。缘于此,在此传中特别对孟子有大感慨。不避杂传之嫌,亦为文字峻洁,故弃名求实,而为之一大合传!

还有刺客、游侠、日者(占卜)、龟策,《货殖列传》中的商人,还有《滑稽列传》《佞幸列传》,"直截了当地说,传主分明是一帮杀手""一伙横行不羁的侠客""几个以色受宠的少年男子""一帮以逗笑为业的艺人""聚财无数的巨商大贾"(李长之语),真可谓三教九流,敢冒着他们恶名臭声,一一为他们立传,至少作为附传,而和那些"忠臣死义之士"一并都进入《史记》,或赞美刺客"义不为二心";称美侠客"振人不赡"而"不倍(背)言"的"义者有取"的精神;或欣赏商人"布衣匹夫之人,不害于政,不妨百姓,取之以时而

---

① 张文虎:《舒艺室随笔》卷四,辽宁教育出版社2003年版,第102页。
② 刘鸿翱:《绿野斋前后合集》卷三《读史记》,见杨燕起等编《历代名家评史记》,北京师范大学出版社1986年版,第79页。

息财富,智者有采焉";或讽刺男宠"能说主耳目,和主颜色"的龌龊;或肯定滑稽家的"不流世俗,不争势利,而上下无凝滞"的智商;对向来不见载籍的卜人,也指出"各有俗所用";甚至还为卜者相近的龟策卜筮,再立一传,因为包括"四夷",都要"各以决吉凶"。总而言之,这些形形色色的人物,千奇百怪的职业,都是丰富多彩的社会的各个方面,司马迁没有"进奸雄"而"羞贱贫"的顾虑,不考虑他们名声如何,都以弃名求实的精神,将这些"小人物"都物色到他的人物画廊中,而且精心地为他们留下一张张"人物素描",展现了一幅广博的大千社会与各层次人生态的现状,这不但需要卓绝的叙写本领,更缺少不得史家的求实精神。

综上可见,《史记》是一部以人为中心的史学宏著,其中本纪、世家、列传无不与上下各种层次人物的相关。他对影响历史的大人物,不以成败论,不以名号论,而是把他们安排在应有的历史价值的位置;即便是小人物,也没有遗弃,这使他的《史记》在"弃名求实"的精神照耀下,更加琳琅夺目,异彩纷呈,既展现历史原生态的本真,也使许多人物彪炳于历史的上空。他的这种弃名求实的精神,与他笔下"桃李不言,下自成蹊"的李广,实在有互同之处。我们可以径直说,他就是史坛上的李广! 他是那样的果毅、勇敢、而无所畏惧!

第三节 《伯夷列传》:司马迁的追求与困惑

十二本记固为《史记》之大纲,而七十列传则为《史记》之血肉。作为本纪开篇的《五帝本纪》是为了展示中华民族自开天辟地有记忆开始,就为大一统的国家。三十世家没有以秦或晋作为领头,而以《吴太伯世家》拉开诸侯国的序幕,《伯夷列传》引出了数千年的人物画廊。论其用意,前人说:"《尚书》首《尧典》《舜典》,《春秋》首隐公,世家首太伯,列传首伯夷,贵让也。"[①]然而历史本来在角逐的纷争中前进,新的社会形态是在旧形态的污血中诞生的。伯夷让国固然属于"尚义"行为,然而又何为饿死在首阳山上? 司马迁本着历史前进的悲剧与精英人物的悲剧,叩问历史哲学的根源何在。此篇也可显现《史记》风格在历史追问中的显现。《史记》的七十列传,为西周人物立传者仅《伯夷列传》一篇。叔齐与其兄伯夷行事如一,故

---

① 杨慎:《史记题评》卷三十一,见杨燕起等编《历代名家评史记》,北京师范大学出版社1986年版,第459页。

以"伯夷"名篇。记其事有三：一是让国以逃，二是扣马谏武王伐纣，三是义不食周粟而饿死。又在事前冠以"其传曰"，汉人以经外之著述统称之"传"。《索隐》谓"盖《韩氏外传》及《吕氏春秋》也"。《史记》摄取以述。

《史记》为通史，"本纪"则从五帝起，"世家"始于商之吴太伯，对夏、商、周三代重要政治人物有极简略的述及，唯独"列传"却仅见记其逸民之此篇。故刘知几《史通·人物》有所责难："子长著《史记》也，驰骛穷古今，上下数千载。至如皋陶、伊尹、傅说、仲山甫之流，并列经诰，名存子史，功烈尤显，事迹居多。盍各采而编之，以为列传之始，而断以夷、齐居首，何龌龊之甚乎？"①这是说所举人物要比夷、齐的"事迹居多"，且从历史发展看，"功烈尤显"，舍皋陶等而载夷齐就等于"察于秋毫之末而不见舆薪"。专以匡谬甄疵、澄廓波源的梁玉绳《史记志疑》卷二十七，对此传所记夷、齐事，指其瑕罅不可信者十端。其要者：一是《孟子》谓夷、齐至周，在文王为西伯之年，而非卒后；二是《书序》谓武王伐纣时已嗣位十一年，非在父死不葬之时；三是《论语》称"饿于首阳之下"，未尝称饿死；四是既云"不食饿死"，而歌非二子作也；歌言"西山"，奈何以首阳当之；五是孔子称夷、齐无怨，而诗叹命衰，怨似不免，而"易暴"之言甚憾，必不加于武王。

据《史记》的《周本纪》《鲁世家》与《竹书纪年》，文王死后四年，武王姬发载木主（父之神位）伐纣，《书序》说法并不可考；孔孟在讲他们的道德，并不作历史考据，孔子也没有说夷、齐没有饿死。试想"不食周粟"而靠"采薇"——吃野豌豆苗之类的野菜，到冬天不饿死才是怪事。至于说称首阳为"西山"，犹如关中人称秦岭为南山，陶渊明称庐山为南山，道理并无二致。梁玉绳未免苛察，此传所记夷、齐事，基本还是可靠的。这在全文中占了不过1/4文字，而且《太史公自序》说立此传的目的，是因为"末世争利，维彼奔义；让国饿死，天下称之"，换句话说为七十列传竖一"奔义"之高标，并非仅记其事。明人郝敬说："伯夷一传，诸传之本序也，包罗远而感慨深。"（《史汉愚按》卷四），或谓"此七十列传之凡例也"（何焯《义门读书记》）。章学诚亦言："盖为七十列传作叙例，窃比夫子之表幽显微，传虽以伯夷名篇，而文实兼七十篇之发凡起例。"（《丙辰杂记》）如果把刘知几所指出的伊尹、傅说、仲山甫这些"功烈尤著"作为"列传之始"，一来他们的事迹并不见得就很"居多"，二来绝不会达到"诸传之本序"的重要作用。《史记》的思想说法极多，我们认为切近孟子"尚义"思想，此传便是明证。此不仅是为夷、齐立传之原因，也是"究天人之际"之终极目的。此传前有序而后

---
① 刘知几：《史记通释》，浦起龙注，上海古籍出版社1982年版，第238页。

无论赞,且绝大篇发之以议论,正是序体而非传体。先以传天下之难说起,谓尧让天下于许由而不受,故"余以所闻(许)由、(务)光义至高";中又借姜太公口谓夷、齐"此义人也"。以"让国"之义为至高,以身处争利之末世"维彼奔义"为标尺,去衡量历史人物的是非。《太史公自序》里凡用37次"义",作《史记》就是为了论载"明主贤君忠臣死义之士",此义具体有思义、扶义、行义、嘉义、慕义、后义、争义、主义、廉义、取义。他要"继《春秋》"以作史,而"《春秋》以道义",《史记》又怎能不以义为标准呢?如他所言"原察始终,见盛观衰"以"著十二本纪";因"天人之际,承敝通变,作八书";"忠信行道,以奉主上,作三十世家";"扶义俶傥,不令己失时,作七十列传"。都是以义作为主线贯穿全书。本纪以时间为顺序,不能别有选择;而以《吴太伯世家》为第一,则以太伯"三以天下让"与季札的"慕义无穷",为诸侯立一标杆,正如以《伯夷列传》为第一,则为仁人志士作一榜样。这正是司马迁与他的《史记》全力以赴的追求。

司马迁因李陵事件口语得祸而遭腐刑。他在《报任少卿书》里说过:"虽累百世,垢弥甚耳!是以肠一日而九回,居则忽忽若所亡,出则不知所如往。每念斯耻,汗未尝发背沾衣也。"他多次想过自裁,讲究气节的汉代人一受凌辱便自杀者不计其数。但他又想:"假令仆伏法受诛,若九牛亡一毛,与蝼蚁何异?"所以,他认为:"且夫臧获婢妾,犹能引决,况若仆之不得已乎?所以隐忍苟活,函粪土之中而不辞者,恨私心有所未尽,鄙没世而文采不表于后也。"他的《史记》当时"草创未就",所以忍辱苟活"发愤之所为作"。正如所言:"人固有一死,或重于泰山,或轻于鸿毛",惜其书未成,"是以就极刑而无愠色"。他舍自杀而就坏到极点的腐刑,正是在"勇者不必死节,怯夫慕义,何处不勉焉"的观念支撑下,选择了"舍死就义",发愤要完成"究天人之际,通古今之变,成一家之言"——中国第一部通史,第一部史学大著述。这和孟子在鱼与熊掌不可兼得时的"舍生就义",所追求的目的是同等意义,只是手段不同罢了。所以《史记》充斥了孟子"尚义"的思想与批判精神,这也是以《伯夷列传》为列传之首的根本原因。

直面复杂多样的历史与现实,却令司马迁产生了一个巨大的困惑,这就是像伯夷、叔齐这样在"末世争利"朝代更替之际,"维彼奔义"者,"可谓善人者非邪",按理不仅是"善人",而且是"义人",然而"积仁絜行如此而饿死",那么,经传与人们常说的"天道无亲,常与善人"的公道公理又何在呢?又如孔夫子高足七十,而夫子独称颜渊好学,"然回也屡空,糟糠不厌,而卒蚤夭。天之报施善人,其何如哉?"又如"盗跖日杀不辜肝人之肉","竟以寿终",这又是"遵何德哉"?这是对古代史的倒挂,还有耳闻目睹的近、现代史的倒挂：

> 若至近世，操行不轨，专犯忌讳，而终身逸乐，富厚累世不绝。或择地而蹈之，时然后出言，行不由径，非公正不发愤，而遇祸灾者，不可胜数也。

面对如此现实，正如他在《屈原列传》所引《怀沙》："玄文幽处兮，矇谓之不章；离娄微睇兮，瞽以为无明。变白而为黑兮，倒上以为下。凤凰在笯兮，鸡雉翔舞"，他深有感触，而发出巨大的疑惑与仰天长叹："余甚惑焉，倘所谓天道，是邪非邪？"此段沉痛的议论，不仅是对历史的叩问，也是对现实不平的谴责，极为强烈地体现了一种针砭历史批判现实的求真精神。而这种"求真"不仅出自史学家的"实录"观念，更重要的是对"尚义"精神的高扬。

正是出自对历史的评判的"尚义"精神，他肯定了夷、齐的"积仁絜行"，并且排在列传之首。然而又在《孟子荀卿列传》里，有感于孟子游列国而不遇与荀子宦楚被废，又感于邹衍为梁、赵、燕礼迎而重用，为此而发一大感慨："其游诸侯见尊礼如此，岂与仲尼菜色陈蔡，孟轲困于齐梁同乎！故武王以仁义伐纣而王，伯夷饿不食周粟；卫灵公问陈（阵），而孔子不答；梁惠王谋欲攻赵，孟轲称大王去邠。此岂有意阿世俗苟合而已哉！持方枘欲内圆凿，其能入乎？"在司马迁看来，武王伐纣出之以仁义而与伯夷义不食周粟，并不矛盾。前者顺乎民意，故谓持之以义；后者谓"以臣而劝阻弑君"亦出于义。这种方枘圆凿的矛盾制造了许多的历史悲剧，这也是司马迁读《孟子》"未尝不废书而叹"，认为"利诚乱之始也"，而且是"自天子至于庶人，好利之弊何以异哉"的原因。

"尚义"与"好利"对立，"好利"自然会制造社会的诸多不平，而不平必然会"意有所郁结，不得通其道，故述往事"，"以舒其愤，思垂空文以自见"，认为先秦著作大抵都是"发愤之所为作"，夷齐的《采薇歌》当属此类。而孔子的意见却和他相左，在此传引孔子所语："伯夷、叔齐，不念旧恶，怨是用希。""求仁得仁，由何怨乎？"他对孔子极为敬仰，《史记》不仅把孔子尊列入世家，而且还有《仲尼弟子列传》光大儒学。但对孔子所说的夷、齐"怨是用希"观点相反："余悲伯夷之意，睹轶诗可异焉。"《采薇歌》谓武王伐纣是"以暴易暴"式的成功，也是"命之衰矣"的不幸，故含怨怀悲"饿死于首阳山"。孔子重仁，孟子"尚义"，义虽由仁发展而来，却有一定的区别。司马迁重仁

"尚义",故对孔子极为尊敬,但对天子国君的不仁不义极为反感,始终持有批判精神,予以无情的揭露,所以维护皇权的汉代王允斥《史记》为"谤书"。孟子主张士阶层独立自主的人格,如果"君之视臣如手足,则臣视君如腹心;君之视臣如犬马,则臣视君如国人;君之视臣如土芥,则臣视君如寇仇"(《孟子·离娄下》),主张君臣平等,甚至痛斥导致"厩有肥马,路有饿莩"的国王是"率兽而食人也"。在批判精神上司马迁对孟子最为亲近,而对孔子未免有些疏远。其所以有《孔子世家》正是从孔子维护礼制与创立儒学影响百代出发,虽把孟子与荀子、驺衍等人写入合传,但一发端即有读孟子书而有"废书而叹"的大感慨,所以,在对夷、齐怨与不怨上而有明显分歧。

由此出发,对"天道无亲,常与善人"的说法,则"余甚惑焉,倘所谓天道,是邪非邪?"如此困惑,如此疑问,实质是以摇曳的句式表达了否定的态度与观念。所以认为《史记》对朝代的更替与人之泰否有天命论的说法,是靠不住的。正如在《李将军列传》里记述李广问相命王朔未封侯的原因:"岂吾相不当侯邪?且固命也?"论者即指认为属天命论,此实李将军不愿明说汉文帝、景帝、武帝不重用自己的原因与怨气,亦是司马迁代为李将军鸣不平之处,所以不仅是在李广自杀后说天下尽哀的地方。

此文末两段,另起议论。先是引孔子"道不同不相与谋""富贵如可求,虽执鞭之士,吾亦为之。如不可求,从吾所好""岁寒然后知松柏之后凋",主要言"各从其志"。牛运震说:"(此段)言天道无常,贤者当自修励也,亦正是太史公自言其志处。《报任安书》云'富贵而名磨灭者,不可胜记,唯倜傥非常之人称焉',即此意也。"①所言大致不差。段末的"岂以其重若彼,其轻若此哉",前者指"从吾所好"的节义,后者指可求之富贵,是说孔子既重立身处世之节义,也看重可求之富贵。末段先引孔子"君子疾没世而名不称焉",又引贾谊"贪夫徇财,烈士徇名",以及《易经·系辞》"同明相照""云从龙,风从虎"等语,指出夷、齐、颜渊"得夫子而名益彰""附骥尾而行益显",深感"岩穴之士,趣舍有时若此,类名湮灭而不称,悲夫",以感慨呜咽的语气道出作传本旨,即欲为历史上"倜傥非常之人"作传,使他们名传后世。此篇传文之意甚为深切。"司马子长作一传,皆有传外之意,故能牢笼万有傲睨今古","后世史书所以不及子长者,不独格局板滞,盖后人不过于本人本事叙述明白,而子长则于传外别有命意"②。此传即为非常典型的

---

① 牛运震:《史记评注》,三秦出版社2011年版,第165页。
② 唐文治:《国学经纬贯通大义》,见王水照主编《历代文话》,复旦大学出版社2007年版,第9册第8208—8209页。

一篇。

　　从文体论上看，此篇似论似传，又非论非传。只有中间一段自成传体，前后多段多层议论似序似赞。牛运震说："叙中带断，而传体自在也。谓之传之变格则可，以为论体则失。"①其实此篇写法与《太史公自序》相近，后者以著史的目的与各篇撰作的缘由为目的，又兼备自传性质，实际上是全文总序，是以序带传。前者以天道不公，积仁絜行而湮灭不显，发怨而不平之论为主，中间带出传体之文，实际上亦是以序带传。不同的是《自序》序全书，此文序七十列传。

　　对于此文风格，牛运震说："妙在文义若不相属，意思在有无离合之间。以萧瑟之笔写怨愤之衷，淋漓错综，凄婉高奇。"又言："太史公自以立身廉直，而不用于世，卒陷非罪，以致困穷，与伯夷相类。故作《伯夷传》，皆为自己写照，不觉其言之激昂乃尔。"②(《史记评注》卷七)这是从其文的怨愤凄婉出发，认为亦"为自己写照"，有自己的不平与激昂存乎其间。吴见思从结构上指出："通篇以议论咏叹，回环跌宕，一片文情，极其纯密，而伯夷实事，只在中间一顿序过，如长江大河，前后风涛重叠，而中有澄湖数顷，波平若黛，正以相间出奇。"又言："序伯夷处，全以孔子作主，由、光、颜渊作陪客，组织贯串，照映前后，极其奇肆，又极其纯密，是公得意之笔。"③此文纵横变化，舒卷多姿，在顿折中有呼应，欲止复起，欲行又留，极尽吞吐伸缩之致。但如细看，前后议论，中间以"其传曰"点清。议论与叙事的关系，犹如倪瓒山水画的一河两岸的结构，用意则在议论，而前后照应。传外别有用意，此为后之史书所及者。后来韩愈的《伯夷颂》就此文立意而发，而《张中丞传后序》则从风格上宗法，均成名文。

---

① 牛运震：《史记评注》，三秦出版社2011年版，第164页。
② 牛运震：《史记评注》，三秦出版社2011年版，第164、166页。
③ 吴见思：《史记论文》，中华书局1916年版，第5册第3页。

第二章 结构论

第一节 《史记》单传结构论

我们清楚了《史记》思想风格是"尚义"精神,《史记》的史学风格是"弃名求实",这些都关系着对历史事件肯否与人物的褒贬,而历史为什么总呈现悲剧,而倜傥非常之人物为何总是悲剧性的结局,探究其中原因,这也是《史记》历史哲学的风格。理清以上诸大端,《史记》的文学风格将是重点剖析的对象,它包括结构、叙事、抒情、人物刻画以及语言的运用。

一、悲剧人物的对比结构

《史记》以记叙人物为中心,一部分的"本纪""世家",也是带有纪传合体、世家与列传合一的性质。"列传"则分单传、合传、类传以及附传。凡是重要人物则树立单传。而合体者亦可视为"单传",这些单传具有举足轻重的作用,这是史学的,在文学上《史记》不少名篇都见于其中。而它们的中心不同,结构亦为各异,注视其中规律特征,或许会有新的发现。

"本纪"中的项羽、高祖、吕后三纪,既记当时之大事,亦叙其人之经历,而且人物刻画生动,故可视为其人传记。至于秦始皇、文、景、武四纪,虽然立名与项等三纪无异,然皆为大事年纪,纯属"纪体"。"世家"中的孔子、陈涉、萧何、曹参、张良、陈平,虽名为"世家"而实属传体,因其人重要故晋升为"世家"。其中《绛侯周勃世家》为父子合传,《梁孝王世家》简略记事。

"列传"为先秦人物而为单传者,如伍子胥、商鞅、苏秦、张仪、穰苴、孟尝君、信陵君、春申君、乐毅、田单等十一人;秦汉时人物单传如:吕不韦、李斯、蒙恬、英布、韩信、刘安、韩长孺、李广、司马相如,秦三人,汉六人。《太史公自序》为全书总叙,属于传之别体。"纪"与"世家"可视为单传者与此合为二十,为数亦不算小。这些人物在当时各个领域均属一流或重要人物,故特立单传,或"本纪""世家"式的单传,如项羽、孔子、陈涉。

在这二十人物中,带有悲剧性质,又采用了对比结构者,有项羽、高祖、春申君、李斯、韩信、李广、韩长孺七人。《史记》人物大多带有悲剧色彩,若从传记结构的对比看,以此七人最为显著。其所以采用对比结构,就在于把得志与不幸对立,壁垒分明,增强悲剧气氛,从而揭示悲剧形成的原因,在各种现象中显示显形或隐形的规律与人物命运之关系。

其中《韩长孺列传》对比关系最为明显。韩长孺即韩安国,为梁孝王的中大夫,在吴楚七国之乱中,拒吴兵东进过梁,以"持重"显名。因梁孝王骄奢引起其兄景帝的猜忌,一时关系紧张。安国通过景帝之姐痛诉,先言梁孝王使吴楚兵"不敢西,而卒破亡,梁王之力也",这是捍卫长安京都的功绩。至于"出称跸,入言警",是因"梁王父兄皆帝王",而且"车旗皆帝所赐",故"以夸诸侯,令天下尽知太后、帝爱之也"。然朝廷"辄案责之",搞得"梁王恐,日夜泣涕思慕,不知所为"。他又利用窦太后宠爱梁孝王,说"何梁王之为子孝,为臣忠,而太后弗恤也",怂恿太后出面。终于解决这场棘手的"皇室家庭纠纷",展示其人善于揣测皇室心理、长于游说的才能,而名重朝廷。

其后梁孝王欲求为太子与增加封地,"恐汉大臣不听,乃阴使人刺汉用事谋臣"。袁盎被刺后,景帝怒,汉使至梁"举国大索"。情势紧急,安国哭劝梁孝王,出谋者自杀,剑拔弩张的矛盾才缓和下来,"于是景帝、太后益重安国"。梁孝王卒,安国坐法失官,以五百金送太尉田蚡,窦太后、汉武帝素闻其贤,又做了朝官,乃至御史大夫。汉武帝轻启边衅,欲在马邑旁包剿匈奴,当时李广、公孙贺等皆属护军将军安国,然匈奴闻知有伏兵而逃遁,皆无功。至此他走上了仕宦的顶峰,以后命运屯蹇。

丞相田蚡死,欲由他代理,因为给天子导引而堕车伤足。"天子议置相,欲用安国,使使视之,蹇甚",乃更以他人为相,失去一次难得机遇。后派前线对付匈奴,因兵少处处被动,"后稍斥疏,下迁"。接着其传说:

> 而新幸壮将军卫青等有功,益贵。安国既疏远,默默也;将屯又为匈奴所欺,失亡多,甚自愧。幸得罢归,乃益东徙屯,意忽忽不乐。数月,病欧血死。

韩安国本为法家、杂家之学,游说本其所长,而领兵才能似逊之。加上卫青以外戚为武帝倚重,他自然被疏远。派给他的兵少,故处处受制于敌。又调东边驻守,等到贬黜,幽愤吐血而死。他在梁时,能左右逢源,名声升涨,然一旦入朝,便节节走下坡路。对于匈奴则主张和亲,却与武帝抗击的策略相左,故不被重用。在前线不幸的遭遇,与李广颇为相似。在梁之得志与在朝之失意形成鲜明对比。

对于袁盎两次劝说极为详写,文字亦复生色。对于前线的失意虽付诸简叙,而处处见出不得志。吴见思说:"韩安国说太后处,说梁王处,写得极其精神,是史公得意之笔。"又言:"前半兴头事写得鼓舞飞动,固妙。乃后半幅韩安国退时失运,殊觉厌厌气尽,文字亦写得厌厌气尽,其奇妙如此。"①这是从叙事之写法上见出对比。这种前后两大块的对比,就像前半天朝霞灿烂,阳光明媚;后半天渐渐阴天,乌云密布,不见天日。上下午截然两样。李景星则言:"前半篇步步写其得意,后半篇写其步步不得意;前半篇以张羽、田甲诸人为衬,后半篇以王恢、卫青诸人为衬,赞语又牵入一壶遂为最后陪结。四面夹写,头头是道,其实只完得一个韩长孺也。"②这是就对比之中陪衬而言。传末赞谓"观韩长孺之义","世之言梁多长者,不虚哉"。《太史公自序》说作传之由是因"智足以应近世之变,宽足用得人",故立单传以重其人,以对比凸现不为汉武帝重用的悲剧命运,寄予了深厚的同情。

比起《长孺传》,《李将军列传》的对比与悲剧气氛更为鲜明而浓烈,我们将在人物论中专题讨论。《项羽本纪》为一篇大文,三年反秦与五年楚汉相争,其间千头万绪,不仅记述得了如指掌,而且传主的呼啸歌哭、暗哑叱咤神情毕现。写大战尤为出色。但于总体结构,前人言之甚少。宋人李涂说:"史迁《项籍传》最好,立义帝以后,一日气魄一日;杀义帝以后,一日衰飒一日,是一篇大纲领。"③李晚芳却言:"此篇中纪羽由微而盛,由盛而亡,中以义帝为关隘。羽未弑帝以前,由裨将,而次将,而上将,而诸侯上将军,至分封则为西楚霸王。始以八千而西,俄而两万,俄而六七万,至新丰鸿门则四十万,其兴也勃焉。及弑帝则日衰矣。以私意王诸侯,诸侯不服。由是田荣以齐反,陈馀以赵反,征九江王而九江王不往,战田横而田横不下,困京索不能过荥阳,杀薛公而东阿失守,使龙且而龙且击死,委司马长史而司马长史败亡。至垓下,所谓四十万者,忽而八百余,二百余,二十八骑,至无一人还,其亡也忽焉。一牧羊儿,所系如此,可见名义在人心,不可没

---

① 吴见思:《史记论文》,中华书局1916年版,第7册第44页。
② 李景星:《四史评议》,岳麓书社1986年版,第99页。
③ 李涂:《文章精义》,人民文学出版社1998年版,第72页。

也。"①所言前后之差异甚是，但归结到义帝，恐怕其人未必有如此大的政治影响。李景星说："大旨以分封侯王为前后关键。分封以前，如召平，如陈婴，如秦嘉，如田荣，如章邯事，逐段另起一头，合到项氏，有百川归海形式。分封以后，如田荣反齐，陈馀反赵，周吕侯居下邑，周苛杀魏豹，鼓越下梁，淮阴侯举河北，诸段追叙前事，合到本文，有千山起伏之势。"②所言不无道理，然尚未透彻。项羽之失败，亦非一牧羊儿的影响所能决定。冯其庸认为"鸿门宴"与"分封诸侯"，"在全文结构上，也具有特殊重要意义，是文章转折的关键"③。这似乎是在李景星"分封诸侯"上又补充了一点。

结构的划分，有时是按叙事本身的形态划分，有时是从政治着眼划分，有时又二者结合为一，有时并不成为一个焦点。项羽失败的原因应当从"鸿门宴"开始，这也是拉开楚汉相争的序幕，即由反秦转入楚汉相争。他的敌人就成了刘邦，而"鸿门宴"则铸成大错。论者有怀疑"鸿门宴"的真伪，而就文章说真伪则置之度外。再则此前"基本上是以叙事为主，具体描写的地方较少的话，那么，'鸿门宴'这一段文字，作者就很自然地变换了一种手法"④。此前的"巨鹿之战"每为人称美，却又是那样的粗枝大叶，而此后的"垓下之围"又是一招一式地精雕细刻，如果没有"鸿门宴"的过渡，就可能尾大不掉。取其主干，则巨鹿——鸿门——垓下，就成为"三部曲"，分别对应了胜利——枢纽——失败。而后者浓墨重染，对揭示项羽的悲剧起了必不可少的作用。至于前后之对比，前人言之明晰，就不消再说。

《春申君列传》也是以对比为结构。前详叙说秦昭王词，中叙止秦之伐楚，约为盟国；次言与太子为质于秦数年，设计使太子归楚，返归后为相，为相二十二年为诸侯合纵伐秦失败，"春申君以此为益疏"。以下专叙李园进其妹于春申君而有身，再进楚王，生子为太子，恐春申君语泄而刺杀。其间门客朱英以"毋望之祸"劝之而未纳，故及祸。叙此事及详密，与前文形成前后对比。"太史公曰"说："初，春申君之说秦昭王，及出身遣楚太子归，何其智之明也！后受制于李园，旄矣。语曰：'当断不断，反受其乱。'春申君失朱英谓邪？"指出"明智"与"旄"——昏乱糊涂的对比。前后大相径庭，分明为"两截人"（凌稚隆语）。李景星说："通篇可分作两截读，而以'为楚相'三字为中间枢纽。为楚相以前，极写其致身之由：如说秦昭王也，归楚太子

---

① 李晚芳：《读史管见》，商务印书馆 2016 年版，第 27 页。
② 李景星：《四史评议》，岳麓书社 1986 年版，第 12 页。
③ 冯其庸：《结构·描写·风格》，见所著《逝川集》，陕西人民出版社 1980 年版，第 273 页。
④ 冯其庸：《结构·描写·风格》，见所著《逝川集》，陕西人民出版社 1980 年版，第 273 页。

也,轰轰烈烈,活现出一有作为人举动;为楚相后,极写其杀身之故:如邪说易入也,忠言不用也,糊糊涂涂,又活脱出一受愚弄人心肠。……论其心术人品,与吕不韦如出一辙。"①春申君为了固权邀宠而死于非命,故凌稚隆说:"太史公谓平原君'利令智昏',余于春申君亦云。"(《史记评林》)

此篇在对比之后,司马迁又在文末春申君死后说:"是岁也,秦始皇帝立九年矣。嫪毐亦乱于秦,觉,夷其三族,而吕不韦废。"特意以作对照,以侥幸者无有善终,而成为历史规律。吴见思说:"初读《春申传》时,因想吕不韦盗秦,黄歇盗楚,是一时事,何不以作合传,乃史公偏不双序,却于传后一点,有意无意,眉目得顾盼之神,而笔墨在蹊径之外,岂可易测乎?"②地隔南北,事属异国,揆其事理,则如出一辙。从行文看,忽然而来,又忽然而去,意在指出无独有偶,引人长思,也给结构大对比之外,添以颊上三毫之笔,使对比更加生辉。

《李斯列传》附赵高与秦二世事,《史记》不为二世立纪,不为赵高另立传,均一并纳入本传,故称一篇大传,似兼有合传性质,然处处以李斯为主视作单传更佳。前叙上《谏逐客书》,协助秦始皇焚书,统一文字等。而"物极则衰,吾未知所税驾也"之叹,为对比之枢纽。以下则叙受胁迫于赵高,终受其害而被腰斩,形成盛衰之大对比。"李斯凡五叹,而盛衰贵贱俱于叹中关合照应,以为文情,令人为之低回"③。一是见厕仓之鼠而叹不得富贵,二叹己之物极将衰,而不能舍弃富贵,三叹遭乱世不能舍弃权势,四叹失势被囚而富贵不能常保,五为临刑之叹,为追逐势利之忏悔,欲作布衣而不能,构成对富贵权势的五部曲:企慕——极盛难止——贪权而妥协——被囚而无力回天——临终对一生的懊悔。如果从外层看,最后一叹与前四叹构成鲜明对比;若从内层看,二叹预感前景不妙,则为对比的界标。若依后者,此前为得行己志,此后则失意受制于人,亦为泾渭分明。此传自此叹之后,主要用对话组成,刻画了两种心理,至为缜密。李斯"若复牵黄犬出上蔡东门逐狡兔,岂可得乎",揭示了一个有绝顶智力的政治家的悲剧,悲叹的对比全从李斯口中显出,患得患失,乃至无所不至。志在富贵,而又不舍而取祸。从前后安排看,"特佑始皇应天下,变法诸事仅十之一二,传高所以乱天下而亡秦特十之七八。太史公恁地看得亡秦者高,所以酿成高之

---

① 李景星:《四史评议》,岳麓书社1986年版,第73页。
② 吴见思:《史记论文》,中华书局1916年版,第5册第80页。
③ 吴见思:《史记论文》,中华书局1916年版,第5册第41页。

乱者并由斯为之。此是太史公极用意之文,极得大体处"①。邵晋涵进而言之:"以秦亡结《李斯传》,见秦之亡由李斯,赵高何足责哉!"②这则是史学之价值,亦可见出此传之重要。

如果就全书看,《李将军列传》与《卫将军骠骑列传》,《项羽本纪》与《高祖本纪》也属于绝佳的大对比。

以上只是从一篇单传之结构讨论,如果从局部看其对比,那就更多了,不在本章范围之内。

综上可见,对比是司马迁组织的重要方法,有对比才有鉴别,才能突显事物最本质的方面。从文章学看,有隐形和显形之别,项羽、春申君、李广、韩长孺诸纪传属后者,高祖、李斯则属于前者。刘邦如《高祖本纪》中所言,自灭楚为帝后之当年起,便忙于扑灭所封诸将之反,直至去世之上年,因击英布受伤,却医不治。深感功臣诛尽,无人为他看守这个大摊子,老泪纵横,未久郁郁不欢病死。这与称帝之前的绝大成功,实质也构成对比。《淮阴侯列传》前写韩信佐汉灭楚功绩,中以求封齐王为转折点,以下则为武涉、蒯通劝其反汉而不反,接言云梦被擒,以及怏怏不欢,最后以叛名而死于吕后之手。前后亦成对比。至于合传中的对比,就比单传更为复杂,更能见各人之风采,无关本文,此处不论。

二、一分为二的结构

单传容易平铺直叙写来,缺少变化。然《史记》单传中的春秋、战国及秦汉间人物,处于多事之秋,一生前后处境各异,变化极大,故多采用一分为二的结构,即二分法结构,甚或一篇之中因前后事迹差异极大,一经分开,顿成"两截文",于结构则自成一体。

《曹相国世家》于此最为典型。前半篇叙反秦、楚汉相争的战功,以"取之""击之""攻之"为提缀,其中"破之"所用居多。叙楚汉相争的功绩时,全以"破之""大破之"为提缀。大汉建立后的平叛亦复如此。在简洁的叙事中,自成一种节奏。而自从惠帝之年为齐丞相开始,则变换了另一种手法。为齐相时叙初为政趋向,本之黄老清静之术。将代萧何为相时出之对话,文法为之一变。为相专就饮酒写来,"饮醇酒""辄饮以醇酒""复饮之""醉而自去",以及"饮歌呼""醉歌呼""亦歌呼"反复缭绕之中,读来津津有味,娓娓动人。与前粗略的快节奏,一变而为山间小溪缓缓流淌。如此不治事

---

① 茅坤:《史记钞》,商务印书馆2013年版,第354页。
② 邵晋涵:《史记辑评》,杨燕起等编《历代名家评史记》,北京师范大学出版社1986年版,第631页。

的执政方式,引起惠帝诧异,又在对话中的几番对比指出萧规曹随的原因,笔法不停变换,总体以舒缓为主。为将之紧凑与为相之徐徐简直判若两人。前为实写,后为虚写,亦为奇特。

所以,吴见思说:"初读曹相国战功战胜攻取,自然是坚忍豪迈流入,其治天下也必以猛济。而后半清静黄老,写得优柔儒懦。为相者若另换一种人,作文者亦另换一种笔,岂非千古奇事,千古奇文。"又言:"此文是两半篇体,前半是战中,后半是相业,中间局法神理,照应关键,原成一片。"①牛运震亦言:"曹相国似是两截人,《世家》亦是两截叙法。前篇叙其战功,后篇载其相业。前篇'参功:凡下二国,县一百二十二'云云,为战功作结;后篇'百姓歌之曰'云云,则结其相业也,界段极为分明,然前篇叙战功处,带载'高祖(三)〔二〕年,拜为假左丞相',又曰'以右丞相属韩信',又曰'以参为齐相国',又曰'以齐相国击陈豨、将张春军',又曰'以齐相国以悼惠王'云云,固已为汉相、齐相张本。篇首载参为沛狱掾,萧何为主吏,早伏萧何推荐曹参之根,篇末借百姓歌萧、曹双结作应,真是一脉贯穿文字,使人读之,不觉其为两橛也。赞语一半收战功,一半收相业,遂与《世家》表里隐映、叙断相生云。"②吴氏指出"两半篇体",牛氏进一步指出前后一脉贯穿,战功与相业界划分明,分析结构,极中肯綮。

与之相仿佛者,则是《吕后本纪》。前半写残害戚夫人与其子赵王如意,欲鸩高祖外妇所生齐悼惠王刘肥。再叙孝惠死后封诸吕为王为侯,接叙幽杀已立为帝的孝惠太子,又幽禁饿死诸姬之子赵王刘友,又以诸吕嫁刘氏诸王,又使人杀燕王子,一直到死方休。后半篇写吕后死后,诸大臣诛杀诸吕,吕氏集团如雪山崩溃、灰飞烟灭。前后亦为两截。牛运震说:"王诸吕、诛诸吕是一篇大关键。……吕氏、刘氏,一篇眼目,故屡屡提掇,点逗生情。"③无论前后两橛,前者事迹复杂却条理井然,后者一时匆迫而神气安闲,千头万绪却一丝不乱,前者百事丛集,后者聚集一点,都能从容不迫。两截文字以吕后生前死后划分,如风行水上自然成纹。

《陈涉世家》前半叙大泽乡起义,先起于垄上怅叹,起事又杂夜火狐鸣,烹鱼得书诸异事,中间交错对话,俨然传体。为王以后为后半,叙反秦各路军蜂拥而起,接近世家体,亦属"两截文体"。只是在文后补出垄上故人被杀,描写世情生动,以与文首呼应,也见出陈涉失败的原因在于为王后不能

---

① 吴见思:《史记论文》,中华书局,第4册第52页。
② 牛运震:《史记评注》,三秦出版社2011年版,第152页。
③ 牛运震:《史记评注》,三秦出版社2011年版,第48页。

获得民心,故诸将不附。《商君列传》以商鞅变法成功,国家强盛为前半,后半终归失败而身死,前后呈现两截。前有与甘龙之辩论,后有赵良与商鞅的反复辩难,前后相映。前叙事有移木予金的情节,以之明法令之不虚;后有关舍验证的情节,揭示"为法之敝一至此哉"。均属前后对比,连贯一片脉络。《伍子胥列传》前叙父兄遇难,伍员逃国至吴,后报仇雪恨、遭谗逼死。前半插叙申包胥哭秦廷,后半末了补叙白公复仇不遂,前为对比,后为对照,各自生色。文分两截,中心则统一于复仇之怨恨。犹如《商君传》以法为中心。牛运震说:"《伍子胥传》以赞中'怨毒'二字为主,篇中屡屡点次报仇雪怨诸事,是一篇阴惨文字。伍子胥仇楚平王,此正主也。他如伯州犁仇楚平王,郤公弟仇平王,吴王夫差仇越勾践,白公胜仇郑人,又仇子西,皆陪客也。"①

总而言之,这些"两截文体",一来是依据人物行事,自然成文;二来是文似看山不喜平,调动各种手法打破平衡,或实虚互用,或前后穿插,都围绕一个中心,便全文脉络贯通,这就要在结构上苦心经营。《史记》之传,一篇有一篇的模样,一篇有一篇的做法。即便是同样一分为二的结构,也都是姿态各异,风格迥别,体现了善于组织大结构以及安排局部小结构,变法多端而又有能随圆就方的艺术才能。

三、以附传陪衬为结构

在《史记》的单传里,常常带有附传。这些附传因事有涉及,不得不记者,若作成合传,事迹无多,不够标准,另立单传则更不合适,就附之于他传,这样就可以记载更多的人物。而一经附入他传,结构必然另起波澜。如果在重大事件上,事有先后,即顺流直下;至于事迹与传主相关,而插入空间较大者,就需在结构上有一番安排。无论何种情况,结构就有了新的变化。安排恰当,不仅使传主生色,而且能揭历史的规律,垂鉴后世。

如果事迹与传主相类,而且时有先后,就随文插入,顺带叙出,也陪衬出传主的个性更为鲜明。《吕不韦列传》中的嫪毐附传,即属这种情况。当吕不韦与秦太子之子子楚达成政治交易的协议后,设法使子楚逃归,原为邯郸歌姬与他同居而怀孕者,献给子楚而生子政,因子楚父亲太子安国君立为王,华阳夫人为王后,子楚便为太子,赵国为了两国关系的亲近,即让归秦。一年后子楚即位,以吕不韦为相。子楚即位三年死,太子嬴政立为王,吕为相国,号称"仲父"。秦王年少,"太后时时窃通吕不韦"。"始皇帝

---

① 牛运震:《史记评注》,三秦出版社2011年版,第171页。

第二章 结构论

益壮,太后淫不止,吕不韦恐觉祸及己",就找来替身嫪毐,设法送到太后身旁,以宦官身份"遂得侍太后。太后私与通,绝爱之。有身,太后恐人知之,诈卜当避时,徙宫居雍。嫪毐常从,赏赐甚厚,事皆决于嫪毐"。其人政治欲望亦大,欲步吕之后尘,"家僮数千人,诸客求宦为嫪毐舍人千余人"。然好景不长,始皇九年,事被告发,并言与太后私乱所生二子。嫪毐与太后谋"王即薨,以子为后"。"经秦王下吏治,果得情实,事连相国吕不韦"。于是嫪毐及太后所生二子被杀。秦王欲诛吕不韦,"为其奉先王功大,及宾客辩士为游说者众",暂未致法。次年免其相位,出就国河南。一年后,又因"诸侯宾客使者相望于道,请文信侯"。秦王恐其变,迁徙于蜀。吕不韦失势恐诛,"乃饮鸩而死"。

"太史公曰"又补叙说,告发事起,秦王"未发。上之雍郊,毐恐祸起,乃与党谋,矫太后玺发卒以反蕲年宫。发吏攻毐,毐败亡走,追斩至好畤,遂灭其宗。而吕不韦由此绌矣"。

吕、毐事有先后,情势相近,故连带叙下,毐死而吕亦自杀,传主事亦为完整。毐之作为吕之替身,政治并无吕之轻重,故作附传,接连叙写。吕之自杀因毐事发,也就一便叙完。这种结构顺其自然,也就反衬出吕不韦数十年经营的"奇货可居""欲以钓奇"终归失败,不可为训。"嫪毐反攻蕲年宫事,若入文信侯传中觉无谓,而嫪毐无传,故借赞中发之"①。而附传之作用,牛运震说:"《吕不韦传》附嫪毐,鄙夷不韦甚矣。叙嫪毐家僮与舍人,往往与不韦映照,此其用意深处。"②李景星说:"吕不韦是千古第一奸商。尊莫尊于帝王,而帝王被其贩卖;荣莫荣于著作,而著作被其贩卖。幸而以鸩死结局,使人知始而贾国,继而贾名者,其终也归与贾祸。通篇以'大贾人'三字为骨,以下曰'贩卖',曰'累千金',曰'奇货可居',曰'以千金为子西游',曰'以五百金与子楚',曰'以五百金买奇物玩好','欲以钓奇',曰'行金六百斤',曰'市门悬千金',皆以商贾字样为行文点染。传末及赞叙嫪毐事独详,见嫪毐亦不韦箧中货也。"③这就把附传在结构上的作用讲得很清楚。反过来看,吕传后半以嫪毐附传结尾,一来显示事态发展的必然,二来波澜骤起,构成转折关键,三来二者事相类,吕之失势而亡,亦由嫪毐事引发,两人败亡作为终结,亦为顺理成章。商人总要算计别人,不料自己也堕入所算计之中。像吕不韦这般"钓奇"者,亦当在"贾祸"之中,只是权

---

① 吴见思:《史记论文》,中华书局1916年版,第6册第22页。
② 牛运震:《史记评注》,三秦出版社2011年版,第214页。
③ 李景星:《四史评议》,岳麓书社1986年版,第78页。

利富贵在握,像李斯那样"未知所税驾"罢了!

在《黥布列传》里,随何作为附传而见之传中,同样也是随事带叙,但在传中的结构决然有别。英布本属楚将,在反秦中常以少胜多,立为九江王,项羽颇为依赖,阬秦二十万降兵,追杀义帝,皆使其人。项羽击齐,收复彭城,征兵九江,英布常称病不佐楚,由此与楚滋生嫌隙。刘邦得彭城而复失,情势很不利,正愁力不胜楚。希望有人策动英布反楚,滞留项羽于齐,那么"我之取天下可以百全"。随何便毛遂自荐以游说英布。随何智士,知其人处事皆为身谋,不会有更大的政治野心。他的说辞先从英布与项羽的矛盾晓以利害,说他不佐楚,"垂拱而观其孰胜","提空名以乡楚,而欲厚自托",恐前景不妙,然后指出楚兵虽强,然背盟杀义帝,"天下负之不义之名"。楚兵又深入敌国近千里,欲战不得,欲攻不能;楚兵至荥阳、成皋,汉坚守不动,"进则不得攻,退则不得解","故曰楚兵不足持也。使楚胜汉,则诸侯自危惧而相救。夫楚之强,适足以致天下之兵。故楚不如汉,其势易见也"。于是英布叛楚归汉。

此段说辞占到此传的四分之一,置于传之中间,犹如一河两岸,英布前属楚而后归汉,勾画了了。如果仅此说辞还算不得附传,那么在英布归汉立为淮南王,为击楚灭项,立下大功,又带出随何:

> 项籍死,天下定,上置酒。上折随何之功,谓何为腐儒,为天下安用腐儒。随何跪曰:"夫陛下引兵攻彭城,楚王未去齐也,陛下发步卒五万人,骑五千,能以取淮南乎?"上曰:"不能。"随何曰:"陛下使何与二十人使淮南,至,如陛下之意,是何之功贤于步卒五万人骑五千也。然而陛下谓何腐儒,为天下安用腐儒,何也?"

把刘邦问得无言以对,其只好以无赖故伎说:"吾方图子之功。"随何就任了护军中尉,英布也沾了他的光,"遂剖符为淮南王",击项羽前"立布为淮南王",只不过一时许诺,尚属空头支票。这样随何事便有头有尾,面目精神已具,而可称为附传,且对英布在楚汉之间的反侧,起了绝对重要的作用,又在结构上具有"楚河汉界"之大作用。传之后来,英布被逼而反,带出滕公门客薛公,分析英布战略必出下计,因"布故丽山之徒也,自致万乘之主,此皆为身,不顾后为百姓万世虑者也,故曰出下计"。后来英布所为果然如此。薛公这段话固然很高明,然只听到声音,不见面目,就算不上附传,不过是在传中的一节插曲罢了。

李景星说:"《黥布传》纯以旁写取胜。前路处处以项羽伴说,见布之勇不在项羽下,其人之归附与否,与汉极有关系。中间详叙随何说布,见布之所以归汉也。后幅详叙薛公策布,见汉之所以制布也。一个草泽英雄,自始至终不能出人范围,是可用之才,确非用人之才。"①所以"旁写取胜",是就随何、薛公而言,亦可见出附传的陪衬作用。如果把随何与郦道生、陆贾写成辩士之类传,此处略加点明,英布传就不会有现在的光彩。

有些附传不过随事插入,也能使全传波澜横生,姿态多致,既陪衬传主人格性格,又使结构具有多姿多态的动能。战国四大公子传,除了平原君与虞卿合传外,其余均为单传,而且都插叙附传。这些附传如果抽掉,这些传主就不会那么依然生色。

《魏公子列传》传主简叙后,就立即推出侯嬴,这回是从头写起,说他是魏国的隐士,"年十七,家贫,为大梁夷门监者"。然后用浓墨重彩铺写魏公子迎请侯嬴一节,接叙窃符救赵,使侯生再放光彩,以至于为了守密自杀而死,使信陵君以"接岩穴隐者,不耻下交"闻名于世。如果把对迎侯生的渲染变成简叙,不仅附传无色,而且以宾陪主的作用顿失。前人常言此传是太史公得意文字,说质实些,附传则起到了举足轻重的作用。加上赞语:"吾过大梁之墟,求问其所为夷门。夷门者,城之东门也。"这样深情摇曳之笔,魏公子之礼贤敬士,侯嬴之多智大义,就更余响震人了。李景星说:"通篇以客起,以客结,最有照应,中间所叙之客,如侯生,如朱亥,如毛公、薛公,固卓卓可称;余如探赵阴事者,万端说魏王者,与百乘赴秦军者,亦皆随事见奇,相映成姿。盖魏公子一生大节在救赵却秦,成就救赵却秦之功,全赖为客,而所以得客之力,实本于公子之好客。故以好客为主,随路用客穿插,便成一篇绝佳文字。写侯生处,笔笔如绘,乃又为好客作颊上毫毛也。"②这既说明渲染侯生的原因,也在结构上显示出窃符救赵时侯生具有牵一发而动全身之作用。

在《孟尝君列传》里,开头即为孟尝君之父先立一小传,这在《史记》里很少见。又有冯欢附传,用补叙置之传末,且叙写特详,这在结构上又有什么作用?此传开头田婴小传交代了传主的来历后,立即叙写倾心尽力如何招致宾客,点明对客"无所择,皆善遇之"。接叙门客苏代以木偶人与土偶人的对话劝阻入秦。接详叙门客中鸡鸣狗盗之徒又怎样解决了出狱、出关之危迫,化险为夷。再写苏代游说西周薛公,使韩、魏、楚无攻。再叙舍人魏子之所以租粟与贤者,上书言孟尝君不反,杀身为盟,缓和了矛盾。接叙

---

① 李景星:《四史评议》,岳麓书社1986年版,第84页。
② 李景星:《四史评议》,岳麓书社1986年版,第72页。

苏代设计赶走了齐相之吕礼,一直到孟尝君死后,这才有《战国策》冯谖的故事,安排于文末,而叙述描写最为详细,以致占将近一半。其中收债、游说秦,叙写周备详密。因此传同样以好客为主,前次一路皆写如何好客,且得客之力,层层铺垫,意在突出冯欢,也就是突出孟之如何好客。置之传末而特加详叙,则类回眸一笑百媚皆生的效果。吴见思说:"《孟尝君》于中间序,而田婴、冯驩传则附在两头,环作章法。田婴传因在前,恐其累坠,故只用简法;而冯欢因在后,欲其衬托,故另出精神,淋漓尽致。"①李景星亦言:"叙孟尝君事,而以田婴、冯驩附传分寄两头,章法最为匀适。合观通篇,又打成一片,如无缝天衣。盖前叙田婴,见孟尝君之来历若彼;后叙冯驩,见孟尝君之结果如此。养士三千,仅得一士之用,其余纷纷,并鸡鸣狗盗之不若也。太史公于此有微意哉!"②此传没有写成父子合传,只作为小传叙父,"盖孟尝君席父业而兴者也"(牛运震语),犹如《项纪》为项梁立小传一样。然又以冯欢附传收结,中间层层略述如何好客,在父传后言"使主家待宾客,宾客日进,名声闻于诸侯",则引出正文。而冯传殿后,匠心独运,位置极有斟酌,回光返照,一片皆活。至于平原君之门客毛遂精彩焕发,因属合传,当别论之。

　　《史记》之附传也有出人意料者,如《田单列传》在论赞后又复缀两小传。一是燕之乐毅伐齐,齐湣王出奔于莒,被淖齿所杀。"莒人求湣王子法章,得之太史嫩之家,为人灌园。嫩女怜而善遇之。后法章私以情告女,女遂与通。及莒人共立法章为齐王,以莒距燕,而太史氏女遂为后,所谓'君王后'也"。这是为了回应传末田单收复失城,"乃迎襄王入莒,入临菑而听政。襄王封田单,号曰安平君"。这个襄王即湣王子法章,为田齐第六君。这是为了补充迎襄王,襄王封田单一事,若夹在传中,不免破碎,故用补叙另立小传,可称为传后附传。另一附传为"王蠋小传"。燕王之初入齐,因齐人称美其义,欲请为将,王蠋曾谏齐君,不纳而退耕于野,义不北面于燕,遂自杀。齐逃亡大夫很受感动,"乃相聚如莒,求诸子,立为襄王"。这最后几句又把两附传连在一起。

　　吴见思说:"因迎襄王一句,故追叙襄王避难之事,则在太史嫩之家也。亦因迎襄王句,故追叙齐大夫迎立襄王之故,则感王蠋之义也。拈此三段,是迎襄王注脚。然入《田单传》不得,故附于此。"③这是从本传与附传的关

---

① 吴见思:《史记论文》,中华书局1916年版,第5册第68页。
② 李景星:《四史评议》,岳麓书社1986年版,第70页。
③ 吴见思:《史记论文》,中华书局1916年版,第5册第8页。

系上看。李景星则言:"《田单传》暗以'奇'字作骨。……君王后,奇女;王蠋,奇士,不入传中,而附于赞后,若相应若不相应,细绎之,却有神无迹,是乃真奇格也。"①总之,这种没有章法的处理,在结构上不整不齐的附传安排,亦见出"传外传"的灵活,因而不拘一格。

再如《史记》未给赵高立传,而秦之亡与赵高关系至关要紧,而又与李斯之勾结亦为要紧,所以《李斯传》就好像二人合传,而其实是为了陪衬李斯。吴见思说:"《史记》附传,皆附首末于一篇之中,独赵高一传于此纪其终,而其出处反附于《蒙恬传》内,是创法。"②李景星说:"至赵高为李斯、蒙恬之对头,故于《李斯传》内备记其终,于《蒙恬传》内又详叙其始;而李斯、蒙恬又受祸处,写得圆足,而赵高之出身本末亦写得圆足。以一人之事附记两传之中,斯又附传中之创格也。"③而且《蒙恬传》与其弟蒙毅穿插叙写,看似合传,或谓为单传,以蒙恬为主,后者似近是,亦可见附中之灵活。另外,在《乐毅列传》中带出其孙乐叔,《李将军列传》顺叙其子与孙李陵,都是顺理成章的。

总之,附传增多,不仅可增记载人物,传之结构亦起变化,一般以附之传末为常,然在传首亦见,如侯嬴、随何;或随事制宜置于传中,则成一河两岸之布局。置于传末而非子弟者,则有回光返照之作用。或者穿插于传主的行事中,以宾陪主。这只是就单传而论,至于合传、类传中的附传,就更加丰富多彩了,则需另文讨论。

单传结构,不仅仅如上所论,如《太史公自序》"以答述作'层递法',中间以六艺作陪,以礼义作主,以《春秋》作线索,如波浪起伏,曲折萦回。"④这在《史记》中所仅见者,乍看忽叙忽论,忽然对话,忽然自白,似乎很随意,其实不然。

第二节 《史记》合传结构论

"风格是艺术作品的富有表现力的形象形式的特点,但它是这种形象形式在具体内容的结构细节和语言细节的直接美感的具体统一中表现出

---

① 李景星:《四史评议》,岳麓书社1986年版,第76页。
② 吴见思:《史记论文》,中华书局1916年版,第6册第41页。
③ 李景星:《四史评议》,岳麓书社1986年版,第81页。
④ 唐文治:《国文经纬贯通大义》卷七,见王水照主编《历代文话》,复旦大学出版社2007年版,第9册第8338页。

来的特点。所以应该将风格这个术语用以表示作品的艺术形式的美感具体性。这是风格这个词的原本意义。对于作品的风格来说，作品内容的一切方面和特点都是风格形成的因素。"[1]对于叙事作品来说，结构则是其中的一大宗。《史记》的合传大约有三十篇[2]，从结构上看，要比单传受时间限制而抒写空间要自由些。单传命题可以不假思索，合传要把那些放在一起，就得有所斟酌选择。单传受到一人行事拘禁，合传两人或多人就可以有对比、对照，甚至相互穿插，结构形态一加经营，就会面目各异，异彩纷呈，很值得合拢统而观之，梳理其中规律，揭示其中组织安排的匠心与构思。

一、以对比为结构

所谓"合传"，就是把两人或更多的人物合为一传。它和"类传"的区别是，前者没有多少限定，可以自由组合，而后者则是同类型的人物，或职位，或身份相同，还可以是同性质的。就后者看，有时可以两属，似合传而又近乎类传，但总体大多还是可以分得清楚。

如果说单传是前有所承，合传则是司马迁的独创。单传可以集中浓墨重彩地刻画传主，合传就有了比较，有了对比，而且对比形式各自不同。因而，在讨论单传时，我们论到以对比为结构，但篇目毕竟有限。合传的对比则异彩纷呈，我们也需付出力量予以系统性地探究。单传也可以对比为结构，当然是传主的两方面构成对立。至于与他人对比，只能是局部穿插，而非整体结构。合传就不同了，是不同或相近人物，不同人物的对比就不消说了，而相近人物各人有各人的行事作风，自然也是很好的对比。合传在《史记》的诸种类型中最为自由，它没有类传那样"物以类聚，人以群分"的约束，而有开阔的选择余地。合传中的对比结构，泾渭分明，褒贬判然，往往寄寓着作者的感慨，也最为抢眼，受到读者喜爱，也受到论者的重视。

合传对比结构最为人乐道的是《管晏列传》与《刘敬叔孙通列传》。就前者而论，管仲与晏子都是齐国的大政治家，事业在伯仲之间，没有什么可以轩轾。司马迁把他们的功业都写入《齐太公世家》，而此合传只就他们各自的人格与风采写来，这样人物的高下就有了区别。管仲的治国是从经济

---

[1] 波斯彼洛夫：《文学原理》王忠琪等译，生活·读书·新知三联书店1985年版，第403—404页。
[2] 《史记》有些篇章，是单传还是合传，前人看法分歧，今人亦有出入。如《蒙恬列传》写了蒙恬与蒙毅，似为兄弟合传，又近于单传。《乐毅列传》还写了其子乐间；《孟荀列传》是合传还是类传，都难以确定，所以篇数只能大致而言。

着眼，晏子则看重政治。管仲出身贫困，执政以后，"富拟于公室，有三归、反坫，齐人不以为侈。"所谓"三归"当指市租①，"反坫"指国君设宴招待外国君主，在堂上放置酒器的设备。孔子曾批评管仲"器小"不节俭，不知礼。刘向《说苑·尊贤》说管仲认为"贱不能临贵""贫不能使富""疏不能制近"。齐桓公使以之为上卿，赐之齐市租，称之为仲父。于是"齐国大安，而遂霸天下"。在《晏传》则言："以节俭力行重于齐，食不重肉，妾不衣帛。"两人的俭奢都不过寥寥几句，所以论者谓："叙管仲则曰'富拟于公室'，叙晏子则曰'以节俭力行重于齐'，乃反正相形法。"②但这在合传中占比例过小，在整体上还够不上对比结构。

然在局部上再对比。《管传》以"鲍叔不以我为贫""鲍叔不以我为愚""鲍叔不以我为怯""鲍叔不以我为耻"，做了回旋式的四层对比，而在《晏传》里，车夫"拥大盖，策驷马，意气扬扬甚自得也"，而后"自抑损"，这是前后对比。其妻劝辞说："晏子长不满六尺，身相齐国，名显诸侯。今者妾观其出，志念深矣，常有以自下者。今子长八尺，乃为人仆御，然子之意自以为足。"这又是对比中的对比。

还有晏子以左骖赎救了囚徒越石父，其人不谢，后来还要绝交，缘由是既救我则为知己，遇到知己却无礼，就还不如蹲在狱中。"晏子于是延入上客"。这可以说又是一层对比。

以上虽属局部对比，然文字几占合传的一半，加上总体上奢俭对比，而以对比组构结构则显而易见。此合传不论功业，只"论其轶事"，我们只注意了这些"小故事"，却忘记了所经营的对比。而在论赞里说："管仲世所谓贤臣，然孔子小之。岂以为周道衰微，桓公既贤，而不勉之至王，乃称霸哉？"又说："方晏子伏庄公尸哭之，成礼然后去，岂所谓'见义不为无勇'者邪？至其谏说，犯君之颜，此所谓'进思尽忠，退思补过'者哉！假令晏子而在，余虽为之执鞭，所忻慕焉。"这又是在大节上做了一番对比！吴见思说："此篇以风致胜，无一实笔，无一呆笔，纯以清空一气运旋，觉《伯夷传》犹有意为文，不若此篇水到渠成，无意于文，而天然成妙。"③这是就行文风格而言，如果就对比结构而言，吴氏所论也很合适。另外，"管子先叙鲍叔而后叙相齐，晏子先叙相齐后叙越石父与御者，此两人事实配置次第错综处。

---

① 三归，释义甚多：1.国君一娶三女，管仲也娶了三国之女。2.三处家庭。3.三处采邑。4.三地采邑。5.三种藏币府库。6.国家市租。参见杨伯峻：《论语译注》，中华书局1980年版，第31—32页。

② 李景星：《四史评议》，岳麓书社1986年版，第60页。

③ 吴见思：《史记论文》，中华书局1916年版，第5册第4页。

晏子叙相齐至简约,《左氏春秋》所载,未采入者颇多,而于越石父与御者独加详焉,此皆颠倒兼详略之法也"①。这些也可以看作与对比相关。

对于《刘敬叔孙通列传》,易衣与不易衣,每为人称为对比的著例,然而此传之作为细节出现,娄敬为戍卒中推车的运输兵,"衣其羊裘"去找同属齐人的虞将军,欲见刘邦,而不愿穿上虞将军给他的"鲜衣"。可见他耿直而成竹在胸,凭本事做人,投其所好则不为之。叔孙通却相反,他本儒士儒服,因"汉王憎之,乃变其服,服短衣,楚制,汉王喜"。其人未尝胸中没有成竹,然弃其所好投人所好,可见他能"希世度务""与时变化",似乎近于"变色龙"式的人物,这和"硬汉子"娄敬就不一样了。

第二次对比是娄敬定都的说辞。就周都洛阳说:"凡居此者,欲令周务以德致人,不欲依险阻。"而"及周之衰也,分而为两,天下莫朝,周不能制也。非其德薄也,而形势弱也",这是对建都洛阳的对比。而今在反秦灭楚后,"哭泣之声未绝,伤痍者未起,而欲比隆于成康之时",定都洛阳则与周"不侔",这又把周与汉做了对比。而"秦地被山带河,四塞以为固",如果"入关而都",就占据了"搤天下之亢而抚其背"的绝对优势。这又把四无险阻的洛阳与四塞为固的关中予以对比。对比原本是说辞常用之法,而把洛阳与关中在政治、军事地理方面的对比说得如此分明,且又出于挽车戍卒之口,可见其人眼光不凡,所以刘邦"即日车驾西都关中",就对娄敬赐"姓刘氏,拜为郎中"。

第三层对比,是在汉七年,韩王信联合匈奴反,刘邦遣使至匈奴,"匈奴匿其壮士肥马,但见老弱羸畜。使者十辈来,皆言匈奴可击"。又让刘敬往使,回报:"两国相击,此宜夸矜见所长。今臣往,徒见羸瘠老弱,此必欲见短,伏奇兵以争利。"以为不可击。当时汉大兵已出发,刘邦骑虎难下,便骂刘敬:"齐虏!以口舌得官,今乃妄言沮吾军。"而且把他关押起来。结果出兵遭到平城白登之围,险些逃不出命来,以陈平计"七日然后得解"。对刘敬说:"吾不用公言,以困平城。吾皆已斩前使十辈言可击者矣。"这又把使者、刘邦分别与刘敬做了两次对比。

《张耳陈馀列传》两人行事交错,故不能分开两截。起初"两人相与为刎颈交"。张耳被秦军追迫走入巨鹿而被围,召陈馀救援。陈馀兵少畏秦不敢前往。张耳使人责备陈馀,陈馀只好使五千人与张之使者出击而全覆没,张耳以为陈馀杀之。陈馀受不了责怪与委曲,乃解印绶予张耳。张耳

---

① 徐昂:《文谈》卷二《论各代文》,见王水照主编《历代文话》,复旦大学出版社 2007 年版,第 9 册第 8955 页。

遂收其兵,由此二人"遂有隙"。陈馀以齐兵袭张耳,败而归汉。陈馀收复赵地复立赵王。汉东击楚告赵欲俱,陈馀以"汉杀张耳乃从"为条件。汉王斩貌类张耳者,陈馀即助汉,汉败彭城,陈馀发觉张耳未死,即背汉。汉三年,韩信定魏地后遣张耳击赵,斩陈馀,汉立张耳为赵王。汉五年张耳死,其子敖嗣立为赵王,高祖长女鲁元公主为赵王后。

张、陈恩怨到此告终,然又生一大波澜。汉七年,高祖过赵,对张敖"箕踞詈,甚慢易之"。张耳故客赵相贯高等义不受辱,欲谋杀高祖。汉九年事泄,逮捕赵王、贯高等。贯高对狱:"独吾属为之,王实不知。"于是"榜笞数千","身无可击者,终不复言"。吕后数言张王不宜有此,高祖不听。使与贯高关系密切之泄公问之,贯高说:"人情宁不各爱其父母妻子乎?今吾三族皆以论死,岂以王易吾亲哉!顾为王实不反,独吾等为之。"于是"上乃赦赵王"。高祖以贯高为壮士并赦,贯高说所以不死,是要"白张王不反,今王已出,死不恨矣"。然既有"篡杀之名",能"不愧于心乎",遂自杀。

张耳与陈馀始为刎颈之交,中以猜疑而反目成仇。陈馀以杀张耳为助汉击楚的条件,张耳又斩陈馀于赵。凶终隙末,搞得你死我活不可开交,不免使人发一浩叹。吴见思说:"《史记》合传,皆为每人一段,以贯锁穿插见妙。独此传两人出处同,事业同,即后来构怨亦同,故俱以一笔双写,安章顿句,处处妥帖,而无东枝西梧之病,岂不独雄千古哉!"①其实两人前后对比,揭示势利之交必不长久才是大关键。特别是贯高"义不受辱",可贯日月的浩然之气更为感人,回头一掉,对比得张、陈黯然失色。如此对比后之对比,足可称千古雄文!反秦与楚汉间事,纷扰变化,千头万绪,《项羽本纪》《高祖本纪》《陈涉世家》所无及者,于此传往往见之。又于其中就张、陈事梳理出一篇合传,而与其时人他传不同,而发"何乡者相慕用之诚,后相倍之戾也!岂非以势利交哉?"——这一浩叹,是从对比中剔明本传的主题。

有些合传则把对比集中叙述作为结论,以辐射全篇。《卫将军骠骑列传》是卫青与霍去病合传,两人都是外戚出身,又同是将军,又都是从匈奴作战中显露出来。说到霍时:"诸宿将所将士马兵不如骠骑,骠骑所将常选,然亦敢深入,常与壮骑先其大军。军亦有天幸,未尝困绝也。然诸宿将常留落不遇。由此骠骑日以亲贵,比大将军。"这是霍去病与老将的对比。在霍传之末又与卫青作一对比:"其从军,上为遣太官赍数十乘,既还,重车余弃粱肉,而士有饥者。其在塞外,卒乏粮,或不能自振,而骠骑尚穿域踏

---

① 吴见思:《史记论文》,中华书局1916年版,第6册第49页。

鞠也。事多此类。大将军为人仁善退让,以和柔自媚于上,然天下未有称也。"这两次对比都带有总结性的结论,虽然不像《张耳陈馀列传》那样错综而自首至尾都在对比,但这种盖棺定论式总结性对比,也是对比结构之一格。

《苏秦列传》是其与弟苏代的合传,苏秦在齐被齐大夫使人刺死,而苏代亦为策士却得其天命。传末说:"燕使约诸侯从亲如苏秦时,或从或不,而天下由此宗苏氏之从约。代、厉皆以寿死,名显诸侯。"这种对比并属总结性,与《卫霍传》同一性质,全篇都在覆盖之中。而《扁鹊仓公列传》之对比就像《苏秦传》一样,扁鹊医术名闻天下,治病随俗为变,而秦太医因技不如人,使人刺杀之。《仓公传》则言"或不为人治病,病家多怨之者",所以文帝四年,有人上书言仓公,以刑罪押解长安,小女缇萦随父西行,上书愿为奴以赎父罪,此年文帝即除肉刑法。而后家居终老,又是结局不同的对比,能使人为之感慨。

二、以对称为结构

对比结构是把相反的放入一传,对称则是把相同相近的人物合为一传。对比是相反见意,对称则是彼此烘托。"大抵司马迁在写合传的时候,如果不用对照律,便往往用对称律,当然也时时二律并用。这是中国人的一种特有的审美意识,这是像大建物前一定摆两个大石狮,或者堂屋里一定要挂一副对联似的。司马迁也是有意识地要求这种安排的。"[①]如果再往小一点说,对比犹如近体诗的反对,对称犹如正对。这只是大致而言,而《史记》之合传以对称为结构的,形式同样多姿多彩。

《屈原贾生列传》把战国与汉初人放在一起,打破了时空的限制,每遭前人异议,这也见出作者的魄力,何况所作为"通史",打通时空,不见有碍,反得其神。因为两人都是政治家,又都是辞赋家,而且都遭谗贬黜或流放,并且最后结局都是死于非命。他们实在太像了,连那种高远的眼光和忧国情怀都非常切近。这种合传真是人虽古今,合则肝胆。分则两失,合则两美。当《屈传》结束,《贾传》一开首即言:"自屈原沉汨罗后百有余年,汉有贾生,为长沙王太傅,过湘水,投书以吊屈原。"第一句是合传与类传搭接处常用的路数,前人称为"搭天桥",而后面几句,就自然极了,贾谊有《吊屈原赋》,就极自然地由屈过渡到贾。这一合传把两个悲剧人物合在一起,那悲痛的气氛就更感动人了。至于"《屈原传》则一段叙事,一段议论,用虚实相

---

① 李长之:《司马迁之人格与风格》,天津人民出版社2007年版,第190页。

间法，其文义遥遥相承，尤为列传之创格。"①郭嵩焘在《鲁仲连邹阳列传》下说："史公列传有以事相连者，如《廉颇蔺相如列传》《魏其武安》及《灌夫列传》是也。有随事为类者，如《扁鹊仓公》及《刺客传》是也。鲁仲连、邹阳以书说显，屈原、贾谊以辞赋显，亦随事为类者也。太史公心目中自具千古，依类比义，摘合而连属之，岂复以时代论耶？"②洵属中肯之论。

与之相似的还有《鲁仲连邹阳列传》。仲连是战国人，邹阳则活动于汉初，合为一传的原因，是两人都是策士，都是齐国人，而且都因一信起了重要作用。仲连以一书信给固守聊城的燕将，燕将见仲连信，泣三日而自杀。对鲁仲连齐欲爵之，他却逃隐海上。邹阳游于梁，因人嫉忌，梁孝王怒，下之吏，将杀之，邹阳乃从狱中上书，梁孝王受到感动，就把他放出来，卒为上客。两人的书信都起了绝对的重要作用。然鲁仲连是战国高士，有著名的"义不帝秦"之举，"为人排患释难解纷乱而无取"，扭转赵国欲尊秦为帝的局面，平原君欲封、欲赠千金，仲连均笑拒无所取，属于"好奇傥傥"之人物，引起后世的向往。李白就是他的崇拜者。《邹阳传》除了狱中上书外，并无任何事迹，所以，茅坤说："邹阳本不足传，太史公特爱其书之文词颇足观览，故采入为传。然予首尾按之，并只言断简，而其旨多呜咽，故爱之者易也。"③吴见思亦言："鲁仲连、邹阳二传，绝无连贯，止为鲁仲连有聊城一书，邹阳有狱中一书，词气瑰奇，足以相比，遂合为一传耳。观赞语可见。"④然李景星却说："鲁仲连、邹阳，中间距百岁，时异代隔，绝无联络，而太史公合为一传，以其性情同也。观赞语，于鲁仲连则曰'不诎于诸侯'，于邹阳则曰'亦可谓抗直不挠矣'。不屈不挠，乃能独行其事，而为天地间不易多、不可少之人。虽所处之地位不同，要其不磨之志气俱在也。鲁仲连身为布衣，得以自主，故其志气可于径直中见之。邹阳处人宇下，不得自主，而其志气亦可于郁结中见之。以一副心胸写两人口吻，口吻各殊而心胸如一。此等处，全关笔妙。且史公天性与鲁仲连同，其遭际复与邹阳同，史公之传二人并有自为写照之意。"⑤《汉书·贾邹枚路传》言邹阳先仕于吴，吴王阴有邪谋，邹阳上书劝谏，并载书辞。而吴王不纳，于是与枚乘、严忌离吴至梁，又有人狱上书事。梁孝王刺杀袁盎，朝廷使人至梁审察责梁

---

① 唐文治：《国文经纬贯通大义》卷四，见王水照主编《历代文话》，复旦大学出版社2007年版，第9册第8302页。
② 郭嵩焘：《史记札记》，商务印书馆1957年版，第287页。
③ 茅坤：《史记钞》，商务印书馆2013年版，第334页。
④ 吴见思：《史记论文》，中华书局1916年版，第6册第14页。
⑤ 李景星：《四史评议》，岳麓书社1986年版，第77页。

王。邹阳事先谏阻暗杀，梁王求邹阳解罪回旋，使至长安见景帝王美人之兄长君游说，此事与韩安国见长公主事同，以及劝谏吴王，都被司马迁舍弃了。

《汲郑列传》之汲黯，敢直谏，"不能容人之过"，甚至对汉武帝径言："陛下内多欲而外施仁义"，"陛下用群臣如积薪耳，后来者居上"，常搞得汉武帝下不了台，就把他打发到淮阳为太守。郑当时好侠喜客，在朝"常趋和承意，不敢甚引当否"。又因门人得罪，后复出为长史，"上以为老"，也把他打发去做汝南太守。汲、郑两人都卒于地方任上。两人兄弟子孙至两千石者十人或六七人，又都好侠任气节，这都是相同之处，相互映照，故合为一传。李景星说："汲、郑行径本不相同，太史公以其皆学黄老，内行皆修洁，又皆喜宾客，故合而传之。一路分叙，至篇末合拢。乃曰：'汲、郑始列为九卿，廉，内行修洁。此两人中废，家贫，宾客益落'云云。以此数语，点明合传之故，令读之者喜其制局之紧。"① 叙汲黯纯出于实写，多用对话与对比，故叙之详实。写郑当时则出以笼括之笔，以虚写故较略。这在对称结构中又用了对比手法。

《绛侯周勃世家》是父子合传。周勃在楚汉时战功多，又有诛除诸吕扶立文帝的不世出之大功，但功高震主，汉文帝免相使之回到封地。他是个敦厚老实人，一见地方守尉巡视，就惊惧得"常被甲，令家人持兵以见之"，闹得有人上书告他欲反，下狱"不知置辞"，狱吏"稍侵辱之"，便予狱吏以千金，这才暗示"以公主为证"。公主为文帝之女，周勃之儿媳。这才使薄太后骂了文帝，让他出狱。这个大将军不免心有余悸地说："吾尝将百万军，然安知狱吏之贵乎！"

其子周亚夫，驻军细柳营曾把文帝折腾了一番，文帝称之"此真将军矣"。在平定吴楚七国之乱时，吴攻梁急，梁孝王求救统兵太尉周亚夫，因形势紧而未往，梁上书景帝，景帝诏命他救梁，亦不奉诏，坚壁不出。后相机破平吴楚，却引起梁孝王对他的怨恨，常对窦太后言其短。又因谏废太子，景帝由此疏远。加上力阻封太后兄王信，又引起景帝不满。景帝便赐宴大块肉，又不置筷，亚夫心里不快，景帝说："此怏怏者非少主臣也！"认为将来儿子当皇帝就管束不了他，由怀恨而萌生杀心。又因周亚夫的儿子为父买甲盾预作葬具，被告反而入狱，说他"纵不反地上，即欲反地下"，亚夫气愤地绝食而死。

父子两人都是将军，对汉都有大功，都因反名关进监狱；又在《周勃传》

---

① 李景星：《四史评议》，岳麓书社1986年版，第112页。

写文帝之忌刻,在《周亚夫传》里的景帝就更忌刻了,有了这些相近之处,且处处都在照映,就起了对称的作用,这就使人更感慨了。父子传里又有各种不同结构,"《周勃传》有层楼叠阁之观;其传亚夫则又如林塘台榭,步步引人入胜"①,相互映照生色。

《白起王翦列传》亦是两将军合传。两人都是秦将,白起为秦战胜取七十余城,传中只叙长平坑赵卒四十万;王翦为秦始皇灭赵、燕、魏,而重点只写与楚战,这又是详略之同。白起因秦王再攻赵而不愿行,被免职,又赐死,死时而叹悔尽坑赵卒,而《王翦传》末叙其孙王离在巨鹿之战中败降项羽,这就又太相似了,故以对称安排为合传。这又和对称太接近了,所以两将合传,见出六国被灭于两人之手,秦王又不相信他们。吴见思说:"此两传俱用一样笔法相对。前边战,一顿点过。白起只抽长平一事,王翦只抽破楚一事,姿态色泽,抑扬变化,各臻其妙。"又言:"《白起传》,以逐节写来,顿挫法胜。《王翦传》,以两两抑扬,反衬法胜。又各有一妙。"②《范雎蔡泽列传》是两策士的合传,两人先后都为秦相,都先后被免相。"原是一流人,一时人,其气味相同,权术学问相同。故范雎说昭王,洋洒数千言,多少层次,一路逼人。蔡泽说范雎,亦洋洒数千言,多少层次,一路逼人。太史公合作一传,前后对应,以成奇观。"又言:"写范雎说昭王,昭王纯受范雎笼络,虽极为顿挫,尚无匹敌。至蔡泽说范雎,则各用权术,反复往来,如两虎负隅,各不相下,益见其奇。"③至于范雎倒穰,蔡泽推倒范雎,各自一生事业,也是对称。唯《范雎传》故事情节曲折带有戏剧性,诸如使齐受须贾误解,笞击佯死,又如何死里逃生;夜见秦使王稽处,西行路遇穰侯处,至秦见秦王处,为应侯微服见须贾处,须贾赠绨袍处,盛帐见须贾处,笔致生动,描写带有戏剧性,后来便成为剧作家的蓝本。

《张释之冯唐列传》是两诤臣合传,详略上略同《范蔡传》。写释之事颇多,对文帝言事,先是"卑之毋甚高论",而言秦汉得失,"文帝称善"。对虎圈啬夫代对响应无穷,阻止文帝拜上林令,阻止太子与梁王入朝不下司马门。从行至霸陵,以为文帝称其牢固,他却说"使其有可欲者",虽固而无用,以及渭桥犯跸,盗高庙玉杯,文帝处罚过重。至景帝立,惧恐,因王生于朝廷使之结袜,名重朝廷。一路拉杂齐下,不分巨细娓娓道来,总见出一个

---

① 章廷华:《论文琐言》,见王水照主编《历代文话》,复旦大学出版社 2007 年版,第 9 册第 8391 页。
② 吴见思:《史记论文》,中华书局 1916 年版,第 5 册第 58 页。
③ 吴见思:《史记论文》,中华书局 1916 年版,第 5 册第 90 页。

厚重长者。而写冯唐只叙其论将,约略与释之论法相对。因仅一事故详叙其言,且层次转折甚多。两传事之多少,叙之详略,差异甚大,但在直谏上却同样体现出一种长者精神。"又是一时人,一时之言"(吴见思语),且都被文帝纳谏,故为合传,亦对称相应。

《平津侯主父列传》为公孙弘与主父偃合传,偃死于弘之进言,本是一对冤家,又怎能合为一传?吴见思谓二人恩怨牵连故特意合传:"公孙以议朔方、族主父,与主父是一时人,故扯冤家合传,犹之袁盎、晁错也。"①然而牛运震看法却相反:"平津、主父先贫困后遇时通显相同,谏讽武帝开边构兵大旨相类,为人之深刻阴险亦有相似者。主父之诛死,由公孙弘发之,正其事迹相关合处。"②李景星亦言合传原因约有五端:"一为齐人同,二先屈后伸同,三心术不纯同,四行事之诡谲同,五则主父之死,由于平津。以同始者,以不同终也。"③还有一点,都是以对策入仕。冤家是外在的,本质相同是内在的,牛、李两家看法是可取的。传中也有对比,公孙弘"每朝会议,开陈其端,令人主自择,不肯面折庭争",而且"尝与公卿约议,至上前,皆倍其约以顺上旨"。主父与公孙不露锋芒不同,如发燕王阴事,人或劝戒:"太横矣。"主父则言:"丈夫生不五鼎食,死即五鼎烹耳。吾日暮途穷,故倒行暴施之。"行事不顾一切。这可以说是在对称结构中也有对比的地方。

与《平津侯主父列传》仇怨合传相同者,还有《袁盎晁错列传》。晁错死于袁盎之进言,而袁盎又被梁孝王刺客所暗杀。两人均为智士,而又都死于非命。袁得志于文帝,晁受景帝之重用,互相倾轧,而成为悲剧人物。晁错父子语,袁盎宽慰文帝语,俱见两人性情心计。袁盎使吴逃归情节曲折,梁王使人刺杀袁盎,叙写细致,以见袁盎"仁心为质"。晁错对父言,传末邓公对景公言,以见晁错之冤死。而吴楚已反,"不急匡救,欲报私仇,反以亡躯",彼此均欲置人于死地。吴见思说:"此传兀立两扇,因时事合,遂牵冤家作一传写。细看来,刻削阴鸷,盎、错原是一种人,史公亦用同一样笔法。至今读之,犹畏恶其人。"④两人结怨寻仇,相互映照,发挥了对称结构之作用,使人物性格更为鲜明。

由上可见,《史记》的对称结构在合传中,组合多样,有正对亦有反对,彼此有详写也有略写,选择之人物,有不同时代,也有父子合传,有策士也

---

① 吴见思:《史记论文》,中华书局1916年版,第7册第79页。
② 牛运震:《史记评注》,三秦出版社2011年版,第295页。
③ 李景星:《四史评议》,岳麓社1986年版,第105页。
④ 吴见思:《史记论文》,中华书局1916年版,第7册第12页。

有直谏之臣,形形色色,不拘一格。一经合写,倍觉生色,而且每篇均有各自风格,"所以能发其奇而博其趣"(郭嵩焘语),无论从史学与传记文学看,都是一种创格。

三、多线穿插与并列结构

对于事迹相关或相同类型的人物,《史记》也采用合传在一篇中叙写。尤其是前者最能见出在结构上组织穿插,多线交错的才能。比起两人之合传,结构复杂,难以组织,然亦可难中见巧。

多线穿插结构,在合传中不多,然均为名篇。如《袁盎晁错列传》之《袁盎传》就穿插晁错:"盎素不好晁错,晁错所居,盎去;盎坐,错亦去:两人未尝同堂语。及孝文帝崩,孝景帝即位,晁错为御史大夫,使吏按袁盎受吴王贿物,抵罪,诏赦以为庶人。"吴楚反,又欲治其罪。于是袁盎恐,要见景帝,"上乃召袁盎入见。晁错在前,及盎请辟人赐间,错去,固恨甚。袁盎具言吴所以反状,以错故,独急斩错以谢吴,吴兵乃可罢",以及"及晁错已诛,袁盎以太常使吴",就在袁传里插晁事。这还是简单的穿插,而多人合传的穿插就复杂得多了。

如《廉颇蔺相如传》,是赵国将相合传,既写了廉、蔺与赵奢,还写了赵括以及李牧,这些人物相互有穿插,赵国的存亡亦为纵线穿插在其中。在五人里先写廉蔺传,以蔺如主,以廉为宾,作为穿插,一上手先将廉、蔺并提。然后专叙蔺事,写渑池会,又言廉颇送王至境,提出三十日不还,请立太子为王,这是第二次穿插。渑池会结束,言秦王终不能加胜于赵,"赵亦盛兵以待秦,秦不敢动",这当然是廉颇领兵,蔺、廉文武呼应,这是第三次穿插。以下则是"将相和",对廉颇以大开大合的方式畅叙了一次,这是正式的合写,末了一段写廉伐齐攻魏,后四年蔺亦攻齐,又合写在一起,双收并结。一传之中廉颇穿插了五次。

在《廉颇蔺相如传》的末尾,言二人攻齐伐魏,又说"其明年,赵奢破秦军阏与下",就自然带出了《赵奢传》,从穿插看就是第六次。叙奢事,言秦伐韩王问廉可救与否,是为第七次穿插。奢解阏与之围赐号为马服君,"赵奢于是与廉颇、蔺相如同位",又把廉、蔺合写,为第八次穿插。长平之战,言赵奢已死,蔺病笃,使廉攻秦,这是第九次。赵王听信秦之间谍言:"秦之所恶,独畏马服君之子赵括为将耳",这是第十次,又带出《赵括传》。

在《赵括传》里,先写他与父言兵事,"奢不能难,然不谓善",插其父预言败,这是第十一次。括代廉为将而有长平惨败,秦围邯郸一年多,"赖楚、魏诸侯来救",乃解围。燕趁机击赵,赵使廉为将破燕军,封为信平君,这是第十二次穿插。

以下追叙廉免将自长平归，宾客尽去，及复为将，客又复至，算是第十三次。赵孝成王卒，子悼襄王立，使乐乘代廉。廉怒而攻乐乘，乐败走，廉只好"遂奔魏之大梁"，这是第十四次。"赵以数困于秦兵，赵王思复得廉颇，廉颇以思复用赵"，于是详叙赵使探视廉，这是第十五次。楚迎廉于赵，为将无功，廉老想"我思用赵人"，卒死于寿春，是为第十六次。自廉复为将至此，本可写在《廉颇传》，却置于《赵括传》之后，虽按事态顺叙，亦可见穿插之自然。

最后为《李牧传》，李牧为赵之"北边良将"，匈奴不敢近赵边城。赵悼襄王之年，"廉颇既亡入魏"，李牧为将攻燕击秦，南距韩魏。赵王迁七年，王翦攻赵，李牧迎击，秦以反间，赵王使人代李牧，牧不受命而被杀，秦遂灭赵。秦之反间赵则取代李牧，与长平反间以括代蔺，又前后呼应。至于赵之将相更换，所引起兴亡之变，亦频频插入作为全文之纵线，而人物各传互相穿插交错又为横线，纵横交叉便构成此一名篇。

吴见思说："廉颇、蔺相如正传也，赵奢、赵括、李牧则附传。乃廉颇、蔺相如双起，相如正写，而廉颇虚写，杂序于中，与相如、二赵相终始。穿插极佳，主客莫辨，此又史公之另一格也。"又言："写蔺相如易璧一事，会秦王一事，让廉颇一事，文章极妙，然犹整段写。至入赵奢以后，则纵横变化，忽而赵括，忽而廉颇，组织之妙，真无辙迹可寻。"①谓二赵、李牧为附传，这是纯从叙写看，因廉、蔺写得生动，若从史学看因此五人事有先后，则应是五人合传。至于一时事，人物又多，穿插又多，经纬之匠心，就更能见出。但也有不同看法，谓"篇首叙廉颇仅数语，分叙蔺相如、赵奢、赵括诸事内，兼叙廉颇事，就篇法纵观其始终，系以廉颇为经，而诸人纬之。相如、奢、括诸事皆包括于颇事之中，此变化之特妙者。他篇合传，传虽合而记载仍分，大半以赞为总束，传中或加贯通语耳。此传除附记李牧外，乃真合也。"②这个说法似乎更进了一步，因相如事主要见于前半篇，而廉颇事则穿插前后。

更为著名的是《魏其武安侯列传》，此虽为窦婴、田蚡、灌夫三人合传，然中间穿插人物众多，诸如传首的窦太后、汉景帝、梁孝王、后之王太后、汉武帝、淮南王，中间的韩安国、御史大夫赵绾、颍阴侯灌孟、长乐卫尉窦甫、田蚡弟田胜，以及籍福、临汝侯灌贤、程不识等，先后插入三人传中。总体

---

① 吴见思：《史记论文》，中华书局1916年版，第6册第7页。
② 徐昂：《文谈》卷二《论各代文》，见王水照主编《历代文话》，复旦大学出版社2007年版，第9册第8958页。

结构,先分叙三人,后将三人合成一团,最后同归于尽。分叙田蚡时,插入窦婴,《田蚡传》结尾时,又以窦婴失势,诸客引退,"惟灌将军独不失故"而"独厚遇灌将军",带出《灌夫传》。在《灌夫传》中,又将窦婴至田蚡家饮酒,把三人预先合在一起,又以田蚡求窦婴城南田而不遂,引发田蚡"由此大怒灌夫、魏其",为以下三人闹得不可开交预做铺垫。

又由田蚡婚宴的灌夫使酒,矛盾激升。再至东朝廷辩便酿成你死我活,水火不容。武帝之请安王太后,田蚡责怪韩安国则为余波横生。窦、灌论死,田蚡病"见魏其、灌夫共守欲杀之,竟死",到此可以结束,却又补叙田蚡和淮南王的勾结,而以汉武帝的"使武安侯在者,族矣"的洪钟巨响结束全文,又与起首窦婴阻止景帝传位梁孝王成为遥应,就又犹如余音回响,袅袅不绝。因此,前人指出:"《史记》文如万壑千流,曲折澎湃,同归于海,而支派一丝不乱,真天下之至文。武安通淮南事用'匣剑帷灯'法,至结末能露出,光彩乃炫耀夺目,此字长最擅长处。"①

这一大传前边的分叙犹如百川灌河,后之使酒、廷辩犹如长江大河,莽莽滔滔奔流,末尾的见鬼与补叙则寓论断与叙事之中,又如暴风骤雨过后,几片夕霞遥布天际,而有味之不尽之景观。对此传,也应当作如是观,同样颇有奇趣。郭嵩焘说:"范雎、蔡泽相继相秦,因联两传为一事,廉颇、蔺相如同时仕赵,因合两人为一传,史公因事为文,不主故常,所以能发其奇而博其趣也。"②

至于并列结构,是指多人合传,写完一人再写一人,即使同一时人,因没有多少联系,不存在彼此牵连,各自独立,虽有先后,实则并列。如《傅靳蒯成列传》,写了傅宽、靳歙、周緤,三人都因军功封侯,故合为一传。《老子韩非列传》以老子、庄子、申不害、韩非合为一传,他们分属道、法两家,然司马迁认为法家"而其归本于黄老","皆原于道理之意",至于庄子"然其要本归于老子之言","要亦归之自然",源于老子则不消说,但把申、韩合传,眼光是过人的。至于《孟子荀卿列传》,亦为战国诸子合传,但和《老韩传》不同,包括各个学派,并没有统一相同之处,介乎合传与类传之间,看作后者还是较为合适。

在并列合传里,《樊郦滕灌列传》较为重要,写了樊哙、郦商、夏侯婴、灌婴四人。樊哙原本出身宰狗屠夫,以吕后妹为妇,与刘邦最亲,鸿门宴上表

---

① 唐文治:《国文经纬贯通大义》卷五,见王水照主编《历代文话》,复旦大学出版社 2007 年版,第 8310 页。
② 郭嵩焘:《史记札记》,商务印书馆 1957 年版,第 282 页。

现得威武,曾谏刘邦勿入秦宫,又谏刘邦强起平叛很得大体,非仅粗鲁莽夫。郦商为郦食其弟,曾为右丞相,其子名寄字况。周勃等诛除诸吕,他被劫,命况与吕禄出游,周勃乃入周军。夏侯婴在汉初三代,始终任太仆,彭城败逃,没有他,刘盈和鲁元公主就绝对没命了。灌婴原以贩缯为生,从韩信攻杀龙且,垓下之战与所将卒共斩项羽。此四人皆为功臣,各自为传而构成合传,后来《汉书》合传多属此类。

综上所论,《史记》的合传本身可以多载述人物,组合或以对比为结构,或以对称为结构,或多线穿插,以及并列组合。在整体与局部上也可以把两种方式结合起来。在人物选择上打通时空,依事制宜,以类相从,不主故常,每篇都有一个中心。如《田儋列传》凡写三人,即以"能得人"贯穿首尾。每篇文字随事成文,各具风格,如《屈贾传》即以忧愤为特色。凡所合传在结构上可谓不拘一格,异彩纷呈。

值得一提的是,前人认为:"合传有类列不类列之分,不类列者多撮合事实相关者,或情况相类,或志趣相投者,著之以篇,不类之类也。《孟子荀卿列传》杂述儒、墨、道、名、法、农、阴阳诸家,实以齐为类。孟子尝游事齐宣王,三驺子及淳于髡、田骈、接子并为齐产,荀卿与慎到、环渊皆显于齐。其与齐不相涉者附之篇末。慎到、田骈、接子、环渊虽并学黄老之术,而不入之《老子韩非列传》,类于此而不类于彼,史例如是耳。苏秦、张仪同事鬼谷,皆从衡家,而尚从、尚衡旨即相迁,事复繁多,且秦之后有苏代,苏后,仪之后有陈珍、公孙衍,故不为之合传。两家传次第前后相续,亦不合之合也。《平原君列传》以孟尝、信陵、春申并论,《春申君列传》以孟尝、平原、信陵并论,皆所以明四传联络之关系,故四传骈列,分之而不啻合之也。"[①]这种看法很通达,使我们对合传与单传关系有更全面的关照。

讨论《史记》中传记的结构,完全可以一次性进行,分作好几种。如像论者分作:1.串珠式(或曰糖葫芦式),2.板块式(或曰分段式),3.山峦起伏式,4.双线复调式,5.一二人物贯穿式,6.纠结、麻花式,7.两两对比式,8.并列分叙式,9.横截编组式,10.网络式[②]。这样固然简明省事,一目了然,有其方便之处。但从文体看,《史记》的传体,体中有体,有单传、合传、类传、附传之别,这四体中各自结构不同。比如合传结构不同于单传,也与类传大有区别。司马迁又是经营文章的高手,各体之结构自然大有区别。所

---

① 徐昂:《文谈》卷二《论各代文》,见王水照主编《历代文话》,复旦大学出版社2007年版,第9册第8952页。

② 见可永雪:《史记文学成就论衡》,中央民族大学出版社2012年版,第218—221页。

以,从文体论角度看,似乎更能把握结构之不同,以及不同之原因。从传记不同的文体,梳理出结构变化的种种规律,从而也加强理解不同传记的特点。这也是我们按传体不同而分别讨论的原因。

第三节 《史记》类传结构论

所谓"类传",就是把身份或官职或为人作风相同者合为一传,他们往往具有人品相近与行事相类的特点,所以一传可以记载多人,比合传的容量要大,而且所记人物形形色色,诸如外戚、学人、刺客、游侠、苛吏、治吏、佞幸等,群分不同,写法亦别。记人一多,结构变化较大,因而与单传、合传很有不同处。

一、以对比为结构

单传与合传的对比,相对来说不是自我对比,就是彼此对比,而类传的对比带有群体性。因类传一般五六人至十几人,也有三两人者,如《游侠列传》《佞幸列传》《滑稽列传》各三人,《日者列传》仅记司马季主一人。个别"类传"与合传容易混淆,如《孟子荀卿列传》看似孟子与荀子的合传,实际上写了一大群趋向不同的学者,记载驺衍、淳于髡等人,它和《老子韩非子列传》的合传还是有区别的,后者老、庄、申、韩都源于"道德之意"按理应归于类传,但韩非子与老子较详,一般认为是合传。《孟荀传》与之相比较,就有些异样,似与类传更接近些。再如只记了三人的游侠以及佞幸、滑稽诸传实际上是合传,但一般都归入类传。

在类传里对比结构最显著者,当为《孟荀传》。在《孟子传》里说孟子游齐,"宣王不能用","适梁,梁惠王不果所言",认为孟子"迂远而阔于事情"。其原因何在?作者用"当是之时"领出以下对比:

> 秦用商君,富国强兵;楚、魏用吴起,战胜弱敌;齐威王、宣王用孙子、田忌之徒,而诸侯东面朝齐。天下方务于合从连横,以攻伐为贤。

这是弱肉强食的时代,能使国富兵强的法家、兵家走红,见效辽远的儒家无人理睬:

而孟轲乃述唐、虞、三代之德，是以所如者不合。

这就与现实国君的需要差之甚远。他只能去当教书匠，"退而与万章之徒，序《诗》《书》，述仲尼之意，作《孟子》七篇"。这一大幅度对比，说明儒家学说不合时用，因而齐、梁诸君不感兴趣，孟子必然遇到时代的冷落。这层对比够鲜明了，一之不足，再作一大对比。同属齐国而先于孟子的驺忌，"以鼓瑟干威王，因及国政，封为成侯而受相印"。后于孟子的驺衍"重于齐"，而且：

适梁，惠王郊迎，执宾主之礼。适赵，平原君侧行撇（拂）席。如燕，昭王拥彗先驱，请列弟子之座而受业，筑碣石宫，身亲往师之。作《主运》。其游诸侯见尊礼如此，岂与仲尼菜色陈蔡，孟轲困于齐梁同乎哉！

这又是一次大对比，不仅实用的法家、兵家见重于世，而且连阴阳五行家也到处受到隆重的奉迎，这和儒家四处碰壁、遭人围困屯塞一时的差异太大了！然而司马迁认为儒家大有用于世，只是不愿曲意苟合而已，所以在此传指出"武王以仁义伐纣而王，伯夷饿不食周粟；卫灵公问陈，而孔子不答；梁惠王谋欲攻赵，孟轲称大王去邠。此岂有意阿世俗苟合而已哉！持方枘而欲内圆凿，其能入乎？"由此可见作者对先秦儒家的独立人格之推崇。所以《荀子传》又说："荀卿嫉浊世之政，亡国乱君相属，不随大道而营于巫祝"，"于是推儒、墨、道德之行事兴坏，序列著数万言而卒"。这也正是他把"太史公曰"提于传首，所说"余读孟子书，至梁惠王问'何以利吾国'，未尝不废书而叹也"的原因。

此传首尾为《孟子传》和《荀子传》，中间又布列三驺子、淳于髡、慎到等数十人，最后又带出公孙龙、墨子等人。前后以对比结构为中心，突出了儒家的孟子与荀子。牛运震说："此传以孟子、荀卿为主，而以孟子引端于前，荀卿收结以后，中间驺衍、淳于髡等诸子。经纬连贯，宾主厘然，分合尽致，极错综变化之妙。《史记》最奇格文字。"[1]这说法当然不错，然在诸子中，特别推重孟、荀，又于两家中归重于孟子，这些都是对比在结构上所起的作用。

《酷吏列传》凡载十名严苛法官，是篇大传。结构上采用了多种手法，

---

[1] 牛运震：《史记评注》，三秦出版社2011版，第184页。

对比亦是其中一种。如先写的郅都,他在景帝时,"独先严酷,郅行法不避贵贱,列侯宗室见都侧目而视,号曰'苍鹰'"。这些都够严酷的了,他却"公廉,不发私书,问遗无所受,请寄无所听。常自称曰'已倍亲而仕,身固当奉职死节官下,终不顾妻子矣。'"若就后者,即使列入《循吏传》也不为过;若看前者,如此苛狠该又是个贪官,其实均不尽然。

其次为宁成,说他"为人小吏,必陵其长吏;为人上,操下如束湿薪"。曾任济南都尉,而郅都为太守。以下以对比写道:

始前数都尉皆步入府,因吏谒守如县令,其畏郅都如此。及成往,直陵都出其上。

两个酷吏,一个比一个严畏,简劲瘦硬的文字,鲜明的对比,宁成好陵其上的气势,真是咄咄逼人!郅都严威远震匈奴,为雁门太守,匈奴不敢近雁门,"至于为偶人象郅都,令骑驰射莫能中,见惮如此"。而宁成居然"直陵都出其上",可见更为可畏。这又是酷吏间之对比。然"其治效郅都,其廉弗如",这又是人格上一层对比了。

再次为周阳由,执法时"最为暴酷骄恣",而且"所爱者,挠法活之;所憎者,曲法诛灭之"。这是以一己之爱憎,恣意蹂践法律,又是从对比上写出。

第四位是酷吏魁首张汤,所用文字最多。张汤执法则揣摩人主之意而行,"所治即(如果)上意所欲罪,予(与)监史深祸者;即上意所欲释,与监史轻平者",这是以人主之爱憎为法之准则,全从对比中写出。按理也应当是贪官了,然而"汤死,家产直不过五百金,皆所得奉赐,无他业"。这一对比就把他人格的另一面突出得异常明显,甚至于让人肃然起敬!以下的王温舒、杜周都采用对比手法来写徇私枉法,或唯人主之意是从。

在此传接近尾声,门客有人责备杜周:"君为天子决平,不循三尺法,专以人主意指为狱。狱者固如是乎?"周回答说:"三尺(法律)安出哉?前主所是著为律,后主所是疏为令,当时为是,何古之法乎!"这里的描写多么赤裸,法律在他们手中如泥巴,可以随意被捏弄!这也是对这些酷吏的一个总结性"发言"。

酷吏中也有贪官,如王温舒死"家直累千金",而另一酷吏尹齐病死,"家直不满五十金"。这又是酷吏中贪与不贪的对比!而在结尾说杜周"其治暴酷皆甚于温舒等矣"。而且:

杜周初徵为廷史,有一马,且不全;及身久任事,至三公列,子孙尊官,家赀累数巨万矣。

这又该让人生发多少感慨!一篇大传于此结穴,又是多么沉重!让人郁闷得透不过气来。而在作者更是感叹无尽,所以在"太史公曰"中有肯定也有否定,以对比的笔墨写道:"然此十人中,其廉者足以为仪表,其污者足以为戒,方略教导,禁奸止邪,一切亦皆彬彬质有其文武焉。虽惨酷,斯称其位矣。"司马迁是从牢狱之灾中过来的人,而对惨酷的一面,能鞭挞他们的苛毒,也不隐没其中廉洁的一面,在对比中秉笔直书,真可谓"实录"矣!

由上可见,对比于此一大传中,不仅随事生文,而且贯穿前后,通贯全文,始终用两只眼睛观察他们,叙写他们,并没有把他们写成如狼似虎之另类,在对比中显示人之恶性,也展示人之善性。这篇万字大文,凡写到其廉时,总还能让人透点气儿,引人深思,又能见到对比手法所起到的效应。酷吏是"上以为能"的武帝所培植的,又都不得好死,这又是一层大对比了。

还有《外戚世家》抒写宫廷女性之命运难测,处处用了对比,合起来形成结构上的大对比,更显示"命运"变动不定这一主题。如高祖后宫无宠疏远者,及吕后执政夷戚夫人、诛赵王,而无宠者却得以"无恙";而凡"御幸"者,"皆幽之,不得出宫";"薄姬有色,诏乃入宫",然"岁余不得幸"。后得汉王偶然怜之,"一幸生男,是为代王",然"其后薄姬稀见高祖""窦太后初入宫侍太后,后太后出宫人以赐诸王。窦姬欲至赵能够近家,宦者忘之,误置其籍代伍中",窦姬泣怨宦者。然至代却受代王"独幸",代王即位为文帝,她也成了皇后;其弟少君家贫为人入山烧炭,"暮卧岸下百余人,岸崩,尽压杀卧者",然"少君独得脱,不死",后与窦太后相认,"乃厚赐田宅金钱,封公昆弟,家于长安"。景帝之王夫人、武帝陈皇后经历曲折大致如此。武帝之卫皇后原本歌女,又是一个偶然的机会得幸,后立为皇后,召其弟卫青为将军,击胡有功封侯,"青三子在襁褓中,皆封为列侯。及卫皇后所谓姊卫少儿,及少儿生子霍去病,以军功封冠军侯,号骠骑将军,青号大将军,立卫皇后子据为太子"。武帝之李夫人早死,"其兄李延年以音幸,号协律","其长兄广利为贰师将军"。

从戚夫人至李夫人,每个皇后,都有一个前后截然不同的经历,构成对比。宫女命运任皇帝摆布,变数很大。正如此传序所言:"甚哉,妃匹之爱,君不能得之于臣,父不能得之于子,况卑下乎!既欢合,或不能成子姓;能成子姓,或不能要其终;岂非命也哉?"钟惺说:"总叙中突出一'命'字,作全篇主意,逐节叙事,散于一篇之中,不必明言'命'字,而起伏颠倒,隐然有一

'命'字散于一篇之中,而使人自得之。"①所以,我们说《外戚世家》是以对比为结构,是由每人的对比经历组合构成的。

还有《封禅书》与《孝武本纪》,此两篇实为一篇,写武帝向往神仙,耽溺方士之装神弄鬼,中间写了不少方士,诸如李少君,文成将军少翁、栾大、公孙卿等,不妨看作方士类传。武帝每次受骗,"其所语,世俗之所知也,毋绝殊者,而天子独喜","大悦""上大说",尊奉如神。就像《酷吏列传》中"上以为能"的反复构成对比。他们多是齐人,所以"海上燕、齐之间,莫不扼腕而自言有禁方,能神仙矣"。方士的种种骗局与武帝执迷不悟的呆劲,又构成强烈对比。方士或病死或杀掉,武帝又"后悔其早死"。甚至说:"嗟乎! 吾诚得如皇帝,吾视去妻子如脱屣耳。"这篇绝妙的讽刺文字,把对比的双方写得都很生动,好像一幅接一幅的"漫画",对比的结构发挥了幽默的艺术魅力。

总之,类传篇幅无多,但每篇都围绕一个中心,为了突出这个中心,往往采用对比手法贯穿全篇。全篇在对比结构的安排下,主题也更鲜明,由此每篇风格,因人物不同而风格也各异,给《史记》的传记增添了不少的特别光彩!

二、以反复回旋为结构

《史记》以反复见长,反复可以言情,可以褒美,也可以讽刺,还可以表示"冷幽默"。特别是以关键句反复,不停穿插于每个人物之中,形成一种回旋的节奏,也成为结构提掇的闪光点,这在类传结构上别具一格。

如上所言,《酷吏列传》因人物多而文字长,它的结构形态是由几种方法构成,除了已言的对比结构以外,还有不停穿插其中,构成贯穿中轴的反复。吴见思说:"此传以'上以为能''上以为尽力'等句为骨,盖酷吏深结主知,方能行其威武,是史公着眼处。"②写到汉武帝时的酷吏,便反复出现这种关键句:

  今上时,禹以刀笔吏积劳,稍迁为御史。上以为能,至太中大夫。
                   (《赵禹传》)
  治陈皇后蛊狱,深竟党与。于是上以为能,稍迁至太中大夫。
                   (《张汤传》)

---

① 汤谐:《史记半解》引钟惺语,商务印书馆2013年版,第113页。
② 吴见思:《史记论文》,中华书局1916年版,第8册42页。

迁为长陵及长安令，直法行治，不避贵戚。以捕案太后外孙脩成君子仲，上以为能，迁为河内都尉。（《义纵传》）

上书请，大者至族，小者乃死，家尽没入偿臧。奏行不过二三日，得可事。论报，至流血十余里。河内皆怪其奏，以为神速。尽十二月，郡中毋声，毋敢夜行，野无犬吠之盗。其颇不得，失之旁郡国，黎来（齐人方言，义为求得），会春，温舒顿足叹曰："嗟呼，令冬月益展一月，足吾事矣！"其好杀伐行威不爱人如此。天子闻之，以为能，迁为中尉。（《王温舒传》）

以刀笔稍迁至御史。事张汤，张汤数称以为廉武，使督盗贼，所斩伐不避贵戚。迁为关内都尉，声甚于宁成。上以为能，迁为中尉，吏民以凋敝。（《尹齐传》）

治放（仿）尹齐，以为敢挚行，稍迁至主爵都尉，列九卿，天子以为能。（《杨仆传》）

逐盗，捕治桑弘羊、卫皇后昆弟子刻深，天子以为尽力无私，迁为御史大夫。（《杜周传》）

此传十人，自宁成以下八人，皆武帝擢用。其中七人都用了相同的关键句，亦见酷吏是武帝特意所培植。频繁见于一篇，它像一条钢筋把全传扭结起来。另外还有一种旋律，叙酷吏执法苛毒，形成一代风气，叙酷吏转相效法：写宁成则曰"其治效郅都"；写周阳由，则曰"自宁成、周阳由之后，事益多，民巧法，大抵吏之治类多成、由等矣"；写赵禹，则曰"用法益刻，盖自此始"，又曰"其治放（仿）郅都"；写尹齐，则曰"声甚宁成"；写杨仆，则曰"治放（仿）尹齐"；写王温舒又曰"自温舒等以恶为治，而郡守、都尉、诸侯二千石欲为治者，其治大抵尽放（仿）温舒"；写杜周，则曰"其治与宣相放（仿）"，又曰"其治暴酷皆甚于王温舒等矣"。这些酷吏惨烈为声，互相效法，司马迁以此作为第二种反复，和"上以为能"配合，穿插贯通全篇。

还有第三种反复，酷吏以善终者不多："郅都被斩，周阳由与义纵弃市，张汤与减宣自杀，王温舒被诛五族。杨仆文字不多，属于病死，《张汤传》独详，以其为酷吏之魁也。叙杨仆，以其严酷不详本末，意不在为朴传也。《杜周传》不终，以周为当时人，未有结束也"[1]。只有赵禹因"免归"，"以寿卒于家"，宁成因罪奔亡。酷吏如此结局，也构成反复，形成一种旋律。以上三种反复交错贯穿，把这篇文字坚实的大文章的结构统一得异常牢固。

---

[1] 李景星：《四史评议》，岳麓书社1986年版，第114页。

《佞幸列传》以"与上卧起"为反复。说惠帝时的闳儒,"非有材能,徒以婉佞贵幸,与上卧起",武帝时的韩嫣"常与上卧起",李延年亦"与上卧起",还有文帝时的邓通"独自谨其身以媚上而已",也是同样说法,只是变文而已。如此反复回旋,真是"已将佞幸丑亵事写尽"(牛运震语)。《仲尼弟子列传》的反复很简单,每个弟子传必先言少孔子多少岁。如写颜回,则曰"少孔子三十岁";写子路,则曰"少孔子九岁";写子夏,则曰"少孔子四十五岁"。凡有材料可据者,都要插入。孔子成了此文的纵线,就是靠他与学生的不同对话,以及"少多少岁"的旋律,把全文统一起来。与此相近的是《刺客列传》,在两人连接处,总要来一句:其后多少年而有某人之事。这种方法在合传也出现过,但合传一般两三人,如《屈贾列传》只用了一次。而此传凡写五人,共用了四次。首叙曹沫,接叙专诸,在结与始之间就说:"其后百六十七年而吴有专诸之事"。这种"搭天桥""建复道"法,在合传中闪现一次。而在类传中就构成一种旋律,把诸多人物以此链接起来,同时给人如此视死如归之人物,前仆后继,不绝如缕。在结构上串连一气,形成一种悲壮的气势。

总之,结构以反复为线索,形式亦属多种多样,无论是置于每人传中或是传末,都能形成一种回旋的节奏和韵律,使全文前后打通,互通声气,呼应缩接,连成一片,而形成了各自不同的特色!

三、以比较与穿插为结构

类传由于人物众多,虽然事迹相类,但也有大小高低的差异,所以比较就可以派上用场,它属于局部,也可以覆盖全篇,成为一传结构之特色。而许多人物或并为一时,或事有相连,并列一时者各自分写,未免单调,一经穿插,就可以把阅读的疲倦转化引发为兴趣的继续。司马迁是不经见的天才,加上特意的穿插叙写,则文章各自成局。

《万石张叔列传》写了一群"讷于言而敏于行"的人物,他们的行为主要体现在生活枝节上,而且和正常人异样,发生了广泛的社会影响。司马迁主张为"扶义俶傥,不令己失时,立功名于天下"者作传,这些迹近佞伪的人物,目的也在于"不令己失时",故为之立一传。

先写石奋与其子石建、石庆。石奋年十五就成了还在东击项羽的刘邦的小吏,高祖"爱其恭敬",问他家里还有什么人,答曰:"奋独有母,不幸失明。家贫。有姊,能鼓琴",于是就"召其姊为美人",他提升为中涓,"徙其家长安中戚里,以姊为美人故也"。刘邦为好色之徒,在楚汉相争之时,不停歇地寻找女人。一进入咸阳,见宫女众多就想入宫;消灭了魏王豹,即使是尚在"织室"的薄姬,见有色,即"诏内后宫",他的好色天下尽知。石奋在介绍其姊时,特意表示"能鼓瑟",就很对刘邦的胃口。文帝时石奋官至大中大夫。"无文学"——不学无术,然"恭谨无比"。景帝时他的四子"皆以驯行孝谨,官皆至二千石"。景帝称他"万石君"。退休后,他的行为还要"恭谨"至极,岁时朝进,过宫门阙,必下车趋。子孙为小吏归谒,必朝服见之,不称其名。有过失不批评,对案不食。已成年的子孙在身边时,即便是闲居在家,也一定要穿戴整齐。而且:

　　上赐食于家,必稽首俯伏而食之,如在上前。

这真是"恭谨"到家了!他凭如此"恭谨",使"人臣尊宠乃集其门"。退休后还享有"上大夫禄"。这般"恭敬"并不花什么力气,也不付出任何代价。他的"子孙遵教,亦如之"。这样社会影响可大了。

　　万石君家以孝谨闻乎郡国,虽齐鲁诸儒质行,皆自以为不及也。

像这样非常安全且能影响一时风气的人,汉家三代皇帝了怎能不喜欢呢,又怎能不让一家有"万石"的收入呢?作者喜欢项羽、李广、张释之、冯唐这些"俶傥非常"的人,又怎能不好好地刺刺以愚忠为能事的石奋呢?——不动声色的"冷幽默",体现在一招一式细枝末节中。在第一次比较时,就约略看得出。窦太后不喜"儒者文多质少",而他的一家"不言而躬行,乃以长子建为郎中令,少子庆为内史"——这自然又是一次比较了。

《石建传》说他白首,还亲自洗父之内衣,打扫厕所,还不使父知。为郎中令时,"事有可言,屏人恣言,极切;至廷见,如不能言者"。当田蚡与窦婴东朝廷辩相互攻击时,"郎中令石建为上分别言两人事"①,茅坤说:"石建所分别不载,大略右武安者。"(《史记钞》)如果结合本传这几句看,他不会在廷见时说田、窦之长短。职是之由,"上乃亲尊礼之"。万石君死了,石建哀哭,"扶杖乃能行"。一年后石建死。以下接言:

　　诸子孙咸孝,然建最甚,甚于万石君。

---

①　今注家或谓"把窦、田两人的经过情形分别在武帝面前说明了",见王伯祥:《史记选》,人民文学出版社 1982 年版,第 423 页注 260。这里的"分别"不是辨别,而是选择另外无人时向武帝说。

万石君就够"孝"了,而石建比老子还要"孝",又能"孝"到什么地方去!两个"甚"一经顶真,真是"孝"到十二万分了。这种比较与其说称美,还不如说是冷讽,讽得人真要哭笑不得!比较的力度于此极有分量。石建为郎中令,最重要的事迹是:

> 书奏事,事下,建读之,曰:"误书!'马'者与尾当五,今乃四,不足一,上谴死矣!"甚惶恐。其为谨慎,虽他皆如是。

上书所言之事,不得知,也不需要知。"马"字少写了一竖,尚且吓得要死。谨慎如此,他还能直言敢谏吗?

《石庆传》只记了一事,他的谨慎小心绝对迈出乃兄:

> 庆为太仆,御出,上问车中几马,庆以策数马毕,举手曰:"六马。"庆于诸子中最为简易矣,然犹如此。

他给皇帝赶车,问驾几马,这本来应口可答,然他没有,却扬起马鞭像幼童一样一个一个数起来,然后煞有介事地举手回答"六马"!这是一种"高智商"的"表演",他要皇帝相信——他是个绝对认真一点儿也不会马虎的人,也就是说:绝对信得过的!因为他知道,汉武帝需要人才,也需要奴才,而且奴才比人才更重要!他在兄弟中还算是"最为简易",这回比较,就真是明晃晃的讽刺了,讽刺得可以入骨三分!

正因为绝对可信,石庆由太守而为太子太傅,再升至御史大夫,乃至丞相,还封为牧丘侯。当时汉武帝大兴事功,出击四边,还忙着求仙封禅,兴利之臣,峻法之吏,儒学之士,"更进用事,事不关决于丞相,丞相醇谨而已"。石庆在位九年,无能有所匡言。连急着对付棘手大事的汉武帝,对他的"谨慎"也受不了,就狠狠地批了他一通。传末说:"庆文深审谨,然无他大略,为百姓言",他为国家和百姓没说过有用的话。然当他为相时,"诸子孙为吏更至二千石者十三人",比起乃父"万石君",超过了三倍,这就是他唯一的"功绩"!这回比较,司马迁没有明说,而没说等于什么都说了。也就是说,又用比较结束了石氏父子三传。

至于以下所记三四人,亦属万石君一类。卫绾"醇谨无他","忠实无他肠",为相"终无可言",而"上以为廉","天子以为敦厚",封为建陵侯;直不疑,"不好立名称"而封为塞侯;周文为郎中令,"终无所言",景帝问某人如何,则言"上自察之",而"子孙咸大官";张叔为御史大夫,"未尝言案人",同样"子孙咸至大官"。无所建树而封侯,而子孙往往都身居高位。这是比较了,只因为行事与地位在叙述时相距甚远,比较得不够明显罢了。

总之,此传以"恭敬""醇谨""孝谨"为"一篇领袖"(唐顺之《精选批点史记》),实质上"以'佞'字为主"(吴汝纶《桐城先生点勘史记》)。不动声色的比较,冷静至极,甚至于是褒是讥,都引发了前人决然不同的看法。对于这种人用明显的讥刺,似乎有些"过分",所以用了让人不易觉察的比较结构全文,正是运思组织颇见深意之处。

上文言及《酷吏列传》反复,"其治效郅都"云云,是反复,也是比较,这是把两种手法叠合用之。

以上为比较结构,其次再看穿插结构。类传中仍以《酷吏列传》为著称。所叙十人,并非逐人叙完,如果这样平叙,就犹似书法中布列如"算子"。而是随事穿插,如风行水上自然成纹。郅都在景帝时,故独立单叙。宁成前后属景帝与武帝时代,因而《宁成传》先叙在景帝时的严酷。至武帝,因外戚多毁其短,被罪而归家,可暂且搁置。周阳由事少而文亦少,故独立为传。依次为赵禹,言与张汤论定法律,即暂停。以下叙张汤最详,独立成传。但在《汤传》又遥接《赵禹传》,是因了其寿卒于家,"后汤十余年",这是按时间把《赵禹传》分作两半,中间以《汤传》隔开。下接之《义纵传》又插入宁成家居,其后,插入原因是,义纵迁为南阳太守,而宁成正家居亦为南阳,送迎义纵,"然纵气盛,弗为礼。至郡,遂案宁氏,尽破碎其家"。二人事交葛,故插入《义纵传》。而在传末又预先插王温舒,因为两人发生摩擦,故预先带叙出之。《义纵传》结束后自然是《温舒传》,此传末结束《尹齐传》与《杨仆传》。叙完后即以"温舒复为中尉",接上本传,因插入两段文字很少,《温传》尚能前后不至于阻隔。王温舒"以恶为治",仅次于张汤,故在《温传》详叙法严民反,揭示苛法之弊作以盘旋,也是一大篇的间隙处,以下方为最后两传《减宣传》与《杜周传》。

此篇人多文长,逐传单叙,就难免在彼此交葛处犯复,采用穿插,既回避了相互重复,结构也显得变化而不呆板。吴见思说:"一篇共序十人,可以为难矣。然偏逐人序去,独将十人花分穿插,处处组织,更觉异常绚烂。盖天孙机上无缝天衣,决不是排枲俪叶,枝蒂对生,必有擘金丝翠,西穿东插,柳映花遮之妙,然后成此一片文章也。"这是看到此传以穿插为结构,至于如何穿插则言:"十人郅都、宁成、周阳由各序为一截。赵禹、张汤合序为一截。《义纵》一传,留宁成未了,合序为一截。王温舒尹齐合序,为一截。杜周、减宣合序,为一截。而杨仆附见于《王温舒》《尹齐传》内,不在十人之

第二章 结构论

数。其次序则用年代之前后为次。杜周当时人,未有结果,故其传不终。"①杨仆与尹齐并列,文字略少于尹齐。然首尾俱在,言其"治放尹齐",复又言"天子以为能"。虽在此大传中文字最短,但行文体制一应俱全,不当为附传。如谓附传,那么与之比邻的尹齐也应为附传,这样就成了九人而非"太史公曰"中的"十人"。前人论此传亦谓"十人",而张云璈《简松堂文集·读酷吏传》则言"十一人",是把周朴计算在内。而郭嵩焘却说:"案《酷吏传》有郅都、宁成、周阳由、赵禹、张汤、义纵、王温舒、尹齐、杨仆、减宣、杜周十一人。此云十人者,疑杨仆仅督盗贼关东,虽'治放尹齐',而未足为酷吏,故不为数之。"②依我们看来,所谓"十人"不过是就其整数言之,不可拘泥。

吴氏又言:"《史记》虽序事,而意在作文,其中许多人许多事,不过供我作文之料耳,故或前或后,或散或合,或花分或搏挽,极我文章之妙,而其事已传矣,非必一人还他一篇,若泥塑神佛,逐尊逐位排列两边,绝无生气也。譬如戏剧,凡为孤酸末尼,参军伧鹘,不过听我搬演,以成此悲欢离合,非必一人一龃也。故《酷吏》一传,十人只是一篇。"③这对理解此传结构之穿插,不无道理。然有些穿插只是随时顺事自然而为,不必看作专意为之。

《张丞相列传》的结构也用了穿插的手法。此传先叙张苍、周昌、任敖,又在《任敖传》后接叙张苍,最后以申屠嘉结束。而在《周昌传》里带出赵尧附传。吴见思说:"史公作传,无不有线索贯串,而此篇线索更异他篇,以御史大夫串,故于'张苍为御史大夫'一句顿住。因言张苍为御史大夫之前,则有周苛。周苛徇难,而用周昌。周昌相赵,而用赵尧。赵尧抵罪,而用任敖。任敖免,而用曹窋。曹窋免,而后至张苍为御史大夫耳。故附周昌等,而结至张苍本传。至序完张苍,因计张苍御史大夫之后,则有申屠嘉,故又附申屠嘉一传。篇中纯以御史大夫照应,而绝无闲人可窜入也。"④依吴氏说,此篇则以张苍为中心,或许因题作《张丞相列传》,故为之说。而钟惺则把此意说得更为明白:"以'丞相'二字为眼目,却从御史大夫说来,实归重丞相,故本传不曰张苍,而曰张丞相,此命题主意也。传止苍一人,而周苛、周昌、赵尧、任敖、曹窋、灌婴、申屠嘉,错出点缀,而诸人先后周始之。数人出处数十年,官职用舍沿革,继续藏露,其文至变,不当以一人一事始末看

---

① 吴见思:《史记论文》,中华书局1916年版,第8册第42页。
② 郭嵩焘:《史记札记》,商务印书馆1957年版,第424页。
③ 吴见思:《史记论文》,中华书局1916年版,第8册第43页。
④ 吴见思:《史记论文》,中华书局1916年版,第6册第81—82页。

之也。"① 依此说则为张苍单传之变格。汤谐《史记半解》又认为以周昌为中心,而不叙于张苍之前,而深惜周昌不为丞相,故以丞相名篇,以御史大夫作线,其故皆为周昌而起。其实不必把此传看作单传,无论以谁为中心,叙事之穿插均显而易见。

类传中的《外戚世家》与《刺客》《循吏》《游侠》《佞幸》《滑稽》等传,都是以时之顺序,逐人续写,亦成一格。至于《儒林列传》,则把西汉儒学史与几个儒家代表人合叙,如同《货殖列传》写经济史则穿插了经济学家与商人一样。《儒林列传》中间处处以公孙弘插入,映照他人,作为点缀,以见粉饰经学,曲意阿世而反致通显。

综上所论,《史记》类传,利用多人合为一传的形式,对比的手法就必然有条件介入其中。而司马迁特意以此经营结构,处处局部对比,合起来,全文都处于对比之中。其次用短句反复,穿插于各人传中,前后统一形成一种旋律,提缀的反复,便成了统一全文的结构标志。再次为穿插,这是因时因事制宜,避免了逐个单叙的呆板,把此人此事插入彼中,上下连带,前后呼应,便有了活气。以上结构之法可以在一传中多见,也可以一传只用其一种。总之,类传给《史记》的传记在结构上提供了复杂多变的形式,虽然所写的人物没有单传与合传那样重要。

第四节 《史记》附传功能论

历史上的小人物总是多数,其中有一枝一节可称述的,就不能不记,但又没有独立作传的价值,甚或进入类传也没有多少事迹,于是就随事制宜附在大人物或重要人物,甚至于次要的类传之中,乃至"书"中。当然重要的"本纪"与"世家",作为附传都可以随时插了进去。所以,附传是最灵活机动的一体,除了"表"以外,它的黏接性很强,都可以附之以行。

一、叙事的故事性功能

"本纪""世家"庄重性不消说,即便是"列传"也是具有权威性的厚重,而属于"小人物"的附传,它可以没头没尾,只取其中可记述的一枝一节,仅有一个判断或一个情节,甚或一次谈话,它可以是一个断片。附传概念的

---

① 见明人葛鼎、金蟠《史记》所引,参见杨燕起等编《历代名家评史记》,北京师范大学出版社1986年版,第648页。

内涵与外延,迄今为止,似乎清晰地界定尚属缺乏,这并非附传的个别问题,"合传"与"类传"也存在缺乏明确的界域。

论及《史记》记述人物多样,人们习惯于聚集在"列传"上,而这些没有题目的附传,散见于《史记》的各处,甚至于连它确切的数字都很难说清楚,所以往往被人忽略。如果依了我们的统计,可能要在两百人左右,这比起有传的人物之总和还要多得多。

这么多的人物,往往连名字也未留下,但他们的一枝一节的事迹,却常常焕发出闪光点。加上司马迁为人立传,因事为文,而又不主故常,具有广泛的兴趣与好奇的个性,这些小传就更能"发其奇而博其趣"了。"不写功业,专从小处落墨,把大处烘托出来。除却太史公以外,别的人能够做到的很少"①。在这些"小处落墨"的地方,往往有许多的小故事,情节曲折,叙写生动,如果独立看,俨然是一篇"微型小说",附于所在传中,就更有许多作用。

在《袁盎晁错列传》里,说到吴楚七国之反时,袁盎与晁错不睦,向景帝进言,急斩主张削藩的晁错,乱可平息。晁错被诛,派袁盎使吴。吴王欲使之为将,袁盎不肯。便让一都尉以五百人把他围守起来,准备杀掉他,他却意外地死里逃生:"袁盎自其为吴相时,有从史尝盗爱盎侍儿,盎知之,弗泄,遇之如故。人有告从史,言'君知尔与侍者通',乃亡归。袁盎驱自追之。遂以侍者赐之,复为从史。"这是插叙过去,接着写到现在:

> 及袁盎使吴见守,从史适为守盎校尉司马,乃悉以其装赍置二石醇醪,会天寒,士卒饥渴,饮酒醉,西南陬(角落)卒皆卧,司马夜引袁盎起,曰:"君可以去矣,吴王期旦日斩君。"盎弗信,曰:"公何为者?"司马曰:"臣故为从史盗君侍儿者。"盎乃惊谢曰:"公幸有亲,吾不足以累公。"司马曰:"君第去,臣亦且亡,辟(隐藏)吾亲,君何患!"乃以刀决张(割开军幕),道从醉卒隧[直]出。司马与分背(分手),袁盎解节毛怀之,杖,步行七八里,明,见梁骑,骑驰去,遂归报。

故事惊险,巧合得还有些离奇。牛运震说:"纤悉宛曲,极情尽趣,他史绝不肯如此写,而独太史公不厌为此者,以笔有余情也。"②袁盎以德报怨,

---

① 梁启超:《中国历史研究法》,上海古籍出版社1998年版,第201页。
② 牛运震:《史记评注》,三秦出版社2011年版,第252页。

"以侍者赐之，复为从史"，故事本可结束。没料想故事后还有一故事，比前一故事更为曲折。袁盎在文帝时，见丞相周勃居功自得，文帝礼之甚恭，袁盎进谏，君谦让而臣失礼。自此"上益庄，丞相益畏"。等到周勃免相，有人上书告他造反，关进监狱，朝臣莫敢为言，"唯袁盎明绛侯无罪"，终得释放。所以"太史公曰"说他有"仁心为质，引义慷慨"的一面，这个故事就把他这方面的品德烘托出来。从史连名字也没留下来，"很可以陪衬主角，没有配角形容不出主角，写配角正是写主角。这种技术，《史记》最为擅长"①。这个故事可以作为后世小说、戏剧的无上蓝本，至少可写成唐传奇那样的短篇小说。

在《张耳陈馀列传》里，说张耳与陈馀扶立赵王，赵王偶出为燕军所得，燕军欲分赵地一半才归王，使者往，燕辄杀之以求地。张耳、陈馀很头痛。"有厮养卒（伙夫）谢（告诉）其舍中曰：'吾为公说燕，与赵王载归。'舍中皆笑曰：'使者往十余辈，辄死，若何以能得王？'乃走燕壁。燕将见之，问燕将曰：'知臣何欲？'燕将曰：'若欲得赵王耳。'曰：'君知张耳、陈馀何如人也？'燕将曰：'贤人也。'曰：'知其志何欲？'曰：'欲得其王耳。'赵养卒乃笑曰：'君未知此两人所欲也。夫武臣、张耳、陈馀杖马箠下赵数十城，此亦各欲南面而王，岂欲为卿相终已邪？夫臣与主岂可同日而道哉？顾其势初定，未敢参分而王，且以少长先立武臣为王，以持赵心。今赵地已服，此两人亦欲分赵而王，时未可耳。今君乃囚赵王。此两人名为求赵王，实欲燕杀之，此两人分赵自立。夫以一赵尚易燕，况以两贤王左提右挈而责杀王之罪，灭燕易矣。'"

这番说辞很符合当时形势，于是"燕将以为然，乃归赵王，养卒为御而归"。这个故事很有些像毛遂自荐，但他不过是个伙夫，同样连名字也未留下。故事生动有趣，即使今日读之，养卒归来之得意神情，仍可以想见，养卒所言"与赵王载归"，看来心里早有盘算，且气势夺人。文中两"笑"字，"舍中皆笑"为反衬，"养卒乃笑"，写其从容，此见先前成算在胸。其说辞机锋迹近战国策士，"语意豁达简切，确中情事，非一时恐喝唊诱"（牛运震语）。全从利害权势着眼，不仅与此传风格亦颇为接近，而且在当时的纷变局势中开拓出一片绿地。末尾的"为御而归"和前"与赵王载归"呼应，上下连成一片，自成起结。

以上两故事附丽于他传之中，还有写在传尾者。如《张释之冯唐列传》在《张释之传》结尾说："文帝崩，景帝立，释之恐，称病。欲免去，惧大诛至；

---

① 梁启超：《中国历史研究法》，上海古籍出版社1998年版，第201页。

欲见谢(向景帝请罪),则未知何如"。正在这当儿,王生帮他摆脱了困境:

> 王生者,善为黄老言,处士也。尝召居廷中,三公九卿尽会立,王生老人,曰"吾袜解",顾谓张廷尉:"为我结袜!"释之跪而结之。既已,人或谓王生曰:"独奈何廷辱张廷尉,使跪结袜?"王生曰:"吾老且贱,自度终无益于张廷尉。张廷尉方今天下名臣,吾故聊辱廷尉,使跪结袜,欲以重之。"诸公闻之,贤王生而重张廷尉。

景帝为太子时,曾入朝不下车而过司马门,张释之追止太子不得入殿门,并劾奏"不敬",还是由薄太后出面才得赦免,然后得入。有了这次过结,对新皇景帝自然畏惧。因了"用王生计,卒见谢,景帝不过也",才算过了这道坎儿。"王生"犹今言王先生,虽有姓然亦无名。"结袜"故事与《留侯世家》圯桥纳履有异曲同工之妙。张廷尉原本是极认真的长者,有此小传一经陪衬,他的人格便熠熠生辉,使人肃然起敬。而以此置于传尾,前叙行事皆关涉国家礼制、法律,有了这一层尊老,传主就近乎多维立体的雕塑了。

写在一传之末而又惊心动魄,使传主精神特别得到张扬,恐怕要以《刺客列传》的《荆轲传》为最著。说刺秦之次年,秦并天下,逐捕太子丹与荆轲之客,皆逃去。荆轲的好友高渐离改名换姓,为人做佣工,藏匿在叫宋子的地方,常听到主人家有客击筑,不由得论说起击得何处好、何处不好,主人家知道后让他去击筑,结果满座叫好,他想到长久畏惧地躲藏也不是个办法,便告退,拿出匣中筑和好衣服,像换了个人似的,坐客皆惊,待以平等之礼,使为上客,击筑而歌,客人无不流涕。宋子一带都连续请他做客。秦始皇知后召见,有认识者说他就是高渐离。秦皇喜欢他的击筑,又不能轻易将其赦免,于是便熏瞎他的眼睛。使之击筑,没有不称美的。便逐渐让他接近击奏:

> 高渐离乃以铅置筑中,复进得近,举筑朴(击)秦皇帝,不中。于是遂诛高渐离,终身不复近诸侯之人。

荆轲倒下去了,又来了高渐离扑了上来,这真是前仆后继!秦皇吓怕了,再也不敢接近六国之人!这个故事多么壮烈,不杀秦皇便死不瞑目,又是如此惊心动魄,死得又多么轰轰烈烈!他们虽然被诛,秦皇却"终身不复近诸侯之人",这样的结束,真如黄钟大吕,震响不绝!

不,还没有结束,这小传之后还缀另一小传,那就是勾践附传:

> 鲁勾践已闻荆轲之刺秦王,私曰:"嗟乎,惜哉其不讲刺剑之术也! 甚矣吾不知人也! 曩者吾叱之,彼乃以我为非人也!"

只看这些算不上"附传",因《荆轲传》开头部分还有:"荆轲游于邯郸,鲁勾践与荆轲博(下围棋),争道(棋子所走的路),鲁勾践怒而叱之,荆轲嘿(默)而逃去,遂不复合。"把首尾这两节文字合起来,又是一篇《勾践传》了。在勾践怒叱之前,还有荆轲与盖聂论剑,"盖聂怒而目之"的记述,此处谓为勾践,属行文之误。或谓"末附高渐离一着,以为曲终之美"(茅坤语)。顾炎武又谓《荆轲传》末载勾践语,是属于"于序事中寓论断法也",因符合"不待论断,而于序事之中即见其所指者,惟太史公能之"[①]。两附传,前为正面烘托,后为反面衬托,正反回应荆轲,荆轲扶弱抗强的精神真可谓感天地而泣鬼神,可以永垂不朽了!

吴见思说:"前出高渐离为荆轲作波,后叙高渐离为荆轲作衬,扑之不中,亦为荆轲之不中作照应。"[②]牛运震说:"高渐离一段,以淡微之神写诡异之态,酣醲凄澹,绝调奇笔。"[③]都看出了文末附传的作用与特色。

它如《张耳陈馀列传》之末的贯高等附传,则与张、陈反目成仇作一极大对比;在《李斯列传》后附子婴小传,在《伍子胥列传》后附白公传,在《吕不韦列传》后附嫪毐传,都与传主具有密切关系,或烘托或对称或指示传主所酿成的恶果,都是为传主而发之笔墨,而绝不可少!

二、附传在结构上的功能

附传一般因事牵涉顺便带出,所用文字不多,所以在结构上一般来说无关宏旨,与大局没有重要的关联,然在传末的附传,往往具有特殊作用,或是对全传寓有论断意义,或是另外生发的意旨而与传主形成对比,或者看似节外生枝,却具有引申主题的作用,或者属传主的行事的效果的延展,都有振动全局的效果。至于置于传中者,或者是全传情节的重要一环,或者与传主形成极端的对比构成反衬,或者在本传具有枢纽作用,牵一发而

[①] 顾炎武:《日知录》"史记于序事中寓论断"条,中州古籍出版社1990年版,第590页。
[②] 吴见思:《史记论文》,中华书局1916年版,第6册第30页。
[③] 牛运震:《史记评注》,三秦出版社2011年版,第219页。

动全身。总之都担负结构变化的种种功能。

著名的《魏公子列传》中引人注目的侯嬴附传,就于传主一生最大的功业"窃符救赵"具有举足轻重的作用,魏公子好士也全由此体现出来。加上作者浓墨重彩渲染过市磨蹭一大段,使这个"夷门抱关者"眼目神色毕现,传主倒做了他的"配角",处处对比,节节陪衬,辐射型多角度的对比,不仅使"配角"神采飞扬,而且信陵君礼贤下士之风采由此而大放光彩!又由此带出朱亥,并为下文礼遇薛公、毛公也做了预示。秦围赵之邯郸,又把急救赵国的魏公子考验了一次,这才拿出救赵却秦的"窃符"策划。救赵是全传最重要的部分,侯嬴附传则采用穿插出现,其深谋远虑写得又别具一番风调,魏公子不耻下交才能有血有肉,在结构上不仅体现了牵一发而动全身的作用,而且彼此对比超越了正与反、好与坏的惯性思维,进入了更深的层面。

顾炎武所说的"于序事中寓论断",所举《晁错传》文末记邓公语亦为附传。当晁错被斩,谒者仆射邓公为校尉,在击吴楚军为将,还而上书言事。景帝问他:吴楚听到诛晁错,收兵没有?邓公说:"吴王为反数十年矣,发怒削地,以诛错为名,其意非在错也。且臣恐天下之士噤口,不敢复言也!"景帝又问这是什么原因,邓公说:"夫晁错患诸侯强大不可制,故请削地以尊京师,万世之利也。计画始行,卒受大戮,内杜忠臣之口,外为诸侯报仇,臣窃为陛下不取也。"景帝听后默然许久,说:"公言善,吾亦恨(遗憾)之。"就回应了《袁盎晁错列传》中晁错拒绝其父劝阻的:"不如此,天子不尊,宗庙不安",且借邓公之口表达作者对晁错削藩的肯定。接着下文言邓公为成固人好奇计,交代了他的仕历及结局,就是标准的附传,目的在于"为错暴白也"(牛运震语),也寄寓作者肯否,真是少不得的笔墨!

《春申君列传》之末的李园附传,文字几占全传的三分之一,叙写春申君如何受制于李园,而步吕不韦贾人之国的后尘,欲求"毋望之福"却得到"毋望之祸",而死于李园之手。春申君由此也成了"两截人",此前赴秦之说昭王,及设法使楚太子归,"何其智之明也"。春申君后半生处心积虑,却招致杀身之祸。李园小传所叙写的与春申君勾结,就起决定作用,在结构上与前形成绝大对比。与李园附传相对的还有朱英附传,两附传又自成对比,结构更显得波澜起伏。吴见思说:"初读《春申传》时,因想吕不韦盗秦,黄歇盗楚,是一时事,何不以作合传?乃史公偏不双序,却于传后一点,有意无意,眉目得顾盼之神,而笔墨在蹊径之外,岂可易测乎?"①所点"盗秦"

---

① 吴见思:《史记论文》,中华书局1916年版,第5册第80页。

正是与"盗楚"相对应,而且悲剧出现在同年,这在结构上又翻出了一层波澜。

《萧相国世家》的召平附传处于文之中间。吕后与萧何合谋杀害韩信,刘邦即"拜萧何为相国,益封五千户,令率五百人一都尉为相国卫。诸君皆贺,召平独吊",于是带出召平小传。其人原本秦之东陵侯,秦亡而贫,种瓜于长安城东。他对萧何说:

> 祸自此始矣。上暴露于外而君守于中,非被矢石之事而益君封置卫者,以今者淮阴侯新反于中,疑君心矣。夫置卫卫君,非以宠君也。愿君让封勿受,悉以家私财佐军,则上心说。

召平是从易代之际政治漩涡中淌过来的人,旁观者清,萧何"从其计,高帝乃大喜"。一篇《萧相国世家》实际上就是刘邦三番五次猜忌的过程,在汉三年刘项相拒时,刘邦就派人"劳苦丞相",鲍生就建议萧何遣子孙昆弟能上战场者"悉诣军所"——有这么多的亲人作"人质",刘邦就不会有疑心,"于是何从其计,汉王大说"。在召平与鲍生出计之后,萧何又听了门客的划策买地自污,"上乃大说",但百姓告相国贱价强买民田,就把他关进监狱。召平附传刚好居于三次出计之中间,前后映照,上下牵动,贯穿连络。而且全传"胜处更在召平种瓜一段,于极忙之中,忽用闲笔;于极浓之中忽用淡笔,如此文情,惟史公能之"①。这是从行文的急缓,看出召平附传在结构中的调节作用。

在《黥布列传》中间所附随何小传,游说英布背楚归汉,是英布一生的大转折,故详叙说辞,见其归汉之原因;英布被逼而反,又带出薛公小传。前者为大段说辞,后者则用大段问答,见其为汉所制的原因。两附传都说明英布一切都为眼前利害计较,不会有更大的政治野心。而且在结构上,"乘说英布事,便插入随何,因随何之说,便插入随何叙功一段。绝无痕迹,固是妙乎"。"随何之后,又插入一薛公,俱以闲人照耀。而策英布一段,又分作两下,妙甚"②,先说服主宰得以见到英布,再策反英布归汉。这在前后两策士对称中,又有变化。

有些附传,乍看只是稍有牵连,细思则颇有用意。二《布传》中的《季布传》末"季心附传",是因季心为季布之弟,故顺便带出。而下边的"丁公附

---

① 吴见思:《史记论文》,中华书局1916年版,第4册第49页。
② 吴见思:《史记论文》,中华书局1916年版,第6册第56页。

传"就很耐人寻味:

> 季布母弟丁公,为楚将。丁公为项羽逐窘高祖彭城西,短兵接,高祖急,顾丁公曰:"两贤岂相厄哉!"于是丁公引兵而还,汉王遂解去。及项王灭,丁公谒见高祖。高祖以丁公徇军中,曰:"丁公为项王臣不忠,使项王失天下者,乃丁公也。"遂斩丁公,曰:"使后世为人臣者无效丁公!"

季心其所以作为附传,不仅因是季布之弟,而且其人"气盖关中","士皆为之死",并且"季布以勇,布以诺,著闻关中",很有些锱铢相称,故并述。而丁公行事与季布"得黄金百,不如得季布一诺",颇不相类,而何以不写于《高祖本纪》而置于此?而且还要作为《季布传》之结束?

清人丁晏说:"案合传义勇侠烈,千载如生,前传以丁公作一反照,为季布生色,此画家背染法。"①所谓"背染法"犹如人物画以背景或衣服之浓黑来对比出面部之光亮。牛运震亦言:"丁公正与季布相反,高祖处之亦相反,附见作结,炼局生趣,两极其妙。"②然而项伯在鸿门宴前夜出卖项羽,后来不仅没杀,还封了射阳侯。梁玉绳对此有诗云:"项王不肖臣,丁公与项伯。如何汉高帝,一杀一封国?"还有曹无伤一旦出卖了自己,刘邦从鸿门宴逃回,就立即诛杀。看来作者不在意刘邦对出卖者的封侯还是诛杀,仅从放在季布传末看,还是为了反衬季布的忠勇。有时材料本身只属于平静地叙写,其中倾向不容易看出,但作者的安排取舍,也能提供些判断的帮助,对于"丁公附传"也当作如是观。或谓"附丁公,只因高帝不杀季布带出来"(茅坤《史记钞》语),但进一步想栾布哭彭越也未被刘邦所杀,丁公事何以不附栾布传后?

《孟尝君列传》末附"冯驩小传",文字占了此传的少半,如果按顺序夹在中间,孟尝君事势必隔断,文气难以连属勾通。一经采用追叙方式置于《孟尝君列传》之后,既无此弊,还可以与篇首"田婴附传"遥相作配,首尾呼应,中间而为传主,节次分明,结构自然匀称,这也是匠心独运善于经营之处。吴见思说:"《田婴传》因在前,故只用简法。而《冯驩传》因在后欲其衬贴故另出精神,淋漓尽致。"对如此安排,又言:"一篇看去笔势汪洋,文机清

---

① 丁晏:《史记余论·季布栾布列传》,见杨燕起等编《历代名家评史记》,北京师范大学出版社1986年版,第654页。
② 牛运震:《史记评注》,三秦出版社2011年版,第250页。

丽,步步曲折,引人入胜。所云山阴道上,秋冬之际难以忘怀。"①效果如此,则与结构安排很有关系,李景星亦言:"《孟尝君传》中间叙孟尝君事,而以田婴、冯谖附传分案两头,章法最为匀适。合观通篇,又打成一片,如无缝天衣。盖前叙田婴,见孟尝君之来历若彼;后叙孟尝君事,见孟尝君之结果如此。养士三千,仅得一士之用,其余纷纷,并鸡鸣狗盗之不若也。太史公于此有微意哉!"②又在"田婴小传"末言使田文"主家待宾客,宾客日进,声闻于诸侯",自然带出传主。而在冯谖附传言宾客聚散,也是对《孟尝君传》的总结,这也是在结构上值得注意的地方。

而在《平原君虞卿列传》的《平原君传》里,却把毛遂事夹叙中间,占了传主文字的一半。前叙平原君为宾客杀笑跛足之爱妾,后叙听取李同建议令夫人以下编于士卒之间,接叙虞卿与公孙龙子关于封信陵君与否,由此带出合传另一传主虞卿。而"毛遂附传"又写得生气勃勃,"如华岳插天,不阶寸土,而奇峰怪石,劈面相迎"(吴见思语),而使平原君不免黯然失色,似有喧宾夺主之嫌。其实这正是不满平原君之意而见于结构上的特别安排,赞语谓其"未睹大体,而'贪冯亭邪说'使赵陷长平兵四十余万众,邯郸几亡",则不满平原君意显然可见,故使此文别成一种格局。

《刺客列传》中的《聂政传》末,附聂政之姊聂荣伏弟尸痛哭,"乃大呼天者三,卒于邑悲哀而死政之旁"。以烈女衬托烈士,倍感动人,而使聂政"士为知己者死"之侠义精神得以彰扬。在结构上,回光返照,使聂政其人凛然如生,须眉四照又使一篇激烈文字,刻骨到十分。

总之附传在结构方面的作用,可谓多种多样,而且这些附传文字生气十足,甚或超越传主叙述之上,都有引人注目或耐人寻味的特色。在全文中居无定位不主固常,或因事顺序,或颠倒出之,不仅使全传结构匀称,而且也使结构变化多样。

三、与传主对比而使行文增色

除了故事的生动性与在结构上的多种功能以外,还有些附传事迹单纯而无曲折,对于全传结构亦无十分重要的作用,而全是为了与传主对比,使传主生色,或者对全传的叙述节奏了微调作用。

《李将军列传》写了四战,其间插叙几个附传,全是为了与传主做出许多对比。"程不识附传"插叙在上郡遭遇战之后,这次对比又分作四层:一

---

① 吴见思:《史记论文》,中华书局1916年版,第5册第66页。
② 李景星:《四史评议》,岳麓书社1986年版,第70页。

是带兵程严而李宽,然都"未尝遇害";二是程不识亦心服李广能使士卒"咸乐为之死";三是匈奴畏李广而非程不识;四是士卒多"乐从李广"而"苦程不识"。程、李俱为名将,而一经对比,李广治军之风格便凸显出来,这是从"才气无双"的角度予以对比。在右北平的遭遇战之后,以从弟与李广对比也分了两个方面,一是"李蔡为人在下中,名声出广下甚远,然广不得爵邑,官不过九卿,而蔡为列侯,位至三公";二是由此带出"诸广之军吏及士卒或取封侯","诸部校尉以下,才能不及中人,然以击胡军功取侯者数十人,而广不为后人,然无尺寸之功",这是从"子不遇时"上对比,见出汉家不用李广。这些文字平实,不动声色,但一经对比,寄寓了无尽的感慨!

尤其是《伍子胥列传》的申包胥,更是别有一番感人之魅力!伍、申原为知交,伍员逃国,告别说"我必覆楚",而申则针锋相对说"我必存之"。当多年后伍员率吴兵入郢,鞭楚平王尸三百。申则责其"今至于僇死人,此岂其无天道之极乎"。伍员回答:"吾日莫途远,吾故倒行而逆施之。"以下说:

  于是申包胥走秦告急,求救于秦。秦不许。包胥立于秦廷,昼夜哭,七日七夜不绝其声。秦哀公怜之,曰:"楚虽无道,有臣若是,可无存乎!"乃遣车五百乘救楚击吴。六月,败吴兵于稷。

伍子胥为了报父兄为平王所害之家仇,处心积虑,隐忍苟活,以雪大耻,怨毒刻深,故有"我必覆楚"之誓言。而申包胥是国家观念极强的人,故对好友而有"我必存之"的决心。一从家仇出发,一从爱国出发。然在这里并非要高扬后者而下视前者,作者赞扬后者以绝食恸哭求援的矢志不渝的精神,目的是通过对比反衬出伍员"弃小义,雪大耻"的"烈丈夫"精神,而申之爱国精神也因此凛凛如生。

而《张耳陈馀列传》传末"贯高附传",则将反抗横暴的死义精神叙写得回肠荡气,而"义不辱"的烈风刚气,正与张耳、陈馀弃义相斗反目成仇形成尖锐对比,至为感人。对比连锁而最为复杂的要算《范雎蔡泽列传》中的"须贾附传"。范雎为魏国中大夫须贾之门客,随须贾出使齐国。齐王赐范雎金而不敢受,须贾以为"雎持魏国阴事告齐,故得此馈"。返魏以告魏之诸公子魏齐,魏齐大怒痛打范雎。范雎设法死里逃生,至秦而得昭王重用为相,改名张禄而魏不知,以为范雎早死。秦欲伐魏,魏派须贾使秦,范雎为了报仇雪耻,于是设计"为微行,敝衣闲步之邸",说自己逃秦后"为人庸赁"。须贾同情他"一寒如此",赠"一绨袍"。须贾欲见张禄,范雎说他的主人与之熟习,还可以借给须贾大车驷马。范雎把须贾骗入相府,须贾才知

范雎即秦相张禄,"大惊"而"乃肉袒膝行"。于是范雎盛帷帐,侍者甚众,痛斥其罪,念其有绨袍相赠故放他返魏。须贾告辞:

> 范雎大供具,尽请诸侯使,与坐堂上,食饮甚设。而坐须贾于堂下,置莝豆其前,令两黥徒夹而马食之。数曰:"为我告魏王,急持魏齐头来!不然者,我且屠大梁。"须贾归,以告魏齐。魏齐恐,亡走赵,匿平原君所。

范雎扮演了"一寒如此"的佣工,也摆足秦相的派头,前次释放须贾是为了"一饭之德必偿",后次羞辱他是为了"睚眦之怨必报",前后角色身份判若两人,这才使须贾上当受骗。作为附传的须贾在两场戏剧性情节中,只不过作为范雎自身对比的配角,起了推波助澜的作用。有了这个配角才能构成对比,没有配角两场"戏"都无从演出。须贾虽然只做了配角串连其中,但传主的性格也就再鲜明不过了。"写范雎微行诳须贾一段,极委曲极琐碎事悉力装点,将炎凉恩怨、世态人情一一逼露,绝似小说传奇,而仍不失正史局度。此太史公专擅之长,自古莫二者也。"[1]吴见思说:"读至范雎待须贾,是为贫贱受阨之人扬眉吐气。……极写范雎骄矜得意,纯是小人之态,乃知睚眦必报,非君子之言也。"[2]戏剧性的冲突很引人注目,元人高文秀的《须贾诔范叔》杂剧,就依此为蓝本。

与此有点接近的,则是《留侯世家》的"黄石公附传",这是个没来历的神秘人物,属于民间传说,也有可能是出于张良本人的自撰。黄石公的一生经历见于史书的部分似乎只有他直愣愣地把鞋摔到圯桥之下,命张良去取。张良的祖父辈都为韩国之相,仅家僮就有三百。韩被秦灭,即以重金聘刺客在博浪沙伏刺过巡游的秦始皇,未遂而逃下邳,见此老者素不相识却如此颐指气使,很诧异。张良本是贵族少年,从来没有人对他用如此语气。"欲殴之。为其老,强忍,下取履",又命"履我"。张良想已经把鞋拿上来了,就给他穿上呗。老头伸直腿等张良穿上。"笑而去。良殊大惊,随目之"。老头去了一里路光景,又回来,说"孺子可教矣",便让张良五天后黎明在此相会。老头前两次都到得很早,怒责张良来晚。直到第三次半夜即往,老头儿这才"出一编书",说什么"读此则(即)为王者师矣",并预言"后十年兴"——有大事(反秦)发生。还说"十三年孺子见我济北,谷城山下黄

---

[1] 牛运震:《史记评注》,三秦出版社2011年版,第196页。
[2] 吴见思:《史记论文》,中华书局,第5册第90页。

石即我矣"。老头一去,再也不见踪迹。天亮一看,原来是《太公兵法》,因异而常诵读。"后十年,陈涉等起兵","后十三年从高帝过济北,果见谷城山下黄石,取而葆(宝)祠(供奉)之。留侯死,并葬黄石。每上冢伏腊(夏冬)祠黄石"。

太史公谓此事"亦可怪矣",可信度少,但仍记述下来,觉得对叙写张良其人还是有用。若就圯上受书看,还够不上附传。因其人来历不明,后来又失踪了,只能记述两句预言的兑现,但把这老头还写得有头有尾,这也就够上"附传"。苏轼《留侯论》说"夫子房受书于圯上之老人也,其事甚怪。然亦安知其非秦之世有隐君子者出而试之。……子房以盖世之才,不为伊尹、太公之谋,而特出荆轲、聂政之计,以侥幸于不死,此圯上老人之所以深惜者也。是故倨傲鲜腆而深折之,彼其能有所忍也,然后可以就大事,故曰'孺子可教也'。"①所言不无道理。那么这位隐君子要把一个"暗杀党"改变为"王者师",就三番五次地磨去张良年轻气盛的头角。从附传看,两人的神情与心理活动都写得很足,"人情所不堪""老人调弄子房如婴儿然"(穆文熙《史记钞裁》语),皆可历历在目。这对改变传主性格似乎起了决定性作用。史书写人均属盖棺定论,人物是定型的,独有此篇涉及人物性格的发展与变化,此一附传的功能可谓大矣!

带有喜剧色彩的,是《司马相如列传》中的"卓王孙附传"。传首先叙司马相如与卓文君的自由婚姻,当文君当垆,"卓王孙闻而耻之,为杜门不出"。经昆弟相劝,"不得已,分予文君"钱物。以下主体叙相如经历,直至因通西南夷道成功而拜为中郎将,建节往使蜀中。"蜀太守以下郊迎,县令负弩矢先驱,蜀人以为宠。"这时"卓王孙、临邛诸公皆因门下献牛酒以交欢。卓王孙喟然而叹,自以为得使女尚司马长卿晚,而后分与其女财,与男同等"。对卓王孙两次叙写,虽均出以顺叙,但前后形成对比,增生前倨而后恭的变化,而喜剧的色彩也为传主增色不少。还有《高祖本纪》的刘太公,刘邦称帝后"五日一朝太公,如家人父子礼"。后经太公家令出谋,"高祖朝,太公拥篲,迎门却行"。刘邦"心善家令言,赐金五百斤",这才"尊太公为太上皇"。未央宫建成,刘邦极为得意,当着在场庆贺群臣的面,竟对乃父说:"始大人尝以臣无赖,不能治产业,不如仲力,今谋之业所就孰与众多?"如此夸耀取笑,惹得群臣"皆呼万岁,大笑为乐"。这个附传虽然为刘邦家世必不可少的笔墨,然专就此两事叙述,而汉高祖何许人也,就不言而喻。至于行文点缀于本纪之间,亦摇曳生姿。

---

① 苏轼:《苏轼文集》,中华书局2008年版,第103页。

有趣的是《平准书》,本是西汉前期的经济史,却在后半篇出现了《桑弘羊》和《卜式》两附传。前者为经济学家,夹记其中则不消说了。而卜式乃一山野牧羊人,却勇于给他立传,文字亦长,独立看亦为十足的单传。卜式羊千余头,常分给其弟。当时多次击匈奴,卜式上书愿以家财一半助边。武帝使人问所欲,他什么也不要,且说贤者死边,有财者助边,"如此匈奴可灭也"。丞相公孙弘以为"此非人情",不可许官。次年迁徙贫民,卜式以二十万钱以助徙民。武帝想把他立为榜样,卜式却不愿做官,只想牧羊。武帝就让他做管理上林苑羊的郎官。卜式仍布衣草鞋,一年多便羊肥数众。武帝见而称赏他。卜式趁机说:"非独羊也,治民亦犹是也。以时起居;恶者辄斥去,毋令败群。"武帝觉其人奇特,以缑氏令试之,迁为成皋令,又拜为齐王太傅、御史大夫。因反对盐铁专卖不合上意,次年贬为太子太傅。天旱,武帝命官求雨。卜式言:桑弘羊派吏坐市列肆,贩物求利,"亨弘羊,天乃雨"。此附传穿插于当时财政、税收、移民诸事中。卜式的行事与国家财政亏损相关,就其事而言,颇有些故事性,他是国家财政的支持者与见证人,所以"后半附卜式一传,处处关合夹叙,即以卜式终篇,而通篇神情俱见"①。把经济史与人物传记结合夹叙,这是司马迁的创造,也充分发挥了附传的作用。国家财力一弱他就出来上手,在对比中起了互补作用。

综上所论,附传往往故事性很强,既然付之文中,该传结构必然与之相关,或作为一传之论断,或与传主形成对比,或在节奏紧缓中具有调节作用,或者甚至影响传主性格,不一而足。一言以蔽之,有了这些小传,给传主增色不少,也给《史记》平添色彩多样的风光!

第五节 《史记》"论赞"的文体价值与传文关系及其他

《史记》的每篇后所附的"太公史曰",在史学、文学上具有多重作用而为人所重,其在文体论上的价值与传文出现的矛盾的特殊作用,以及对全书宗旨的揭示上,有尚未涉及或言之未确者,本节试加讨论。

一、"太史公曰"的文体价值

刘知几《史通》指出,《史记》的"太史公曰"的来源与对后世的影响,其出处则与《春秋》三传"君子曰""公羊子曰""谷梁子曰"有关,这些看法有本

---

① 吴见思:《史记论文》,中华书局 1916 年版,第 2 册第 81 页。

有源,无疑是正确的。后来的纪传体正史,都沿用了这个格式。

《春秋》三传与《国语》的"君子曰"之类,是随文而行的简语评论,一般出现在一件事记述之后,并不在一篇或编年体一年之后,而是随事生发,多在文章中间。比如《左传》"僖公二十三、二十四年"的"城濮之战",晋国获得大胜,于是用"君子曰"的方式说:"是役也,能以德攻。"是对此战的总结,也是行文中的"插语"。作为叙事之小结,不能太长;作为文中的插语,更不能太长,否则,隔断文气。正因如此,这种只言片语的"君子曰"缺少独立性,也就不能具有文体学上的意义。

《史记》的"太史公曰"一般见于开头者,谓之"传序";见于篇中者,可以称作"传论",此类甚少,偶或可见;位于篇末者,谓之"论赞"。而"传序"一般文字较长,带有引言与序论性质,或者梳理该"书"或"传"的以前发展变化。相对而言,具有一定的独立性。

而论赞文字短得多了,纪传体虽为新创,但不可能会像传序那样的长,它是附缀在纪传后面的,属于记述者转换角色,由传文的述他而变为自论,是记述者叙述传文的由第三人称转换为第一人称言说性的评论。对此在当时乃至于以后的很长时间则没有"独立性文体"的观念。

然而文体是发展演变的。即以传体而言,南北朝就出现僧传。尤其是带有文体论的性质,从曹魏至晋就有出现大型按文体分类的选本,虽然已经失传,但影响更大的昭明太子《文选》却传了下来,而且按文体分类更加详细,这给了解齐梁时代文体分类提供了很大方便。《文选》按文体凡三十八类,在"史论"方面就选了《汉书》的《公孙弘倪宽论赞》以及《后汉书·宦官传序》等,起码在萧梁时代《文选》成书时,纪传体的论赞已经具有文体论的独立价值。换句话说,纪传体末尾的论赞,可以独立出来,作为单独的另一文体,供人们阅读。

《文选》为什么不选《史记》中的"论赞"——"太史公曰",可能因与对《史记》评价观念有关。大约从东汉后期开始,班固《汉书》的位置,一直比《史记》要高。"二十四友"之一的左思,就给权相贾谧讲《汉书》而被看重,这是《汉书》一直被看重的传统。虽然刘宋裴骃专为《史记》作了一部《集解》,这是因为乃父裴松之为《三国志》作注,才受到启发。一直到了唐代,《史记》才慢慢受到重视,张守节作了《史记正义》,还有司马贞的《史记索隐》。然而东汉至唐,为《汉书》作注的人就更多了,数倍于《史记》。这恐怕是《文选》不选《史记》论赞的原因之一。其二,《史记》论赞都很短,虽然富于情感,但文字朴实,对于非常重视藻翰的《文选》选臣来说,就很难入其法眼。

但无论怎么说,纪传体史书的论赞在《文选》出现以前,就已被视为独立文体,可以脱离对原来传文的附属,自成一种论体。《史记》论赞虽然没有入选,但宗法《史记》的《汉书》论赞却已入选,作为一种文体必然会对后世发生一定的影响。

然而历经南北朝到隋、唐、五代这数百年间,论赞作为"微型散文"这一体式,却没有得到任何的反映。只能在盛唐陶翰的"送序"里,看到很短小的"微型散文",却属于抒发惜别感情的抒情散文。唐代文体大开,诗体中的五七言近体应运而生,从此诗体大备。这是集大成时代,对于经书而言,有《五经正义》;史书则有唐人所撰八史,已占二十四史的三分之一;先秦时代作为诸子散文的寓言,已在柳宗元手里独立成篇,韩愈的送序已经短到和陶翰所作"送序"几乎相同的程度,而正规论文《杂说》已短到与《史记》《汉书》论赞的长短差不多了。还有"微型赋体",如柳宗元、李商隐等人之作便是。罗隐《谗书》中的"杂文",就和韩愈《杂说》的长短几乎一致。

唐代出现的各种"微型文体",先前很少见到。只有在唐临晋贴的法书中可以见到极短的便条,这是日常应用之文,似乎并没有上升到"文体"的高度,所以《文选》就未入选这类文字。那么,是否可以这样说:唐代的各种"微型文体",受到班固《汉书》论赞的影响,而班固论赞是从"太史公曰"来的,如前所说《史记》在唐代已渐受重视,《史记》"三家注"里的两家就出自唐人之手。唐人散文既重辞藻也看重情感,《史记》的"太史公曰"不可能在他们心中没有位置!正由于《史》《汉》的双重影响,唐代的"微型文体"才丰富起来。

宋人处处看重唐人,又想处处摆脱唐人。这又是一个学问大涨的时代,而且对《史记》的崇仰超过此前任何一个时期。苏洵、苏轼、苏辙的文集出现了大量的史论,大多集中在对西汉人物的评价上,这当然是对《史记》的精读与接受。欧阳修的《集古录跋》的出现,宣告"跋文"作为"文体",已属于正宗带有独立性的文体。他的跋文对每一金石文字的拓片的评价与议论,实际上和"太史公曰"对所记人物的评价,从文体与方法论上看,都没有什么区别。《史记》论赞很喜欢用"悲夫"书写展示自己感情[①],而在欧阳修的《新五代史》纪传的末了就正了定规。对《史记》尊仰追踪如此,《集古录跋》的创立宗法"太史公曰"就不言而喻了。欧阳修的跋文一经出现,犹如登高一呼,天下文人则云集响应。在庞大的宋人文集里,跋文如雨后春

---

① "悲夫",见于《史记》"太史公曰"中,如《楚世家》《绛侯周勃世家》《伍子胥列传》《韩信卢绾列传》《平津侯主父列传》《汲郑列传》。

笋,争先出现。欧阳修的得意门生曾巩,就有十四篇《金石录跋尾》,以下两篇即可见"跋文体"的规模与行文方式:

  《九成宫醴泉铭》,秘书监检校侍中、巨鹿郡公魏徵撰,兼太子率更令欧阳询书。九成宫乃隋之仁寿宫也,魏为此铭,亦欲为太宗以隋为戒,可以见魏之志也。
  《尚书省郎官石记序》,陈九言撰,张颠书。记开元二十九年郎官石名氏为此序。张颠草书见于世者,甚纵放可怪,近世未有。而此序独楷字,精劲严重,出于自然,如动容周旋中礼,非强为者。书一艺耳,至于极者乃能如此。其楷字罕见于世,则此序尤为可贵也。①

  除了必要交代的某撰某书外,评论的史识与行文风格,以及文字的长短,都与"太史公曰"的文字极为接近。曾巩本为文学家,对作史有专门论文,对撰史者提出须具才、学、识,他的跋文自然会有史学家的意识。
  司马迁的"太史公曰"书写灵活,或对该传人物评价,或叙述己之考察经历以交代史料来源,或借题发挥以论人生,甚至涉及全书撰写的用意,乃至传主的轶闻趣事,以及对所记述人物遭遇成败的感慨,这些都对宋人的跋文具有广泛影响。王安石《读柳宗元传》是篇"读后感",实际上与跋文体无异,而且风格更走近司马迁的论赞:

  余观八司马,皆是天下之奇材也,一为叔文所诱,遂陷于不义。至今士大夫欲为君子者,皆羞道而喜攻之。然此八人者既困矣,无所用于世,往往能自强,以求列于后世,而其名卒不废焉。而所谓欲为君子者,吾多见其初而已;要其终,能毋与世俯仰以自别于小人者少耳,复何议彼哉?

  王安石好作咏史诗,而且眼光往往不同凡响。苏轼晚年曾建议他依据裴松之注重新撰《三国志》,所具史材则不消说。如把他这则"读后感"放在新旧《唐书》,亦是一节好议论。行文顿挫转折,语言朴素明朗,眼光之宏深,都很接近史公风格。如果与《史记》中《伍子胥列传》和《平津侯主父列传》的论赞对观,就可以发现眼光与行文风神何等相似!特别是他的短小

---

 ① 以上两跋见于曾巩:《曾巩集》,中华书局1984年版,第681、683页。

精悍的《读孟尝君传》,如果移到该传,似乎还有更合适的感觉。他的《题张(咏)忠定书》笔端摇曳,亦能得史公行文风气:"忠定公没久矣,士大夫至今称之,岂不以刚毅正直,有劳如世如公者少欤!先公年七十,以文见公,实见称赏,遂易字舜良,时在升州也。窃观遗迹,不胜感慨之至。"这本是一则书迹的题跋小文,有对人物的评价,有对社会的感慨,还有家事的插入,以及自己的情感。如此写法,就和史公论赞没有什么两样了。

曾、王两家所作,都是随他人之文作简短严谨之"微型评论"以附之于后,依今看来,明显受到史公论赞的影响。只是史公就己之传文,自作评说。这对《左传》等"君子曰"或某曰,本是一种发展变化,后来史家承其余绪,在纪传体便成为定律。即使编年体,司马光在《资治通鉴》即有"臣光曰"云云,而且文字较长,不过编年体只能像《左传》那样随事插入,而非在文章末尾。唐人韩、柳开始出现读其书与读某文题其后之文,其文较长,并没有形成风气。至宋欧、曾、王、苏轼题跋则有大批量之作,诸如《东坡题跋》《山谷题跋》一类著述,栉比鳞次,森然蔚为大宗,后来即可专辑流行。由此看来,题跋实际上只是"太史公曰"发展变化而来,后来可以脱离原文,独自流行。

明人吴讷说:"汉晋诸集,题跋不载,至唐韩、柳始有读某书及读某文题其后之名。迨宋欧、曾而后,始有跋语,然其辞意亦无大相远也,故《(宋)文鉴》《(元)文类》总编之曰'题跋'而已。"①这是把"题跋"一体来源,归之于韩、柳,误把流看作源,没有意识到"太史公曰"本身就带有"题跋"性质,或者说"题跋"来源,包括韩、柳文均受史公论赞影响。文体分类的后继者徐师曾说:"按题跋者,简编之后语也。凡经传子史诗文图书(字也)之类,前有序引,后有后序,可谓尽矣。其后览者,或因人之请求,或因感而有得,则复撰词以缀于末简,而总谓之题跋。至综其实则有四焉:一曰题,二曰跋,三曰书某,四曰读某。……题、读始于唐,跋、书起于宋。曰题跋者,举类以该之也。"又说:"其词考古证今,释疑订谬,褒善贬恶,立法垂戒,各有所为,而专以简劲为主。"②若以后者四条来看,"太史公曰"全都包含在内。所以,无论题跋,还是分作四小类,都是源于史公论赞,而对唐宋影响之深远广泛,由此可见。

然而以往论者,对"太史公曰"的文体性质,习而不查;即使专研文体分类的学人,亦非能辨彰源流,不能不说是忽略了史公论赞的文体价值,以及

---

① 吴讷:《文章辨体序说》:"题跋"条,人民文学出版社1982年版,第45页。
② 徐师曾:《文体明辨序说》"题跋(题、跋、书、读)"条,中华书局1982年版,第136—137页。

对后世文体影响的作用。

二、论赞与传文的悖论

《史记》有不少的论赞与传文的记述出现了背逆的情况,也就是说论赞对该传人物的功过的评价,明显与传文对功过的记述背道而驰、前后矛盾,引起后人不少的疑问与诧异。

诸如《吕后本纪》《商君列传》《白起王翦列传》《吕不韦列传》《袁盎晁错列传》等,都不同程度存在这种情况。其中尤以《淮阴侯列传》最为显著,最为引人注目,特别是对史公认为韩信反还是不反,成为争论的焦点。

时下论者认为:"大约汉以谋反罪诛韩信,司马迁未必相信,故文中留有多处破绽,使人窥破韩信之冤。但'太史公曰'又何必对韩信谋反事言之凿凿呢?"又言:"读这样的'太史公曰'总觉得司马迁在一番纵情挥洒之后,忽然又正襟危坐,前后抵触,言不由衷,摆出两副面孔来。"从而得出结论:"'太史公曰'则向官方的、正统的、流俗的观点回归,显示出向主流观念妥协的倾向。……比起'君子曰'来,'太史公曰'在裁决天下的自信心上已经明显萎靡了。而这些,正显示了史官传统的沉沦。"①这个问题的提出颇有学术价值,实际上涉及先秦史官与司马迁个人撰史的区别,对于"太史公曰",促使再考虑一番。也就是说《史记》的评论与正文出现悖论的偏差悬殊的现象,究其原因,这已涉及"史识"的原则性问题,而且触撞到现代史的敏感的问题,情况就更为复杂。

先看对韩信的论赞。韩信被诛杀,事出仓促之间,事后官方宣布其罪名是"叛逆",传文记载韩信与陈豨联手合谋造反,确实"言之凿凿",而且"太史公曰"亦言:"而天下已集,乃谋畔逆,夷灭宗族,不亦宜乎",又似乎肯定韩信反叛,罪当灭族。这样看传文与论赞并不矛盾,也似乎是"向官方的正统的"观点"回归"。

然而问题并不这样简单。《高祖本纪》记此事:"〔汉〕十一年春,淮阴侯韩信谋反关中,夷三族。"这是标准的"官方观点",因其是官方的宣布,也只能如此"实录"。而当作韩信传时,相隔不过七十年左右,仍然属于"政治敏感"的大事,司马迁的记述与评价依然很棘手。摆在司马迁面前的问题,就是要把韩信与当时官方的结论都放在"叛逆"与否中真实记录下来,而如实记述则带有为"叛逆"翻案的性质,就把自己摆在了官方的对立面,这就不能不有所顾忌。所谓"乃谋畔逆",就是说他的"叛逆"还处于"策划"之中,

---

① 过常宝:《论〈史记〉的'太史公曰'和'互见法'》,《唐都学刊》2006年第5期。

这与传中韩信与陈豨合谋造反是呼应的。而"合谋"一事又写得很详实,似乎确有其事。并且"阴使人至豨所"催促起兵造反,而且"信乃谋与家臣夜诈诏赦诸官徒奴,欲发以袭吕后、太子。部署已定,待豨报",后被其欲杀之舍人之弟告发,遂被吕后与萧何合谋诛杀。韩信谋反与被诛杀,都是至关机密的事,这些材料只能取之于"官方文件",无论是真是伪,它本身也是一种"事实"。问题在于韩、陈合谋事是否出于果真,史公记载这些材料所述的"事实",本身是对历史的一种求真。然而韩信被诛,本该结束。却因韩信临死"恨不用蒯通计",又带出蒯通一番话,这番话看似出于自保,但却与先前劝韩反而韩不反有关。也就是说论赞所谓"而天下已集,乃计谋畔逆"是不可信的,而与传文是矛盾的。这种矛盾不是作者的"妥协",其实是说"官方的观点"与韩信的不反是矛盾的,而这些都是历史的真实,而且据《高祖纪》记载,陈豨是汉十年八月被逼反,九月刘邦亲自东击,至年底前陈豨大势已去。韩信如与陈豨联盟,如何不在九月以后反叛,却等到次年春方才欲谋,而且是被人告发的。这些说明韩信并非要反,他自己早就处在高祖与吕后欲诛杀之中。所谓联盟欲反,不过官方伪造的不实之词。而且当年春、夏彭越、黥布都是以造反之名被杀。说明此前其二人亦为刘邦所欲诛,韩信造反为何不欲与彭、黥联盟?另外,陈豨反前,汉五年燕王臧反,利几反,六年底韩信被告发谋反,贬王为侯。七年韩王信反,九年赵相贯高谋刺。每次都是刘邦亲自出马,韩信如欲造反,则对他来说每次都是机会,然后他并没有反。

再看"太史公曰",谓韩信为布衣,"其志与众异",母死选"高敞地,令其旁可置万家",可见他的"野心"不过是想做一地侯王而已。又说:"假令韩信学道谦让,不伐己功,不矜其能,则庶几哉",这种或许差不多的说法,看似正论,实为反论。萧何、张良是何等的"学道谦让,不伐己功,不矜其能",张良自入关中,吓得连饭都不敢吃,连门都不敢出("道引不食谷""杜门不出岁余"),还要"弃人间事,欲从赤松子游"。萧何不仅是高祖的"铁哥们",而且多次有恩于高祖。然在汉三年刘邦就对他不放心,萧何虽想尽法儿三番五次表示忠心无二,最后还是被他抓进监狱。猜忌都尚且如此,至于在刘邦面前直言不讳夸耀韩信带兵"多多益善",不以造反之名处死,那才是咄咄怪事!退一步看,即便是韩信能谦让,不伐功,不矜能,他的脑袋也不会"庶几"保留下来。

至于说"于汉家勋可以比周、召、太公之徒,后世血食矣",这正是用假设推论得出的结论,实际也是认为韩信之功无人可比。如此明显指出,即为之鸣冤。最后特意指出:"不务出此,天下已集,乃谋畔逆,夷灭宗族,不亦宜乎",这是借助"官方观点"的"正话"反说,实际上是说即使韩信不谋叛逆,命运也肯定是会悲惨的。

司马迁能这样评价和记述韩信,已经冒着很大的政治风险,他已经恪尽了对"不令己失时,立功名于天下"的人物的记述责任,又记述了官方对韩信的迫害以及所公布的"叛逆罪名",这种无畏勇决的精神称得上"不虚美,不隐恶",比起先秦史著如《左传》,更具有批判之勇气,更谈不上有什么"萎靡"。

对项羽失败的原因,司马迁认为"放逐义帝"和"不师古"是其中之一,这是否就是"一种幼稚的道德决定论",尚需斟酌。义帝是当时反秦伊始的一张"政治名片",本身具有一定的政治号召力。而其后来成为项羽的掣肘、羁绊的障碍,项羽"放逐"义帝,也是从政治出发。然其副作用就是"王侯叛己"。王侯背叛项羽,并不是要拥立义帝,而是认为项羽分封不公。义帝在任何时期都可以当作任何人的政治招牌,项羽撕毁了这张招牌,在政治舆论声望上就处于被动地位。刘邦就比他高明,"为义帝发丧临(吊)三日",还要借尸还魂,继续发挥这张已成碎片的招牌的"剩余价值":"遍告诸侯",谓项羽杀义帝"大逆不道。寡人亲为发丧,诸侯皆缟素",其目的就在于"愿从诸侯王击楚之杀义帝者",由此公开与项羽争夺天下。可见"放逐义帝"乃至暗杀的政治副作用,所以,指出这一失措是从政治着眼,而非是"道德决定论"。至于"不师古",项羽灭秦而大封天下,就是"师古",司马迁对此并不赞成,这在《留侯世家》张良劝阻刘邦分封诸侯时就已看出。所谓"不师古"实际上指出项羽不能像上古三代夏商周开国之初能顺应民心。也就是说"不师古"与下文"谓霸王之业,欲以力征经营天下",属于同位语,这当然是项羽最大的失误,也说明对项羽批评是抓住要害的。

《商君列传》传文记述了商鞅使秦国富强的功绩,赞文却谓其人"天资刻薄",政治手段不光明磊落,为人寡义"少恩"。这当然是一种"道德论断",而与政绩记述好像是矛盾的。实际上这正是用两分法看待历史人物。法家人物以建功立业为务,甚至以牺牲道德为手段,商鞅是这样,吴起亦复如是。传文与赞文之所以出现了矛盾的"两种面孔",实际上是从功与过、政治业绩与道德人品两个角度对历史人物定位。这种定位同样见于吕后、蒙恬、王翦、李斯、晁错,以及张汤为代表的酷吏,对这些本身矛盾的人物,作者没有一味否定或者肯定。如对吕后之"内乱"极言其惨酷,而对她的"外不乱"而"天下晏然""衣食滋殖",并没有因其惨无人性而否定其治天下的作用;写酷吏的赞语既揭示他们如何"以酷烈为声",又指出"其廉者足以为仪表,其污者足以为戒",完全超出一己之好恶。如果"向官方的、正统的、流俗的观点回归",《史记》恐怕不会写成现在这个样子,就只会出现"一个面孔"裁断历史,也不会做到"原始察终,见盛观衰",更不会成为"一家之言"!这是司马迁秉承父志,独自撰史,既与先秦史官文化有极大区别,也和唐代以后设局作史的官史之区别更大。

三、赞文的人称与转折及史识

美国叙事文学研究者浦安迪曾说过:"我们翻开某一篇叙事文学时,常常会感到有两种不同的声音同时存在,一种是事件本身的声音,另一种是讲述者的声音,也叫'叙事人的口吻'。叙事人的'口吻',有时要比事件本身更为重要。"又说:"史书里也不无类似的现象,读者也能在读史的时候感觉到'叙事人的口吻'的分量。看《史记》中的列传,我们会觉得许多地方隐隐约约有司马迁的声音,这种联系到他自身的悲剧而发出的发愤的声音,反映了司马迁特殊的口吻,从字里行间透露他对历史事件独特而深刻的评价。"[①]《史记》写法出于"两种面孔",纪传正文用第三人称,偶尔插入第一人称,如《伯夷列传》与书、表、类、传的序文,论赞全用第一人称。第一人称的"我""余""予""吾",则有大小、轻重的分别:"吾"为大我,带自负意味;"余"与"予"为小我,带自谦意味;"我"则为平常之我。比如《孟子·公孙丑》说:"我善养吾浩然之气",浩然之气至大至刚,所以要用表自负的"吾",这话是对别人言说自己,所以句首的第一人称只能用表平常的"我"。而这句话的两个第一人称决不能倒置,如说成"吾善养我浩然之气",自谦而又自负的语气全部丧失,轻重倒置,语意就会紊乱。孔子对弟子说:"吾一日三省吾身。"(《论语·学而》)语意是多次反省自己,而能常反省者既非一般人物。孔子把警戒的话说得很认真庄重,所以用了两个表"大我"的"吾",很符合孔子执着坚毅的个性。先秦典籍用第一人称的,依据语境都有明显的区别。

《史记》论赞也很讲究,在百多篇文末的"太史公曰"中,从来没用过表平常的第一人称"我"。大概司马迁喜欢"倜傥非常之人",他自己也要"扶义俶傥,不令己失时,立功名于天下",故不喜平平常常之"我"。不然论赞为何用了三十五个第一人称,而"我"一次都没有出现。

这三十五个第一人称,凡是涉及他所到的地方,大都用了"吾",如《齐太公世家》的"吾适齐,自泰山之属琅琊,北被于海,膏壤两千里,其民阔达多匿知,其天性也。"如果说齐为"洋洋大国",那么应用"余适齐"或"予适

---

① 浦安迪:《中国叙事学》,北京大学出版社2018年版,第14—15页。

齐",为何要用"吾"呢?其他则如:

《魏世家》的"吾适故大梁之墟",《孟尝君列传》的"吾尝过薛",《魏公子列传》"吾过大梁之墟",《春申君列传》的"吾适楚",《蒙恬列传》的"吾适北边",《淮阴侯列传》的"吾如淮阴",《樊郦滕灌列传》的"吾适丰沛",凡言及所到之地,都用了"吾",未用"余"或"予"。

关于这一点域外学者也有发现,但为何一遇到去什么地方就必须要用"吾"呢?这似乎要表示对记述历史的敬重和敢于担当的精神,显示对载述历史的慎重。凡言及所到之地,是要把对历史遗迹的目睹与考察记述下来,表明史料的来源的真实,所以用了敢于负责的"大我"——"吾"!别处用"吾"者如下:

> 吾读《秦纪》,至于子婴车裂赵高,未尝不健其决,怜其志。婴死生之义备矣。　　　　　　　　　　　　（《秦始皇本纪》）
> 吾闻之周生曰"舜目盖重瞳子",又闻项羽亦重瞳子。
> 　　　　　　　　　　　　　　　　　　　　（《项羽本纪》）
> 吾闻冯王孙曰:"赵王迁,其母倡也,嬖于悼襄王,悼襄王废嫡子嘉而立迁。迁素无行,信谗,故诛其良将李牧,用郭开。"
> 　　　　　　　　　　　　　　　　　　　　（《赵世家》）
> 吾读管氏《牧民》《山高》《乘马》《轻重》《九府》,及《晏子春秋》,详哉其言之也。　　　　　　　　　　（《管晏列传》）

同样属于"吾闻"语式,却不用"吾",而用"余"者如下:

> 余闻孔子称曰:"甚矣鲁道之衰也!洙泗之间龂龂如也。"
> 　　　　　　　　　　　　　　　　　　　　（《鲁周公世家》）
> 余读《世家》言,至于宣公之太子以妇见诛,……
> 　　　　　　　　　　　　　　　　　　　　（《卫康叔世家》）
> 余读《春秋》古文,乃知中国之虞与荆蛮句吴兄弟也。
> 　　　　　　　　　　　　　　　　　　　　（《吴太伯世家》）
> 余读孔氏书,想见其为人。　　　　　　　（《孔子世家》）
> 余读《司马兵法》,闳廓深远,虽三代征伐,未能竟其义,如其文也,亦少褒矣。　　　　　　　　　　　（《司马穰苴列传》）
> 余读《离骚》《天问》《招魂》《哀郢》,悲其志。
> 　　　　　　　　　　　　　　　　　　　　（《屈原贾生列传》）

> 余读陆生《新语》书十二篇,固当世之辩士。
>
> (《郦生陆贾列传》)

同样是我读、我闻语式,一会儿是"吾读""吾闻",一会儿是"余读""余闻",这其间又有什么区别?凡是属前者,一般不是十分推崇尊重,或不十分相信。如舜目重瞳,用表"大我"之"吾",以示并不信果有其事,其所以记述则另有用意;赵王迁诛李牧、用郭开事,事出暗昧;管仲在孔子眼中为"器小",所以都用了"吾",表示作者置身于制高点。而孔子之言与书、《春秋》,以及《司马兵法》《离骚》《新语》,都是尊重或看重的,所以用了表谦敬的"余"。由此可见,凡用"吾"或"余",并非出于漫不经心。人称的选择带有不同的理念与感情,区别可谓泾渭分明,难以混淆。既然所用如此,那么读时也应当持同样的眼光。如果混而合一,那就未免淡化或漠视了理解作者的用意。

在三十五个第一人称代词中,只一例用了"予":开篇《五帝本纪》的"太史公曰"里有"予观《春秋》《国语》"云云,和上举"余读"并没有什么两样。"余""予"虽然代表谦意,但前者声长而宏,而后者声细而短,故后来都用了"余"而不再用"予"。

但还有三处叙其所经之地,没有用"吾"却用了"余",与上文所示不同,这是为什么?一是《孝武本纪》的"余从巡祭天地诸神名山川而封禅焉";二是《河渠书》的"余南登庐山,观禹疏九江"云云。前者随武帝巡祭,若用"吾",汉武帝相较就显得小了,这在汉代眼中就是"大不敬",只好用"余"了;后者为观禹治水业绩,自然要怀崇敬心情,故不用"吾"而用"余"。三是《五帝本纪》的"余尝西至空峒"云云,言及尧、舜,自然就用"余"而不用"吾"了。

"吾"表自负,高自位置,声洪而长,凡声部从"吾"者皆有大义,如"梧"为乔木大树,"捂"言遮蔽得很严实,"悟"为豁然明白。如作第一人称自然是"大我"了。"余"与"予"相较于"吾",声音都显得细而轻,故为"小我"。"我"之声在以上二者之间,就表平常之我了。有了如此区别,似乎更能走近"太史公曰"的行文用意。

以"太史公曰"领出的论赞,其中的转折与让步连词,使用频率很高,不仅把复杂问题表达得犁然分明,而且情感深沉而激荡,很能体现出作者的个性乃至血性。最常用的转折与递进连词便是"然"与"况":

> 平原君,翩翩浊世佳公子也,然未睹大体。鄙语曰"利令智

昏"。平原君贪冯亭邪说，使赵陷长平兵四十余万众，邯郸几亡。虞卿料事揣情，为赵画策，何其工也！及不忍魏齐，卒困于大梁，庸夫且知其不可，况贤人乎？然虞卿非穷愁，亦不能著书以自见于后世云。（《平原君虞卿列传》）

冯亭事不见于传中，赞中则予以补出，一来是为了传文主体的突出，二来《白起传》里已有记载，故与赞语详略可以互见。"然未睹大体"，转折挺劲，这是赵国大事，亦详载于《赵世家》，因在此处轻轻点出，以"然"字转折出"未睹大体"而使"邯郸几亡"。这个"然"字带出以下五句，笔带锋芒，可谓如木刻版画，用笔犀利，是非分明；虞卿为"四公子"传中唯一在题目中出现的人物，为作者看重，属于智谋之士，但非苏秦、张仪唯利是图之辈。而魏齐事详载《范雎传》，虞卿不忍心魏齐处于危难之中，"乃解其相印，与魏齐亡"。逃至魏国，投奔信陵君，而信陵君"畏秦"未及见，魏齐自杀。虞卿"捐万户侯"与强秦仇敌魏齐逃亡，这在当时属于"庸夫且知其不可"的铤而走险之事，何况虞卿这样的智者，故用"况贤人乎"递进跌宕一层，就是强调对虞卿的赞美。

赞语至此可以结束，却又横出著书见意一事，又用"然"字带出："然虞卿非穷愁，亦不能著书以自见于后世云"，在跌宕之后又生出一番跌宕。"然"字转折生姿，且置于"况"字的比较之后就愈见出姿致横生，而末尾的"云"字，亦有悠悠不尽之致。此节文字两"然"与"况"字均为转折，然用意不同，确实能使人滋发感慨，而"穷愁""著书""以自见于后世"，也有作者切肤的感慨在内，故特致此一转折，能醒动读者以引起深思。

至于《范雎蔡泽列传》的论赞用了三个"然"字，就一层比一层转折得更为深刻：

> 韩子称"长袖善舞，多钱善贾"，信哉是言也！范雎、蔡泽世所谓一切辩士，然游说诸侯至白首无所遇者，非计策之拙，所为说力少也。及二人羁旅入秦，继踵取卿相，垂功于天下者，固强弱之势异也。然士亦有偶合，贤者多如此二子，不得尽意，岂可胜道哉！然二子不困厄，恶能激乎？

"然"字出现了三次，每见一次就转折一次，愈转愈深，转出了多少感慨！先以范、蔡的成功作一标尺，然后以游说者白首无遇，作一反衬，以见其为"一切辩士"；接下指出他们的成功，是借助了秦国的强大。赞语意尽，亦该结束。却翻过一层：贤如范、蔡而不能成功者，不可尽数。这是"题外话"，意在于有遇也有不遇，这是从本传生发的，到此也可以说是意圆神足。末了又神龙摆尾，转到范、蔡，又反论转深一层："然二子不困厄，恶能激乎"，若不经过反复挫折，他们又怎能激发起来！这是翻过来看的视角，从成功中看出逆境之特殊作用，也是以自己挫折去理解历史，又借历史人物的困厄以发自己的感慨。后世的史官，就很少有这样感慨的"一家之言"！他又善于引言，依韩非子的话为依据，翻转出许多感慨，一层深过一层，如游溶洞，每转一处，就洞天别开。虽是一事，却翻转出许多道理，且其中寓涵着对历史的多角度关照。尤其末了两句"尤有情致"（吴见思《史记论文》语），因其浸透着作者"痛楚的经验与认识"。

《廉颇蔺相如列传》赞语只用了一次转折，却使人流连深思："知死必勇，非死者难也，处死者难。方蔺相如引璧睨柱，及叱秦王左右，势不过诛，然士或怯懦而不敢发。相如一奋其气，威信敌国，退而让颇，名重泰山，其处智勇，可谓兼之矣！""然"字挺立中间，犹如中流砥柱，把"处死者难"揭示得泾渭分明。由此推出"知死必勇"，再进一步推论"其处智勇，可谓兼之矣"。面对死亡，怯弱是一般人的本能，而"处死"不惧则需要有过人之勇气。蔺相如不惧死而"叱秦王"，有勇而又能谦让，故作者的礼赞则以一般人的"怯弱"作陪衬。这里也显示出对生死的抉择，属于孟子所说的"舍生取义"。其所以只论蔺相如而不及传中其他人物，一来其人在作者眼中最为重要，二来作者本人"舍死"也要完成《史记》，与传主同样都面临选择的考验。从根本上看，二者都需要面对生死的考验，都需要一种无畏的勇气！

有时不用"然"而用"又"，同样达到转折。这种转折犹如书法的"圆转"，显得回环有余地，不像"然"之"硬转"，那样外露。《屈原贾生列传》就用了"圆转"的手法："余读《离骚》……，悲其志。适长沙，观屈原所自沉渊，未尝不垂涕，想见其为人。及见贾生吊之，又怪屈原以彼其材，游诸侯，何国不容，而自令若是。读《鵩鸟赋》，同死生，轻去就，又爽然自失矣。"把自己两次阅读的不同体会，用两"又"字轻轻地圆转起来，实际上是对屈贾的赞美。春秋时已有楚材晋用，战国的孔孟周游列国以求遇合，屈原却为何死守楚国？但看到贾谊"同死生"之说，又觉得"轻去就"不免唯用是求，而有"爽然自失"之憾。作者于此展露自己的观念的转化，实际也是对屈、贾的肯定。这种写法确实可与读者缩短距离，使读者更加走近《史记》与司马迁的精神世界。

"而"字转折比"然"字轻，较"又"字则重，论事不同，则使用亦随事而变。《蒙恬列传》说："吾适北边，自直道归，行观蒙恬所为秦筑长城亭障，堑山堙谷,通直道,固轻百姓力矣。夫秦之初灭诸侯,天下之心未定,痍伤者未瘳,而恬为名将,不以此时强谏,振百姓之急,养老存孤,务修众庶之和,而阿意兴功,此其兄弟遇诛,不亦宜乎!何乃罪地脉哉?"两个"而"的转折,一是批评不谏阻筑长城,一是借此"阿意兴功",反而迎合上意以筑长城为功。后来班彪《北征赋》以秦筑长城为"筑怨",就是受此启发。蒙恬被逼死时以为"绝地脉"而应死,实则以此为功希免于一死。两"而"的转折为递进转折,跌进一层复又跌进,末尾的反问又见身死而不悟,岂不谬哉!对于蒙恬的冤死,作者则从"阿意兴功"指出两层过失,并未予以同情,这是从"轻百姓力"的磨民的角度权衡历史人物的功过。

其他如《张耳陈馀列传》论赞,用"然"字转折出两人始信而终背,再以"何乡者相慕用之诚,后相倍之戾也",反衬一层;又用"岂非以势利交哉",指出利害关键,使"然"字转折更为醒透。《张丞相列传》转折出仕途升迁成功与否决定快慢之不同,而说明游宦封侯"微甚",而更多的是"多有贤圣之才,困厄不得者众甚也",则未从类传人物的具体论定出发,而要从仕宦达与不达梳理出一条人才遇与不遇的规律,故用两"然"字转折作为提示。《樊郦滕灌列传》则用"方其……,岂自知……哉"的句式,从过去转折到现在,缩短人生空间,俯视历史现象,跌宕出世事变迁的感慨。此则说:"方其鼓刀屠狗卖缯之时,岂自知附骥之尾,垂名汉廷,德流子孙哉?"这是对历史人物的反身探问,同样带有转折的性质。前人说:"《史记》诸赞,初看时若甚散缓,后面忽将一两句冷说缓起。如《王翦传》云:'尺有所短寸有所长。'又云'翦为宿将,始皇师之,然不能辅秦建德'云云,'彼各有所短也'。赞虞卿云:'庸夫且知其不可,……'此等最有意味。此是放去收来处。……皆是闲话引起,却换话头开拓说。"①这也是其意深远则其言愈缓的地方,颇为耐人寻味。

论赞要评价历史人物,要对社会变革提出权衡,必然会显示出撰史者的史学理念与史识。《太史公自序》提出若许"义"字,彰显明示"尚义"的精神。这种思想不是孔子所具有,亦非公羊学思想所能梦见,而是对孟子思想的直接继承。这是打开《史记》的一把钥匙,也在论赞里处处彰示出来。

《秦始皇本纪》文末说:"吾读《秦纪》,至于子婴车裂赵高,未尝不健其决,怜其志。婴死生之义备矣。"项羽入关杀子婴,子婴在末世而诛杀赵高,亦为快事,故称"死生之义备矣"。《乐书》论赞说:"故乐音者,君子之所养义也。"《吴太伯世家》论赞说:"延陵季子之仁心,慕义无穷,见微而知清浊,

---

① 陈模:《怀古录》,见王水照主编《历代文话》,复旦大学出版社2007年版,第1册第519—520页。

呜呼,又何其闳览博物君子也。"它如《韩世家》:"韩厥之感晋景公,绍赵孤之子武,以成程婴、公孙杵臼之义,此天下之阴德也。"此为舍生取义。《管晏列传》:"方晏子伏庄公尸哭之,成礼然后去,岂所谓'见义不为无勇'者耶?"此属见义勇为。《司马穰苴列传》:"余读《司马兵法》,闳廓深远,虽三代征伐,未能竟其义,如其文也,亦少褒矣。"这是说义无所不在,即便是专讲杀伐的军事学著作亦有。《伍子胥列传》:"怨毒之于人甚矣哉!王者尚不能行之于臣下,况同列乎!向令伍子胥从奢俱死,何异蝼蚁。弃小义,雪大耻,名垂于后世,悲夫!"这是说义有大小,从父而死为"小义","隐忍而就功名"的烈大夫所为则为大义。《鲁仲连邹阳列传》:"鲁连其指意虽为不合大义,然余多其在布衣之位,荡然肆态,不诎于诸侯,谈说于当世,折卿相之权。"这是"小义"亦有可取之处。《刺客列传》:"自曹沫至荆轲五人,此其义或成或不成,然其立意较然,不欺其志,名垂后世,岂妄也哉!"这是赞扬"舍生取义"。《张耳陈馀列传》:"岂非以势力交哉?名誉虽高,宾客虽盛,所由殆与太伯延陵季子异矣。"这里则指出争利而忘义。《田儋列传》:"田横之高节,宾客慕义而从横死,岂非至贤!"慕义而从死亦属舍生取义。《袁盎晁错列传》:"袁盎虽不好学,亦善傅会,仁心为质,引义慷慨。"这是说处事而能持义。《韩长儒列传》:"余与壶遂定律历,观韩长孺之义,壶遂之深中隐厚。世之言梁多长者,不虚哉!"这是称赞韩安国行事能出于大义。

综上所言,有死生之义,君子养义,仁心慕义,舍生取义,见义勇为,义无所不在,弃小义而行大义,小义亦有可取,义有成或不成,有争利而忘义,慕义而从死,仁心而能引义,行事能出于大义;而在《太史公自序》分言各篇作义,又有死义、思义、扶义、行义、嘉义、奔义、厉义、礼义、争义、主义等。据此,可以说《史记》思想与精神就是"尚义",以义为标尺,去衡量历史人物,裁断历史事件。凡符合者,无论成功与否,则予以歌颂或同情,凡背义者则予以讽刺与鞭挞。对于君王也是如此,这也是《史记》最可贵的地方。这也显示了"太史公曰"也是围绕义而发,体现出他的史学见解与评论历史事件和人物的标尺。

最后如做反向思维,《史记》如果没有每篇论赞,我们会觉得太遗憾,作者是怎样看待这些历史人物与历史事件,就不得要领了,撰史者面目也就模糊不清了。如果论赞写成像《左传》那样一两句,我们也觉得不解渴。对于论赞,读者不嫌其多,从文体论上讲,论赞对于宋代以后的"史论"有导夫先路的作用。所以范晔对他的《后汉书》传论颇为自负。然而"前四史"以下史书的论赞多是对传文概括性的复述,了无余味。或有裁断,却无新义,读来多不厌人心。像《史记》这样笔带感情的判断,就很难遇到。

第三章 叙事论

第一节 《史记》叙事方法论

叙事方法应当是叙事作品构筑风格特色非常重要的一个方面,然而在风格讨论上,却被西方理论所忽视。现代学人对此即非常重视,或用全知视角与限制视角予以讨论。如果从叙事先后次序的角度观察《史记》记载纷繁事件,也会在叙事方法论上给我们一定的启发,由此对《史记》风格多样性,会有全面的了解。

编年体以叙事为职能,故言史著叙事的文学性,每以《左传》为经典。《史记》以记人为中心,言史著刻画人物则奉为宝典。然记人必须记事,而《史记》记事虽多属粗枝大叶,然无论或疏或密,班氏父子称道的"善序事理",即言其叙事"质而不俚",谓其言理则"辨而不华",这是就其文风而言。至于叙事的方法,现代论者多有关注,亦为当代学人讨论的热点[①]。今就论之未及以及言之待有深入之处,试加讨论。

一、倒叙的功能

从叙事的次序而言,叙述有多种方法,诸如倒叙、补叙、分叙、插叙、带叙。《史记》对这几种叙事方法,运用很为精心,而且变化穿插,很见安排之用意。倒叙简而言之,即先出结果,后叙过程,把顺序这两处倒置之,这是小说家的常用手法。莫泊桑《米龙老爹》先写老父牺牲,再引发杀敌复杂过程,而被发现捕而被杀。《左传》运用了倒叙、预叙、插叙、补叙等,而被称为

[①] 李长之:《司马迁之人格与风格》第八章的二、三两节,开明书店1948年版。陈兰村、俞樟华:《〈史记〉人物传记的开头和结尾》,《浙江师范学院学报》1984年第1期;可永雪:《史记文学成就论衡》第五节《〈史记〉的叙事艺术》,中央民族大学出版社2012年版。都从不同角度涉及叙事方法。

"叙事之最"(刘知几《史通·模拟》语)。司马迁则继承了这些叙事方法,而变化多样。对于倒叙他喜欢在不太长的叙事中颠倒出之,这样不至于文气阻隔与眉目不清;而且喜欢在大事件上采用此法,尤其是写战争,先把战斗结果写在前面,使人得一整体印象,然后再叙其经过。前者给读者留下期待阅读的欲望,后者则有引人入胜的效果。比起顺序更能显得眉目清晰。犹如旅游,先看导游图,再逐景点一一观览,更能有完整与局部的印象。

《李将军列传》所写第二战"雁门出击匈奴战"就采用了倒叙。先言战之结果:"匈奴兵多,破败广军,生得广"。李广为大英雄,一代名将,怎么就被匈奴活捉了?这就引发读者迫切欲知的阅读期望。然后再叙被捉的原因与经过:

> 单于素闻广贤,令曰:"得李广生致之。"胡骑得广,广时伤病,置广两马间,络而盛卧广。行十余里,广佯死,睨其旁有一胡儿骑善马,广暂腾而上胡儿马,因推堕儿,取其弓,鞭马南驰数十里,复得其余军,因引而入塞。

他的倒叙运用得灵活。被捉的原因有二:一是伤病;二是兵少。兵少不直说,只在前边交代"匈奴兵多",而汉家让李广带兵多少,不言而喻。李广被捉,倒叙结束。以下则为顺叙。那么这节文字便是倒叙与顺叙的结合。按理说复得余军而入塞,回到大本营,战斗该结束。以下又叙出一事来:

> 匈奴捕者其数百追之,广行取胡儿弓,射杀追骑,以故得脱。于是至汉,汉下广吏。吏当广所失亡多,为虏所生得,当斩,赎为庶人。

"复得其余军,因引而入塞",是"射杀追骑,以故得脱"以后的事。如此这一战争叙写则用了:倒叙——顺序——倒叙,就是倒叙后又复倒叙,就像《庄子》里的喻后生喻。这段文字其所以引人入胜,就和意料不到的两次倒叙有关。在"单于素闻"三句后,吴见思说:"注一句,明上生得之故,并下得脱之由,上下文情俱动。"[①]牛运震谓夺马取弓一节,"详至便捷,写出李将军警悍之神,真如生龙活虎"。谓置广两马间网络中写得"有景",又谓取弓

---

① 吴见思:《史记论文》,中华书局1916年版,第7册第48页。

鞭马南驰,"以弓鞭马,极匆皇中写出英爽之态"①,是说其中几个细节有景有态,奇事奇文,至今如生。只有程馀庆在"生得广"后指出"顿住",又在"又引而入塞后"标示"顿住",似乎已觉察出叙述并不顺直。叙写其所以虎虎而有生气,就在于在两次倒叙中,把几个细节"络而盛卧广""睨其旁有一胡儿骑善",以及"暂腾而上胡马"刻画其中,方才使其英风烈气昂然奔突于纸上。究其实文字质朴叙述亦粗枝大叶,只在刻画人物的眼神和动作上略做点示,便生龙活虎出现在眼前。叙述之节奏快捷,与人物动作之神速相关。李广"飞将军"之徽号便由此节飞动的文字而起。辛弃疾《卜算子》说:"千古李将军,夺得胡儿马。李蔡为人在下中,却是封侯者。"便是受得这节文字的感染。

把倒叙运用得最好的,应当是《项羽本纪》中的"巨鹿之战",这是自陈涉起义后,最重要的反秦之战。项羽杀宋义,先遣将渡河救巨鹿,未得手。于是,"项羽乃悉兵渡河,皆沉船,破釜甑,烧庐舍,持三日粮,以示士卒必死,无一还心。于是至则围王离与秦军遇,九战,绝其甬道,大破之,杀苏角,虏王离。涉闲不降楚,自烧杀。"战始、战中、战果都有了,如果至此结束,那项羽的光焰,就不会那么炽烈。然而接着写道:

> 当是时,楚兵冠诸侯。诸侯军救巨鹿下者十余壁,莫敢纵兵。及楚击秦,诸将皆从壁上观。楚战士无不一以当十,楚兵呼声动天,诸侯军无不人人惴恐。于是已破秦军,项羽召见诸侯将,入辕门,无不膝行而前,莫敢仰视。项羽由是始为诸侯上将军,诸侯皆属焉。

"当是时"不仅承上启下,而且是倒叙的"提示符号",每到关键处或作者精神抖擞处,此一介宾短语即劈头迎面而来,提动以下叙写。所写"呼声动天"的战斗场面,是"九战"综合的缩写,还是最后一战,然无论怎样,都是"已破秦军",或是前面的"大破之"。前人皆言此战是精神焕发文字,"精神笔力,直透纸背,静而听之,殷殷阗阗,如有百万之军藏于陷靡汗青之中,令人神动"②。牛运震说:"古来善于叙战者,莫如左氏。其摹写春秋数大战兵机阵法,可谓工且备矣!《史记·项羽本纪》巨鹿,垓下诸战,写勇将冲锋陷阵,雄入九军之概,更为鲜明生动,较左氏又另一种笔墨,阅之如见劲装

---

① 牛运震:《史记评注》,三秦出版社 2011 年版,第 277 页。
② 吴见思:《史记论文》,中华书局 1916 年版,第 1 册第 67 页。

铁马,令人神悚。"①

垓下之战是精雕细刻的详写,此为粗枝大叶的略写;垓下是直面实写,此为衬托虚写;垓下是顺叙,此为倒叙。正因为是倒叙,才使这节文字精光四射。前之战果与后之战中连接紧凑,中间以"当是时"提动,间不容发,一气直下。前如洪流聚拢,后如飞流直下,倒叙发挥了极大的冲击力和穿透力,此节轰轰烈烈的大场面,实与李广被生得而后得而后夺马取弓,鞭马南驰,射杀追骑,如出一辙。而此节行文更加节奏迅急,纵横驰骤,如秋风卷落叶,呼啸纸面。这种"快节奏"和《左传》的"慢节奏"写战争,确实是"另一种笔墨"。刘熙载说:"《史记》叙事,文外无穷,虽一溪一壑,皆与长江、大河相若。"②刘大櫆说:"文贵大:道理博大,气脉洪大,丘壑远大;丘壑中必有峰峦高大,波澜阔大,乃可谓之远大。古文之大者莫如《史记》。"③其所以此节文字写得"波澜阔大""文外无穷",倒叙则起了推波助澜的作用。

倒叙用得最为复杂曲折者,当是《酷吏列传》中的《张汤传》。言汤始为小吏,后至御史大夫,"汤尝病,天子至自视病,其隆贵如此"。而后"汤为御大夫七岁,败",此为倒叙之提示。然后再叙"李文尝与汤有郤,已而为御史中丞",以谋伤汤,反被汤中伤而死。汤又结怨赵王,赵王求其阴事告他为大奸。事下减宣,"宣尝与汤有郤",判处其事而未奏。这当儿张汤又得罪丞相庄青翟,欲构陷庄青翟。以上则为汤败之事因,属于张汤未败前事,即以倒叙出之。然后再写"三长史皆害汤,欲陷之",以下再接倒叙,分叙三长史朱买臣、王朝、边通,"故皆居汤右,已而失官,守长史,诎体于汤"。而"汤数行丞相事,知此三长史素贵,常凌折之"。因此"故三长史合谋",向丞相庄青翟告发,减宣亦奏汤阴事,武帝以为张汤怀诈面欺,审问多次不服。于是使赵禹责汤:"君何不知分也。君所治夷灭者几何人矣？今人言君皆有状,天子重致君狱,欲令君自为计,何多以对簿为？"汤为书谢罪,说:"谋害汤罪者,三长史也。"遂自杀。以上则为再次倒叙,以下接言"汤死"云云。

张汤构陷多人,又被多人构陷而死,事极曲折交错,怨家集矢,头绪烦琐,所以先后采用了两次倒叙,"原汤所以败,收拾不遗,仇怨参会,一一有条理"(邓以赞《史记辑评》语)。用了三次提示,前言"汤为御史七岁,败",中云"穷竟其事,未奏也",后言"三长史皆欲害汤,欲陷之","此三节皆为叙事起伏血脉"(王维桢语,见《史记评林》)。已涉及两次倒叙,故能一一有条

---

① 牛运震:《史记评注》,三秦出版社2011年版,第35页。
② 刘熙载:《艺概·文概》,上海古籍出版社1978年版,第12页。
③ 刘大櫆:《论文偶记》,人民文学出版社1998年版,第7页。

理。牛运震说:"汤得祸本末,事极繁曲琐碎,此处不得不用提纲分目,开转收拢之法。须看他节次分明,筋脉贯穿,繁而不乱,杂而能整处。太史公于此,亦极费经营结构,非此亦不足以见太史公笔法手眼之高。"[1]由此可见,多次倒叙,可以把头绪繁杂的事叙写得井井有条,其与一次性倒叙的区别在于突出重点,具有各自不同的作用。

倒叙还有一种作用,可以把传序与传文纽结成一片,可显得极为自然,而无过度之痕迹。《儒林传序》为一篇儒家学派发展史,传文则专为汉儒立传,因先秦儒家已有《孔子世家》《仲尼弟子列传》,以及《孟子荀卿列传》。此传序说到西汉再次兴儒时写道:窦太后死,"武安侯田蚡为丞相,绌黄老刑名百家之言,延文学儒者数百人,而公孙弘以《春秋》白衣为天子三公,封以平津侯。天下学士靡然乡风矣"。以下再写公孙弘为官提议建立学制的奏疏的内容,并得可许,即言"自此以后,则公卿大夫士吏斌斌多文学之士"。这一段本身为倒叙,此句回应上文"天下学士靡然乡风",见出学士乡风而靡的原因。而这一句又引出以下传之正文,为申公、辕固生等立传。这是在专事叙述不做描写中运用倒叙,目的同样为了强调重点和自然引出传文。

他如《吴王濞列传》以平息吴楚七国之乱为中心,兹事甚大,关系人物众多,用了倒叙,是景帝派窦婴出荥阳,监视齐国、赵国兵。接言窦婴未出发时,荐袁盎,袁盎进谗以诛晁错。然后再写平叛事。

总之,倒叙在《史记》并不见多,这是因人立传,头绪比较单纯,比起《左传》以叙事的前因后果而多用倒叙,自然要少得多。但一经运用,便成佳文,或突出重点场面,或突出原委经过,或使复杂的事件头绪有序,都能恰到好处。而且行文无论或疏或密,都能出于自然,如风行水上,自然成纹。这和他常用"当是时"或其他提示语有关,而使前果后因眉目特别清晰。

二、补叙与分叙的作用

除了倒叙以外,《史记》还常用补叙与分叙。补叙是因人多事繁,不便于按顺序写出,一般置于传尾,且能与前别事而性质相反者,作以遥遥对比,意味颇为深长。这是事宜叙在前而后置者,予以补充叙述。分叙犹如小说家的"花开两朵,单表一支",分叙之后,又用合叙把两事或合拢,其间曲折甚或离奇,故事性特强,而有小说意味。

先看补叙。《魏其武安侯列传》先分叙三人,再以在田蚡家喝酒,使酒

---

[1] 牛运震:《史记评注》,三秦出版社 2011 年版,第 325 页。

骂坐,以及东朝廷将三人合写,又以三人同归于尽为结束。这篇到此也该最后收场,结果忽叙出另一事于结尾:

> 淮南王安谋反觉,治。王前朝,武安侯为太尉时,迎王至霸上,谓王曰:"上未有太子,大王最贤,高祖孙。即宫车晏驾,非大王立,当谁哉!"淮南王大喜,厚遗金财物。

这件事本应在分叙时的《田蚡传》中叙出,却硬捺住性子,一直放在这一大传之末尾。一来由于此事隐秘,连武帝也不知道,直到田蚡吓死后才传扬出来。所以,在此事后接言:"上自魏其时不直武安,特为太后故耳。及闻淮南王金事,上曰:'使武安侯在者,族矣!'"可见当"武安侯在"时,汉武帝并不知此事,从武帝角度看放在这里最合适;然从传主田蚡的角度看,则是补叙。更重要的是,在传首先写了汉景帝虚与委蛇地要以其弟梁孝王在他千秋之后继位,窦婴却挺身而出,直面阻止,引发闹得刚高兴一阵子的姑母窦太后的憎恶,开销了侄子的皇家"门籍";梁孝王怀恨自不用说,就是连景帝也觉得搅局扫兴,因开的是"空头支票",为的是让握有实权的窦太后与不大安分的梁孝王安然不再生事。这本不关窦婴事,但他却锐身干预"皇家家事",以见其人耿直忠正与不知时变的个性。更为重要的是这两件事都涉及将来谁来继位,两个皇帝,两个诸侯王,两个外戚,阻立与拥立,形成截然相反的对照。而这对照又分置传之一首一尾,遥遥照应。尤其显得补叙意味深长,袅袅而有余音。所以,吴见思说:"淮南王事前未及序,忽于篇后补叙,奇妙。"[①]还有一层意味:"另载篇末,而叙其往还踪迹,首尾详至如见,以见武安侯受金之非虚诬,而惜其发露之晚也。匠意处深远周密。"[②]另有一层,当东朝廷辩结束,灌夫即被田蚡关在他家接待宾客的住所,并且"遣吏分曹逐捕诸灌氏支属","武安吏皆为耳目,诸灌氏皆亡匿。夫系,遂不得告言武安阴事"。所谓"武安阴事",就是不敢见人之秘事,——当主要是指予淮南王金事——这事也可以要田蚡的小命。如此则此一补叙在结构、人物刻画与对比上都有极重要的作用。补叙大半用"初"字领起下文,《平准书》的"初,卜式者,河南人也"一段,又"初,式不愿为郎"一段,《外戚世家》的"初,上为太子时"数语,《曹相国世家》"参始微时"数语,《陈丞相世家》"始,陈平曰我多阴谋"数语,《绛侯周勃世家》"初,吏捕条

[①] 吴见思:《史记论文》,中华书局1916年版,第7册第44页。
[②] 牛运震:《史记评注》,三秦出版社2011年版,第272页。

侯"数语,其中"始"之作用,与"初"同样,均属补叙。

还有的补叙,另出篇外,与传主并没有什么关联,都直缀于后,读来却饶有意味。《田单列传》主要写田单独守即墨城以火牛阵获得奇胜,在论赞"太史公曰"一完,本传即可告以结束,这是《史记》的惯例。然而其后又突叙两事。一是:

> 初,淖齿之杀湣王也,莒人求湣王子法章,得之太史嬓之家,为人灌园。嬓女怜而善遇之。后法章私以情告女,女遂与通。及莒人共立法章为齐王,以莒距燕,而太史氏女遂为后,所谓"君王后"也。

这个"落难王子"的故事,本与田单无任何关系,而用"初"——《左传》作为补叙提示词,叙写于此却又有何意义? 其作用有三,一来交代燕国乐毅破齐之惨,当时齐湣王出奔于莒,"燕军闻齐王在莒,并兵攻之。淖齿既杀湣王于莒,因坚守,距燕军,数年不下。燕引兵东围即墨",以下是田单如何坚守,以火牛阵击败燕军,收复齐七十余城。"乃迎襄王于莒,入临菑听政"。襄王即湣王之子,名法章。法章逃难用倒叙出之于后,可见与其父共逃,因其父被杀,他就逃到太史家。二来补充说明上文的"乃迎襄王于莒",称法章为襄王是以后之称号称之。这样叙事前后自然贯通。同时从另一个角度表现了齐国人心的归向,这是田单终于能够破燕复齐的根本条件。

第二件事是王蠋义不降燕。王蠋曾劝齐王不被采纳,退耕于野。燕人齐闻其贤名,想请之为将,遂以死拒绝。齐之逃亡大夫受此激发,"乃相聚如莒,求诸子,立为襄王"①。这两事前后有连带性,故一并补叙。归有光说:"赞后附出二事,著齐之所以转亡而为存也。史公此等见作传精神洋溢处。昔人云峰断云连是也。"②凌稚隆说:"论后更复缀此,正所谓浮云断雁者。"(《史记评林》)然论者谓:此两事应在"太史公曰"之前,"今脱简在后"(程一枝《史诠》语)。无论在前在后,均属补叙。因传以田单为主,故补叙于后。而《田单传》以"奇"字为中心,而"君王后,奇女;王蠋奇士,不入传中,而附于传后,若相应若不相应,细绎之,却有神无迹。合观全篇,出奇无穷,的为《史记》奇作"③。如此补叙,可看出司马迁不主固常、体圆而用神

---

① 崔适:《史记探源》说"诸子"是"其子"之误,中华书局2005年版,第190页。
② 归有光:《评点史记》,清光绪二年刻本。
③ 李景星:《四史评议》,岳麓书社1986年版,第76页。

的一面。

《吴王濞列传》以吴楚七国叛乱被平息为中心,此篇头绪极多,而且事态纷纷多变,紧急事先叙,无关紧要者多处用了补叙。第一次倒叙是在窦婴出兵前后,已如上言。第二次是在周亚夫至淮阳,坚壁东北之昌邑南,绝吴粮道,以下补叙"吴王之初发也",拒绝大将军田禄伯出兵江淮,收淮南、长沙,入武关的计划;又未采纳桓将军疾驰西据洛阳武库建议。第三次是在吴王兵败,逃走。然后用"初"字领起,吴王初反时度淮,梁孝王击吴而败,求救统帅周亚夫,亚夫坚壁不出。第四次是在叛军胶西、胶东、菑川王围齐临菑,三月不能下,三王各引兵归。后三王皆自杀。郦将军围赵十月而下,赵王自杀。然后补叙:"初,吴王首反,并将楚兵,连齐赵。正月起兵,三月皆破,独赵后下。"牛运震说:"一篇多用遥接追叙之法,如'七国之发也','吴王之初发也','初,吴王之度淮','吴王之弃其军亡也','三王之围齐临菑也',提缀处眼目分明。"①所谓"追叙",即今所说的补叙。凡所补叙,多是为了避免打断主要事件的间隔,而把次要事放在后面补充叙出,这样不仅主要线索清晰,其余次要者亦历历分明。《外戚世家·卫子夫传》先叙卫子夫如何由歌女而得汉武帝宠幸,然入宫后竟不复幸,又因偶然机会"复幸,遂有身,尊宠日隆"。然后用"初"提示,补叙陈皇后,因卫子夫大幸,"挟妇人媚道",发觉被废。亦附次要人物,故附卫皇后之后以补叙出之。

其次再看分叙,分叙亦称平叙。分叙是指分头而叙,平叙是指二者事虽有先后,但叙述时间不分先后,平行而叙,二者其义一也。

《外戚世家·窦太后传》先叙窦太后原为侍奉吕后的一般宫女,冥冥之中由不幸而转至代王,得到独幸,生一女两男。而代王王后所生四男,均在代王为帝之后先后病死。窦姬长子立为太子,窦姬为皇后。然后再叙窦皇后弟广国:"年四五岁,家贫,为人所略买,其家不知其处。传十余家至宜阳,为其主入山作炭。暮卧岸下百余人,岸崩,尽压杀卧者,少君独得脱,不死。自卜数日当为侯,从其家之长安。闻窦皇后新立,家在观津,姓窦氏。广国去时虽小,识其县名及姓,又常与其姊采桑堕,用为符信,上书自陈。"以上是各叙姐弟俩不同经历,是为分叙。以下再写验问果真,窦太后抱持弟而哭,左右皆泣。此段分叙,各有各的故事,而且经历曲折,或偶然机遇,或事有离奇,而为以下姐弟相认做了很好的准备。

《史记》合传与类传多采用平行式的分叙。合传如《魏其武安侯列传》,先将三人分叙,再把三人合成一篇。分叙时先写魏其侯窦婴,然后再叙武

---

① 牛运震:《史记评注》,三秦出版社2011年版,第267页。

安侯田蚡，叙田蚡又插入窦婴。田蚡叙完，末了又言魏其失势，宾客稍去，"惟灌将军独不失故。魏其日默默不得志，而独厚遇灌将军"，这样就带出灌夫，以下则为《灌夫传》。三人分别平叙，在平叙中则略有穿插。分叙三人事毕，然后再叙窦、田之矛盾，合成一团，闹得不可开交。

《酷吏列传》中分叙十大酷吏，故穿插更为复杂，我们在《类传结构论》中有所讨论，此不赘述。《史记》在分叙时，精心于把两头尾与首句连起来。除了以上两传外，还有《范雎蔡泽列传》，当《范雎传》写到昭王临朝叹息白起已死，恐楚之图秦。白起为应侯范雎谗死，故"应侯惧，不知所出。蔡泽闻之，往入秦也"，以下既带出《蔡泽传》，显得水到渠成，极其自然。《张丞相列传》分叙五人，先写张苍，再写周昌，其次为赵尧。写赵尧时又和周昌事交叉，赵尧事毕，以吕后挟嫌，"乃抵尧罪，以广阿侯任安为御史大夫"，于是带出任敖，以下再接住平叙任敖。任敖事完，又言"以淮南相张苍为御史大夫"，张苍事便分为两节，一在开头，一插入此处。张苍事毕，最后为申屠嘉。可见在平叙中除了两人交接处的关联外，很注意穿插，行文显得灵活，掉转自如。《平原君虞卿列传》先叙平原君，末了言"虞卿以信陵君之存邯郸为平原君请封"，为下文分叙做了预先准备，《虞卿传》就显得不突兀。

在《卫康叔世家》里有两次补叙：一是卫宣公十八年，宣公乃以子朔为太子，次年宣公卒，太子朔立，是为惠公。在"十八年"下，以"初"字为提示，补叙宣公宠爱夫人夷姜，生子伋以为太子。又夺太子未婚妻齐女，生子寿与子朔。夷姜死，宣公正夫人与朔共谗太子伋。宣公心恶，使太子伋持白旄使齐，又命盗在边界见持白旄者杀之。寿告太子伋毋行。寿谓"逆父命求生，不可"，遂行。寿盗其白旄先驰至界，被杀。太子伋又至，说"所当杀，乃我也"，盗并杀太子伋。宣公乃以子朔为太子，次年即位。

一是卫出公十二年，同样用"初"字提示，补叙太子蒯聩与良夫联盟发动政变，出公奔鲁，孔悝立太子蒯聩，是为庄公。即出公之父。此事见于《左传》定公十四年。

以上是卫之国君即位所发生的权力之争，为了眉目清晰，均用补叙叙出，以"初"字作为提示。

在《吴太伯世家》写季札北使鲁、齐、晋诸国后，然后补叙了"季札挂剑"的故事：

> 季札之初使，北过徐君。徐君好季札剑，口弗敢言。季札心知之，为使上国，未献。还至徐，徐君已死。于是，乃解其宝剑，系之徐君冢树而去。从者曰："徐君已死，尚谁予乎？"季子曰："不

然。始吾心已许之,岂以死倍吾心哉!"

季子北使是件大事,而挂剑为微,故用补叙出之。出公之更替是大事,至于其过程则为末节,同样以付之补叙。如此,主体清晰,枝叶也繁茂,两得其美。

由上可见,补叙的是不太重要的事,若按顺序,难免显示不出主要头绪,置之于后以补叙出之,眉目自会清扬明晰。另外补叙的可能是属于隐秘事,当时无人知晓,事后发觉,故置于末,与前隐隐相应,而且首尾可成对比。补叙一般较短,文字不多,但往往别有意味。分叙本为合传特别是类传常用手法,但注意前后勾连,而特意穿插,行文就出现了多变,避免了分叙平分秋色之失。或者采用先分后合,变化而后大有景观。

三、插叙与带叙的作用

所谓插叙就是在叙述中暂时中断,插入另一件事,然后再接上原来的叙述继续叙写。带叙指一件事或一个人写完,顺便带出与之相关的另一个人或几个人,或一件事,继续叙述。《史记》的插叙用得比较多,大致可分简短的一两句插叙,以及颇为详细的一段故事,简短的插叙可分为史学的或文学的。

简短的插叙大多见于"本纪"与"世家"。《项羽本纪》叙及楚汉相争时,不时地用"是时""当此时"插入彭越。项羽攻拔成皋而欲西,汉拒之巩。这时插入:"是时,彭越渡河击楚东阿,杀楚将军薛公。"然后再说"楚王乃自东击彭越"。又如楚汉俱临广武驻扎,相守数月。然后插叙:"当此时,彭越数反梁地,绝楚粮食。"然后再言"项王患之,为高俎,置太公其上"云云;再如项羽闻龙且军被破,"则恐",使武涉劝韩信背汉,信不听。接着插叙:"是时,彭越复反,下梁地,绝楚粮。"然后接上项羽命蒙咠等谨守成皋。这些插叙让彭越在刘、项紧要关头频频露脸,以见其人在楚汉相争时,具有重要作用,为汉家立了大功。前人说:"错综记事,或逆叙于前,或补叙于后,皆所以避顺叙之平衍,也。如事实必须顺叙,或于中间插叙他事,令前后相隔,以是以免平衍,此绝妙局法也。史公插笔往往就当时情况拓开描写,于迂回之中具有汪洋之观,龙门惯例如此。凡插叙一事,与前事所值之时相当者,大半用'当是时'或'当此时',或'是时',为之连接。"①

---

① 徐昂:《文谈》卷二《论各代文》,见王水照主编《历代文话》,复旦大学出版社2007年版,第9册第8961—8962页。

《鲁周公世家》在鲁哀公十六年,插入"孔子卒",以见孔子在鲁国的影响。《卫康叔世家》在卫庄公三年,插入"鲁孔丘卒"。《晋世家》在定公十三年,插入"孔子相鲁"。《楚世家》在楚昭王十六年,也插入"孔子相鲁";在《韩世家》在宣王二年,插入"秦用商鞅。周致伯于秦孝公"。这些原本与其国无关,插入其中,以见孔子、商鞅对当时的影响。

还有一种插叙,带有解释性的交代,插入对话或叙事当中,以说明当时的另一种情况。《项羽本纪》言会稽太守殷通对项梁说:"吾欲发兵,使公及桓楚将。"然后插叙"是时桓楚亡在泽中"。接着才写项梁回答:"桓楚亡,人莫知其处,独籍知之耳。"用一句为插叙,便于叙事不至于隔断两人对话。叙到范增时:"居巢人范增,——年七十,素居家,好奇计,——往说项梁曰",中三句,为范增暂立小传之开端,不至于其人上场唐突。又在范增往见项梁,建议复立楚后以为号召。"于是项梁然其言,乃求楚怀王孙心,——民间为人牧羊,——立以为楚怀王,从民所望也"。"民间为人牧羊"是说明其人当时处境,插入中间,以下紧接前句。郭嵩焘说:"'民间为人牧羊'纳在句中,史公叙事往往有此,是文家消纳法。"①"垓下之围"言项羽"夜闻汉军四面皆楚歌",大惊,"则夜起,饮帐中。——有美人名虞,常幸从。骏马名骓,常骑之。——于是项王乃悲歌慷慨"。虞姬与马则为插叙,以下接上饮酒再叙。

在《萧相国世家》里,萧何接受鲍生意见,遣"子孙昆弟能胜兵者悉诣军所",插入"汉王大喜";召平建议对所授护卫,"让封勿受,悉以家私财佐军",又插入"高帝乃大喜";客建议"多买田地,贱贳贷以自污",又插入"上乃大说"。这些插叙并非"游兵散勇",而是前后照应贯穿,组成一支旋律,见出刘邦猜忌心之深重。特别是写召平一节,刘邦闻萧何协助吕后诛韩信,拜萧何为丞相,益封五千户,并命五百人护卫。"诸君皆贺,召平独吊。"以下插叙:

> 召平者,故秦东陵侯。秦破,为布衣,贫,种瓜于长安城东,瓜美,故世俗谓之"东陵瓜",从召平以为名也。

然后再接上说:"召平谓相国曰",写出"独吊"的原因。插入此段为"召平小传"。因此事舒缓,故插入语较多。比起写范增插入语更多,因范曾活动主要在从项羽后,而召平经历主要见于此前的朝代移革。吴见思说:"于

---

① 郭嵩焘:《史记札记》,商务印书馆1957年版,第48页。

传外插入召平,为益封事也。乃放过正文,偏接召平种瓜事,文情从天外飞来,夫岂人所能测。"①其实这种插叙并没有多少神秘莫测,召平是从政治旋涡中脱身的过来人,故有如此见识。种瓜闲事,却插入帝相间的矛盾中,就有些别趣。

最有趣味的还是"缇萦救父"故事的插入。《文帝本纪》基本是由诏书组成,却在上下诏书之间叙出一个"家庭孝女"的故事。文帝十三年五月,"齐太仓令淳于公有罪当刑,诏狱逮徙系长安"。于是插叙:

> 太仓公无男,有女五人。太仓公将行会逮,骂其女曰:"生子不生男,有缓急非有益也!"其少女缇萦自伤泣,乃随其父至长安,上书曰:"妾父为吏。齐中皆称其廉平,今坐法当刑。妾伤夫死者不可复生,刑者不可复属,虽复欲改过自新,其道无由也。妾愿没入为官婢,赎父刑罪,使得自新。"书奏天子,天子怜悲其意,乃下诏曰:……

此诏便是"除肉刑诏"。本纪体本为大事年纪,故"挨年逐月一路叙去,用花巧不得"(吴见思语)。此却在沉闷的诏书中夹入此一故事,情节灵动,使人终于能透出一口气来,也说明了"除肉刑诏"下达的缘由。

插叙中最具戏剧性张力的,当为《袁盎晁错列传》之《袁盎传》中的一节。袁盎进谗诛斩晁错,景帝即命盎为太常使吴。"吴王欲使将,不肯。欲杀之,使一都尉以五百人围守盎军中"。以下便插叙了一个离奇故事,说袁盎从前为吴相时,有从史常与他的侍妾"盗爱"偷情。他知之不言而侍之如故。有人告知从史,从史逃去,袁盎追上,就把侍妾送给从史。等到袁盎使吴被拘,从史(这时为看守袁盎的校尉司马),设计灌醉守卒,引袁逃出。这个故事很像《左传》"桑下饿人"救赵盾事。可以说这是司马迁对《左传》的继承。然遇到这种奇事,司马迁如椽之笔格外精神抖擞,叙写得曲折离奇,细节、情节、对话一应具备,且对话往复,入情入理,给后世小说、戏剧家提供无上的蓝本,也是刻画人物颊上三毫之笔。

其次再看带叙。带叙是把某甲传叙毕,顺便带出某乙或某丙事,后者与前者并没有直接联系,只要有些微相关者,即可带出。有些带叙是经过特意安排的,意味深长。

《刺客列传·荆轲传》写到刺秦之后五年秦灭燕,越明年秦称皇帝。秦

---

① 吴见思:《史记论文》,中华书局1916年版,第4册第48页。

逐太子丹与荆轲之客,于是带出荆轲的朋友高渐离再度刺秦,此一附传即为带叙,我们在附传功能中有所讨论,此不赘述。接着又带叙一事:

鲁勾践已闻荆轲之刺秦王,私曰:"嗟乎,惜哉其不讲于刺剑之术也!甚矣吾不知人也!曩者吾叱之,彼乃以我为非人也!"

《荆轲传》便到此结束,这个结尾太好了!所带叙两人,前者为刺秦作余波,真是前仆后继,正应了老子的名言"民不畏死,奈何以死惧之"!高渐离被杀,然秦始皇自此"终身不复近诸侯之人",又真是暴风雨骤过后,树欲静而风不止!鲁勾践暗地里叹息的前两句都用了倒装句,表示了不尽的遗憾:一是剑术不精,点出没有成功之因;二是感慨实在不了解其人,对于这样伟壮的人不了解就太过分了。后两句说:从前我斥责过他,他即以我非其同类,——不再见我,使我失去教他剑术的机会,这又是多么让人追悔不及!这几句话,一来与传首两事呼应:荆轲曾与盖聂论剑,意见不合,盖聂怒而目之,荆轲去,再也不见盖聂;二是回应篇首鲁勾践与荆轲游戏,争走棋路,鲁勾践怒而叱之,荆轲不还声而去,遂不再见。此把盖聂事写在勾践身上,或本二事相近,一并言之,亦未可知。顾炎武谓此为"不待论断,而于叙事之中即见其旨"①。种种遗憾,包括作者自己在内,大有余音不尽之慨。带叙在结尾处,闪出耀眼的光华,好似大海怒涛撞击礁石,久久不绝。

《季布栾布列传》中当季布事叙毕,带叙出两人:一是季布弟季心,亦以任侠著名,这是对季布的回衬;一是季布母弟丁公,在彭城之战中,逐窘刘邦,刘邦说了句好听话"两贤岂相恶哉!"就像华容道上的关公,放走了曹操,他也放跑了刘邦。等到楚灭,丁公见刘邦却被斩,理由是其人不忠,使项王失了天下。这大概是用来反衬英布的。他如《李将军列传》末了带出其子孙李敢、李陵;《张仪列传》传末带出策士陈轸与犀首;《樗里子甘茂列传》的甘茂事毕,带出其孙甘罗;《白起王翦列传》的王翦事毕,带出其孙王离。这些带叙,可以减少立传而能多写些人物。

带叙还有一种形式,就是在对话里顺便带出叙事性的材料,以补足对其人的了解。在《伍子胥列传》里,我们知道吴兵入郢而申包胥决心存楚,走秦告急,秦不许。包胥立于秦廷"昼夜哭,七日七夜不绝于声。秦哀公怜之,救楚击吴"。而在《范雎蔡泽列传》里,范雎数说须贾罪责时说:"昔者楚昭王时而申包胥为楚却吴军,楚王封之以荆五千户,申包胥不受,为丘墓之

---

① 顾炎武:《日知录》卷二六"史记于序事中寓论断"条语,中州古籍出版社1990年版,第590页。

寄于荆也。"这就从对话给我们提供了申包胥后来的情况。在《刘敬叔孙通列传》里,叔孙通先事秦而后事汉。但从鲁两生不愿跟他定汉仪的批评中,又知道"公所事者且十主,皆面谀以得亲贵",那么对其人"希世度务""与时变化"的处事作风,就会看得更全面。

在《高祖本纪》里,从萧何口里说出"刘季固多大言,少成事",这是刘邦铁哥们儿对他的评价,真实可靠就不用说了。开始起事时,推举沛令,诸父老皆曰:"平生所闻刘季诸珍怪,当贵。"就把刘邦处心积虑营造的"政治广告"之怪异事的目的清楚地戳穿了。《汲郑列传》里,汲黯谓武帝"内多欲而外施仁义",短短几字就把武帝既出击四边又兴儒学的好大喜功的做派揭示出来。

还有在论赞的"太史公曰"里,从对人物的评价中带出形貌,以补传文之不足,从而具有深意。如谓项羽有如舜般的"重瞳子",这是极力肯定他的反秦功绩;说张良貌如妇人好女,则对他阴柔见出微意;言李将军"悛悛如鄙人",就是同情他吃了老实巴交不会讲话的大亏,这些就只是写形貌了。垓下之围里项羽最后的话是以脑袋作礼物送给故人:"吾闻汉购我头千金,邑万户,吾为若德。"《项羽本纪》里并未叙此,这又是以对话为带叙了,具有双层功能。《史记》擅长从对话中带出叙事来。在"东朝廷辩"里,韩安国说:魏其言如何如何,丞相田蚡亦言如何如何,这又是用一人之对话代替了他们两人是怎么样说的叙述,又是以对话带出了叙事,文字精约,韩安国老于官场世故也显露无遗。

在《宋微子世家》里,周灭殷商而封微子于宋,因他是纣王之庶兄;又因箕子和比干都是纣王之亲戚,故叙微子类及箕子和比干,牛运震称此为"带叙法",这说法似乎有些勉强。他们是"殷之三仁",叙述殷商亡国,不能不作并叙。但若从本文题目,谓之带叙亦未尝不可。

除了以上的叙事方法以外,《史记》还把叙事与议论结合,变化亦为多端,"如《伯夷》《屈原》《酷吏》《货殖》等传,议论未了,忽出叙事,叙事未了,又出议论,不伦不类,奇亦甚矣。"[①]或谓"史迁之文,或由本以之末,或操末以续颠,或繁条而约言,或一传而数事,或从中变,或自旁入,意到笔随,思余语止。若此类不可盛举,竟不得其要领"。又说"文章之体有二,叙事、议论各不相淆。……然有不可岐而别者,如《老子》《伯夷》《屈原》《管仲》《公孙弘》等传,及《儒林传》等叙,此皆既述往事,又发其义。观词之变者,以为

---

① 张秉直:《文谈》引王守溪语,见王水照主编《历代文话》,复旦大学出版社2007年版,第5册第5092页。

议论可也,观实之具者,以为叙事可也。变化离合,不可方物。龙腾凤跃,不可缰锁。"①这是从叙事和议论变化看,也是叙事时对虚与实的处理,都是值得一提的地方。还有《史记》结尾收笔极含蓄,如《刺客列传》的末尾以鲁勾践的话画龙点睛,全神皆动。《李斯传》末了说沛公进咸阳把子婴交给下属,而"项王至而斩之,遂以亡天下",文外之意无穷,引人深长思之。

总之,司马迁继承了《左传》的叙事方法,并运用得更为多种多样,无论倒叙、补叙、分叙、还是插叙与带叙,每种都变化出之,形态各异;而且还把两种方法结合或交叉使用。他的叙事以快节奏见长,大刀阔斧的粗枝大叶的叙述,显得特别疏朗,读来使人神往。而叙述也有细密的一面,遇到离奇曲折的故事,以质而不俚的语言,娓娓道来,津津有味,精神血气,无所不具。叙事方法的多样性,使各种不同风格都得以绽放。如果就叙事方法论看,若与"叙事之最"的《左传》比较,刘熙载所说的"文之有左、马,犹书之有羲、献也。张怀瓘论书云:'若逸气横秋,则羲谢于献;若簪裾礼乐,则献不继羲'"②,给我们不少启迪。

第二节 《史记》互见法论

先秦史书基本上不存在互见法,《尚书》记言,《春秋》《左传》以编年记事,《国语》分国记言兼及叙事,《战国策》分国专记策士之言,从文体看,各行其是,不存在前后重复。自《史记》以人物为中心伊始,按人立篇,一事多人,人则各记,不胜其烦,于是乎"互见法"出焉,以后正史均循此法。然司马迁把文体论的困境,转化为刻画人物的手法,又不失其历史之真实,在史科的安排处理上使用互见法,开阔了极大的空间而游刃有余,重复的棘手一变而为特殊的记述,为后人所盛称。

一、互见法由消极化为积极

今人对互见法论述较为留意,朱自清认为作为纪传体记述体例,"主要的目的在于避免重复","又常用来寄托作者对于历史人物的褒贬","又常

---

① 张秉直:《文谈》引王槐野语,见王水照主编《历代文话》,复旦大学出版社2007年版,第5册第5092页。

② 刘熙载:《艺概·文概》,上海古籍出版社1978年版,第11页。

用来掩护作者,以免触犯忌讳"①,这是最早的讨论,着重于文学角度。李长之也从文学角度探讨这个问题,"把一个历史人物的性格分散在不同篇章里。而在同一篇章里则极力维护他那所要表现的某种突出的个性"②。后来论述大致不出以上范围③。

前人最早涉及此者,大概是苏洵。论及《史》《汉》"有不可以文晓可意达者四","其一隐而章":"迁之传廉颇也,议救阏与之失不载焉,见之于《赵奢传》;传郦食其也,谋挠楚权之缪不载焉,见之《留侯传》。……夫颇、食其……皆功十而过一者也。苟列一以疵十,……而十功不能赎一过,则将若其难而怠矣。是故本传晦之,而他传发之。则其与善也,不亦隐而章乎?"④本传晦而他传发之,突际已道破"互见"的特点。立其名者可能是近人李笠:"史臣叙事,有关于本传而详于他传者,是曰互见。史公则以属辞比事而互见焉。《游侠传》不详朱家之事,而述于《季布传》;《高祖记》不言过鲁祀孔子,而著于《孔子世家》,此皆引物连类而举遗漏者也。"其次是因恐犯忌讳:"《封禅书》盛推鬼神之异,而《大宛传》云'张骞通大夏,恶睹《本纪》所谓昆仑乎'?又云'所有怪物,余不敢言之也';《高祖记》谓高祖豁达大度,而《佞幸传》云'汉兴,高祖至暴抗也'。此皆恐犯讳,以切近实质。"⑤《高祖纪》其所以不言"高皇帝过鲁,以太牢祠焉",是因刘邦本不喜儒。至于见载于《孔子世家》,则是顺理成章的,而且也不过当作"官样文章"罢了。朱家买来季布为奴,并劝说腾公夏侯婴"从容为上言",结果赦免了季布,拜为郎官,而"朱家亦以此名闻当世",所以"朱家之事"自然要记入《季布传》,而《游侠传》也就没有必要重复记载。

这里涉及"互见法"的作用,欲明其作用先须言其来历。或谓互见法是史传文学中"文"与"史"相结合的产儿,记史要求真实,文章则要求中心统一,二者形成一种矛盾,就用互见法把矛盾的史料安排在别传,既解决了矛

---

① 朱自清:《略读指导举隅·史记菁华录指导大概》,商务印书馆1943年出版。又见姚苎田:《史记菁华录》附录,上海古籍出版社1988年版,第321、322、323页。
② 李长之:《司马迁之人格与风格》,生活·读书·新知三联书店1984年版,第231页。
③ 参见肖黎、张大可:《论〈史记〉和互见法》,《社会科学辑刊》1983年第3期;刘松来:《〈史记〉互见法初探》,《江西师范大学学报》1984年第4期;孙绿江:《从〈史记〉互见法看其历史价值》,《河北学刊》1983年第3期;可永雪:《〈史记〉文学成就论稿》,内蒙古教育出版社1991年版。郭明友:《〈史记〉互见法通论》,《云南民族大学学报》2008年第6期。过常宝:《论〈史记〉的"太史公曰"和互见法》,《唐都学刊》2006年第5期。扬丁友:《〈史记〉"互见法"艺术论》,《河南社会科学》2008年第4期。
④ 苏洵:《嘉祐集笺注·史论中》,曾枣庄等笺注,上海古籍出版社2001年版,第232—233页。
⑤ 李笠:《史记订补·叙例》,瑞安李氏横经堂1924年刊本。又见杨燕起等编《历代名家评史记》,北京师范大学出版社1986年版,第216页。

盾,也兼顾了二者。说者陈义甚高,但只看到"互见法"的正面,而忽略了反面。《战国策》里的苏秦、张仪等人的事迹,就已接近史传文学;《国语·晋语》故事性很强,还有《左传》,都是《史记》取材的蓝本,或为史料来源的渊薮,如上已言这些先秦史著都不存在互见法。其原因在于这些文本不会存在史料记述的重复。犹如韩柳的单篇记传《张中丞传后序》与《段太尉逸事状》各自也不会重复。即便是大部头《资治通鉴》,因是编年体,也不会前后重复,《通鉴纪事本末》更不会存在重复现象。而以人为中心的"纪传体",由于以人为传为纪(指秦汉),而事则牵涉多人,凡所立传则绕不过多人所做的同一件事,所以《史记》就出现了四个"鸿门宴",在刘、项、留侯、樊哙的纪与传里都有,这样就记不胜记。假使全记,则史不成史。刘知几谓《史记》:"若乃同为一事,分在数篇断续相离,前后屡出,于《高纪》则云语在《项传》,于《项传》则云事具《高纪》。"①此即他在《六家》里所批评的"语绕重出"。为了避免"重复劳动",就有了"举一而反三"的"互见法",此法原本是为了解决多人一事而在各人传记里的不停重复,这也就是刘勰《文心雕龙·史传》所言:"同归一事,而数人分功,两记之失之于复重,偏举则病于不周,此又铨配之未易也。"这样说来,"纪传体"虽然有"史迁各传,人始区详而易览,述者宗焉"(同上)的优点,但难免重复这一问题也是本身存在的不足,为了摆脱此种困境,互见法在司马迁手里应运而生。

如此说来,互见法原本是不得已而为之的消极办法——避免重复,减少纪传体在文体上的不足,带有无可奈何的尴尬。所以在《史记》中的本纪、世家、列传,都可以频频看到:事在某纪语中,其语在某纪中,语具在某传中,语在某某事中。这是为了解决"纪传体"这一文体的先天性不足(重复),不得不如此的做法,这种方法卑之无甚高明,只能称作"消极互见法"。

然而《史记》毕竟是"史家之绝唱,无韵之《离骚》",司马迁的"互见法"还包括把某甲的事记在某乙的传中,把某乙与某丙的事都记在某甲的传中,这种"张冠李戴",对于"李"来说犹如移花接木,对于"张"来说好像暂时切割了他的"赘指",彼此各得其所,避免了"合则两伤",而有"分则双美"的效应。正如钱钟书论及项羽性格:"《项羽本纪》仅曰:'长八余尺,力能扛鼎,才气过人',至其性情气质,都未直叙,当从范增等语(指上文列举范增所言'君王为人不忍',以及陈平、韩信、怀王诸老将对项羽正反之评语)得之。'言语呕呕'与'喑恶叱咤','恭敬慈爱'与'剽悍滑贼','爱人礼士'与'妒贤嫉能','妇人之仁'与'屠坑残灭','分食推饮'与'玩印不予',皆若相

---

① 刘知几:《史通通释》,浦起龙注,上海古籍出版社1982年版,第28页。

反相违;而既俱在羽一人之身,有似两手分书,一喉异曲,则又莫不同条共贯,科以心学性理,犁然有当。《史记》写人物性格,无复综如此者。"①如果把这些性格的不同方面,都写在《项羽本纪》,那不就成了"大杂烩",项羽岂不成了"不男不女"的人物? 而一经分载到多个人的传中,便能"犁然有当"。在这里才显示出"互见法"的光彩与妙用,对此种可称为"积极互见法"。

按理说,把张之事记在李之账里,要知张之事必须两传或数传齐看共览,这应当是"互补法";而在李之账里说是"事在张传中",这应当是"避免重复法",二者有主动与被动之分,性质存在积极与消极之别,不能混为一谈。然二者都是此传事记入彼传,唯一的区别在于说明指示语之有无,总体是大同而小异,故可都纳入"互见法"。二者有形而上与形而下之区别,形而上者未免消极,形而下者泯去指示而可心领神会,则属积极的。任何事物都是由低级到高级,职是之由,"积极互见法"是由"消极互见法"推展变化而来。也就是说,司马迁把"纪传体"原本的尴尬不足转化为更高明的灵活手段,天机云锦任我剪裁,即成别样文章,这才是《史记》原创性的贡献,也是使后人格外注目的地方。

比方说《匈奴列传》中"太史公曰"所说:"孔氏著《春秋》,隐、桓之间则章,至定、哀之际则微,为其切当世之文而罔褒,忌讳之辞也。"按理应写在《景帝纪》或《今上本纪》里最为合适,而匈奴的当代史不存在多少忌讳与不忌讳,这实则是"敲着窗子给门听"。如果用"互见法"的眼光来看,那这几句的作用就更大了,并不只是就匈奴而言。焦竑说:"子长深不满武帝,而难于显言,故著此二语,可谓微而章矣。"②牛运震说:"'罔褒'谓不得不褒,则有可讳者矣。初读此语,似宽泛无着。细思正有微旨,隐映吞吐可想。"③所谓"宽泛无着",是指赞语,这几句与匈奴事沾不上边。"隐映吞吐",此处为"映"为"吐",实际所指的彼处为"隐"为"吞"。他们都看到了把这句话放在这里的特殊作用。如此议论的"错位"安置,比起"语在某传中",则意义就深远多了。

再如首篇《五帝本纪》的赞语有这几句:"非好学深思,心知其意,固难为浅见寡闻道也。"这不仅是对此篇而言,且对《秦本纪》以下乃至全书,都有更重要的提示意义!

---

① 钱钟书:《管锥编》,中华书局1979年版,第1册第275页。
② 焦竑:《焦氏笔乘》卷2"匈奴传赞"条,上海古籍出版社1986年版,第50页。
③ 牛运震:《史记评注》,三秦出版社2011年版,第285—286页。

二、互见法的讽刺性

鲁迅先生说,司马迁"发愤著书,意旨自激","惟不拘于史法,不囿于字句,发于情,肆于心而为文"(《汉文学史纲要》),故能对凡所"倜傥非常"之人记述则致崇高的礼敬,对于鄙夷的人物又极尽讽刺之能事。他的讽刺不动声色而又砭刺入骨,看似质实的客观载述却又辛辣至极。讽刺在司马迁手里无异于一把解剖刀,能把那些"大人物"龌龊的隐秘切腹开胸般亮得明晃晃,毫不留情;对于刻毒或阿世所好的人物,把他们对社会的危害和猥琐卑陋的一面,予以全方位的展示与谴责。他把讽刺艺术发挥到空前的高度,这也是后世史家所不敢为也不能为的地方。这主要是因借助了互见法左右逢源的天才般的应用,也就是发挥了化腐朽为神奇的妙用。

张汤是《酷吏列传》的魁首,判案审囚唯"上意"是从,"所治夷灭者"不知有多少人。他执法残酷却不贪,至死"产直不过百金,皆所得奉赐",对他这一善,司马迁在本传里没有淹没;对他给社会带来灾难般的罪过,用互见法写进了别传。《平准书》说到国家财政空虚,则以冷冷一笔:"是岁也,张汤死而民不思"。欲置人于死地,抓不住把柄,就定以"不入言而腹诽"罪名。九卿大农冯异与张汤不和,张汤就以此罪名论死。在《汲郑列传》里,汲黯在汉武帝面前责骂张汤:"安国富民,使囹圄空虚,二者无一焉","公以此无种矣"。怒骂他:"天下谓刀笔吏不可为公卿,果然。必汤也,今天下重足而立,侧目而视矣!"把这些合观互见,就把其人"深文巧诋,陷人于罪"的残酷一面揭露无遗。

《卫将军骠骑列传》记述了卫青与霍去病因受汉武帝重用而抗击匈奴功多,只以"诸宿将所将士马兵亦不如骠骑"轻轻一点。而在《佞幸列传》就说得很明白:"卫青、霍去病亦以外戚贵幸,然颇用材能自进。"就不无讽刺了。李景星说:"篇末以卫、霍结,更是毒笔。史公之意,鄙薄卫、霍极矣。"①

《平津侯主父列传》写公孙弘"缘饰于儒术","为人意忌,外宽内深",封平津侯,竟以丞相终。而在《平准书》却说:"自公孙弘以《春秋》之义绳臣下取汉相,张汤用峻文决理为廷尉,于是见知之法生,而废格沮诽穷治之狱用矣。"又说:"公孙以汉相,布被,食无重味,为天下先。然无益于俗,稍骛于功利矣。"在本传里,汲黯就揭露"弘位在三公,奉禄甚多。然为布被,此诈也。"武帝问公孙弘,即说:"诚饰诈欲以钓名",但"晏婴相景公,食不重肉,

---

① 李景星:《四史评议》,岳麓书社1986年版,第117页。

妾不衣丝,齐国以治,此下比于民",而自己为布被与小吏无别,"诚如汲黯言。且无汲黯忠,陛下安得闻此言"。武帝"以为谦让,愈益厚之,卒以弘为丞相,封平津侯"。然公孙弘以节俭"为天下先",不仅"无益于俗",而且"稍骛于功利",这就把他"饰诈欲以钓名"的虚伪揭露得入木三分。张汤与公孙弘相互勾结,又见于《张汤传》。此二人如软硬两把刀子,而为汉武帝重用。至于汉武帝的用人就可以想见。万石君石奋、石建、石庆父子亦是近于公孙弘一类的人,先后为诸侯相、郎中令,乃至于御史大夫与丞相。石庆为相时,"诸子孙为吏更至于二千石者十三人"。如果把《平津侯传》与《万石君传》合观,再加上《酷吏列传》,汉武帝时吏治是何等面貌,就昭然若揭了。

《史记》以互见法作讽刺的利器,在对刘邦、吕后、景帝、武帝记述上,就更为深刻精彩。《高祖本纪》说刘邦"仁而爱人","意豁如也。常有大度"。然在《樊郦滕灌列传》看到的却是:在彭城大败逃跑时,"常蹶两儿欲弃之,婴常收,竟载之","汉王急","行欲斩婴者十余",同样的记载又见于《项纪》。项羽势弱,以烹刘太公威胁刘邦,他把自己的老爸说成烹者的"尔翁"。季布的舅父丁公在彭城之战中,逐窘过刘邦,因了刘邦一句好听的软话,放了他一马,灭项羽后,却以"不忠"的罪名杀之,见于《季布传》。而《佞幸列传》则径直说"高祖至暴抗也"。他的用人,多是"顽钝嗜利无耻者",出自陈平之口,则可靠无误。至于好色、猜忌功臣、嫚骂都是出了名的,就不消说了。所以要全面了解他,就要把当时人的传记与本纪几乎都要合着看,篇数有二十多,这应当是使用互见法最多的。《史记》对他的无赖、泼皮、刁钻、好色等,都以互见法予以辛辣的讽刺。

在残害功臣上,吕后是刘邦的帮凶。在她的本纪里只能看到她以惨无人道手段迫害姬夫人,以及赵王如意与刘氏诸王。刘邦想除韩信,逮了又放,还有些下不了手,而吕后就不惜才了,见于《淮阴侯列传》。彭越因"反名"被刘邦所逮,有司请论死刑,刘邦赦为庶人,流徙蜀中。路遇吕后,哭诉无罪。而吕命其门客告再次谋反,终于杀害。事见本传。吕后还有男宠审食其,在楚汉相争时就混在一起,见于《项羽本纪》。公开得幸是写在《吕后本纪》,其人为左丞相,"左丞相不治事,令监宫中,如郎中令。食其故得幸太后,常用事,公卿皆因而决事"。这就成了"公开的秘密"。《高祖功臣侯者年表》说:"以舍人初起,侍吕后,孝惠沛三岁十月,吕后入楚,食其从一岁,侯。"可见他的封侯是因为"侍吕后"。《陈丞相世家》:"食其亦沛人。汉王败彭城,西,楚取太上皇,吕后为质,食其以舍人侍吕后。其后从破项籍为侯,幸于吕太后。及为相,居中,百官皆因决事。"《郦生陆贾列传》:"辟阳侯行不正，得幸吕太后"，"辟阳侯幸吕太后，人或毁辟阳侯于孝惠帝，孝惠帝大怒，下吏，欲诛之。吕太后惭，不可以言。大臣多害辟阳侯行，欲遂诛之"。最后因为惠帝幸臣闳籍孺说情，方释放。这些地方都可以见吕后之私密，处处带有讥讽，"妙于弄笔，太后不堪矣"（牛运震语）。

汉文帝该是一代明君了，看他的本纪，后大部分多是由诏书连缀，他说自己"其不德大矣""吾甚自愧""朕甚自愧""朕甚愧之""朕既不名，不能远德"，可见他的小心谨慎。他想做露台，仅值百金，就不干了。而且：

> 上常衣绨衣，所幸慎夫人，令衣不得曳地，帏帐不得文绣，以示敦朴，为天下先。治霸陵皆以瓦器，不得以金银铜锡为饰，不治坟，欲为省，毋烦民。

节俭到这般程度，可谓"德至盛也"！赞语还说："禀禀乡改正服封禅矣，谦让未成于今。呜呼，岂不仁哉！"然而在《张释之冯唐列传》里，说他行至霸陵，"顾谓群臣曰：嗟呼！以北山石为椁，用纻絮斫陈，蔡漆其间，岂可动哉！"这当然是由衷之言。张释之进谏："使其中有可欲者，虽固南山犹有郤；使其中无可欲者，虽无石椁，又何戚焉！"他虽然"称善"，但霸陵后来被盗仍有金银葬器之物，并非"皆以瓦器"。

尤其是《佞幸列传》说他也有男宠邓通，"文帝赏赐通巨万以十数"。而且上使善相者相通，曰"当贫饿死"。文帝曰："能富通者在我也。何谓贫乎？"于是就赐邓通原籍蜀郡的严道铜山，"得自铸钱，'邓氏钱'布天下"。这可不是"十户中人之产"的百金所能比。

文帝行出渭桥，有人从桥下走出，乘舆马受惊，他就想重处其人；有人盗高祖庙坐前玉环，张释之按法判处"弃市"，文帝却"欲致之族"。文帝是由周勃、陈平等立为帝，故以周勃为相，只一月多，逼迫周勃惧祸归相印。陈平死，周勃复为相，就让丞相作列侯就国的表率，免相就国。就国后还不放心，以反名把周勃关进监狱，气得薄太后当朝臣面"以冒絮（妇女头巾）提（掷打）文帝，曰：'绛侯绾皇帝玺，将兵于北军，不以此时反，今居一小县，顾欲反邪！'"这才赦免了周勃。以上分见《张释之传》与《绛侯周勃世家》。

《李将军列传》里，明知李广为名将而不用，还要说"子不遇时"；《屈原贾生列传》里，明知贾谊之才而欲任公卿，绛、灌诸老臣反对，为了求得政治上平衡，"后以疏之，不用其议"。并贬放长沙王太傅、梁怀王太傅。怀王"堕马而死"，贾谊"哭泣岁余，亦死"。

以上都可见明智如文帝，亦有不厚道的一面。司马迁出以"互见法"，我们只有用"互见法"读之,方可见其全人。至于景帝的刻薄远迈乃父。他为太子时上朝不下车过司马门,张释之参劾过他。景帝立,释之设法谢过。他表面上"不过也",但一年后,就贬其为淮南王相,"犹尚以前过也",可见他不仅刻薄,还很阴狠,这也写在《张释之传》里。在《绛侯周勃世家》里,景帝废栗太子,丞相周亚夫固争不得,"景帝由此疏之"。周亚夫因常谏阻,他便恼恨,甚至于干脆以"丞相不可用"以拒谏。亚夫只好谢病,因此免相。免相还不解恨。于是:

> 顷之,景帝居禁中,召条侯,赐食,独置大胾(大块肉),无切肉,又不置箸(筷子)。条侯心不平,顾谓尚席取箸。景帝视而笑曰:"此不足君所乎?"条侯免冠谢。上起,条侯因趋出。景帝以目送之,曰:"此怏怏者非少主(幼主)臣也!"

如此作弄人,可够小气,不,简直是刻薄人行径。不久又以反名使之入狱,周亚夫气愤不过而绝食,呕血而死。文、景父子把周勃、周亚夫父子都关进监狱,真是一脉相传!周勃尚且终其天年,而亚夫死于非命,这又真是后来居上!亚夫死后,"景帝乃封王信为盖侯"——又冷刺一笔。因窦太后与景帝合谋要封王皇后兄王信为侯,亚夫力谏,"景帝默然而止",衔恨在心。至亚夫饿死狱中,景帝方逞其意。这又看出他是多么阴鸷!如果单看《孝景本纪》,就不会看出其人之本性。

至于讽刺汉武帝的地方,那就更多了!《封禅书》就是一篇讽刺的妙文,而且移入《孝武本纪》,那几乎是在所不避了!其中说方士们装神弄鬼的话,"世俗之所知也,毋绝殊者,而天子独喜"。一旦发现上当则杀之,杀了以后,不是"隐之",就"后悔恨其早死"。每见一新方士则"大悦","上大悦"。听了方士编造的黄帝上天成仙的瞎说,便兴奋激动地说:"嗟乎!吾诚得如黄帝,吾视去妻子如脱躧(鞋)耳。"简直成了拜仙主义者,方士的"追星族"!而在《酷吏列传》里,几乎对每个酷烈为声的法官,都有"上以为能"!这是用来讥讽他所培植的法吏。出击匈奴,则用外戚卫青、霍去病、李广利,李广被逼而死,其孙李陵同样因兵少败降。他任用的丞相石庆、公孙弘均属佞巧。汉武帝固然雄才大略,然好大喜功,"南诛两越,东击朝鲜,北逐匈奴,西伐大宛",还要"巡守海内,修上古神祠,封禅,兴礼乐",忙得不亦乐乎,由此"中国多事""公家用少",就卖官鬻爵,"除故盐铁家富者为吏",由此"吏道益杂"而"多贾人"。所以,《孝武本纪》《平准书》《货殖列传》《万石君传》《汲郑传》,乃至《李将军传》,包括所谓四边的异国传,甚至于

《司马相如传》，都成了讽刺的篇章，或者携带讽刺的笔墨。于是互见法得以普遍使用，而成为无处不在的抨击利器。前人谓以为避免忌讳，实则是特意为之，不然辐射面怎能如此之广！

如果把《佞幸列传》与汉之诸本纪合观，就觉得互见法犹如投枪、匕首了！篇首的"非独女以色媚，而士宦亦有之"，就是对汉初四代皇帝的判词。高祖每灭一王，其宫姬即为己有，而且还有"男宠"的嗜好。籍孺就"与上卧起"；惠帝仁慈也有闳孺，"以婉佞贵幸，与上卧起"；文帝之邓通，"谨其身以媚上"；景帝宠周文仁；武帝则有韩王孙嫣，"赏赐拟于邓通。时嫣常与上卧起"。其弟案道侯韩说，"亦佞幸"。还有李延年，"父母及身兄弟及女"皆故倡也。延年与上卧起，甚贵幸，埒为韩嫣也"。牛运震说："传中屡提'与上卧起'，已将佞幸丑亵事写尽。"又说："佞幸本不足立传，太史公鄙容悦取媚者，故聊为写照，以吐其诙调谩骂之气，其微词含蓄处，尤极不堪。太史公意中笔底，固不为此辈留余地哉。"①个人作风对人主来说固为"小节"，然而荒唐至此，司马迁就不能不有此讽刺之作。由此亦可见互见法之在《史记》中讽刺之锋芒，又是多么犀利，又是如此辛辣！而且专就大汉而发，这就需要更多勇气和胆力！

三、互见法与对比

互见法是在不同篇章中安排材料的方法，对比是把两种性质不同的材料置放在一篇，这两种方法均为司马迁所看重，而且把这两种方法结合使用，从而发挥更为有效的双重作用。

在互见法里，有时泯去痕迹，让人不觉一人事分见两篇，特别是对当时人的记述，为了避免忌讳就采用了这种方法。司马迁见过李将军，必然也见过卫青与霍去病，他对这三人是有肯否的，但又不能过于明言之。我们看《李将军列传》，就觉得他百战百败，没打过一次体面的胜仗。然在败中甚至被俘时，方显出英雄本色。但不免有些闷气，为何老是倒霉不走运，当然是汉家始终不重用他，甚或觉得是将才而非帅才。黄震说："凡看《卫霍传》，须合《李广》看。卫、霍深入三千里，声振华夷，今看其传，不值一钱。李广每战辄北，困踬终身，今看其传，英风如在。史公抑扬予夺之妙当常手可望哉！"②这是就对比而言，其实对比中还存在着互见法，而且增加了对

---

① 牛运震：《史记评注》，三秦出版社 2011 年版，第 339 页。
② 黄震：《黄氏日钞》卷四七；又见凌稚隆辑校《史记评林》所引，天津古籍出版社 1998 年版，第 6 册第 269 页。

比的双重价值。

在《李广传》从大将军卫青击匈奴时,"大将军青阴受上诫,以为李广老,数奇,毋令当单于,恐不得所欲"。战前李广就向武帝请求参战,武帝以为老,不想允其所请,考虑了好一阵才勉强答应为前将军。刚好救过卫青的公孙敖新失侯,卫青就让他跟自己出击单于,却把李广并于右将军军中,作为侧面的配合力量。而所走东道曲折少水草,又加上军无向导而迷失道路,没能及时赶上参战。卫青主力军与单于交战,单于逃走。卫青想把这次失利的责任推卸到李广身上,因问李广失道情况,李广憋气不回答。卫青就要他上法庭,逼得老将自杀。在《卫青传》里此事写得极简略,李广死于汉武帝与卫青上下齐手的挤迫,故叙得详明。两传互见,李广自杀的原因就更清楚。

在北平随卫青击匈奴战之战,李广只有四千骑兵,而匈奴四万围广,次日张骞万人方至。李广此战打得沉着英勇,然"军功自如,无赏"。《李广传》没有叙及异道作战的霍去病,而《霍去病传》说霍去病捕首虏甚多,且通过汉武帝之口详述斩获人数与诸侯校尉封侯情况。以下接言:

> 诸宿将所将士马兵亦不如骠骑,骠骑所将常选,然亦敢深入,常与壮骑先其大军,军亦有天幸,未尝困绝也。然而诸宿将常坐留落不偶。

这里的"诸宿将"当然要包括李广在内。李广率兵不过数千,而卫青是常常选择的精兵,所谓"天幸"表面讲是运气好,实际上是天子宠幸。这实在是一种互见法与对比的并用,李广不能封侯的原因即在其中。不仅如此,李广的装备也差,他被匈奴围困,则令将士持满毋发,即可见武器装备之少,又说:"其射,见敌急,非在数十步之内,度不中不发,发即应弦而倒。用此,其将兵数困辱。"所以每战结束,不是"当斩,赎为庶人",就是"军功自如,无赏"。至于封侯压根儿就谈不上了!而卫、霍率军常三五万。霍去病每次出发,"天子为遣太官赍数十乘,既还,重车余弃粱肉,而士有饥者。其在塞外,卒乏粮,或不能自振,而骠骑尚穿域踏鞠"。然而"广廉,得赏赐辄分其麾下,饮食与共之","广之将兵,乏绝之处,见水,士卒不尽饮,广不近水;士卒不尽食,广不尝食"。

现在,可以明白"李广每战辄北,困踬终身"的原因。互见与对比合用或分用,多方面地发挥了"抑扬予夺之妙"。《李广传》穿插卫青,《霍去病传》里穿插李广;又要互见,还要对比,又把二者结合运用。吴见思对《李广传》说:"他人能忙,此独闲。闲,正其忙处也。他人能整,此独乱。乱,正其整处也。唯史公能之。"①其中就包含泯去痕迹的互见法与对比在内。他如《汲黯传》里有公孙弘,《公孙弘传》里有汲黯,彼此多方面对比,《周勃世家》说"勃为人木强敦厚",一提即过。而在《陈丞相世家》里,文帝问及一年决狱,钱谷几何,他"汗出沾背,愧不能对"。又问陈平,则说可问廷尉与治粟内史,而丞相职责是"使卿大夫各得任其职"。周勃大惭,出而责备陈平,"君雅不素教我对!"就用互见法与对比的结合,把周勃"木强敦厚"的性格刻画得再清楚不过。而《周勃世家》前大半叙军功,后少半叙诛除诸吕与文帝对他的顾忌。"闻说即危惧处,下狱不知置词处,出狱自叹处,俱得'木强'本意"。至于周勃诛除诸吕,拥立代王,已在《吕后纪》中详叙,故于此反不叙出,犹"写真者在颊上三毫,而不在面目躯体也。此文章家裁剪之法,如登山取仄径,观美人看鬓云婵钿耳"②。而"敦厚"的一面,就放在陈平传里详叙,同时也显现了陈平智能远过周勃。

司马迁的传记既要秉笔直书历史人物的真实事迹,每篇还要追求心目中经营的中心,有时个别史料与文章中心不相吻合,形成史学与文学的矛盾,就用互见法把不宜置本篇者放在别的传记中,以达到两全其美。《信陵君列传》就是每为人称道的典型,此篇中心是极力刻画信陵君的礼贤下士,而成就了"窃符救赵"的壮举。然他也有在两难中不敢济人之难的一面。魏国公子魏齐曾因误会毒打过范雎,范雎逃秦而为相,欲报前仇,魏齐逃到赵国躲在平原君那里。秦王逼平原君交出魏齐,遭到拒绝。又给赵王书要求急持魏齐头来,不然则举兵伐赵。赵王乃围平原君家,魏其夜逃出,见赵相虞卿。虞卿料事难以挽回,即解相印与魏齐奔往魏之大梁,欲因信陵君再往楚国。信陵君畏秦不肯见,侯嬴责备他,这才到城外迎接。魏齐闻信陵君不愿相见,便怒而自杀。如果把这件事写进《魏公子列传》里,有损"礼贤下士"的中心,舍去则不能见其人之全貌,就用互见法写进《平原君虞卿列传》,既与两传主构成对比,又保持了本传的统一。这也是战国四公子传唯有此为合传的原因。

同样的情况还有《韩长孺列传》,韩安国与田蚡勾结,在"东朝廷辩"中联手迫害窦婴与灌夫,此事在本传里没有提及,因此传前叙写韩安国在梁国之得志,后写他入朝后及守边之失意,只提及他失官家居,以五百金送给田蚡,田蚡言安国于太后,加上他先前有贤名,即召为京官,后为御史大夫,

---

① 吴见思:《史记论文》,中华书局1916年版,第7册第52页。
② 以上两条均见吴见思:《史记论文》,中华书局1916年版,第4册第68页。

就是任此职期间发生了东朝廷辩。而本传的中心是"智足以应近世之变，宽足用得人"，都是从正面立传，而与田蚡挤压窦婴，显然与此发生矛盾，所以写进《魏其武安侯列传》，且与此传的窦婴包括田蚡都构成对比，见出他老于世故，八面玲珑的为人作风，同时本传因不入此而中心更为统一。

还有一种互见法，就是对其人并未立传，但其事与数人相关，即在他传里频频可见，只有把这些合观，才能对其人有较全面的了解。蒯通是秦汉之际的辩士，因劝韩信造反而为人所知。当时的同类人物还有郦食其、李左车、随何等人，仅给郦食其立传，其他则缺焉。蒯通是个活动量大的人物，《淮阴侯列传》除了劝反与刘邦因他的辩词而释放外，他还劝韩信攻齐，结果齐王以为郦食其卖己，乃烹之。这是辩士间的构陷，比起郦食其的狂放磊落，就小气多了，属于地道的倾危之士。在《张耳陈馀列传》里，陈涉部下武臣，攻克赵地城，余城坚守。蒯通游说范阳令，回头又说服武臣，赐范阳令侯印，赵地闻之，不战而降者三十多城。在《乐毅列传》的"太史公曰"里说："始齐之蒯通及主父偃读乐毅之报燕王书，未尝不废书而泣也。"作者对其人尚持以同情。在《田儋列传》的"太史公曰"里说："甚矣蒯通之谋，乱齐骄淮阴，其卒亡此两人（韩信、田横）！蒯通者，善为长短说，论战国之权变，为八十一首。通善齐人安期生，安期生尝干项羽，项羽不能用其策。已而项羽欲封此两人，两人终不肯受，亡去。"因此传涉及蒯通说服韩信，攻齐为郦食其劝降归汉的七十余城，此事又见《高祖本纪》《淮阴侯列传》以及此篇，故在此篇赞语中附出其人一小传。由上可见蒯通见于以上五传。说韩信攻齐归汉之城，详于《淮阴侯传》而略于《高纪》与《田儋传》，此即"一事所系数人，一人有关数事，若为详载，则繁复不堪，详此略彼，详彼略此，则互文相足尚焉"①。也是刘知几批评所云："若乃同为一事，分在数篇，断续相离，前后屡出，……此其所以为短也。"②他一生大事是说范阳令与武臣，两次游说韩信，加上此处小传，合观即见其人之全貌。

他如王陵亦复如此，《史记》亦未专为之立传，只在《陈丞相世家》附一小传。谏阻吕后封诸吕，见《吕太后本纪》；刘邦认为他"少戆"，见于《高祖本纪》；初起事之简历见《高祖功臣侯者年表》，为右丞相见于《汉兴以来将相名臣年表》《陈丞相世家》《吕太后本纪》；救张苍见于《张丞相列传》；论刘、项得失又见于《高祖本纪》。同样要以互见法合观，其人之全貌方可窥见。在谏封诸吕，就和陈平，周勃对比，见出憨直之为人。论刘、项得失，则

---

① 靳德峻：《史记释例》，商务印书馆1933年版，第14页。
② 刘知几：《史通通释·二体》，浦起龙注，上海古籍出版社1982年版，第28页。

从人品出发，而与刘邦以用人为上，就形成对比。而他和与刘邦之有嫌隙的雍齿交好，当刘邦进咸阳本无意跟从，以故晚封，又见于《陈丞相世家》，又对比出刘邦的嫉恨。这些都是把互见法与对比结合在一起的地方，既见其人之个性，又衬托出陈平、周勃、刘邦之品行。又如公孙龙子事分见于《孟子荀卿列传》与《平原君列传》，合观两篇，方能见其全人。

综上所论，互见法在纪传体虽有"同为一事，分在数篇"之不足，但把一人事分见他篇而本传却不言，则极大地发挥了讽刺或批评的多种功能，而且与对比结合运用，既保持本传的人物性格的完整性，又见出传主性格、行事的多侧面，同时在他传里，又与他人构成对比，而使对方的性格也增加鲜明度。至于不为立传之不大重要的人物，则以附传与互见的形式合而出之，亦能比较完整地窥见其人风貌，这些都是互见法所发生的功效。

最后需要提及的是，"互见法"在《史记》以先之有无。论者说在《左传》里就已有之，一是"从相互关联的史事中独立出来，写出一事之始末"，就已用了"互见法"。指出僖公十五年晋秦韩原之战，晋惠公离秦时，秦穆姬的一番嘱托，前文未及，这里写得详尽，前后两事互见互补，是谓"互见法"。二是"一事两分"，"分年散见，隔年相接"，也是"互见法"的一种。谓成公二年楚国巫臣设法自纳陈国夏姬，而臣于晋；又在成公十年记述楚共王即位，以先与巫臣结怨的子重、子反杀巫臣在楚的家族。于是巫臣为了使两仇家"罢（疲）于奔命以死"，在军事上帮助吴国，吴始伐楚，占领楚地，自此成为大国。亦为"互见法"①。前一事倘如论者所言，只是出于记事的方便，作者彼处不记而记于此处，别无深意，只是出于行文的需要；后事分作两截，前所记为起因，后所记为后果，二者并非发生在同年，作为编年体自然分年而记。而"互见法"主要不是为了行文方便，一是为了避免重复，二来别有深意，已在前文所论。以上所指出《左传》两事均与此无关，似乎不属于"互见法"。我们知道《左传》记述春秋鲁国十二公时的国家间历史，前略而后详，是由于资料多少的原因。换句话说，对最后的襄、召、定、哀四公记载特详，其原因不仅在于资料之多，更重要者已成明日黄花，作者无所顾忌，故能特详，所以只是随年随事行文。《史记》继承了《左传》详近略远的史识，

---

① 见易平：《〈左传〉叙事体例分析》，《江苏大学学报》1983年第4期。又有论者谓《庄子》早就用了互见法，一是"将有关重要观点与内容相同或相近的语言分别论述、补充在本篇和其他篇目中"，一是"把一些重要观点与内容互相渗透互相贯通，使之成为一个整体"。说见孙以昭：《略论庄子的"互见法"》，黄山文化书院编《庄子与中国文化》，安徽人民出版社1991年版。所言不无道理。如今日治文史者分别看重《逍遥游》或《齐物论》，然合起来才是完整的庄子。如此说，先秦诸子之文，无不存乎"互见法"，然互见法是就记事而言，与论说之文无涉。

虽为通史而以当代史为主，临文下笔自然忌讳重重，不得不用互见法；而且又用了"纪传体"，为了避免文体与之俱来的重复之不足，也不得不用互见法。司马迁高明的是把回避禁忌一变而为讽刺批判的利器，或者构成对比，使人物性格的复杂性与多样性都得到展示，或使本传的中心更为明显，而且使互见的两篇或多篇，各传具有更完整的中心，从而顿放异彩。再则，他的《史记》要完成的是"一家之言"，不受史官制度的约束，自然就有"不虚美，不隐恶"的空间，这也是继承《左传》优良传统的地方。而"互见法"也就成了撰述之应有之义，也可以看出他与《左传》作者在面对所撰述的历史而有远近之别[①]。"前四史"之后三史，均写前代史，以后的正史均遵此例，不同的是均为官方设局作史，表达的是上层的主流观念，所以就没有多少禁忌的地方，带有批判性的"互见法"也就不知不觉消失了，只有消极的互见法不能不用，因为这是"纪传体"免不了的说明。

如果要说《史记》的互见法与《左传》以及先秦其他史书有什么联系，是不是可以这样考虑：《左传》写子产政绩，在襄、昭、定三公时代分述于二十九年之中，这自然出于编年体例的要求；然而记叙重耳出奔的十九年，却把出奔始于僖公四年以后的十八年都集中写在僖公二十三年。再如"庄公克段于鄢"叙写了整个的全过程，年月长久可知，然而都记在了隐公元年的一章。诸如此类，不胜枚举。可知即使编年体，也可以插入纪事本末的叙写。如此史家之大法，当然会启导司马迁采用一人之事分作数篇的"互见法"，再如《左传》《国语》《战国策》都重视记言，《史记》的记言更具有出蓝之色。而《汉书》仅个别地方得其仿佛，以下正史则不用提及。由此均见《史记》"体圆用神"（章学诚语）的特色。

第三节 《史记》隐形对比艺术论

历史是千变万化而错综复杂的，如何使其间的矛盾凸现得更为动人心魄，又如何使原本并没有直接联系的事物一经比较更为触目惊心，而有些琐事与历史大局并无多少关碍，然一经比照却打开世俗人心的窗户。《史记》把以上数端都纳入了对比的框架，除了明显的对比外，还隐伏着种种形

[①] 据杨伯峻先生考证，《左传》成书于鲁哀公以后60—80年，即公元前403年魏斯为侯之后。见杨伯峻注：《春秋左传注·前言》，中华书局1983年版，第43页。这时已进入战国六七十年，自不会存在纪春秋史事的忌讳。

态的隐形对比,同样投入了强烈的裁断与鲜明的褒贬,以及史学家的冷静的论衡,也倾注了文学家热烈的爱憎与美刺,因而对比的魅力在他如椽的史笔下熠熠生光!

一、隐形对比焕发出的赞美与讽刺

《史记》是一部发愤之作,其中对历史事件与人物充斥着诉说不尽的当下关怀;《史记》也是"意有郁结",存乎许多慨然不平。在记述历史中以对比的方式发为不平之鸣,特别是对那些"倜傥非常"的人物,予以热情洋溢的赞美,用的也是对比,倾注着对那些可歌可泣的卓越特出人物不幸命运的关怀。一部《史记》可以说是对比的巨著,对比在其中几乎无所不在。无论是篇章间排列的大结构,还是每篇内部安排的小结构,或是互不相连的篇章,都存在"隐形结构"。有不少篇章本身即以对比组织而成,无不渗透着对比的眼光与意识,引起古今论者的不少注意①。

所谓隐形对比,是针对显形对比而言。在一篇或其他篇显而易见者,如《管晏列传》的简与奢的对比,《刘敬叔孙通列传》穿不穿楚服的对比,《循吏列传》专美古人与《酷吏列传》特刺今人的对比,诸如此类显而易见者,均为显形对比。隐形对比是指或在本传或与它传,并非处于同一事件,相互之间没有任何联系,而性质却有相联系的对比特征。总之,前者重在形,后者重在神。显形者容易发现,隐形者不易觉察,而且往往有深意存乎期间,却常常被古今论者忽视,一直处于蔽而不彰的状态。《项羽本纪》不仅与《高祖本纪》形成对比,也可以说是"姊妹篇"。《项羽本纪》是显形对比的结晶,其中也蕴涵不少的隐形对比,引发出千古多少感慨。项羽在垓下突围时,至阴陵迷路,"问一田父,田父绐曰'左'。左,乃陷大泽中。以故汉追及之"。乍看,此仅小插曲,并非对比。可是若与不远的下文对照,"乌江亭长舣船待",前来接应项羽,而且说:"江东虽小,地方千里,众数十万人,亦足王也。愿大王急渡!今独臣有船,汉军至无以渡。"欺骗项羽陷入沼泽的田父,对项羽来说无疑是把他推向死亡的"凶手",乌江亭长亦无疑是援手危难者的"救星",这两位不知名的不速之客,不能不"撞"在一起,闪出异样的火花,它说明项羽一生以暴易暴,以攻城略地为事业,焚秦宫,烧齐地城郭,

---

① 清代评点家对《史记》的对比已投入热情的注意,如吴见思《史记论文》,牛运震《史记评注》,姚祖恩《史记菁华录》,程馀庆《历代名家评注史记集说》,为其要者。今人则有李长之:《司马迁之人格与风格》,开明书店1948年版;白静生:《试析〈史记〉的对比手法初探》,《广西社会科学》1993年第4期;唐跃:《〈史记〉中的映衬手法》,《艺谭》1980年第2期;秦明:《〈史记〉写人艺术评析》,《湖北大学学报》1991年第2期。

大有不得人心之一面，所以田父要骗他；项羽也有仁者之一面，正如陈平所说："项王为人，恭敬爱人，士之廉节好礼者多归之。"这也正是他死亡前还有"救星"降临的原因。这两个小情节前后构成隐形对比，见出项羽的得与失，更见出其人不渡乌江的悲剧性格，留下千古的疑思。他少时学书、剑不成，学兵法"大喜"却"又不肯竟学"，而不渡乌江是这一悲剧性格的最后体现。在这一对比中，既见出项羽性格的复杂性，又保持人物性格的一致性。

前人谓《项羽本纪》以大战迤逦如峰峦起伏，或谓以进军东西为眼目，我们可以说，以对比组织结构，是由三大事件连缀而成。首先是初起时袭击会稽太守：

> 须臾，梁眴籍曰："可行矣！"于是籍遂拔剑斩守头。项梁持守头，佩其印绶。门下大惊，扰乱，籍所击杀数十百人。一府中皆慴伏，莫敢起。

这是项羽起事的首次"亮相"，项羽狂飙式的崛起，与太守府中的人"皆慴伏"，形成绝大对比，突显了"万人敌"的气概。而"莫敢起"却留下伏笔，为以下更大的对比预先做了铺垫。把项羽推上顶峰的是巨鹿之战，又有两"莫敢"，像震天之鼓敲响了："当是时，楚兵冠诸侯。诸侯军救巨鹿下者十余壁，莫敢纵兵。及楚击秦，诸将皆从壁上观。楚战士无不一以当十，楚兵呼声动天，诸侯军无不人人慴恐。于是已破秦军，项羽召见诸侯将，入辕门，无不膝行而前，莫敢仰视。"这一段千古名文，却是如此粗枝大叶，大刀阔斧地展现摧毁一切的大战，千载之后犹震人耳目。这里有三层对比，一是壁上观的诸侯军与无不以一当十的楚兵的对比，二是楚兵呼声动天而诸侯军无不人人慴恐的对比，三是诸侯将与项羽的对比。三层对比均属于显形对比。而"莫敢仰视"，是因为这一少年英雄光芒万丈。"项羽由是始为诸侯上将军，诸侯皆属焉"，自此登上了霸王事业的高峰，又为他的失败第二次埋下了对比的伏笔。

垓下之围时，四面楚歌，项羽悲歌慷慨，《垓下歌》催人泪下，虞姬和唱，"项王泣数行下，左右皆泣，莫能仰视"。如果说巨鹿之战的"莫敢仰视"使我们敬仰，斩会稽太守时的"一府中皆慴伏，莫敢起"使我们惊讶，而这里的"左右皆泣，莫能仰视"又多么让人感慨嘘唏！他即使走向死亡时，还是那样的惊天动地轰轰烈烈，而不失英雄本色。先前的三个"莫敢"，起事伊始的惊动与巨鹿大战叱咤风云的顶峰，都迸发震慴性暴力，而与兵败如山倒的最后崩溃的一战形成多么大的对比。辉煌无比的胜利与四面楚歌的危迫不可同日而语，然而无论是沸腾的欢呼还是痛泣饮恨，这位金刚式的英雄，始终如雕塑一样矗立，使人"莫能仰视"，即便是面临死亡，"泣数行下"时，他也没有倒下去，仍然有"莫能仰视"的悲天悯人的大力，依然有惊天动地的威力，即便是失败死亡，依然是不倒之英雄。《项羽本纪》正是用这三个"莫敢（能）"的对比，把他的一生惊动的起始，惊天动地的胜利，惊人肺腑的结束，前后联系起来，不，是把胜利与失败对比起来。三者遥相呼应，顿挫抑扬，悲慨不能遏止，正是这种隐形的对比，构成这一篇大文字。

有趣的是，楚汉彭城大战，楚围刘邦三匝，暴风使楚兵大乱溃散，刘邦这才趁机逃遁。"楚骑追汉王，汉王急，推堕孝惠、鲁元车下，滕公常下收载之，如是者三。曰：'虽急，不可以驱！奈何弃之？'"刘邦逃跑连自己的儿女都要推下车，要的只是他自己。而且三番五次如此，连自己的贴己、赶车的高手夏侯婴都看不下去。刘邦逃跑的狼狈相，没有写进《高祖本纪》，因这有碍于对开国皇帝的观瞻，而放在《项羽本纪》里，一来事涉楚汉双方，二来为了和项羽构成对比。

项羽决心不过乌江，把他的战马送给了救他的亭长，他要壮烈地奔向死亡："乃令骑皆下马步行，持短兵接战。独籍所杀汉军数百人。项王身亦被十余创，顾见汉骑司马吕马童，曰：'若非吾故人乎？'马童面之，指王翳曰：'此项王也。'项王乃曰：'吾闻汉购我头千金，邑万户，吾为若德。'乃自刎而死。"在面临死亡的最后一刻，他想的是如何把自己的头颅作为礼物送人，在千军万马的汉兵中，回头发现故人，便有"吾为若德"之壮举。当他呼喊故人时，也看见吕马童背对自己，向他的上级指示这就是项王。项羽仍然要送给故人这"最后的礼物"。这就让我们明白了刘、项面临危殆与死亡的两种决然不同的态度，虽然项羽最后失败了，但他却在生死观上远远超出了刘邦，不，应当是战胜了刘邦，刘邦被钉在连儿女生死都不顾的耻辱柱上。又还在《樊郦滕灌列传》里说滕公多次抱刘邦儿女上车，速度自然是"徐行"，"汉王怒，行欲斩婴者十余"。刘邦气急败坏，其人之卑劣，通过这种非对比的对比，即不同的两件事的隐形对比，还有"互见法"的对比，便揭露无遗了。同时也明白为何把刘邦逃命却写进《项羽本纪》的用意了。

连儿女都不要的人，老父的生死更会置之度外。楚汉广武相持时，项羽"为高俎，置太公其上，告汉王曰：'今不急下，吾烹太公。'"得到的答案却是：过去我们"约为兄弟"，所以"吾翁即若翁。必欲烹尔翁，则幸分我一杯羹"。这种逻辑完全是一派无赖相，对付项羽这种急性子却是很高明的。反过来看，项羽在突围逃跑时，不但在围追堵截中把赖以逃命的战马送人，最后还把项上之头作为礼物。人之真善美的本性在此放射出灿烂的光华。

刘邦胜利了,而无赖本性显露无遗,戴定了"流氓皇帝"的冠冕,在项羽面前显得多么卑污!

还有《垓下歌》是那样的悲凉壮烈,这是失败者的哀音,却使人同情。每次讲授于此,同学们总是不由自主地和我一起朗诵,催人心酸。刘邦的《大风歌》是胜利者之歌,但是他的悲哀不亚于项羽,项羽不过是日暮途穷,英雄气短,还以儿女情长,赢得千古之下的多少同情。然刘邦自当了皇帝后的日子并不好过,七年之间先后九次平叛,都是他亲自出马才得平息,臧荼、利几、韩信、韩王信、贯高、陈豨、彭越,还有英布,都被杀掉或赶跑。这些帮他围剿项羽又把他推上皇位大位的功臣们,所谓造反都是他逼出来的。他对什么人都不放心,包括"汉之三良"在内。他连最贴己的后勤部长萧何,不会动刀动枪,也疑忌有二心。张良的辟谷学道,说是"愿弃人间事,欲从赤松子游耳",也是不得已而出于保全性命的无可奈何的行为。只要看看刘邦一死,他又开始吃饭不"辟谷"了,其间的原因便自可分晓。

《大风歌》是刘邦最后一次平叛还归过沛之歌,在这次追击英布时"为流矢所中,行道病",而且"病甚",自知老命不长,故回长安后却医不治。这三句诗回顾了他自反秦以来的五年:"大风起兮云飞扬,威加海内兮归故乡,安得猛士兮守四方",沈德潜说:"时帝春秋高,韩、彭已诛,而孝惠仁弱,人心未定。思猛士,其有悔心乎!"①大致触及他的心理。刘邦以"大丈夫当如此也"的心理投入了反秦。当时人心思反,对于暴酷之秦极为反感,凡有政治抱负者都有可能称王,刘邦借陈胜、项羽力量,经过八年的努力,获得成功。然称帝后,一反先前广泛用人的策略,猜忌功臣,觉得人人都想造反,他所诛戮的功臣,都是为他所逼。正如他杀掉韩信、彭越后,英布被诬告所逼而反。刘邦问:"何苦而反?"英布说是"欲为帝耳",这实际是用刘邦心头的话来刺激他。正如蒯通回答他为何唆使韩信反叛所言:"秦之纲绝而维弛,山东大扰,异姓并起,英俊乌集。秦失其鹿,天下共逐之,于是高材疾足者先得焉。……且天下精锐持锋欲为陛下所为者甚众,顾力不能耳。"(《淮阴侯列传》)时移世变,刘汉立国以后,他仍以如此心态对付他的功臣们,连萧何、张良这样从未"持锋"带兵者都有安危之忧。功臣杀戮殆尽,这位"威加海内"大汉开创者,自然就面临"安得猛士守四方"的忧虑与凄凉。戚夫人为他所生的儿子如意,他觉得"类我",欲取代仁弱的太子刘盈,而不能从心,家事国事搞得焦头烂额。《鸿鹄歌》显得多么无可奈何,《大风歌》的壮烈之中又包含了多少忧虑。前者的"又可奈何",也同样在后者的"安

---

① 沈德潜:《古诗源》,中华书局 1977 年版,第 34 页。

得猛士守四方"见出更为深虑的"又可奈何",《大风歌》与《垓下歌》都带有鲜明的悲剧性质,虽然有胜利与失败的区别,然在无可奈何上却是一致的。刘邦最后的却医不治,还能显示出他的豁达,但比起项羽以项上人头赐人,就显得黯然失色。

刘、项两《本纪》有许多显形对比,显示出两人性格的种种不同,但司马迁还用了不少的隐形对比,使他们的内心世界又得到了种种对比,使人物性格更为丰满,让人感慨唏嘘,难以为怀。

二、对比中的对比

《史记》中的对比,犹如《庄子》寓言式的比喻,喻中生喻,喻后生喻,也同样存在对比中有对比,对比后又有对比,大对比是显形的,对比中的对比是隐形的,对比后的对比往往别有深意,虽不那么起眼,却耐人寻味,颇能引人深长思之。

《管晏列传》以管仲奢侈与晏婴节俭构成大对比,管仲"富拟于公室",而晏婴"以节俭力行重于齐",为相而"食不重肉,妾不衣帛",这是显而易见之对比。管仲为政"论卑而易行",俗欲而予,俗否而去。"下令如流水之原,令顺民心",管仲为相,"君语及之,即危言;语不及之,即危行",为政举措并不大。在《管仲传》里,却详叙与鲍叔的交往,管贫常欺鲍,然鲍却善待之;管因鲍者而得桓公大用。管、鲍对比又分作五层,层层加深,管贫窘困厄时鲍"不以我为贪""不以我为愚""不以我为不肖""不以我为怯""不以我为耻",浓墨重笔地渲染管、鲍始终不移的友谊,司马迁以他擅长的反复旋律,以抒情颂美不迭口吻从管仲口中叙出。还在管、晏大对比中,又于管传中闲闲铺叙出多层对比,于合传为对比中的对比。吴见思说:"管、晏事功只用数语序过,皆于闲处点染,是所同也。乃管子一传,前边点过,中嵌鲍叔一段闲文,而后边散提前事重叙,如青嶂对溪,林花乱发。"这是就略事功而详友情的闲逸而言,若就对比中的对比而看,则散中有整,以对比在合传与分传组织结构。

在《晏婴传》里,也同样用了详略互见法,又带出越石父,以及御者与晏子两番对比。《管仲传》是从管仲自己口中叙出,层层对比,而《晏婴传》则从御者之妻口中叙出"意气扬扬"的得意,而晏子"志念深矣,常有以自下者",这又是《晏婴传》对比中的对比。《管仲传》的对比,是"天下不多管仲之贤而多鲍叔能知人也",而《晏婴传》则以越石父与御者对比,显出"君子之诎于不知己而信于知己者"人格的伟大。由此看来,两分传的对比,又前后呈现出待人与待己的对比。

至于对比后的对比,则在"太史公曰"中作了最后的感慨的论衡,指出管仲的功业只在使齐桓公成就霸业,而没有"勉之至王",所以"孔子小之"。而晏子"伏庄公尸哭之,成礼然后去,岂所谓'见义不为无勇'者耶? 至于谏说,犯君之颜,此所谓'进思尽忠,退思补过'者哉!"这就在春秋时两个第一流人物中分出高下来。最后深情邈远地说:"假令晏子在,余虽为之执鞭,所忻慕焉。"又把这种对比升华到无限景仰的程度,作为结尾可谓声情摇曳,心悦诚服的企慕之情洋溢纸上。

再回看对晏子功业,前边只是轻清淡宕地略述点过,"竟不重序,后带越石、御妻两段闲文,即以终篇,如桃花流水一去杳然。"①这与《管仲传》重叙鲍叔之交,而更详述,又别是一番光景。虽然都有月影花香境界,却有两番详略不同的重叙与一次性叙写清楚的不同,这在写法上又是一种对比,而《晏婴传》一次性叙清,又和结尾的执鞭之忻慕构成凝练与含蓄,让人味之不尽。

如果说《管晏列传》是由对比组成,犹如木刻,对比处历历分明,那么《汲郑列传》则如油画,对比层次繁复,层累叠加的对比,一层层渲染出人物的个性。汲黯与郑当时都是西汉武帝时贤臣,司马迁说:"正衣冠立于朝廷,而群臣莫敢言浮说,长孺(汲黯之字)矜焉;好荐人,称长者,壮(《史记志疑》:'壮'即'庄'字,郑当时字也)有溉(裴骃《集解》:徐广曰:'一作"慨"。')"《太史公自序》说管、鲍合传除了直言与荐人的原因外,还有"皆学黄老,内行皆修洁,又皆喜宾客,故合而传之"②。但两人行事本有区别,故在对照中,用对比手法加以显示。

汲黯"好直谏",郑当时"在朝,常趋和承意,不敢甚引当否"。即便是在表彰两贤臣时,也要区分出高下来,锱铢以较,此非合传之主体,属于隐形对比,是属于"本不相同"(李景星语)的一面。另外,汲黯"性倨,少礼,面折,不能容人之过。合己者善待之,不合己者不能忍见,士亦此不附焉";郑当时喜交游,"存诸故人,请谢宾客,夜以继日,至其明旦,常恐不遍。庄好黄老之言,甚慕长者,如恐不见","每朝,候上之间,说未尝不言天下长者"。"闻人之善言,进之上,唯恐后。山东士诸公以此翕然称郑庄"。这是《郑传》详道之大节,而与专述汲黯直谏而"面折"人,又是为人作风一大对比,然未引起后人注意。

---

① 吴见思:《史记论文》,中华书局 1916 年版,第 5 册第 4 页。
② 李景星:《四史评议·史记评议》,岳麓书社 1986 年版,第 112 页。

李景星说:"叙汲详,叙郑略;叙汲多用侧笔,叙郑多用括笔。"①叙汲关系朝廷大政,涉及面广,叙郑单言好客下士,此为繁简详略不同。所谓"多用侧笔",实际上多用对比;"多用括笔",实际专就好客正面直写。

对汲黯用了多层对比,一是武安侯田蚡为丞相,"中二千石来拜谒,蚡不为礼。然黯见蚡未尝拜,常揖之"。二是庄助曾回答汉武帝说:"使黯任职居官,无以逾人。然至其辅少主,守城深坚,招之不来,麾之不去,虽自谓贲育亦不能夺之矣。"三是大将军卫青求见:"上踞厕而视之。丞相(公孙)弘见,上或时不冠。至如见黯,上不冠不见也"。四是张汤改定法律,汲黯当着汉武帝面多次质问斥责张汤,甚至愤然骂道:"天下谓刀笔吏不可以为公卿,果然。必汤也,令天下重足而立,侧目而视矣!"乃至警告其人"公以此无种矣"。五是汉武帝重儒,尊公孙弘,而汲黯常毁弘,当面讥讽"怀诈饰智以阿人主取容",因此被徙为右内史,管理京郊事宜,实际赶出中枢机构。六是卫青尊贵以后,群臣皆拜,汲黯抗礼不拜,反而得到卫青的看重。七是淮南王谋反,畏惮汲黯,谓其人"好直谏,守节死义,难惑以非。至如说丞相弘,如发蒙振落耳"。这是从侧面与公孙弘对比。八是他被外任淮阳太守,辞行重臣李息,嘱他早早揭发张汤。李息怕事,终不敢言。九是他过世后,汉武帝因官其弟、子以及姑姊子司马安,"安文深巧善宦,官四至九卿,以河南太守卒。昆弟以安故,同时至二千石者十人"。此为回光返照的对比。十是他的故乡濮阳段宏,始事王太后兄盖侯信,因此宏两次位至九卿。"然卫人仕者皆惮汲黯,出其下",这又是一层对比。

以上十层对比,从正面、反面、侧面,或者身后,逐层对比,犹如油画一层一层着色,立体感极强,汲黯的忠耿刚直的性格显得熠熠生光,具有厚重的立体感。这都是隐形对比所起的全方位的作用。所以,吴见思说:"汲长孺在汉廷是第一流人物,其戆直犯颜处极好铺张,史公偏借武安侯,借庄助,借大将军,借张汤,借公孙弘,借淮南王,借司马安,反从他人身上形容出来。而汲长孺意思性情、气概节谊无不全现,反强于只写一汲黯,如画家写像,绝无神气也。此所谓绿叶扶花之法。"②以上十层对比,除过第二层是从别人口中对他的两端互相对比外,其余均属与他人之对比。在与他人的对比中,汲黯与汉武帝的对比尤为重要,而且分作几层:

首先,当汉武帝方重用儒者,"上曰吾欲云云,黯对曰:'陛下内多欲而外施仁义,奈何欲效唐虞之治乎!'上黯然,怒,变色而罢朝。公卿皆为黯

---

① 李景星:《四史评议·史记评议》,岳麓书社1986年版,第112页。
② 吴见思:《史记论文》,中华书局1916年版,第8册第29页。

惧。上退，谓左右曰：'甚矣，汲黯之戆也！'群臣或数（责备）黯，黯曰：'天子置公卿辅弼之臣，宁令从谀承意，陷主于不义乎？且已在其位，纵爱身，奈辱朝廷何！'"汲黯的话可谓一针见血，当面揭露人主的内心秘密，汉武帝对他的戆直也敢怒而不敢言，因他知道其人忠正刚直，这是一层对比。又顺便带出"公卿皆为黯惧""群臣或数黯"两层对比，更显出"好直谏"的耿直本色。牛运震《史记评注》说："汲黯，奇伟直毅之士，本传文法笔意刻峭倔强，往往如裂石挫金，确称其人。以此知太史公之文，正如右军书法，因物肖形，无不如意。"刻峭倔强于此节中尤为显见。又谓此传"善用借衬旁写，几于纠重无遗，须眉都见"①。这种"借衬旁写"，实际上是以汲黯为中心多维度辐射性对比。值得注意的是在汲、郑对比中，于《汲传》又纯以对比为中心，在显形对比中，又以隐形对比为中心，如此节又以对比带出对比，而形成"连锁反应"。

其次，汉武帝听到庄助对汲黯两方面对比的评价后，说："然。古有社稷之臣，至如黯，近之矣。"则是对对比的肯定，肯定其人公正为国。

再次，汲黯列为九卿时，公孙弘、张汤为小吏。适逢汉武帝多事，不久，弘至丞相而封侯，汤至御史大夫。汲黯对汉武帝说："陛下用群臣如积薪耳，后来者居上。""上默然。有间黯罢（指退出），上曰：'人果不可以无学，观黯之言也曰甚。'"这一番非对话的"对话"，又是一番比较，汲黯反对重用儒者，故被汉武帝谓之"无学"，司马迁说他出于"褊心，不能无少望"，实际是皮里阳秋文字，因司马迁对弘、汤等趋时弄法，本来反感。

复次，汉武帝好大喜功，匈奴浑邪王率众来降，征民马与钱以迎，民不应，汉武帝欲斩长安令。"黯曰：'长安令无罪，独斩黯，民乃肯出马。且匈奴畔其主而降汉，汉徐以县次传，何至今天下骚动，罢弊中国而以事夷狄之人乎！'上默然。"

还有，浑邪至长安，"贾人与市者，坐当死者五百余人"。汲黯见汉武帝说：匈奴攻当路塞，绝和亲，汉兴兵诛之，死伤不可胜计。陛下宜将胡人赐从军死者以为奴婢，以谢天下。今却侍养如骄子，"以微文杀无知者五百余人，是所谓'庇其叶而伤其枝'者也，臣窃为陛下不取也"。"上默然，不许，曰：'吾久不闻汲黯之言，今又复妄发矣。'"后以坐小法免官，隐居田园。

以上对汉武帝三番五次的直谏，"数犯主之颜色"，虽位列九卿，然"不得久居其位"，迁为东海太守，或被公孙弘排挤为右内史，或借"坐小法"而免官，终于外放淮阳而卒。以上四次均出于直谏，每次结论都是以"上默

---

① 牛运震：《史记评注》，三秦出版社2011年版，第313页。

然",处处作一对比,汉武帝虽不采其说,甚至说他"又复妄发",然汲说之有理自不待言,最后还请出任淮阳太守。后张汤果败,"上闻黯与息言,抵息罪",又反衬对比一番。总之《汲传》充满了隐形对比,多角度聚焦,以对比之法突出了骨鲠大臣敢于直言的刚直人格。"篇中发挥黯为人处,旁引曲证,无不极意,笔势纵横,画出一强项之臣。有色有态,有味有韵"①。这是极意对比之文字,而且对比得感慨情深。

当两分传结束,总收两人,结出合传总旨,谓两人始列九卿,内行修洁。"两人中废,家贫,宾客益落。及居郡,卒后家无余资财"。最后,又以"太史公曰"推出世态炎凉使人感慨叹息一大对比:

> 夫以汲、郑之贤,有势则宾客十倍,无势则否,况众人乎!下邽翟公有言,始翟公为廷尉,宾客阗门;及废,门外可设雀罗。翟公复为廷尉,宾客欲往,翟公乃大署其门曰:"一死一生,乃知交情。一贫一富,乃知交态。一贵一贱,交情乃见。"汲、黯亦云,悲夫!

两人之行事、仕历、品性,已在传之正文俱见。此处专就门客盈虚盛衰的对比,对世态炎凉发一大感慨。"赞语突引翟公之言,说尽世道炎凉之态,而以一句转到汲、郑,使一篇热闹之文,变成太息之声。"②牛运震说:"传中论断汲、郑处已尽,赞语只就宾客盛衰作感慨,但述翟公之言,不更作断语,无限苍凉。"③其所以出以侧笔偏锋,有司马迁自己的感慨。在李陵事件中,他为之分辨,引发汉武帝的震怒,以为"诬上",遂交法庭审判,"交游莫救,左右亲近不为一言。"所以,在一部《史记》随时就门客之盈缩,权势之消长,频频为世态之炎凉痛下针砭。《廉颇蔺相如列传》说:"廉颇之免长平归也,失势之时,故客尽去。及复用为将,客又复至。廉颇曰:'客退矣!'客曰:'吁!君何见之晚也?夫天下以市道交,君有势,我则从君,君无势则去,此固其理也,有何怨乎?"《平津侯主父列传》又说:"主父方贵时,宾客以千数,及其族死,无一人收者,唯独洨(县名)孔车收葬之。天子后闻之,以为孔车长者也。"在论赞里又说:"主父偃当路,诸公皆誉之,及名败身诛,士争言其恶。悲夫!"特别是在《孟尝君列传》中为此特作一大段文字:

---

① 引邓以赞语,见牛运震:《史记评注》,三秦出版社2011年版,见第317页。
② 李景星:《四史评议》,岳麓书社1986年版,第112页。
③ 牛运震:《史记评注》,三秦出版社2011年版,第317页。

自齐王毁废孟尝君，诸客皆去。后召而复之，冯驩迎之。未到，孟尝君太息叹曰："文常好客，遇客无所敢失，食客三千有余人，先生所知也。客见文一日废，皆背文而去，莫顾文者。今赖先生得复位，客亦何面目复见文乎？如复见文者，必唾其面而大辱之。"

　　为之又引发冯驩的"物有必至，事有固然"的不同议论："生者必有死，物之必至也；富贵多士，贫贱寡友，事之固然也。君独不见夫（朝）趣市［朝］者乎？明旦，侧肩争门而入；日暮之后，过市朝者掉臂而不顾。非好朝而恶暮，所期物忘其中（日暮物尽，故掉臂不顾）。今君失位，宾客皆去，不足以怨士而绝宾客之路。愿君遇客如故。"客之去来犹如朝市暮去，是"事有固然"的必然规律。这实际以世俗理念的见利而忘义释其怀，故论赞中说"孟尝君好客自喜"。在《滑稽列传·东郭先生传》里又说："当其贫困时，人莫省视；至其贵也，乃争附之。谚曰：'相马失之瘦，相士失之贫。'其此之谓邪？"无论是叙写战国还是西汉，无论是以方士拜郡都尉还是将军或朝廷的重臣，都要不失时机地在传文结束，或是"太史公曰"，或是传文中间，一而再，再而三地叙述这种世态炎凉的永恒状态，反复发抒悲凉和感慨。如此对比后的对比，可以见出不仅是对社会世态势利的不满，也是对人性不善的一面的讥讽，虽然与作者本身坎壈有关，但也具有更广泛的社会意义，有催人反省向善的深远用意，故反复于笔端！

三、非对比的"对比"

　　在隐形对比里，存在着各种形态，原本是距离不远的性质对立的事态，特意拉开物理空间的距离，使两种本来明显对比的事态，避开近距离对比，而置于传文首尾，遥相呼应，而起着使人恍然大悟豁然开朗的效果，增强了比近距离对比更强烈的效果，把原来局部的对比，而变成带有整体性的对比，意义更为深刻。

　　《魏其武安侯列传》里窦婴与田蚡始终处于对比状态，倾注着作者的肯否与爱憎，以及人物品性的绝大差异。梁孝王刘武是景帝之弟，为其母窦太后所钟爱。梁孝王入朝，景帝以兄弟身份宴请，喝到高兴的份上，"从容言曰：'千秋之后传梁王。'太后欢，孝王兴奋自不待言。窦婴引卮酒进上，曰：'天下者，高祖天下，父子相传，此汉之约也，上何以得擅传梁王！'"当时窦婴任詹事，掌管皇后、太子宫中事务，有权劝阻，且从国家大政出发，所以说得理直气壮,但这话却扫了三个大人物的兴头。首先是窦太后"由此憎窦婴",引发除掉窦婴出入宫门的通行证,不许入朝请。他原本是窦太后的侄子,因此闯了大祸。其次是梁孝王对他的反感亦自不待言。还有汉景帝原本只是开了个"空头支票",因窦太后是铁腕人物,喜爱小儿子,他为了讨好其母与其弟,使得朝廷内外安宁,早就想好如何虚与委蛇,所以从容说"千秋后传梁王"。当时还未立太子,至于"千秋后"那将是另一回事了。窦婴的话虽然对景帝有利,但他不明景帝的心思用意,实际上搅了景帝的局,景帝当然对他会不高兴的。后来让他为栗太子的太傅,就是看到他的忠诚。而窦太后欲使之为相,景帝就认为他"沾沾自喜",器局小而容易自满,言行轻率,难以持重,这和他劝谏"传梁王"事不无关系。

后起之田蚡,为景帝王皇后同母弟,为了扩张势力,先是"往来侍酒魏其,跪起如子姓"。后来贵幸为丞相,拉拢各方势力,极力排挤窦婴。在汉武帝初立之建元元年为太尉,次年淮南王刘安入朝,田蚡迎至霸上,"谓王曰:'上未有太子,大王最贤,高祖孙。即宫车晏驾,非大王立,当谁哉!'淮南王大喜,厚遗金财物。"当皇帝健在,说到晏驾谁来即位,这是极其敏感的大事,只有皇帝本人为唯一的发言人,他人言此均为非法,最为大逆不道,这正是"田蚡阴事"。

当汉武帝建元六年窦太后过世,"田蚡以肺腑为京师相","荐人或起家二千石,权移主上。上乃曰:'君除吏已尽未,吾亦欲除吏。'尝请考工地盖宅,上怒曰:'君何不遂取武库!'"可见汉武帝对田蚡的贪权嗜财的嚣张早为不满。东朝廷辩时,田蚡盛毁窦婴、灌夫罪逆不道:"天下幸安乐无事,蚡得为肺腑,所好音乐、狗马、田宅。蚡所爱倡优巧匠之属。不如魏其、灌夫日夜招聚天下豪桀壮士与论议,腹诽而心谤,不仰视天而俯画地,辟倪两宫间,幸天下有变,而欲立大功",以莫须有"大逆不道"罪名,说得隐隐约约,欲置人于死地而后快,无限上纲,阴狠巧险至极。而真正"大逆不道"者正是他本人,他与淮南王语之阴事正是"幸天下有变,而欲立大功"。田蚡欲拥立淮南王语,正是淮南王谋反已被朝廷察觉,下手处理之时。田蚡尚且肆无忌惮。等到田蚡死后,汉武帝"及闻淮南王金事,上曰:'使武安侯在者,族矣。'"谓淮南王语的阴事,置于合传之结尾,而没有按照时间叙在前边,却以补叙方式特意以此结束全文,采用了寓论断于序事中的方法,窦、田是非曲直亦由此判然分明。

同时与篇首窦婴反对景帝传位梁孝王,首尾遥相呼应,反对者为国家着想而不顾他人心思;拥立者不顾国家利益而专意"欲立大功"。两个外戚,两个诸侯王,言及者又都是谁为天子的大事,这样的对比,可谓处处针锋相对,而且特意分置,一在开头,而一在结尾,都给人留下极深刻的印象,在结构上也起大呼大应的作用,这种隐形对比真让人感慨系之。

另外一种隐形对比,是在不同传里,事情本身极为类似,作者似乎也不做"互见法"式的对比,但是往往容易把它们联系起来,而有一种对比的效果,让人感慨系之。大人物蒙难入狱,而受到狱吏的凌辱,各人则有决然相反的不同态度,用对比的眼光看来,就很有一番深意。《韩长孺列传》说韩安国坐法入狱,遭到狱吏田甲侮辱。"安国曰:'死灰独不复然(通"燃")后?'田甲曰:'然即溺之。'"没多久,朝廷命韩安国为军内史。田甲逃走,怕他报复。安国说:"甲不就官,我灭而(尔)宗。"田甲只好赤着上身向他谢罪。安国笑曰:"可溺矣!公等足与治乎?"谓其人不值得治之以法,还善待之,此可谓以恩报怨,亦可见其人胸襟大度与器量心术。

在《绛侯周勃世家》里,高祖乡友周勃随从起事,在反秦与楚汉相争中屡立战功,又诛除诸吕掌握北军,率领群臣拥立代王为文帝,被任为丞相,然前后两次为相不足一年,而免相就国。不仅如此,他时刻成为新朝廷的"危险人物""河东守尉行县至绛,绛侯勃自畏恐诛,常被甲,令家持兵以见之。"就这样被告逮捕。狱吏稍加欺侮,周勃送以千金,狱吏暗示其子尚公主,即汉文帝女,"以公主为证"。敦厚老实的功臣吓怕了,"益封受赐,尽以予薄昭"——即高祖薄姬,此时为皇太后,其弟轵侯,即汉文帝的舅舅。"及系急,薄昭言薄太后,太后亦以为无反事。文帝朝,太后以冒絮(老妇所戴头巾)提(掷打)文帝,曰:'绛侯绾文皇帝玺,将兵于北军,不以此时反,今居一小县,顾(反倒)欲反邪!'"这才把他从狱中特赦出来。出狱后他感慨地说:

"吾尝将百万军,然安知狱吏之贵乎!"

他在狱中,不知怎样回答"如何造反","吏稍侵辱之。勃以千金与狱吏",也不济事。便把所有封赐用来打通关节,这才侥幸出狱。领略了狱中的恐惧,这位曾率领百万大军的绛侯,这才知"狱吏之贵"。司马迁对此同样有切肤之痛,他在《报任安书》曾说过自己在狱中:"猛虎在深山,百兽震恐;及在槛阱之中,摇尾而求食,积威约之渐也。故士有画地为牢,势不可入;削木为吏,议不可对,定计于鲜也。今交手足,受木索,暴肌肤,受榜箠,幽于圜墙之中。当此之时,见狱吏则头枪(撞)地,视徒隶则心惕息(恐惧得不敢喘气)。"又说周文王、李斯、淮阴侯韩信、彭越、张敖、窦婴、季布、灌夫、,都曾关过牢狱,还说"绛侯诛诸吕,权倾五伯,因于请室(大臣待罪之室)",所以在这里特意记述了周勃出狱的感慨,这和韩安国受狱吏的凌辱,前后相映,这原本并非意在对比,但却显示了汉承秦制,法律之苛。这也是《史记》何以要写《酷吏列传》,而且全都属文、景、武三代。所以,这两传中的传主狱吏实在是绝大的隐形对比,对比出汉代的法律是多么的严酷,"狱吏之贵"到何等程度。汉代官员动辄自杀,连老将李广也不愿再次上法庭而自裁,其原因也正在这里。

还有《春申君列传》言李园向春申君进其妹,怀有身孕后又进于楚王,结果,楚考列王卒,李园刺杀春申君,而其妹所生子遂立为幽王。到此,此传该到结束,然又写道:

是岁也,秦始皇帝立九年矣。嫪毐亦乱于秦,觉,夷其三族,而吕不韦废。

北秦南楚都出现了阴乱其嗣的罕事,这真是无独有偶。此二事手段奇特而相同,失败亦归一致,事属同类。钱钟书先生说:"记楚事而忽及秦事,一似节外生枝。盖吕不韦乃《法言·渊骞》所谓'穿窬之雄',托梁换柱,与黄歇行事不谋而合,身败名裂,又适相同,载笔者瞩高聚远,以类相并,大有浮山越海而会罗山之观,亦行文之佳致也。"①然"记楚事而忽及秦事"的目的,并非出单纯的对照,实在是起了一种对比的作用,意在说明,谁干这种阴鸷勾当,最后都会终归失败。其事件本身之计谋深远,而失败之惨绝,亦具对比。杨维祯说:"志天下之奇货者,必中天下之奇祸。传曰:'圣人甚祸无故之利',即吾所谓奇祸也。楚之春申君,秦之文信侯是也。春申君售娠姬于考烈王而生悍(即后之楚幽王),文信售娠姬于庄襄王而生政,文信卒杀于政,春申免于悍而杀于(李)园,此岂非天下之奇祸,足为小人奇贪之戒哉!"②此说或许正是"载笔者瞩高聚远"之意哉!这二事正潜伏着"奇货"与"奇祸"的对比,不,从后来者看,这正是明显而又隐微的对比,大概也是史公的深意所在。

《史记》中还有两个涉及老鼠的故事,一是《酷吏列传》中张汤少时,其父出而让他看家,父还家而肉被鼠盗,父怒而打汤,"汤掘窟得盗鼠及余肉,劾鼠掠治,传爰书,讯鞫论报(行刑),并取鼠与肉,具狱磔堂下。其父见之,视其文辞如老狱吏,大惊,遂使书狱。"其父为长安丞,懂得法律呈文,发现儿子原是一个天生的法官。一是《李斯列传》传主也在年少时,"为郡小吏,见吏舍厕中鼠食不洁,近人犬,数惊恐之。斯入仓,观仓中鼠,食积粟,居大

---

① 钱钟书:《管锥编》,中华书局1979年版,第309页。
② 凌稚隆辑校《史记评林》,天津古籍出版社1998年版,第5册第389页。

庑之下,不见人犬之忧。于是李斯乃叹曰:'人之贤不肖譬如鼠矣,在所自处耳!'"这两则小故事都置于传文之首,都借老鼠衬托显示出两个绝顶的聪明人:一是影响历史的大政治家,一是杰出的法律长官。司马迁喜爱在传前书写人物奇闻轶事,以此刻画人物个性,预示传主的未来,这两则故事都有这样的作用。

姚苎田说:"爰书即狱词,其中备具士师讯鞠之由及论罪如律,而朝廷报可,诸款式。然后并取盗鼠赃证具狱而后磔,写得丝毫不漏,故为天才酷吏才也。"[1]张汤发狠的个性而多智的才能,其"为人多诈,舞智以御人",便可以由此看出。老鼠奸猾,他胜过老鼠,其人亦由此可见。李斯看到两种老鼠不同处境,不愿处于"食不洁"而"惊恐"状态,选择了"食积粟,居大庑之下"的无忧无虑的处境,显示出唯利是图,唯富贵权势是求的人格,也显示了精明的才智。然如此"老鼠式的人生观",也预示贪婪权势者是不会有美妙的结局。同样都是老鼠,却见出都有才能,都很精明而性格却有不同。以老鼠为"坐标系",昭示出两种不同性格的强人,这也应当是对比,而且是在有意与无意之间,是处于隐形的,但两精明人共同处斩的结局却促使人把他们联系起来,对比起来思考,其中所共有的炯诫让人感慨系之。

前人谓《李斯传》凡有五叹,除不得富贵见厕鼠之叹外,二是志得意满而叹物极将衰,却"未知所税驾也";三是为赵高逼诱不舍富贵的仰天垂泪而叹;四是居囹圄富贵不保之叹;五是临刑时"顾谓其中子曰:'吾欲与若复牵黄犬俱出上蔡东门逐狡兔,岂可得乎!'""五叹遥作呼应,层层关目了了分明,而筋节警策,遂使长篇累幅不觉其懈"[2]。此五叹均精明人语,然亦为精明所误。临刑弃富贵权势如水火之后悔不及,则与见鼠之叹形成追求与弃之不及的尖锐对比,权势诱人亦杀人,凄怆激楚中令人深思。这种隐形对比甚至较显形对比更具有深刻的思想。

在《伍子胥列传》中,伍员与兄伍尚构成刚戾与仁厚的对比。其父伍尚遭谗被囚,楚平王以其父为质命召二子:"能致二子则生,不能则死。"伍奢说:"尚为人仁,呼必来。员为人刚戾忍訽,能成大事,彼见来之并禽,其势必不来。"后果如其言,伍尚"归死",伍员"奔他国,借力以雪父子耻",这兄弟俩对比属于显形,自不待言。

在《越王勾践世家》里,记越事以至于汉,本来可以结束,却又用约1300字叙写范蠡儿子之事。其中男杀人而囚于楚,欲使少子持千金往救。

---

[1] 姚苎田:《史记菁华录》,上海古籍出版社1988年版,第271页。
[2] 牛运震:《史记评注》,三秦出版社2011年版,第221页。

其长子以为不遣己则为不肖，欲自杀。其母亦为言，朱公（范蠡楚居陶自称陶朱公）不得已而遣长子。长子因舍不得重金而与所托人庄生发生误会，而其弟被杀。持弟丧归，其母及邑人尽哀之，唯朱公独笑，曰"吾固知必杀其弟也！彼非不爱其弟，顾有所不能忍者也。是少与我俱，见苦，为生难，故重弃财。至如少弟者，生而见我富，乘坚驱良逐狡兔，岂知财所从来，故轻弃之，非所惜吝。前日吾所为欲遣少子，固为能弃财故也。而长者不能，故卒以杀弟，事之理也，无足悲者。吾日夜固以望其丧之来也。"

两个儿子的故事本与越国无关，却为何以如此多的文字娓娓叙说其中委曲琐细，似有节外生枝或画蛇添足之嫌。叶适说"迁载范蠡，殊不足据。《越语》固言其去矣，而迁取杂说，既言其相齐，又去齐为陶朱公，又子杀人于楚，又行千金书遗庄生，又庄生怒长子，卒败其事。信如是，则蠡逼侧乱世，以狡狯贾竖为业，何异吕不韦之流，何必称贤也！当迁去蠡时尚近，而不能断其是非，使蠡蒙羞，惜哉！"①鄙夷商贾为传统偏见，视为吕不流之流更属苛论。钟惺说："能用财者少子也，能用用财之人者朱公也。用少子则中子生而千金固在，用长男则虚费私斋之金，而无益中子之死。故古今事无大小，其成败只在明取舍，明取舍只在知人。越灭吴定霸，得力在一范蠡，史迁以活中子一事为《越世家》终局，举此以见蠡之用财用人，所以事越之道不出于此，此文字映带处。"②所言不无道理，然欲达此目的，以史公运笔之疏朗，何必详细如此，而竟占佐勾践逞霸正文三分之一还多！牛运震说："顾有所不能忍者也，此句极深。范蠡所以霸越王吴，及能全身去越，得力总在一'忍'字。"③此虽指出性格有张良能忍的一面，然亦无须破费如此多的笔墨。或从详略上指出："范蠡功成名遂，勋烂天壤，全在佐勾践残吴霸中国处。至末路埋名隐姓，飘然长往，相齐归印，居隐致富，皆优游无聊，吐其余绪，以终余年耳。史于前面烜赫处，用数语撮过，偏从后面优游无聊处，曲摹细写，反覆娓娓，使范蠡冷局之中，转成火热之象，如弈者间著、淡著，尽成高妙。"④这是说成就功业该详处反略，优游归隐该略处反详，冷局热写，别是一番景象。

以上后三家说各从一个角度言之，不为无助。但从另一维度看，长子

---

① 叶适：《习学记言序目·史记一》，中华书局2009年版，第276页。
② 见《史记》，葛鼎、金蟠辑评，引钟惺语，参见杨燕起等编《历代名家评史记》，北京师范大学出版社1986年版，第478页。
③ 牛运震：《史记评注》，三秦出版社2011年版，第124页。
④ 姚六康评，程馀庆：《历代名家评注史记集说》，高益荣等校点，三秦出版社2011年版，第3册第591页。

与少子为显形对比,自不待言。若与伍奢之二子对看,就会构成一隐形对比,长子不能舍亦不能忍故持弟丧归,伍员刚戾能忍,故成大事。这二者如吴、越对照,又形成对比。所以在《伍子胥列传·论赞》中有言:"向令伍子胥从奢俱死,何异蝼蚁。弃小义,雪大耻,名垂于后世,悲夫!方子胥窘于江上,道乞食,志岂尝须臾忘郢邪?故隐忍就功名,非烈丈夫能致此哉?"而范蠡"长男平日孳孳为利,故有所不能忍"(林云铭语),所以,写长子"不能忍",正是写范蠡之能忍,这在兄弟显形对比处有包含父子的隐形对比。

然以范蠡之智却使长子持弟丧归,"其母及邑人尽哀之,唯朱公独笑",尚言"吾日夜固以望其丧之来也",似不符其人之多智。所以,牛运震说:"陶朱公之附传,设词寓言也,飘忽逸宕,别一种笔法。"①也就是说为了刻画其人能忍,又杜撰了这一故事。这也是司马迁自己"所以隐忍苟活,函粪土之中而不辞者",欲撰就《史记》的原因。

第四节 《史记》人物独白与特殊话语

与现代史学意义有别的历史著作最为明显的区别之一,就是记载人物话语,是传统史学在与叙事上可以平分秋色。《尚书》是记载高层人物的讲话或谈话记录;《左传》将人物话语放在很重要的位置上,记事与记言并重,即就写战争,甚至于以对话为主体;与之差可并肩的《国语》则纯属"记言体",人物与《左传》同样扩大到臣属;《战国策》以策论为主,即以人物合纵连横的言语为主,人物扩展到布衣策士;只有《春秋》是编年记事体,罕见记言。《史记》全面继承此前史学的特点,而带有总揽性质。一是把此前带有断代史倾向的性质一变而为通史,二是《本纪》与《世家》属于编年记事体,《书》亦以记事为主。而包括《本纪》《世家》一部分在内,以及占主体的《列传》,人物话语占到重要位置,而且描写之生动,远迈前此所有史书,以后更为望尘莫及。

一、人物上场独白的经典性

《史记》的人物语言可以分为四类:一是自言自语式的独白,二是人物之间的对话,三是特殊语境中的人物话语中断,包括以人非语言其他方式表示说话。四是众人所说之言。人物语言的独白往往是只言片语,而选择

---

① 牛运震:《史记评注》,三秦出版社2011年版,第124页。

精当却最能透出人物心中秘密与性格的特征,先秦史书很少见,以后史书无多亦不见精彩。《史记》人物独白一般放在人物出场,或者生命结束之时。也有见于文中主要部位。这些独白,往往是内心世界的窗户,犹如人物画之眼睛,精神、个性、为人等,全都聚焦于此,光芒四照,全篇为之生辉。

人物出场时的独白,往往一句话概括其人性格主体,不仅具有鲜明个性特征,也是一篇之大纲,而笼罩全篇。对于反秦三大人物项羽、刘邦、陈涉性格揭示便都采用独白,而为人艳称。项、刘见到秦始皇,一言"彼可取而代也",一言"嗟乎,大丈夫当如此也",虽然都未直接见于出场,项羽的话是放在"少时"之后,刘邦的话见于"好酒及色"之后,然两本纪都是大文章,都位于开头的部分。最早注意者王鸣盛谓"气象自是迥别"。看到他们独白的典型意义:"项之言悍而戾,刘之言则津津然不胜其羡矣。陈胜曰'壮士举大名耳,王侯将相宁有种乎!'项籍口吻正与胜等,而高祖似更出其下。"①约略比较出性格之差异。姚苎田谓项语:"蛮得妙,与高祖语互看,两人大局已定于此。"②吴见思却谓刘邦语"雄浑冠冕,气局阔大。项羽亦尝为此语,未免天渊"③。论项羽为以成败论人所囿,谓刘邦却不无道理。牛运震说:"(刘邦)语极雄浑耸动,较'彼可取而代也',自然气概不同。"④或者看出项语"是前半篇暗眼"(程馀庆语)。已觉察篇首人物独白与前半篇内容之关系。

今人对刘、项这两句话更为看重,已经上升到经典意义上的观照。《史记》凡是人物独白,往往能看出性格、身份、职业、情感等。"彼可取而代也",这是仇恨语,视秦始皇为仇人,以楚为最,"楚虽三户。灭秦必楚"就是埋在项羽心中的种子,他的叔祖父项燕"为秦将王翦所戮",家仇国恨集于一身,推翻秦王朝自少年即成为终极目的,故此言爆发出复仇主义者火焰;出此言者必为尚武的将军世家,"项氏世世为楚将,封于项,故姓项氏"。自少"学万人敌"——即兵法,以武力征服天下,便成为唯一手段,直至兵败垓下,还以为"此天之亡我,非战之罪也",所以只配作为时不长的"万人敌"的西楚霸王;出此言者必是摧枯拉朽的暴力者,以强悍蛮横手段摧毁了一个旧世界,却不能建立一个寓有生命的新时代,只是出色的悲剧式英雄,而非喜剧性政权的领导者,复仇主义英雄情结与尚武精神,与没落贵族的将军

---

① 王鸣盛:《十七史商榷·史记二》"刘项俱观始皇"条,北京中国书店1987年版,第4页。
② 姚苎田:《史记菁华录》,上海古籍出版社2007年版,第4页。
③ 吴见思:《史记论文》,中华书局1916年版,第1册第67页。
④ 牛运震:《史记评注》,三秦出版社2011年版,第37页。

世家意识，以及剽悍暴力都在这句独白的名言中闪动耀眼的光芒，只是那样的裸露率直不加掩饰，就像鸿门宴上一见面就说"此沛公左司马曹无伤言之"而不加任何思索。刘邦所言"气象自是迥别"。当时天下苦秦久矣，即便是"萧、曹等皆文吏，自爱，恐事不就，后秦种族其家"，至于像陈婴母所言："今暴得大名，不祥。不如有所属，事成犹得封侯，事败易以亡，非世所指名也。"应当是一种社会思潮。刘邦却不同，他早就专门制作了自己是"龙种"的神话，且醉卧后"上常有龙"，这当然是以"酒雠数倍"代作的广告。他到咸阳服劳役，看到秦皇，自然"喟然太息曰：'嗟乎，大丈夫当如此矣！'"对他来说这是发自内心由衷之言，但说得控制而不直露，不像项羽之"取"，把本义"捕取"，"执获罪人"，割取俘虏耳朵①以其引申义抢夺，显露以暴易暴的那样强横，而以轻松的"当"，加上模糊的代词"如此"，即便就是当初站在身边的人也抓不住什么把柄，可见他具有一定的政治头脑，非草泽英雄粗莽可比，见过政治场面，起码接近《水浒传》宋押司那样小吏；"大丈夫"不带政治色彩，含义的外延却带膨胀性，连县级风尘小吏还差一些的亭长，大约相当于今日之乡长，却以此自居，性格的豁达则不言而喻；"当如此也"对九五之尊万人之上的皇权是如此的企慕，不，应当是艳羡，大有过屠门而大嚼的垂涎相，"津津然不胜其羡"，但也看出其志量之不小，——想冒族诛的危险，造反而敢做推翻皇帝而自己来做的大勾当，"气局"是够"阔大"的了。由不够小吏的亭长而直欲奔皇帝，在这人心思乱，稍有权力者便欲为王时代，刘邦的"皇帝欲"也是必然产物。于是至高无上的皇帝欲权力主义，豁达的性格，甚至连项羽那样家世背景也缺无，却还要作"空手盗"的一番大事业，自然不会出蛮力的，构成带有几分无赖相的大政治家。

无独有偶，而且有三，比刘邦亭长不如，比项羽将军后裔更不如的陈胜也有同样经典的话语。《陈涉世家》说：

> 陈涉少时，尝与人佣耕，辍耕之垄上，怅恨久之，曰："苟富贵，无相忘。"佣者笑而应曰："若为佣耕，何富贵也？"陈涉太息曰："嗟乎！燕雀安知鸿鹄之志哉！"

陈胜的浩叹，是对讥讽他的拉长工的哥儿们说的，还是受到刺激后的自我仰天长叹，无论怎样，这篇大文开端就写这场田头对话所引发的"独白"。"燕雀"也好，"鸿鹄"也罢，此非衙门内人的标语，而是"野外作

---

① 段玉裁：《说文解字注》，上海古籍出版社1981年版，第116页。

业"——拉长工者的话头,活动的场所是田间地头,冲天之志的豪言,分明带有露天劳作的"农民语言"的色彩,将军后裔与亭长对鸟儿都不会感什么兴趣。出此言者同样像刘邦那样向往"富贵",除了造反别无他路,这同样需要更大的"气局",属于草莽英雄。视同耕者为"燕雀"而己为"鸿鹄",骄傲自大之个性也孕育在这句豪言里,这既是"王侯将相宁有种乎"造反者的自信,也是自认不凡的狭窄,哥儿们后来因他不能容人而杀掉他,他亦因自傲而"鸿鹄"折翅。农民理想与自傲集中于这句话,所以,这句话贯穿全文始终,就像刘、项的话贯穿两篇本纪一样。

论者说:人间正道先是唾弃了嬴秦,后又淘汰了项羽,最后则选择了刘邦①。还应当说人间乱世激发了陈胜的"首难",这位自视不凡的布衣,敢为天下先,无所顾忌,导引了刘、项崛起,"所置遣侯王将相竟亡秦",其历史的首创作用不在刘、项之下,虽然时仅半年而结束于傲横引发的暗杀中。

英布是秦汉之际欲为"王"的二级人物,本传说"少年,有客相之曰:'当刑而王。'及壮,坐法黥。布欣然笑曰:'人相我当刑而王,几是乎?'人有闻者,共俳笑之。"本传开头这个传闻,他的自信比起"王侯将相宁有种乎"有过之而无不及,雄心勃勃,英气逼人。别人对他的戏笑,亦如庸耕何来富贵那样。而"英雄热中富贵"(牛运震语),"气局"也就有所限定。后之归汉,"上方据床洗,召布入见,布大怒,悔来,欲自杀。出就舍,帐御饮食从官如汉王居,布又大喜过望。"如此忽喜忽怒就未免以富贵为中轴。他的造反也是逼出来的,刘邦问"何苦而反",回答"欲为帝耳",刘邦对其反不明其因,他的答话并非真实的目的,不过是对已有富贵的无奈的自卫,"当刑而王"者是不会有"欲为帝"的野心的!

与张良可以比肩的陈平,"少时家贫,好读书","不视家生产",喜交游,"门外多有长者车辙"。乡里庙会为主宰,"分肉食甚均。父老曰:'善,陈孺子之为宰!'平曰:'嗟乎,使平得宰天下,亦如是肉矣!'"让陈平分社肉是杀鸡用了牛刀,然而却说让他"宰天下",也会像分肉一样甚"善"!换句话说,"宰天下"对他来说也不过是小菜一碟,自负为宰相的料子。对陈平这种智囊人物,把这话看作"对话",不如视为"独白",更属合他的性格。他要在乱世中以求为宰相,犹如英布自信"当刑而王",也是有作为的二流人物。他的话不仅只是自负,而且是自信。叙写其人在秦末乱世之中,只不过是"小小点缀",然而意态"迈远","自有一种高远天气,矜贵之姿,与人自别"②。

---

① 刘炜评:《铁马冰河》,陕西师范大学出版社2018年版,第354页。
② 吴见思:《史记论文》,中华书局1916年版,第4册第59、63页。

读书交游的身份,多智商的才能,不露锋芒的个性,均能俱见。

战国距汉不远,司马迁写来也是如此切近。吕不韦是跨州越国贩贱卖贵的大商人,家累千金,至邯郸见到了被赵国作为人质的秦国太子之子,就好像发现了新大陆,兴奋地说:"此奇货可居!"把王孙视作"货",可以贩于赵而卖于秦,可以作"一本万利"的大买卖,这只能是"商人的话语"。把一个王室的"储庶孽孙"要播弄成一国之君,这又有大投机大阴谋的政治家的眼光。如此居心叵测的"钓奇",需要经过三代人的继位时间才能达到目的。深谋远虑还要加上数十年的耐心,这又需要多么阴狠隐忍的心理素质。吕不韦成功了,做了宰相,门客三千,使之作《吕氏春秋》,"布咸阳市门,悬千金其上,延诸侯游士宾客有能增损一字者予千金"。牛运震说:"'大贾人'三字,一篇之纲。不韦一生,全是贾贩作用,篇中点其见子楚而曰'奇货可居','以千金为子楚西游',又云'念业已破家为子楚,欲以钓奇',又'行金六百斤予守者吏,又悬《吕氏春秋》咸阳市门,……孰非以利啖天下哉?'阴钓国人,显盗圣言,真贾人矣。太史公处处点逗,眼目分明,意思贯穿,亦奇传也。"①李景星说:"吕不韦是千古第一奸商,尊莫尊于帝王,而帝王被其贩卖;荣莫荣于著作,而著作被其贩卖。幸而鸩死结局,使人知始而贾国,继而贾名者,其终也归于贾祸。不然,以令善路梗塞矣。"②当春申君黄歇与李园合作如吕不韦的政治投机而被刺,《春申君列传》说:"是岁也,秦始皇立九年矣,嫪毐亦为乱于秦,觉,夷其三族,而吕不韦废。"正如朱英提示春申君所言:"世有毋望之福,又有毋望之祸,今君处毋望之世,事毋望之主,安可以无毋望之人?"对于吕不韦来说,他的亲生儿——秦始皇,既是"毋望之主"亦是"毋望之人"。他的"奇货可居""贾国"大买卖经营了数十年,终于遭到"毋望之祸"的惩罚!

与吕不韦政治投机相近似者为李斯。"年少时,为郡小吏,见吏舍厕中鼠食不洁,近人犬,数惊恐之。斯入仓,观仓中鼠,食积粟,居大庑之下,不见人犬之忧。于是李斯乃叹曰:'人之贤不肖譬如鼠矣,在所自处耳!'"厕鼠与仓鼠同为老鼠,因处境不同,生活差异则不可同日而语。他由此触发人之有才能与否,和老鼠的所处不同境况等。他要优化自己的人生,决然要选择"仓中鼠"那样的生活方式。李斯是大学问家、大政治家与大书法家集于一身的卓出人物,然而他人生的终极目的,却出于仓中鼠式的"硕鼠哲学",唯富贵是求,甚至于采用任何龌龊的手段也在所不惜,就未免等而下

---

① 牛运震:《史记评注》,三秦出版社2011年版第213页。
② 李景星:《四史评议·史记评议》,岳麓书社1986年版,第78页。

之,也为此付出诛灭三族的悲剧。聪明智慧,唯利是图的个性,人格低下,二律背反地构成了他全部的人生。《李斯列传》是由五次感叹贯穿起来,他出场独白感叹,是他的人生基调,也是另外四叹的"发源处"。他的出场独白和以上所有人物一样,在全文中起着牵一发而动全身的作用。

以上的人物独白,有叱咤风云的霸主、豁达而羡慕皇权的亭长,铤而走险的草莽英雄,也有不愿居人下的小吏刑徒,以布衣而欲做宰相的穷书生、大商人或政治投机家,还有钓奇贾国的大商人,以及以仓中硕鼠为人生终极目标的小吏。从他们的"独白",可以看出不同的个性、身份或职业、才能与追求。其中性格与追求最为显露,他们的话语是战国与秦汉之际乱世的产物,凡是富有才能出众者,在少年时代都有自己的追求,尽管追求的目的与手段各异,胸怀志量却是共同的。从不同的"气局"理想,展示人自各异的鲜明性格。同是小吏的李斯与刘邦的话语不能互移,虽然都是热衷权势和富贵,但目标有高低,志量有大小,语气有矜持与低下之别。同是刑徒或为长工的英布与陈胜,地位连布衣也不如,草莽之人与亡命之徒也迥然有别。商人的话带有职业的烙印,宰相自然是穷读书人的最高理想。复仇主义的将军后裔的话,自然要爆仇恨的火花。在职业或出身不同的类型化中,精选出个性焕发的独白与话语,犹如事物意义的外延与内涵,是那样的确切不能移动,是那样的个性分明。这些性格纷繁的独白,也是五光十色的豪言壮语,都是发自言说者内心深处,充斥着人物的不同情感,往往与他们传闻、轶事、小故事,为人的特征紧密地结合在一起,不仅使读者过目不忘,也深深打动读者,触及内心的共鸣,显示了《史记》人物上场独白话语的魅力与经典的艺术性。

二、最后与临终的喟叹

《史记》是一部倜傥非常之人物的悲剧史,尤其是战国与秦末及西汉初年,都是该出手的时代,凡是要做事业的人,往往都会遇到坎坷不幸,遭遇悲剧以结束生命。不幸与不平且又面对生命的被迫结束,就不能不没有发自肺腑之言。这是人性的最后显示,以刻画人物性格为能事的司马迁则予以特别的关注,记录了种种使人感慨注目的"遗言",使人物性格最后得到升华。这些人生最后的话语,或为自言自语的独白,或有诉诸听者的对象,后者按理不符合彼此之间的对话,也无须听者要回答什么,不妨也看作一种"自白",和"独白"放在一起讨论。

有不少人物在《史记》里,没有记述人物临终的话语,但却有传主最后的话语,这些最后的话,不一定出现在临终之时,而以后也再没有记述,这是属于作者对人物语言的取舍,同样带有最终的性质,而值得关注。

《廉颇蔺相如列传》合传中的廉颇,因赵王中秦之反间计,使乐乘代廉颇为将,廉颇怒而攻之,只好奔魏,居梁久之得不到魏之信任。赵王因被秦兵数困而思廉颇,廉颇亦思再用于赵。他因没有打点探视的赵王的使者,而使者又受了廉之仇人郭开之金。尽管他当使者面"为之一饭斗米,肉十斤,披甲上马,以示尚可大用"。使者还报却说:"廉将军虽老,尚善饭,然与臣坐,顷之三遗矢矣。"结果"赵王以为老,遂不召"。这是多么遗憾,失去了东山再起的绝大机会,后又被楚迎之为将,"无功,曰:'我思用赵人。'廉颇卒死与寿春。"《廉颇传》最后这几句,又让人不胜惋惜,一代名家就这样郁郁不欢地离开人世!最后交代因无事可述,简洁到这么几句,中间却蕴涵着作者不尽的欷歔感慨。"他老人家是一位忠厚的军人"(梁启超语),从他这句最后的独白犹能看出,他内心的伤痛也在这句简短的一句话里。而且"观其与赵王诀,如期不还,请立太子以绝秦之望,深得古人社稷为重之旨,非大胆识,不敢出此语,非大忠勇不敢任此事"①。他勇于战斗,忠于赵国,在人才流动的战国尤显可贵。居楚老将这一声叹息,虽"只一语,感慨之极,回望故国,黯然伤神,可抵一篇《恨赋》"②。姚苎田说:"惟廉将军沉毅深远,而一生无大奇节,史公著笔颇轻。及乎晚节被谗,一不得当,而犹有'思用赵人'之语。夫钟仪既縶犹鼓南音;范叔西游,无忘丘壑。廉将军于此遐哉!弗可及已,而惜乎赵之不终其用也。"③这句凄澹的独白而引发人多少扼腕之叹。

《商君列传》以"法"字为纲,支持变法的秦孝王一死,商鞅蒙遭"欲反"恶名,通缉捕拿。"商君亡至关下,欲舍客舍。客人(待客之人,即店主)不知其是商君也,曰:'商君之法,舍人无验者坐之。'商君喟然叹曰:'嗟乎,为法之敝一至此哉!'"秦自商鞅变法国势强大,司马迁对严刑苛法没有好感,谓商鞅是"天资刻薄人",不免失于个人情感的偏颇,这个故事就带上作法自毙的色彩。住店要有证明身份的凭证,否则罪及店主。商鞅逃奔连客店也不能容身,如此法定盖由其定,故有"为法之敝一至此哉"的感叹,这是本传记他的最后一句话,很有些忏悔性质,或许有些"代言"成分,然毕竟切合人物的处境与性格。而且吴见思说:"抽出一闲事,已见商君之法刻薄操切

---

① 李晚芳:《读史管见》卷二,商务印书馆2016年版,第140页。
② 吴见思:《史记论文》,中华书局1916年版,第6册第6页。
③ 姚苎田:《史记菁华录》,上海古籍出版社1988年版,第156页。

如此,通篇用法之敝,结此一语结尽。"①可见这句独白,具有回光返照和通篇结穴的双重作用,亦非可有可无之文字。

在《鲁仲连邹阳列传》里,鲁仲连助齐将田单劝降固守聊城的燕将,事成后,齐王欲爵之。鲁仲连逃隐于海上,曰:"吾欲富贵而诎于人,宁贫贱而轻世肆志焉。"此传也就以此结束,这和他却秦救赵"为人排患释难解纷乱而无所取也"的名言,前后相应,熠熠生辉。以人物独白为结语,"结法萧洒出尘,超然远态,此外不可再着一语"②。这种甘于布衣,飘然肆志的独白,是"澹荡人"的英风浩气的自然流露,没有做作,只有磊落。其人亦如李白所说的"明月出海底,一朝开光耀"那样,而使"后世仰末照"!

至于人物临终的话语,很为司马迁看重。"鸟之将死,其鸣也哀;人之将终,其言也善",最后的话语,应该是心声的流露,最能显示内心世界的秘密。李斯为了保持富贵禄位,妥协赵高,篡立二世,由秦王朝的建立者一变而为秦王朝和自己的双重掘墓人,身受五刑,腰斩咸阳时,"顾谓其中子曰:'吾欲与若复牵黄犬俱出上蔡东门逐狡兔,岂可得乎!'遂父子相哭,而夷三族。"这与其说给儿子,不如看作一种"自白",这是人生最后的发言机会,绝顶聪明的人,却发出悔不可及的痛悔,至死才明白了所秉承的"硕鼠哲学"是会毁掉一切的,包括爵禄之重的丞相与生命在内,如此凄怆激楚的话语,是对他辉煌而又自作自受的悲惨人生的反拨。这发自肺腑的一叹与篇首喟叹对比照应,自成起结。

而被李斯与赵高逼死的蒙恬与蒙毅兄弟,本传后半篇全是蒙氏兄弟被逼死前与行刑使者的谈话。蒙氏三代有巨功于秦,赵高犯大罪,秦王令蒙毅以法判处,处以死罪。秦始皇以其办事有能力而赦之,并恢复内府宦职,赵高因设法置蒙氏兄弟以死罪。此传记述了蒙氏兄弟被赐死前大段鸣冤的话,蒙恬对行法使者先言其功:"自吾先人,及至子孙,积功信于秦三世矣。今臣将兵三十余万,身虽囚系,其势足以倍畔,然自知必死而守义者,不敢辱先人之教,以忘先王矣。……"蒙毅死前列举:"昔者秦穆公杀三良而死,罪百里奚而非其罪也,故立号曰'缪'。昭襄王杀武安君白起。楚平王杀伍奢。吴王夫差杀伍子胥。此四君者,皆为大失,而天下非之,以其君为不明,以是籍(记载)于诸侯。故曰'用道治者不杀无罪,而罚不加于无辜'。"便知胡亥之意,不听蒙毅之言,遂杀之。蒙恬则对使者言周公辅成王而被流言所伤,后冤情大明,成王悔过而杀谗者,返回周公。又言"桀杀关

---

① 吴见思:《史记论文》,中华书局1916年版,第5册第27页。
② 牛运震:《史记评注》,三秦出版社2011年版,第209页。

龙逢,纣杀王子比而不悔,身死而国亡"。并言:"凡臣之言,非以求免于咎也,将以谏而死,愿陛下为万民思从道也。"使者同样不敢传言于上。"蒙恬喟然太息曰:'我何罪于天,无过而死乎?'良久,徐曰:'恬罪固当死矣。起临洮属之辽东,城堑万余里,此其中无能绝地脉哉?此乃恬之罪也。'乃吞药自杀。"

蒙恬最后的两番话,一是"无过而死",一是"罪固当死",看似矛盾,实则无别。"太史公曰"则谓秦轻百姓之力,蒙恬"阿意兴功,此其兄弟遇诛,不亦宜乎,何乃罪地脉哉"。邵晋涵说:"轻百姓力易见也,阿意兴功难见也,深文定案,使贤者不能以才与功自解其罪,此史家眼力高处。"[①]郭嵩焘说:"蒙氏有功无几微过差,其北备匈奴,方秦并天下时事无急于是者;起长城为防,至汉兴犹蒙其利。而蒙氏固将也,以任使事,其职应然,观其临死绝地脉之言,何其言之沉痛也?史公责其'阿意兴功',而以其遇诛为宜,不亦过乎!"[②]蒙恬言筑长城"此乃恬之罪也",实际上是言其功,正言若反,自鸣其有大功而冤死,"此与《白起传》末临死自明其罪之语同,乃故作扬落跌挫以尽其势,而波折绝胜"[③]。司马迁当然会看到这一点,不然何以近半篇幅蒙氏兄弟冤语。至于"阿意兴功""遇诛固宜",似为责难蒙恬,实为一种"反批评",即正话反说,与蒙恬临终的"自白"并无区别,故为"深文,亦正其识力高处"(牛运震语)。对于临终语,吴见思说:"终以不了语竟收,以明蒙恬之无罪也。"[④]"太史公曰"往往正话反说,深文寓言,寄寓慨然不平之意。就人物性格刻画而言,蒙恬在《史记》中不为上乘。然就其临终的自白,却给人留下深刻印记。

早于蒙恬同样冤死者为秦昭王时名将武安君白起。白起长平之战坑赵卒四十万,韩、赵震恐,施行反间,使秦相应侯范雎,接受赵地六城而罢秦兵,因此与范雎有隙。半年多以后,秦复发兵攻赵而败,秦王几次使白起为将,则不肯行。攻赵又败,秦王怒,"强起武安君,武安君遂称病笃,应侯请之,不起。于是免武安侯为士伍,迁之阴密。武安君病,未能行。居三月,诸侯攻秦军急,秦军数却,使者日至。秦王乃使人遣白起,不得留咸阳中。武安君既行,出咸阳西门十里,至杜邮。秦昭王与应侯群臣议曰:'白起之迁,其意尚怏怏不服,有余言。'秦王乃使使者赐之剑,自裁。武安君引剑将

---

① 邵晋涵:《史记辑评》,见杨燕起等编《历代名家评史记》,北京师范大学出版社1986年版,第632页。
② 郭嵩焘:《史记札记》,商务印书馆1957年版,第305页。
③ 牛运震:《史记评注》,三秦出版社2011年版,第224页。
④ 吴见思:《史记论文》,中华书局,第6册第43页。

自刭,曰:'我何罪于天而至此哉?'良久,曰:'我固当死。长平之战,赵卒降者数十万人,我诈而尽坑之,是足以死。'遂自杀。"这临死的自白和蒙恬遇死前的两番话,何其相似乃尔,无罪与"固当死"的用意如出一辙。论者或谓说是白起"能够正视死亡,能够在死亡面前反思自己","还能想起别人的生命也曾经被自己剥夺过"①,恐怕是一种误解,这实际上是说秦王以功为过,表明自己死得无辜,死得不甘心呀!还有,李广寻思不能封侯的原因,在相面王朔的诱导下,说是由于杀俘,实是批评汉武帝用人唯亲。而此处坑赵卒亦有表功之意,同样属于正话反说。

李广讷口少言,《李将军列传》也没有记他多少话语,然而被逼到上法庭,则对自己部下说:

> 广结发与匈奴大小七十余战,今幸从大将军出接单于兵,而大将军又徙广部行回远,而又迷失道,岂非天哉!且广年六十余矣,终不能复对刀笔之吏。

于是自杀。这是李广唯一的一番长语,也是最后的倾诉与自白,他一生受尽委屈,不被重用,带兵兵少,装备更少,所以被匈奴俘虏过,射敌射虎一定要逼近,因为给他的箭少。这次"哑战"未打响,匈奴逃遁,罪责还要推在他的头上,他的满腔不平,就只说了这几句话,而且不能明言武帝之过,而推之于"天"。一代名将还要再度被逼上法庭,只好采用自杀的方式以鸣其冤。于是"广军士大夫一军皆哭。百姓闻之,知与不知,无老壮皆为垂涕"。司马迁未尝不在哭,他以最峻洁的叙述,以普天下的悲痛,痛悼李将军的不幸。

在将军被逼赐死中,伍员之死与李将军一样,最为痛伤哀悼。《伍子胥列传》说,吴王听信谗言,以为"其怨恐为深祸",乃赐剑命其自裁,伍员仰天长叹说:

> 嗟乎!谗臣嚭为乱矣,王乃反诛我。我令若父霸。自若未立时,诸公子争立,我以死争之于先王,几不得立。若既得立,欲分吴国予我,我顾不敢望也。然今若听谀臣言以杀长者。

---

① 马宝记:《〈史记〉人物之死描写论》,见中国史记研究学会论文第一辑,安平秋等主编《史记论丛》,华文出版社 2004 年版,第 395 页。

而且他给门下舍人的遗命是：

> 必树吾墓上以梓，令可以为器；而抉吾眼县吴东门之上，以观越寇之入灭吴也。

他的话不幸而言中，吴国由此灭亡。《吴世家》说夫差亡国自杀时有言："吾悔不用子胥之言，自令陷此。"也算是对被盛之皮囊沉尸江中的伍员英魂的忏悔。伍员最后第一番话"我"与"若"络绎而来，他扶持阖闾、夫差父子两代称霸，而被屈死，这无异于戟乎遥指夫差，痛心裂肺的指责！而且最后的遗嘱是看不到"越寇之入灭吴"，则死不瞑目，这话让人战栗，令人发怵。千古之下，都可想见这位烈丈夫的怒目而视，忠魂咆哮！

伍员死后，"吴人怜之，为立祠于江上，因命曰胥山"。这是吴人的悼念，也寄托着司马迁的哀思。而且，还有"太史公曰：怨毒之于人甚矣哉！王者尚不能行之于臣下，况同列乎！向令伍子胥从奢俱死，何异蝼蚁？弃小义，雪大耻，名垂于后世。非烈丈夫孰能致此哉？"这是对其人最高的礼赞，跌宕悲壮而又紧凑！

综上临终之语可见，这些话都给人物自己画上最后的句号，结局都是以悲剧而告终，揭示了人主与功臣之间的矛盾，都是因听信谗言而导致逼使忠勇者自杀，这是过去历史的一条规律，由商周以至春秋，由战国以至秦汉，无一例外。司马迁在这条规律的突出链条上，记录了悲剧人物最终的自白，这些话虽没有上文讨论的人物上场自白只言片语生动，个性也赶不上那样鲜明生动，因为那是付之于不同传闻、故事的性格化话语。而被屈死者忠勇之士，本身具有共性的规律，临终自白甚至有相近之处，但这些话语，却有让人深长思之作用，甚至有震撼人心的效果，而且也带各在特殊语境的复杂性。面对君王行刑的使者，说话不能随心所欲，哪怕是最后的留言，所以白起、蒙恬的话都带皮里阳秋的意味。即便是李广对属下所言，把不幸也要归之于"天"，实际上都是对悲剧制造者的谴责！

最后，不得不提及苏秦的临终话语。苏秦在齐国受到重用，齐大夫为了争宠，派人刺杀苏秦。苏秦受重伤而未死，齐王遣人捉捕刺客而不获。苏秦将死，乃对齐王说："臣即死，车裂臣以徇于市，曰'苏秦为燕作乱于齐'，如此则臣之贼必得矣。"齐王依计而行，而刺苏秦者果然出面了，齐王即诛杀其人。苏秦至死尚行诈计，一来看出其智确有过人者，二来也见出倾危之士权变多端，即临死尚行诈计，极写其人反复可畏。这种极不寻常的最后印象，也见出司马迁刻画人物的多种多样。

第五节 《史记》烘托手法论

刻画人物不外乎直接描写与侧面烘托,而侧面烘托又可分对比与对照,我们曾讨论过对比,以对照烘托人物,前人虽有涉及①,而失之笼统,学界重视对比烘托,而对照烘托似乎还处于淡漠阶段。

一、全篇以烘托为能事

如果要画"太白醉酒",就画靠酒坛而举起酒杯,双眼惺忪,这是直接描写;或者主要人物歪斜,两人搀扶,这就是正面与侧面描写的结合,似乎比前者的单纯更能生动,而带有情节化。搀扶者与主要人物不是对比关系,而是绿叶衬红花的关系,正面不写写侧面就纯属烘托了。

《史记》的烘托几乎触目可见,而整篇以烘托为中心者也有不少,这就需从各个不同角度反复烘托,每次烘托就是一次渲染,烘托越多,人物性格就更突出。倘若烘托出于多维不同视角,人物之性格也就更复杂,更立体化。当然,《史记》常以正面描写刻画人物,对比烘托结合,即使如此,亦有主次之分。

张良是汉初运筹帷幄的第一谋臣,又在谋臣中是个神秘性的高人。《留侯世家》正面只是虚写其人,说他初从刘邦,"良数以太公兵法说沛公,沛公善之,常用其策。良为他人者,皆不省。"中间言:"张良多病,未尝特将也,常为画策,时时从汉王。"文末又言:"所以上从容言天下事甚众,非天下所以存亡,故不著。"这种虚晃一枪的写法,也很符合其人道家式东露一鳞西露一爪的行径,他出招而不见痕迹,就只能用虚写来笼括。其实这也是一种烘托,犹如山水画远处山峰略加烘染,若在有无之间。

前人谓"篇中胜处,是老父授书一段居其首,四人羽翼一段居其终,首尾相顾盼,以为章法。老父授书,凡用'后五日'三段,段段顿住。四人羽翼,凡用多少四人,句句逼出,文法步骤,自有不同"②。其实这两处都发挥了烘托作用。授书以老父为对照,张良处处受其摆弄,老父则处处烘托。

---

① 吴见思《史记论文》、牛运震《史记评注》每有涉及,然限于随文评释,显得零散不见系统。李长之《司马迁之人格与风格》在谈到"形式律则",专设一节"对照律",然就对比而言。张大可《司马迁怎样塑造人物》,也是以对照作对比看。

② 吴见思:《史记论文》,中华书局1916年版,第4册第58页。

张良少年气盛,敢在博浪沙一击秦皇;而老父却要磨去他的棱角,把"暗杀党"变为能忍的智者。"良愕然,欲殴之。为其老,强忍,下取履",老人以"下取履"的特意调教,于张良掀起五层心理变化,前两层是人的本能与出身贵族的习性,中两层是初教引其变化。老父还要给他穿上,这次稍一思考:"业为取履",就"因长跪履之",看来一经点化,便立地成佛,化为张良权术。作为"教练"的老父很有些神秘,他也想把张良改变为以柔克刚式的人物,老父的烘托,成了张良性格大变化的起点。

而以四皓为翼一段,前场只是四人伟立太子身旁,只是刘邦的无可奈何,只是戚夫人失望的哭泣,张良却处在幕后,连脸也没露,最后只说:"竟不易太子者,留侯本招此四人之力也"。这种写法真是烘云托月,只见满天云色不见明月,终了一露,全局为之光亮。

这是"篇中胜处"用了烘托。至于西入武关,刘邦欲出击秦军,张良进谋以重宝啗秦将,"秦将果叛,欲连合俱西袭咸阳,沛公听之"。张良又说,秦将叛恐士卒不从,不如趁其松懈击之,刘邦击秦果大败之,遂至咸阳,这是以刘邦的言听计从,烘托了张良欲取先予的智谋。

刘邦欲居秦宫,樊哙谏而不听,张良劝听樊哙言,刘邦这才还军霸上。这是以樊哙烘托张良。鸿门宴前夕,项伯告知项羽欲击刘邦,刘邦手足无措,还是张良从中周旋,这是以刘邦第二次烘托张良。

彭城大败后,刘邦问"谁可与共功者",张良提出黥布、彭越加上韩信,"然卒破楚者,此三人力也"。这是以刘邦第三次来烘托。

刘邦听了郦食其的话欲封六国之后,张良则提出八不可,亦即八个问题,刘邦每次回答都是"未能也"。结果"汉王辍食吐哺,骂曰:'竖儒,几败而公事!'令趣销印",这是以刘邦第四次烘托张良之远见。

刘邦大封功臣,群臣争功不决,情绪骚动,张良出谋"今急先封雍齿以示群臣",因其人多次窘辱刘邦。就帮刘邦把事态平息在萌芽之中,这是以刘邦第五次烘托。

娄敬说劝刘邦"都关中","上疑之。左右大臣皆山东人,多劝上都雒阳"。张良只是从军事地理上稍做补充,而认为"刘敬说是也"。"于是高帝即日驾,西都关中",这是以娄敬烘托了张良。还有"上从击破布军归,疾益甚,愈欲易太子。留侯谏不听"。"叔孙太傅称说引古今,以死争太子。上详许之,犹欲易之"。后见四皓依附太子,才彻底打消了易太子的念头。而四皓的到来,是张良出谋划策。叔孙的死谏对张良也是一次烘托。

综上全文烘托,老父、樊哙、娄敬、叔孙通、四皓各一次,刘邦五次,一共用了十次烘托。从张良性格的转化,以及反秦灭项、建都、稳固太子等大事上处处烘托。张良足智多谋、欲取先予的特征都体现出来。末了又在"太史公曰"里以"状貌如妇人好女",又把其人以柔克刚一面烘托出来,虽然这些烘托不一定处处精彩,但却完整地体现了全文的统一风格。牛运震说:"尤妙在圯上老人授书、四皓定太子二段,善于淡处着笔,虚处传神,空恍飘渺,若离若合,遂使留侯逸情高致,一一衬托俱出,安得不谓之神笔也?"[1]所谓淡出、虚处,都是就衬托即烘托而言。

《萧相国世家》亦是烘托为主,似比上篇更为出彩。刘邦于此篇作为烘托之主线,其中鲍生、召平、门人三说客,出谋化解刘邦的猜疑,萧何每次都是"从其计",刘邦每次都是"大说""乃大善""乃大说",还有王卫尉的开释,前三次为间接烘托,后一次为直接烘托。两次论功:刘邦谓群臣为"猎狗",而称萧何为"发踪指示"的"功人",这实际上用自己的职权推崇萧何,就刘邦而言这是直接烘托;鄂君谓众臣攻城略地为"一旦之功",而萧何"转漕关中,给食不乏"称之为"万世之功",这是顺刘邦鼻孔出气,就刘邦而言,则是间接烘托萧何。

首尾中间穿插,前言"高祖以吏繇咸阳,吏皆送奉钱三,何独以五"。中言"益封何二千户,以帝尝繇咸阳时何送我独赢钱二也",前后照应,这又是一次烘托。前言"沛公至咸阳,诸将皆争走金帛财物之府分之,何独先入收秦丞相御史律令图书藏之"。而"汉王所以知天下厄塞,户口多少,强弱之处,民所疾苦者,以何具得秦图书也"。还有"何进言韩信,汉王以信为大将军"。凡三次以刘邦烘托萧何,加上三说客与两论功,凡八次烘托。

结尾言何病。惠帝临视,言及丞相后继者,惠帝谓"曹参何如",何曰:"帝得之矣!臣死不恨矣!"因何与曹参向来互不推许,这是以曹参来烘托,也是刘邦烘托的余波。赞语又以韩信、黥布等皆以诛灭,"而何勋烂焉",这又是一次烘托。

全文亦为十次烘托,虽然详略虚实不同,然处处精力饱满,没有松懈拖沓不起眼处,实为上乘之作,而烘托手法尤为出色。

《叔孙通传》起首言陈涉起事,二世召问,诸博士儒生言是造反,急发兵击之,叔孙通说是"此特群盗鼠窃狗盗耳,何足置之齿牙间",结果言反者下吏,叔孙通得到不少赏赐,此为烘托一。出宫反舍,诸生问"先生何言之谀也?"答说"我几不脱于虎口",乃亡去,此为烘托二。

从汉后为儒服,汉王憎之;"乃变其服,服短衣,楚之,汉王喜。"这是以前烘托后,是为第三次烘托。其弟子百余人,"通无所言进,专言诸故群盗

---

[1] 牛运震:《史记评注》,三秦出版社2011年版,第156页。

壮士进之"。为此弟子窃骂,叔孙通说汉方争天下,"故先言斩将搴旗之士",此为烘托四。他看准刘邦头痛群臣上朝争功妄呼之机会,提出与弟子共定朝仪,使征鲁诸生,有两人以为天下初定,死未葬,伤未愈,起礼乐是百年后的事。叔孙通笑曰:"若真鄙儒也,不知时变。"这是烘托五,以见其人与时变化。结果群臣上朝"无敢喧哗失礼者",刘邦舒服极了:"吾乃今日知为皇帝之贵也",此为烘托六。

他提升为太常受赐金五百金,又进言弟子而使悉以为郎,并以金全赐弟子。获得了弟子赞美"叔孙生诚圣人也,知当世之要务",此为烘托七。

以上是"希世度务""与时变化"的反面烘托。至于谏易太子,以晋献公以骊姬之故废太子,而乱数十年;秦不早定扶苏为太子,使赵高得以诈立胡亥而灭祀。今太子仁孝,且吕后与陛下同甘共苦,岂可背弃! 并表示:"陛下必欲废嫡而立少,臣愿先伏诛,从颈血污地!"又谏惠帝修复道从宗庙道之上行。此两谏皆从正面烘托[①],这样一个品行并不高,也有可取之处的完整的形象,在烘托中全都显现出来。

在《商君列传》里,围绕变法,魏相公孙痤、秦孝公、甘龙、杜挚,是前半篇烘托商鞅的人物;后半篇则有魏国的公子卬、梁惠王,以及秦国的赵良、公子虔,似乎都为写商鞅而存在,全都起了烘托作用。《司马相如列传》的临邛令王吉、卓文君、卓王孙、汉武帝与狗监杨得意,全都用来烘托传主。特别是卓王孙,其女文君私奔,则大怒"不分一钱"。当相如与文君卖酒,则"闻之耻也,为杜门不出"。后相如为中郎将,建节使蜀,"蜀太守以下郊迎,县令负弩矢先驱,蜀人以为宠。于是卓文孙、临邛诸公皆因门下献牛酒交欢。卓文孙喟然而叹,自以得使女尚司马长卿晚,而厚分与其女财,与男等同"。前后之变化,都是以之烘托司马相如由贫而至显贵。这种烘托很带有戏剧性,秦腔依此而有《琴剑飞声》之剧。《儒林外史》之"范进中举"之张屠户,似乎又以此为粉本。

对于《史记》的烘托,前人亦有留意。宋人王大成说:"《(新)唐书》如近世许道宁辈画山水,是真画也;太史公如郭(熙)忠恕画天外数峰,略有笔墨,然而使人见而心服者,在笔墨之外也。"[②]这里是在说《史记》行文舒朗,也应包括烘托文字。清人王治皞说:"太史公文虽变幻,却将一二字句作

---

① 李景星《四史评议》说:"即谏易太子数语,似乎正当矣。而在通之心,亦是宦成以后,借巧立名。且其口中句句为太子,而眼光中却有一狰狞可畏之吕后在也。故曰:'吕后与陛下攻苦食啖,其可背哉!'"叔孙通本为太傅,谏易太子本是职内之事,似非"借巧立名"。

② 王大成:《野老纪闻》,见王楙《野客丛书》附录一,上海古籍出版社 1991 年版,第 448 页。

眼,领清题窾,客意旁人而不离其宗。"①所谓"客意"当主要指以旁人烘托传主。汤谐说:"《史记》之文,一篇自有一法,或一篇兼具数法。烟云缭绕处,几于勺水不漏,而寄托遥深,迷离变幻,使人莫可端倪。"②王维桢说:"迁史之文,或由本以之末,或操末以缕颠,或繁条而约言,或一传而数事,或从中变,或从旁人,意到笔随,思余语止。"③以上所说"烟云缭绕""或从旁人"就纯指烘托渲染。《史记》不仅以此为刻画人物之手法,而且以此经营一层又一层的烘托手法,确实能别具一格。这些若就人物正面直写,不一定就好,就正面不写而侧面写,而从"旁入",这样全篇自有"烟云缭绕""天外数峰"的效果。

二、多角度的烘托

《史记》以叙写大场面而著称,而在大场面中,有工笔重彩的精雕细刻,也有浓墨粗笔的烘托渲染,前者有正面描写,也有侧面烘托。而粗枝大叶的写意,却多用烘托手法。

写项羽的垓下之战,项羽的歌泣笑怒,呼啸奔突,一举手一投足,皆从正面刻画,是史公最得意之文字,而著名的巨鹿之战,奠定了项羽的领军位置,却浓墨大笔写得粗枝大叶,且全用侧面烘托手法④,而不直接刻画一字,诸如"诸侯军救巨鹿下者十余壁,莫敢纵兵",此为战前;写到战中,"及楚击秦,诸将皆从壁上观","诸侯军无不人人惴恐"。而写楚军,只有两句:"楚战士无不一一当十,楚兵呼声动天",——固然好句,然太简略了,甚至于不免笼统,真是粗枝大叶,而我们的阅读期待值确实没有得到满足,接着就是——"于是以破秦军"——期待的希望似乎将要熄灭。然而:

项羽召见诸侯将,(诸侯将)入辕门,无不膝行而前,莫敢仰视。

大战结束,项羽终于出现了,然而只闻其声,不见其人,见到的只是"诸侯将"。但是诸侯将军一旦进入辕门,"无不膝行而前",这下该可以瞻仰这

---

① 王治皞:《史记榷参·读史总论》,见杨燕起等编《历代名家评史记》,北京师范大学出版社1986年版,第207页。
② 汤谐:《史记半解·杂述》,商务印书馆2013年版,第18页。
③ 见凌稚隆辑校《史记评林·读史总评》引录,天津古籍出版社1998年版,第171页。
④ 郭嵩焘:《史记札记》:"项王自叙七十余战,史公所记独巨鹿、垓下两战为详。巨鹿之战全用烘托法,不一及战事。"商务印书馆1957年版,第58页。

位少年将军"身长八尺,力能扛鼎"的威容了,然而却只有"莫敢仰视",便一切宣告结束。这四个字留下了广阔无垠的空间,任凭想象,不,用不上想象,项羽叱咤风云的形象就已呼之欲出,真如天外数峰,使人心驰神往。

而且这"莫敢仰视",勾动前文起事时斩会稽守,瞬间击杀数十百人,"一府中皆慴伏,莫敢起";也牵动起下文"项王泣数行下,左右皆泣,莫能仰视",以及"楼烦欲射之,项王瞋目叱之,楼烦目不敢视,手不敢发,遂走远入壁,不敢复出"。无论是大胜还是大败,无论是何等景况,项羽这尊丈二金刚都威力逼人。无论是友军,敌军还是左右属下,不是"莫敢仰视",就是"莫能仰视",甚至于大喊一声,"赤泉侯人与马俱惊,辟易数里"。巨鹿之战的粗枝大叶描写精彩焕发,成功极了,其原因就在以诸侯军与诸侯将领一而再,再而三的陪衬,烘托得项羽精光四射。其中三"莫敢(能)",三"无不",精简的烘托发生了震撼的魅力。牛运震说:"正写战形,止比二句,妙用诸侯前后衬托,振动踊跃,遂有生龙活虎之势",①正是看出了"衬托"所起的作用。

此为大刀阔斧的粗写,还有精雕细刻时,亦用烘托手法,犹如油画一笔一笔涂色,一层一层烘染,而有厚重色彩焕发的美感。《魏公子列传》中迎侯生处,多层烘托,多维度聚焦魏公子如何好客。"公子于是乃置酒大会宾客。坐定,公子从车骑,虚左。自迎夷门侯生",这是迎接的大背景,以此写道:

> 侯生摄敝衣冠,直上载公子车,不让,欲以观公子。公子执辔愈恭。侯生又谓公子曰:"臣有客在市屠中,愿枉车骑过之。"公子引车入市,侯生下见其客朱亥,俾倪,故久立,与其客语,微察公子,公子颜色愈和。

侯生上坐于左而不让,依此倚老卖老的行径考察,结果"执辔愈恭";途中又中生枝节,要求"枉车"绕道去见朋友,而且絮语恳谈没完没了,以此"微察公子"。结果"颜色愈和"。这两次"直接考核",侯生为"主试官"故意无礼,特意磨蹭,公子为被考者,是为次角,以"愈恭""颜色愈和"得了高分。就在这当儿,却横插一笔:"当是时,魏将相宗室宾客满堂,待公子举酒"。作者犹如"摄像记者",把摄像机又移到满堂将相宾客等待"举酒"的宴会上。然却用介宾词组"当是时"轻轻提动,就穿插了两句不同空间的另一场

---

① 牛运震:《史记评注》,三秦出版社 2011 年版,第 30 页。

面,不仅与前"置酒大会相应",而且在此又是一层烘托,然后再回过头来接叙到街市上：

> 市人皆观公子执辔。从骑皆窃骂侯生。侯生视公子色终不变,乃谢客就车。

这又是两层烘托:一是"皆观公子执辔"的市人,他们犹如这场公开"考核"的听众,一切都看在眼里;一是"皆窃骂侯生"的从骑。公子能受得了磨蹭折腾,他们却没有这份耐心,而且"皆窃骂"这一笔反衬得重,烘托得有色有彩。而公子由"执辔愈恭"到"颜色愈和",再到最后"色终不变",而且这些都从侯生的眼中看出。以上凡四次烘托,一路络绎而来。于是:

> 至家,公子引侯生坐上坐,遍赞宾客,宾客皆惊。

这是借宾客烘托公子好客,为第五次烘托。最后由侯生在宴会上做了"总结发言",道出了这次"考核"的原委:"然嬴欲就公子之名,故久立公子车骑市中"。而且"市人皆以嬴为小人,而以公子为长者能下士也"。讲话中间又带叙出:"过客以观之,公子愈恭",属于补叙,又是第六次烘托。

这六次烘托,贯穿两种旋律,一是侯生"欲以观公子""俾倪""微察公子","侯生视公子色终不变",一是侯生眼中见到公子的"愈恭""颜色愈和""色终不变"。除两种旋律逐层配合外,还有第三种旋律:市人、将相宗室宾客、从骑、过客。这三种旋律合奏,演奏了一场"公子下士"的交响乐,久久地回荡在历史的上空!

《范雎传》里用了不少笔墨叙写须贾,特别是出使秦国,于邸舍相见所范雎,受骗而至相府再度相见,受到侮辱与谴责,充分展示了范雎"睚眦之怨必报"的为人与性格。须贾其人写得生动,其原因是做了烘托的角色,与陪衬的范雎相互对照,亦同样具有戏剧情节。元人高文秀《谇范叔》杂剧,即以此改编。

《季布传》即以周氏、朱家、夏侯滕、樊哙、汉文帝、曹丘,还有其弟季心,其舅丁公做陪衬。吴见思说:"季布一传正写处,只折樊哙对文帝数语。余则借周氏,借鲁朱家,借滕公,借曹丘生,四面衬贴,而季布节概,无不出现,此绿叶扶花之法也。"①又说:"季布两附传,季心以正合,丁公以反衬。"②"正合"者正面烘托,"反衬"者反面衬托。樊哙对吕后(非文帝)数语,引发季布的反驳,如此"正写"也是用樊衬季。在季心附传末尾特意点出,"当是时,季心以勇,布以诺,著闻关中"。把主传与附传勾合连锁,以借季布烘托其弟,又"缴还本传。以附传论,则心主布客,借客形主;以本传论,则布主心客,因客归主"③,互有变化,相互烘托。

即便是季心附传,也同样用了烘托,如季心"尝为中司马,中尉郅都不敢加礼",不正面直写其侠气,反从号曰"苍鹰"的郅都衬出,就是烘托的加重手法。

《晁错传》正面描写的只有文帝时为太子舍人,他的政治生涯主要是在景帝时,却全用侧面烘托写法。一、景帝既往,擢为内史。言事常被采纳,法令多方更法。丞相申屠嘉不满,借事倾害未遂。二、削藩引起了诸侯喧哗,老父至京劝勿疏人骨肉,群议多怨。晁错以为不如此则天子不尊。错父以为刘氏安而晁氏危。不思见祸及身,遂饮药而死。"死十余日,吴楚七国反。以诛错为名。及窦婴、袁盎进说,上令晁错衣朝衣斩东市"。这是以老父反衬,晁错为国而不顾身。

特别是第三次烘托,邓公击吴楚为将,返朝后回答景帝所关心的晁错死而吴楚罢兵否。吴王谋反已数十年,怒于削地,以诛错为名,其意非在错也;晁错患诸侯强难制,削地以尊京师,为"万世之利也"。然"计画始行,卒受大戮,内杜忠臣之口,外为诸侯报仇,臣窃为陛下不取也"。景帝听了默然许久,才说:"公言善,吾亦恨(遗憾)之。"此为晁错死后的对话,邓公之言可谓盖棺定论,作者借此使冤案大白,纯用烘托回衬晁错为国而冤死。

写晁错,从政敌、亲人、不相干者三个角度烘托其人,其目的在于显示晁错"不顾其身,为国家树长画",也在以烘托为主的叙写中完成。

由上可见,无论大场面的描写,人物之刻画,还是附传之安排,传主一生经过之叙写,烘托都起了不可或缺的重要作用,而且采用不同角度,变化烘托,其中的传末论赞,也有了不少的变化。加上与正面叙写的结合,就好像从不同维度观察人物雕塑,形象更为丰满多样。

三、耐人寻思的结尾烘托

从文体特征看,纪传体的开头都有绕不过去的基本情况的交代,在文

---

① 吴见思:《史记论文》,中华书局1916年版,第7册第8页。
② 吴见思:《史记论文》,中华书局1916年版,第7册第7页。
③ 吴见思:《史记论文》,中华书局1916年版,第7册第7页。

章经营上艺术空间不会太大。司马迁过人之处,是以人物早年的小故事,打破纪传体先天固有的基本模式,诸如项羽学万人敌,刘邦之母与龙交合,张良博浪沙一击,李斯见鼠而叹,张汤劾鼠掠治,韩信胯下之辱,张仪遭笞问舌,蔡泽看相问寿,陈涉鸿鹄之志,黥布当刑而王,此类置于开头,既能引人入胜,又对传主的个性预先有所揭示,显示一开头就气象不凡的风采。

与开头相较,结尾虽不可能像"凤头"般的开头那样引人,但可以施以"豹尾"而扭转全局,如上文已及的《晁错传》的结尾,寓论断于邓公的一席话中,为晁错大鸣奇冤。比较而言,结尾的空间更大,或如钟声悠扬不尽,或如锣鼓齐鸣突然戛然而止,或如明月入怀使兴致不尽。史公为文章高手,他的结尾每使人流连忘返,其中尤其是结尾的烘托,手法多样,别出心裁,留有不尽之情思。

垓下之围最后,项羽在万马丛中发现故人,决定把脑袋作为最后的"礼物"赠人,遂自刎而死。于是故人王翳取其头。到此文章可以结束,然而还写道:"余骑相蹂践项王,相杀者数十人。"这等于是说项羽死了,他的英魂还要杀死汉军数十人。至此也该结束了,然而"最其后",详叙汉之四将,"各得其一体,五人共合其体,皆是"。于是"故分其地为五",一一详加叙明,可见项羽又如何使刘邦心惊胆战。直至六七年后,平息英布叛乱"望布军置陈如项籍军,上恶之"。这回该彻底结束了,不料又出现一段:

> 项王已死,楚地皆降汉,独鲁不下。汉乃引天下兵欲屠之,为其守礼义,为主死节,乃持项王头视鲁,鲁父兄乃降。始,楚怀王初封项籍为鲁公,及其死,鲁最后下,故以鲁公礼葬项王谷城。

这个"独鲁不下"也使刘邦惊骇一阵,即便是楚军全部覆灭,这才是地面上的。还有不知多少"地下"不知名的反对者,项羽的拥护者,这怎能使汉王安心?于是"汉王为发哀,泣之而去",发哀的形式,可能要比今日新闻发布会还要隆重,刘邦还要"哀泣",他要向世人表示,他是如何重视结为兄弟的情义。这犹如活鼠哭死猫。在他内心是喜极生悲,而他的目的是想用几滴眼泪软化那些不服帖的看不见的反对者!而且还有"王恩浩荡"的举措:

> 诸项氏枝属,汉王皆不诛。乃封项伯为射阳侯。桃侯、平皋侯、玄武侯皆项氏,赐姓刘氏。

又是眼泪,又是封侯,还有"赐姓刘氏"的殊荣,善后工作做得那么周密!恩怨至此俱泯,不,至此汉王才能有些放心,好去安心做他的皇帝了。一篇大文于此结穴,犹如洪钟大吕,余音嗡嗡不绝,也催人掩卷长思,叹息不已!又或如暴风雨过后余霞布满天际。牛运震说:"'项王已死'以下数段,回旋缭绕,此太史公痛惜项王也,中有无限唏嘘之神"。"以鲁事作余波,乃直接至怀王初封,收尽通篇,极有笔力"。"又及项氏族属,而著其姓氏,如夏、殷纪末带及后代诸氏,此所以为本纪体也"①。这话说得当然不错,然从写项羽的角度看,这些未尝不是回波倒卷,对项羽从各方面做了最后的烘托。唯其如此,项羽方能永远"活"着。

有些结尾斩绝,戛然而止,却耐人寻味。《绛侯周勃世家》的周亚夫传结尾,说亚夫"纵不反地上,即欲反地下耳",关押五日,不食呕血而死。然后略为交代子孙后事,最后收尾说:"条侯果饿死。死后,景帝乃封王信为盖侯。"为此两次写死,不是太重复了吗?"果饿死"之再言,是为了回应开头为将相后九岁而饿死——这是相面者预言。从文章上说为了首尾呼应。死后乃封王信为侯,王信是景帝的小舅子(王皇后的哥哥),窦太后授意欲封,丞相周亚夫毅然阻止,景帝只好黯然而止,然而衔忌恨在心。所以亚夫一死,景帝才如意以偿。这也是硬说周亚夫"欲反地下"的原因,把他逼死,景帝才能了却压在心头的封侯事。结尾如此之"冷",回衬烘托周亚夫亢直守节的人格,有了这一笔,不仅圆满,且让人回思不已。《晏子传》结尾以车夫洋洋自得反衬晏子志念深矣,而以"晏子荐以为大夫"一句结束。此一句很"热",倾注了作者的钦慕:"假令晏子而在,余虽为之执鞭,所忻慕焉"——这是"太史公曰"的礼赞!这样的结尾也能让人回味不尽。

有些结尾烘托传主,而具有深切的用意。《淮阴侯列传》说韩信以谋反初诛,结尾说刘邦平息陈豨叛乱归来,听到韩信临死言"恨不用蒯通计",就抓来审问,答词有:"竖子不用臣之策,故令自夷于此。如彼竖子用臣之计,陛下安得而夷之乎!"这实际上以当事人之口证明韩信不反,是对韩信不反最好的证明,正是最好的烘托,也是最恰切不过的结尾。而韩信不白之冤,由他统统雪洗一净。《魏其武安侯列传》结尾补叙了田蚡接受淮南金事。接言:"上自魏其时不直武安,特为太后故耳。及闻淮南王金事,上曰:'使武安侯在者,族矣!'"这是对田蚡的裁断,亦属于回波倒卷的烘托,这样的烘托,使人快慰!作者的用意也深切著明。

《韩长孺列传》说他在梁因开释梁孝王与景帝的矛盾,名声大振,但因

---

① 牛运震:《史记评注》,三秦出版社2011年版,第36页。

此入京后而在对付匈奴时,事事不如人意,后被疏远,默默自愧,忽忽不乐。结尾说:"数月,病呕血死。安国以元朔二年卒。"他为人多大略,智足以当世取合,而出于忠厚焉。他代理过丞相,因一时掉下车崴了脚,失去任相之机。而他的结局是郁懑而死,其原因是新幸将军卫青有功,益贵,他自然就被疏远,给他的人马无多,所以为匈奴所欺。他的受气而死,实在本身是对一个有才能不幸的烘托,由他之死可以想到李广自杀的原因,这又引起人之不尽之同情。《主父偃传》末尾说:"主父方贵幸时,宾客以千数,及其族死,无一人收者,唯独洨孔车收葬之。天子后闻之,以为孔车长者也。"主仪偃之死本属悲剧,死后无人收尸,又是悲剧后之悲剧。唯独孔车一人收尸,这种烘托极为凄凉,尸骨未凉而人心早已凉了,不免使人感慨唏嘘。

《酷吏列传》最后写的是杜周,结尾说:"杜周初徵为廷史,有一马且不全;及身久任事,至三公列,子孙尊官,家訾累数巨万矣。"对于杜周,这是正面直写,然对于这篇类传来说,这又是最好的烘托渲染法了。《平准书》的结尾里以卜式之言结尾,他的最后两句话是"亨弘羊,天乃雨"。这是对汉武帝时的经济政策的反面论定,也是一种烘托手法。

《刺客列传》中的《聂政传》结尾以其姊聂荣烘托聂政,文字最为激楚悲怆。邻国听到她"悲哀而死政之旁"。聂政刺杀侠累以后,怕连累其姊,自破面决眼,自屠出肠而死。聂荣不愿灭弟贤名,亦不畏殁身之诛,痛哭韩市,大惊韩人,哭死弟尸之旁,邻国闻之,皆曰:"非独政能也,乃其姊亦烈女也"。这种烘托比作为刺客的意义要为悲烈,感天动地,最为激荡人心。《荆轲传》说刺秦不遂,荆轲倒下去,他的好友高渐离前仆后继,举筑击秦皇不中,使之"终身不复近诸侯之人",把荆轲视死如归的精神烘托到极致。这种烈性文字,每个字眼都充斥助弱除强的力量。鲁勾践说:"嗟呼,惜哉其不讲于刺剑之术也!"以此结束,又表示了对荆轲的无限惋惜与不尽的感慨。这种烘托、如此结尾,如飓风过后,树欲静而风不止,又让人回味无穷。

《李斯列传》叙写李斯腰斩而痛悔不及,又言赵高逼死二世欲为帝,而"殿欲坏者三",乃立始皇弟子婴即位,子婴命人刺杀赵高,仅三月,"沛公兵从武关入,至咸阳,群臣百官皆畔,不适。子婴与妻子自系其颈以组,降轵道旁,沛公因以属吏。项王至而斩之,遂以亡天下"。如此结尾,意在烘托李斯阿顺苟合,废嫡立庶,不仅亡身,大秦亦亡于其手,其意义至为大矣。

有些结尾顿挫起伏,让人感慨中有所慰藉。《魏公子列传》末尾说魏公子自赵返魏后,秦国数使人反间,毁公子于魏王,说是公子欲自立为王,魏王使人代公子将。"公子自知再以毁废,乃谢病不朝,与宾客作长夜饮","竟病酒醉"。其中有不尽之惋惜。然而又言:秦闻公子死,攻魏而拔二十城,初置东郡。其后稍蚕食魏,十八年而灭魏。此与上文构成一大顿挫,反衬烘托魏公子身系魏国之存亡,使人又生不尽之感慨。最后又言:高祖早闻公子贤名,即位后,"每过大梁,常祠公子"。后还"为公子置守冢五家,世世岁以四时奉祠公子",此与上文又为一顿挫,为再次烘托,见出影响深远,也是作者的意味深长的悼念。牛运震说:"末尾详载高祖奉祠公子事,笔外有情,状外有态,低徊缭绕,如不欲尽。"①所谓"笔外""状外",实际上即就烘托而言。到此结尾,给人多少安慰。

有些结尾悲壮激烈,使人慷慨而叹。《田儋列传》言田横自杀,二客亦自杀于其冢旁,海上其余部属皆自杀,悲壮浓烈。以悲壮气氛,烘托出田横"能得士",而"宾客慕义而从横死",给田横之死渲染出动人心魄的亮色。有些结尾却烘托出无限的遗憾,《屈原传》结尾说:"屈原既死之后,楚有宋玉、唐勒、景差之徒者,皆好辞而以赋见称。然皆祖述屈原之从容辞令,终莫敢直谏。其后楚日以削,数十年竟为秦灭。"反衬性的烘托,见出屈原身后之寂寞,而且楚为秦灭,更有遗憾不尽之怅然。《吴太伯世家》说吴王夫差"悔不用夫差之言"而自杀,"越王灭吴,诛太宰嚭,以为不忠,而归"。这个结尾似乎很平静,却反而衬烘托出吴国的教训又是多么深刻!

《越王勾践世家》叙至闽君入汉为越王,本该结束,却有琐碎详叙范蠡及长子"顾有所不能忍者",使其弟被杀,"虽曰家事,已该国事。虽曰反说,实则正言矣"②,这是以家事反衬烘托国事,勾践之霸越,正是范蠡协助,而得力于一个"忍"字。范蠡其所以能全身远祸,亦因在乎此。

司马迁擅长批评讽刺,常在结尾处以烘托,亦见出色。《封禅书》末尾说"今上封禅","遍于五岳、四渎,而方士之候伺神人,入海求蓬莱,终无有验。而公孙卿之候神者,犹以大人之迹为解,无有效"。这是对全文的总结。以下则言:"天子亦怠厌方士之怪迂语矣。然羁縻不绝,冀遇其真。"是说被骗得亦够累,甚至于有些讨厌,然还舍不得这些方士,总想能碰到一次真的。最后则言:"自此以后,方士言神祠者弥众,然其效可睹矣。"不说这一切都是假,耗财费神劳而无功,只言"其效可睹",这种总括真是让人哭笑不得!如此辛辣老劲之断语,真让武帝不堪。林纾说:"本文饱叙妄诞之事,及到结束必有悔悟之言,偏复调转,还他到底妄诞,却用一冷隽之笔闲闲点醒。"③以简略之冷凉语,作一大篇"汉武求仙记"之烘托,而"全篇主意

---

① 牛运震:《史记评注》,三秦出版社2011年版,第194页。
② 李景星:《四史评议》,岳麓书社1986年版,第44页。
③ 林纾:《春觉斋论文·用收笔》,人民文学出版社1998年版,第127页。

于此结穴"(牛运震语),犹如雪山崩溃只是在于瞬间,又如一巴掌打下指痕俱在,是为最辛辣最简洁而最入骨的大讽刺。

《春申君列传》末的讽刺,几乎不动任何声色,只在叙完春申君弄巧成拙,身死李园之手,而李园之妹与春申君所生之子立为幽王。本该结束,却又凭空而入:"是岁也,秦始皇立九年矣。嫪毐亦乱于秦,觉,夷其三族,而吕不韦废。"地分南北,事出一辙,以彼映此,妙合无垠。这是以吕不韦售娠姬而购祸,烘托春申君必然下场如此,"志天下之奇货者,必中天下之奇祸",奇贪导致奇祸,不是无独有偶,而是历史之规律。林纾说:"有同等之隐事,同恶之阴谋。同时之败霸,是天然陪客,……与本文两不关涉,然句中用一'亦'字,见得同恶之人亦同抵于族,不加议论,其义见焉。"①这种烘托,不仅与他传有别,而且见出作者别出心裁之精心与深切用意。

综上所论,烘托手法在《史记》里具有重要作用,叙写重大场面,刻画人物,组织结构,经营全篇,乃至结尾,都以各种烘托手法,使行文生动,意义深远,强调了对历史的事件关键部分的突出,表明了作者对历史的裁判。这无论在思想和艺术表现上都达到了很高的成就。

第六节 《史记》叙事特别提示:介宾短语"当是时"功能论

《史记》在叙事时,常常在紧要关头用"当是时"之类的介宾短语,或可称为介宾词组,做种种特殊提示。在插叙、补叙、并叙、倒叙,或者加入一种特别强调,都要以此作为唤醒读者注意力的特别提示,使用数量之多,是先秦文学,包括带有叙事性的诸子散文,远远不能相比。这一特殊风景线,灌注着饱满的感情,昭示叙述者精神健旺抖擞,不仅冷静的《左传》,即便与之并称的《汉书》,都可以此作为区别的明显标志。清代评点家对此有所注意,但因随文评点,未能予以总体上的分析与讨论。爬梳《史记》这一用语现象,分析梳理其中的规律,对于《史记》的叙事特征,会有更深一层的理解。

一、提示插叙的多样特征

在前文讨论对比方法时,偶有涉及"当是时",但对这一介宾短语,并未具体讨论。在《史记》中,使用"当是时"47次,后缀"也"字的"当是时也"用

---

① 林纾:《春觉斋论文·用收笔》,人民文学出版社1998年版,第127页。

了2次;于其中楔今结构助词而成"当是之时"用了17次;改换其中代词的"当此时"用了8次,"当此时也"1次;"当此之时"用了11次,"当其时"用了6次,合计92次。先秦史书《尚书》与《春秋》三传一次也没有,《战国策》只用了14次。《史记》的这种特殊现象,构成了一道特殊的风景线,虽然它的作用只是一个短小介宾词组作状语,但数量之大而罕见,就不能不让我们对之注意,去盘点、梳理、分析它的价值。

明清评点家在细读文本时,对此曾有留意,特别是牛运震的《史记评注》多有发明,然后随文评析,并未对全书做通盘考虑,更没有梳理出在叙事中的规律,而毕竟予人启示。

《史记》在叙事中,为了说明这件事的背景,或者与此相关的某情况,在叙事中特意中断,插入另一事或与此事相关的情况,为了主次线索分明,就用"当是时"之类的短语,提示出插叙的内容。插叙的内容有时很短,只是对主要事件做"附加性的说明"。如最早见于《殷本纪》,说成汤仁慈,在伊尹的协助下,本民族逐渐壮大,"汤出,见野张网四面","乃去其三面"。"诸侯闻之,曰:'汤德至矣,及禽兽。'当是时,夏桀为虐政荒淫,而诸侯昆吾氏为乱。汤乃兴师率诸侯,伊尹从汤,汤自把钺以伐昆吾,遂伐桀。"其中成汤壮大后伐昆吾,然后伐桀,是叙事的主线索。其中"当是时"三句切断了叙事的进展,插入了夏行虐政与昆吾之乱。此两事原本可放在成汤壮大之前叙述,但那样显得分散不紧凑,所以用"当是时"领起,把这背景插入伐桀之中间,顺便带出伐昆吾的原因,就把插叙与主要事件的叙述扣得很紧密。其原因是插叙话简短无多,二者接榫就显得自然,再如《秦本纪》:

> (穆公)五年,晋献公灭虞、虢,虏虞君与其大夫百里奚,以璧马赂于虞故也。既虏百里奚,以为秦穆公夫人媵于秦。百里奚亡秦走宛,楚鄙人执之。穆公闻百里奚贤,欲重赎之,恐楚人不与,乃使人谓楚曰:"吾媵臣百里奚在焉,请以五羖羊皮赎之。"楚人遂许与之。——当是时,百里奚年已七十余。——穆公释其囚,与语国事。

现在把叙述前后用破折号分开,视觉上更为一目了然。其人年七十余显然是"题外话"——是插入进去的,为了免得突兀,就用"当是时"特意做了提示。"穆公闻百里奚贤"三句,已见出求贤爱才意委曲必至;插叙一笔,又见出不嫌其老。牛运震说："此一提，波澜生动，太史公最擅长于此等笔法。"①此处发明虽简略，却揭示出《史记》叙事的一个重要特征。

《项羽本纪》在写鸿门宴时，刘邦偷偷溜走："乃令张良留谢。良问曰：'大王来何操？'曰：'我持白璧一双，欲献项王，玉斗一双，欲与亚父。会其怒，不敢献。公为我献之。'张良曰：'谨诺。'——当是时，项王军在鸿门下，沛公军在霸上，相去四十里。——沛公则置车骑，脱身独骑，与樊哙、夏侯婴、靳强、纪信等四人持剑盾步走，从郦山下，道芷阳间行。"

当时形势紧急，间不容发，却在百般匆忙中插入这几句不慌不忙的话，意在补充说明两军驻地不远，逃离容易。忙中偷闲之笔，少却不了，属于事理中少不了的交代。前文以及两军驻地，此处插叙出不远之四十里。牛运震说："此覆说一过，映上起下，神理之妙，不可言喻。"②由此看出，每到"当是时"，多是独具匠心之处。

《高祖本纪》说秦将章邯击破项梁，过河北击赵。"赵数请救，怀王乃以宋义为上将军，项羽为次将，范增为末将，北救赵。令沛公西略地入关。与诸将约，先入定关中者王之。"接着打住，插入当时大势："当是时，秦兵彊，常乘胜逐北，诸将莫利先入关。"是说义帝下诸将不敢先入关，以为秦兵强。然后再接上文"先入定关中者王之"："独项羽怨秦破项梁军，奋，恶与沛公西入关。"这里的插叙，则使诸将与项羽形成对比，亦见出项羽复仇心切。叙出其间曲折，叙述特有精神。

《吕后本纪》言吕后病死，大赦天下。接叙："朱虚侯刘章有气力，东牟侯兴居其弟也。皆齐哀王弟，居长安。当是时，诸吕用事擅权，欲为乱，畏高帝故大臣绛、灌等，未敢发。朱虚侯妇，吕禄女，阴知其谋。恐见诛，乃阴令人告其兄齐王，欲令发兵西，诛诸吕而立。朱虚侯欲从中与大臣为应。"按顺叙处理，应把"当是时"四句先叙出，然后写刘章与弟居长安，再接以其妇为吕禄女。但这样一来，未免平铺直叙，显不出当时一触即发紧张气氛。故用"当是时"几句插入中间，就在诸吕欲乱未发情况下，朱虚侯妇有大难临头的恐惧，这才把这极关紧要的机密告诉齐王。使用插叙，使当时绷得极紧形势，有间不容发之感，插叙显得"细脉悉致"（牛运震语）。

齐王得知率兵西进，相国吕产遣灌婴东向击之。灌婴留在荥阳，与齐王连和，以待诸吕变乱，共诛之。这时长安城内的形势是：

---

① 牛运震：《史记评注》，三秦出版社2011年版，第17页。
② 牛运震：《史记评注》，三秦出版社2011年版，第32页。姚苎田《史记菁华录》亦说："重提一笔，以醒大关目。真是千古妙手。"

> 吕禄、吕产欲发乱关中，内惮绛侯、朱虚等，外畏齐、楚兵，又恐灌婴畔之，欲待灌婴兵与齐合而发，犹豫未决。——当是时，济川王太、淮阳王武、常山王朝名为少帝弟，及鲁元王吕后外孙，皆年少未之国，居长安。——赵王禄、梁王产各将兵居南北军，皆吕氏之人。列侯群臣莫自坚其命。

这三节文字，首尾两节原本相连续，却在中间切断，横插"当是时"四句，写出诸吕对内外刘氏诸王非常畏惧，唯恐顾此失彼，彷徨无据，进退维谷。"'欲发''内惮''外畏''又恐''欲待'等句，写二吕心曲匆乱如画"。而"当是时"数句，"又用提掇，妙有安顿"[①]。

以上是"当是时"，再看"当是之时"与"当是时也"。二者语气较为舒缓，则用于事态不太紧张的语境中。《孟子荀卿列传》说："游事齐宣王，宣王不能用。适梁，梁惠王不果所言，则见以为迂远而阔于事情。——当是之时，秦用商君，富国强兵；楚、魏用吴起，战胜弱敌；齐威宣王用孙子、田忌之徒，而诸侯东面朝齐。天下方务于合从连衡，以攻伐为贤，——而孟轲乃述唐、虞、三代之德，是以所如者不合。"首尾两节同样原本可以接叙，而中间的插叙则对比出孟子"不合"于世的原因。这类插叙文字可以稍长，由于叙述舒缓，前后仍能连接在一起。特别是插叙末两句与第三节仅有的两句，构成了对比性的转折复句，显得极其自然。牛运震说："'当是之时'云云，一笔扬开，展脱纵横。此文家大开大合之处。"[②]就是说，插叙语长而疏朗，显得"展脱"，对比构成的顿挫转折，显得开合纵横。有时"当是之时"引出的插叙较短，这主要用于对话之间，插叙的文字不宜过长，否则会冲淡对话问答的气氛。《张释之冯唐列传》里文帝与冯唐论将，冯唐不假辞色，搞得文帝下不了台：

> 上怒，起入禁中。良久，召唐让曰："公奈何众辱我，独无间处乎？"唐谢曰："鄙人不知忌讳。"乃卒复问唐曰："公何以知吾不能用廉颇、李牧也？"唐对曰：……

于是引出冯唐一大段对话。中间插入"当是之时"的叙述，一来说明文

---

① 牛运震：《史记评注》，三秦出版社2011版，第47页。
② 牛运震：《史记评注》，三秦出版社2011版，第184页。

帝对用将特别上心而焦虑;二来插叙使对话中断,使文帝恼羞成怒的心情也有了一个缓冲的时间;三来也说明拉不下面子的文帝还要把对话继续下去,因为碰到匈奴来犯的棘手问题,所以终于屈尊"卒复问唐"。这里的插叙不仅只是匈奴犯境,而且借此刻画了文帝的心理。现行的中华书局本《史记》由"当是之时"另起段,就失去了对话的连续性气氛,也同时冲淡了对文帝的心理刻画。姚苎田说:"凡叙事必当补者,插入问答中,要有健笔。"[①]牛运震说:"'当是之时,匈奴新大入朝那'云云,接入此段妙极,突兀,意思却有关属,又能暗伏魏尚。此等笔法不得不独推太史公也。"[②]程馀庆谓插叙几句:"提时事起案,是所以复问之故。"[③]由此可见由"当是之时"领起的插叙具有多重作用。值得注意的是,《史记》每在插叙后的第三节首句,既能遥接第一节语意,又能承住插叙。此处"上以胡寇为意",既是接住上文对话的原因,又能接住匈奴进犯的插叙,同时也自然带出"乃卒复问唐"。把"突兀"打断的对话,关锁得紧密无缝。如果再想,倘若把介宾短语"当是之时"删去,不但没有以上诸种效果,语句就不能连缀起来。所以,"此等笔法"确为《史记》叙事的一大枢纽。

《史记》在事件纷繁复杂时,就连续使用插叙,把千头万绪理出眉目,显得井然可观。《陈涉世家》言初起事攻大泽乡,攻蕲,令葛婴将兵徇蕲以东,入据陈,卒已数万人:"数日,号令召三老、豪杰与皆来会计事。三老、豪杰皆曰:'将军身被坚执锐,伐无道,诛暴秦,复立楚国之社稷,功宜为王。'陈胜乃立为王,号为张楚。——当此时,诸郡县苦秦吏者,皆刑其长吏,杀之以应陈涉。——乃以吴叔为假王,监诸将以西击荥阳。令陈人武臣、张耳、陈馀徇赵地,令汝阴人邓宗徇九江郡。——当此时,楚兵数千人为聚者,不可胜数。——葛婴至东城,立襄强为楚王。婴后闻陈王已立,因杀襄强,还报。至陈,陈王诛杀葛婴。"

此段文字既要叙述陈涉起义的节节胜利所产生的巨大影响,又要写出各地反秦以呼应陈涉,还要写出楚人同时之小股义兵之多,又要叙出陈王为了扩大影响联系各地义军,还要叙出西击秦军。前后以陈王之军为主线,以各地呼应为次线。次线叙述作为插叙,两次打断主线的叙述,以见出陈涉揭竿而起,天下云起风应,全都沸腾起来。在两次插叙其他各地纷纷起义,陈涉进军与徇各地主线叙述又不中断,这不是"花开两朵,各表一

---

① 姚苎田:《史记菁华录》,上海古籍出版社1988年版,第206页。
② 牛运震:《史记评注》,三秦出版社2011年版,第257页。
③ 程馀庆:《历代名家评注史记集说》,高益荣等校点,三秦出版社2011年版,第4册第1186页。

枝",而是千头万绪,遍地反秦义兵在"陈涉首难"后如雨后春笋,却通过两番插叙,主次交错,叙写得井然有序,使棼如乱丝的反秦高潮,如指掌中,如登高俯瞰,群山逶迤尽收眼底。顾炎武说:"秦楚之际,兵所出入之涂,曲折变化,如太史公序之如指掌"。"自古史书兵事、地理之详,未有过此者。太史公胸中,固有一天下大事,非后代书生所能及也。"① 吴见思说:"陈胜首事是急匆匆之时,千端万缕各处纷来,一时已难支应。况时止六月,事有六月中毕者,有六月不能即序者,有一时并起一笔不能双写者,倏忽之间如何收合,他却逐件齐入,即随手放倒,如蜃楼海市,忽有忽无,而中有线索贯穿,不见其杂沓,笔法绝人。"② 对此段两节插叙,以及还有下文"当此之时,诸将之徇地者,不可胜数",牛运震说:"三段提纲挈领,结构紧严,叙事繁而不杂,长而不懈。"③"当此时"或"当是时也"之类短语的领起插叙短语,犹如宋词的勾勒,使不同时空的不同事件杂陈并列而又井井有条,或主次分明,或互相对比,或交代事出有因,或忙中偷闲以作衬托。而插叙内容,或详或略,或短至一两句。插叙与前后文字,或如青山一道而山腰被白云隔断,或云山缭绕成一片,或如"叠嶂西驰,万马回旋,众山欲东"的峰峦逶迤,景象万千,或者把前文所及者复说一遍以作强调。情势紧急者则用"当此时",如鸿门宴插入两军相距十里,或仅作插入点述者,"当是时,百里奚年已七十余",亦不用"当是时也"的缓调,目的在于不减少叙事的进速。

总之,"当是时"大多用于头绪较多或者纷乱复杂的事件中,一经介宾短语勾勒,纷乱者使之清晰,单纯者情势如见。确实形成"太史公最长于此等笔法"的特别提示叙事规律,显示出"此等笔法不得不独推太史公"的叙事个性。

二、提示分叙的多样特征

在叙事学上,分叙亦称平叙或并叙,就是"花开两朵,各表一枝"的写法。两件不同的事,并列叙述,叙述此事后,紧接又叙述彼事,这和插叙不同。插叙为了避免插入事的突然而用"当是时",予以特别提示,带有缓冲作用;若用于加速冲击,则插叙与前后叙述主线形成对比或烘托。而分叙使用此短语,意在提示叙了一事又叙说一事,在二者之间有分疆划界的作用。

---

① 黄汝成:《日知录集释》卷二六"史记通鉴兵事"条,中州古籍出版社 1990 年版,第 590 页。
② 吴见思:《史记论文》,中华书局 1916 年版,第 4 册第 32 页。
③ 牛运震:《史记评注》三秦出版社 2011 年版,第 141 页。

《秦始皇本纪》说始皇受到卢生所谓居处不令人知而长生之药可得的蛊惑,"乃令咸阳之旁二百里内宫观二百七十复道甬道相连,帷帐钟鼓美人充之,各案署不移徙。行所幸,有言其处者,罪死。始皇帝幸梁山宫,从山上见丞相车骑众,弗善也。中人或告丞相,丞相后损车骑。始皇怒曰:'此中人泄吾语。'案问莫服。当是时,诏捕诸时在旁者,皆杀之。自是后莫知行之所在。听事,群臣受决事,悉于咸阳宫。"

发现泄密审问无人承认为一事,以"当是时"领起的"诏捕诸时在旁者,皆杀之"又是一事;把三个层次划分得极为清晰,分叙后有小结按断。始皇行踪神秘,文字森严老横,简质劲峭。

《匈奴列传》说到周与匈奴的关系时:"至于周幽王,用宠姬褒姒之故,与申侯有隙。申侯怒而与畎戎共攻杀幽王于骊山之下,遂取周之焦获,而居于泾、渭之间,侵暴中国。秦襄公救周,于是周平王去酆镐而东徙于雒邑。当是之时,秦襄公伐戎至岐,始列为诸侯。"周平王被迫东迁是一事,秦穆公救周趁机伐戎得以发展,上升为诸侯,又是一事。用"当是之时"把两件事分开,表示两事是同时进行,采用了分叙的形式。牛运震说:"'当是之时,秦襄公伐戎'云云,带笔却有关键,极不可少。"①所谓"带笔"就是以叙匈奴与周关系为主体,叙到秦则顺带而出的,在叙述上显然是两事分叙。

《史记》在分叙时,并非平分秋色,先叙事为主体,写得较详,次叙事为陪衬,写得简略,两事分叙,详略呼应,相互陪衬。《高祖本纪》写刘邦攻克彭城:

> 项羽闻之,乃引兵去齐,从鲁出胡陵,至萧,与汉大战彭城灵壁东睢水上,大破汉军,多杀士卒,睢水为之不流。乃取汉王父母妻子于沛,置之军中以为质。——当是时,诸侯见楚彊汉败还②,皆去汉复为楚。塞王欣亡入楚。

吴见思说:"百忙中又插写诸侯、塞王一笔,四面照耀,以取势也。"③《高祖本纪》这时以楚汉相争为主线,其他诸侯左右摇摆是次线,故前详后略。"当是时"是分叙的标志,也是提笔一振,推出陪衬,显出楚势强悍,无

---

① 牛运震:《史记评注》,三秦出版社2011年版,第279页。
② 中华书局《史记》三家注本,"还"字属下句,不通,当上属。
③ 吴见思:《史记论文》,中华书局1916年版,第1册第73页。其中的"一"与"四"位置颠倒,据程馀庆《历代名家评注史记集说》纠正。

坚不摧,有回笔照耀的效果。

《史记》在分叙时,两事并列,形成鲜明对比,主要是用于对话之中。《萧相国世家》说刘邦平叛英布归来,民遮道上书,言萧相国贱价强买民田宅数千万,就趁着萧何为民请退苑还耕,把他关起来送入廷尉。数日后,有王卫尉劝谏说:"夫职事苟有便于民而请之,真宰相事,陛下奈何乃疑相国受贾人钱乎!"接着又指出:

> 且陛下距楚数岁,陈豨、黥布反,陛下自将而往,当是时,相国守关中,摇足则关以西非陛下有也。相国不以此时为利,今乃利贾人之金乎?

一边简叙刘邦,一边详述萧何,以"当是时"提动前后的对比,犹如一河两岸,在分明的对比中,指出相国不会"利贾人之金"。说得刘邦不高兴了半天,当天只好把他放了出来。这里的分叙用对比把道理讲得清楚,加上前用短句疏朗,后用长句绵密,道理在对比中更加分明了。

在《淮阴侯列传》里,把分叙的对比用得更为突出,为以后刘邦疑忌韩信埋下了伏笔:"汉四年,遂皆降平齐。使人言汉王曰:'齐伪诈多变,反覆之国也,南边楚,不为假王以镇之,其势不定。原为假王便。'"韩信自求为齐假王,这是挟功胁主。刘邦对此极为震怒,不得不上演一场滑稽剧:

> 当是时,楚方急围汉王于荥阳,韩信使者至,发书,汉王大怒,骂曰:"吾困于此,旦暮望若来佐我,乃欲自立为王!"张良、陈平蹑汉王足,因附耳语曰:"汉方不利,宁能禁信之王乎?不如因而立,善遇之,使自为守。不然,变生。"汉王亦悟,因复骂曰:"大丈夫定诸侯,即为真王耳,何以假为!"乃遣张良往立信为齐王,征其兵击楚。

刘邦的"大怒"是正常的。韩信平齐之得势,而刘邦被楚急围之困窘,韩信借着这个当口求为齐王,恃功逼主,这无异于为自己埋下了祸害的种子,因而引发了刘邦的大骂。然一经张、陈"蹑足""附耳语",一旦悟出其间"不然,变生"的利害,立马大转弯,而且采用了借水放船方式——趁着刚才的"怒骂","因复骂曰",而且又在"真假齐王"做文章,把瞬间的极力反对,一变而为兴奋地支持。如此变色龙的招儿,把一场闹剧演得活灵活现。"当是时"把韩、刘分开,又特意于介宾短语之后点出"楚方急围",即与"皆降平齐"构成对比,而在分叙的刘邦这一边,前后真骂与假骂和"假齐王"——代理齐王与真齐王构成对比,刘邦在两层对比,又在"当是时"的提示之下,见风扬帆的本领表现得淋漓尽致。如果再看看鸿门宴上,"范增数目项王,举所佩玉玦以示者三",而"项王默然不应",刘、项的对比又是多么的明显,在生死变乱攸关的大事上真是泾渭分明!由此可以说,《史记》所用的介宾短语成功了,不,应当是精彩焕发!在叙事在刻画人物上,发挥了意想不到的各种特殊作用。

《史记》在叙述琐屑小事时,亦用介宾短语,续写出人情世故的风俗画面,令人感慨嘘唏。《滑稽列传》说:"武帝少时,东武侯母尝养帝,帝壮时,号之曰:'大乳母'。率一月再朝。朝奏入,有诏使幸臣马游卿(人名)以帛五十匹赐乳母,又奉饮食养乳母。乳母上书曰:'某所有公田,愿得假请之。'帝曰:'乳母欲得之乎?'以赐乳母。乳母所言,未尝不听。有诏得令乳母乘车行御道中。"汉武帝很有些人情味,对乳母供养甚丰,唯其所欲,尽量满足。虽然已涉及损害公家利益,甚至赋予"乘车行御道"的特权,亦在所不惜。于是,作者又火上浇油,笼括地带出一笔:

当此之时,公卿大臣皆敬重乳母。

武帝敬重乳母到了唯欲是满的地步,公卿大臣有哪个敢不"敬重乳母",唯命是从的臣子们,就像汉武帝所重用的酷吏们,"不循三尺法,专以人主意指为狱","上所欲挤者,因而陷之;上所欲释者,久系待问而微见其冤状"。大臣为武帝之马首是瞻,把一老妪捧到天上,这里简短地分叙出另一端,气氛一下子就轰然出来,乳母便成了偌大长安炙手可热的人物了。虽只简短到一句,却有颊上三毫的魅力。尽管只是笼括性的虚写,却如春风荡漾中的老树丛花,摇曳得意。以致弄到"老女子"的子孙仆人随从者"横暴长安"——光天化日在天子脚下——"当道掣顿人车马,夺人衣服",汉武帝还"不忍致之法",直到法官请徙之于边,武帝却"罚谪潜之者"——处罚了上告乳母者。回头再看,介宾短语,它所起的作用,就不言而喻了。这里没用"当是时"或"当此时",是因叙写宫闱琐事,就用了语气舒缓的"当此之时"。这故事虽然出之于褚少孙之笔,然行文亦酷肖太史公。

在《汲郑列传》里,先写汲黯为政简易能宏大体。然后叙其"为人性倨,少礼,面折,不能容人之过。合己者善待之,不合己者不能忍见,士亦以此不附焉","好直谏,数犯主之颜色","不得久居位"。然后退出分叙:

> 当是时,太后弟武安侯蚡为丞相,中二千石来拜谒,蚡不为礼。然黯见蚡未尝拜,常揖之。天子方招文学儒者,上曰吾欲云云,黯对曰:"陛下内多欲而外施仁义,奈何欲效唐虞之治乎!"上默然,怒,变色而罢朝。公卿皆为黯惧。上退,谓左右曰:"甚矣,汲黯之憨也!"

分叙之前端,是概括性的虚写;而以"当是时"领起之后端,则叙两事说明"不合己者不能忍见",特别是展示他"好直谏,数犯主之颜色"。分叙两边的关系犹如论点和论据之演绎法。而用"当是时"从中分开界域,他的忠正耿直,即便是威震群臣的汉武帝也敢怒不敢言。"陛下内多欲而外施仁义",对武帝之过也不容让。还要加上讽刺性"奈何欲效唐虞之治乎",真是连武帝也无地自容。如此锋芒讽刺人主,连"公卿皆为黯惧",群臣有人责劝他,他却说"天子置公卿辅弼之臣,宁令从谀承意,陷主于不义乎?且已在其位,纵爱身,奈辱朝廷何!"所以,他常常直谏不给武帝留一点面子,武帝却认为"古有社稷之臣,至如黯,近之矣。"

有时借助分叙,把两种不同的事分别叙述,从内部可以看出之间的联系。在《平准书》里,一边先叙述汉武帝重用严刑苛法之酷吏:

> 自公孙弘以《春秋》之义绳臣下取汉相,张汤用峻文决理为廷尉,于是见知之法生,而废格沮诽穷治之狱用矣。其明年,淮南、衡山、江都王谋反迹见,而公卿寻端治之,竟其党与,而坐死者数万人,长吏益惨急而法令明察。

一边叙述汉武帝重儒,而汉儒趋于功利:

> 当是之时,招尊方正贤良文学之士,或至公卿大夫。公孙弘以汉相,布被,食不重味,为天下先。然无益于俗,稍骛于功利矣。

尚法重儒是汉武帝制驭天下双刃剑,法严令具,吏多废免;而以重儒为文饰则无济于事,反滋趋利之风。汉武帝喜功生事,好扩边开土,于是:

> 其明年,骠骑仍再出击胡,获首四万。其秋,浑邪王率数万之众来降,于是汉发车二万乘迎之。既至,受赏,赐及有功之士。是岁费凡百馀巨万。

边事大开,则耗费无数,于是兴利之臣兴焉。这里尚法、重儒、开边三事分头叙出。汉武帝愈忙乎,国政愈濒临矛盾激生,财用匮乏,危机滋生。"峻法酷吏,因兴利而用也;吏道选举因兴利而衰也。擅山海之藏,攘商贾之利,用饶于上,财竭于下,其不为亡秦之续者幸耳"①。这里的分叙不是"花开两朵",而是多事分叙,一一道来,千头万绪,却不慌不忙。先叙一端,又用了"当是之时",再引出其他各种头绪,勾勒了了,繁而不乱。这种多头绪的分叙,"直起直落,自行自止,莽莽滔滔,一路朴实写去"②,一时诸事丛集,紧凑叙来,如长江大河百帆俱发,浩浩荡荡。吴见思说:"篇中有总提处,分序处,插序处,夹序处,照应处,不照应处,倒提处,突出处,变化不一,不能细数,须当究心。"③仅就其中以介宾短语领出的分叙,也可以领略《史记》叙事的多样性。

综上而言,《史记》的分叙,若用介宾短语领出,有如宋词中的"领字""领词"的勾勒作用,将不同时间不同时空区分了了。不仅如此,以分叙之前后形成对比、烘托、点染,使叙事情节突生变化,互为补充,虚实详略均有变化,或者各说各的,冷静叙来,不相管束,手段之多样而富有变化,可谓叹为观止!

三、提示倒叙、补叙与强调的变化特征

由介宾短语引领的倒叙与补叙,没有插叙与分叙那么多。本来,无论哪一种叙述,都可以不用介宾短语作特别的提示,同样可以表示自己的叙述方法。而用了介宾短语指示出来,可以表示特别强调。

倒叙是先叙出现在,再将过去的详细描写出来,或者先写某件事的结果,再叙出它的经过,往往有引人入胜的效果。《史记》叙事的得意处,往往使用这一方法叙写。

《项羽本纪》中著名的巨鹿之战就是采用倒叙。项羽杀掉宋义,"威震楚国,名闻诸侯。"乃遣将渡河救赵,"战少利,陈馀复请兵"。项羽率所有兵破釜沉舟,决心打胜这一仗。结果,"于是至则围王离,与秦军遇,九战,绝其甬道,大破之,杀苏角,虏王离。涉间不降楚,自烧杀。"——这是巨鹿之战的胜利结果。取得这一大战的过程又是怎样的? 于是,用倒叙手法

---

① 高嵣:《史记钞》,乾隆五十三年刻本。
② 汤谐:《史记半解》,商务印书馆 2013 年版,第 101 页。
③ 吴见思:《史记论文》,中华书局 1977 年版,第 2 册第 81 页。

写来：

> 当是时，楚兵冠诸侯。诸侯军救巨鹿下者十余壁，莫敢纵兵。及楚击秦，诸将皆从壁上观。楚战士无不一以当十，楚兵呼声动天，诸侯军无不人人惴恐。于是已破秦军，项羽召见诸侯将，入辕门，无不膝行而前，莫敢仰视。

这一战，项羽消灭了秦王朝的主力军，奠定了推翻秦帝国的基础；这一战，也把项羽推上了反秦主力军的位置，同时也是项羽以暴易暴事业的顶峰，是他军事上最为辉煌的业绩，也奠定了他的西楚霸主的位置。在这段千古称颂的文字后边，还有两句："项羽由是始为诸侯上将军，诸侯皆属焉。"也就是说，从此登上反秦义军领袖的位置。"当是时"三字，像敲响了这场大战的三通战鼓，字字震动有声，声震人耳。以下楚兵与诸侯军进行了三番对比：一是楚兵冠诸侯，一到巨鹿就展开攻秦，而诸侯军救兵十余家"莫敢纵兵"；二是等到楚军展开进攻，各路诸侯将军"皆从壁上观"；三是楚兵以一当十，呼声动天，而"诸侯军无不人人惴恐"。经过三番对比，结果"已破秦军"——秦军这才露了脸，大战中被楚兵"呼声动天"的杀声淹没的秦军被击败了——这种写法真是奇了，原来项羽手下的楚兵是目无秦兵、气吞秦兵。还有一层总括的大对比："项羽召见诸侯"，而诸侯将"入辕门"时，"无不膝行而前"，等爬到项羽大帐时，"莫敢仰视"，这一对比是在"萧萧马鸣，悠悠旆旌"时无声下进行的，然而要比呼声动天更为震撼人心，——这位少年将军到这时更显得光芒万丈！前人每称道其中的三个"无不"[①]，我们关注的是：这至关重要的大战，却叙写得如此粗枝大叶，在大刀阔斧的叙述中硬是不让厮杀对手秦军闪面，反要让同为救兵的诸侯军频频作陪衬。我们还想，为何项羽走向死亡的垓下之围却写得那么详细，甚至连项羽一招一式，都要精雕细刻，一怒一笑都如闻其声，失败与胜利是相反的，详与略也是相反的。项羽最终是失败者，所以要把他如何走向死亡写得详细，而这里的文字却也是"以一当十"，再则这里是倒叙，以后还有那么多的大战，故不宜太长。它不像莫泊桑《米龙老爹》只写杀敌故事，可以全用倒叙。

《史记》倒叙不少，如《李将军列传》的雁门出击匈奴战，先言"匈奴兵

[①] 吴见思《史记论文》说："以上两'莫敢'，三'无不'，淋漓顿挫，妙甚。"牛运震《史记评注》也有同样的喝彩。

多,破败广军,生得广",即飞将军李广被活捉的经过,然后再从头叙起"为虏生得",又如何夺得胡儿马,"射杀追骑,以故得脱"。这中间就没有用介宾短语以作提示,用介宾短语以示倒叙,虽为数不多,但很值得注意。

而用介宾短语提示的补叙亦不多,亦是颇有用意之处。《秦始皇本纪》说到秦始皇十二年吕不韦死,凡是窃葬、哭临死者均重处罚。接言:"自今以来,操国事者不道如嫪毐、不韦者籍其门,视此。"《索隐》"谓籍没其一门皆为徒隶,后并视此为常故也"。然后又冷冷说道:"当是之时,天下大旱,六月至八月乃雨。"这种对天象的补叙,写得不动声色,补叙的意图又是什么?牛运震说:"此横入天旱,妙,政见诸侯水旱频仍,秦得乘其弊也。"[①]《高祖本纪》说道:"章邯已破项梁军,则以为楚地兵不足忧,乃渡河,北击赵,大破之。"然后补写一笔说:"当是之时,赵歇为王,秦将王离围之巨鹿城,此所谓河北军也。"牛运震说:"此处用提缀,较《项羽》有详简之别。而同一局仗,前后叙次,得此气势振动,无此则曼衍矣。"[②]所谓"提缀",就是说把前面未来得及叙写的在后边提出来。因前一路粗述章邯击破项梁,又击赵而大破之,没有间隙,然后补叙围巨鹿之河北军,就显得"气势振动"。反过来把补叙的内容楔进前边以成顺叙,便显得"曼衍",而失去气势。

介宾短语用得较多的是一种特殊强调,它既不是插叙、分叙,也不是倒叙、补叙,而是一种特别的提示,另有多种用途。在《老子韩非子列传》里,改写了《庄子·秋水》"宁曳尾涂中"的神龟寓言,楚威王厚币聘请庄子为相,庄子笑着讲了一个寓言:

  子独不见郊祭之牺牛乎?养食之数岁,衣以文绣,以入大庙。当是之时,虽欲为孤豚,岂可得乎?

把庄子的"神龟"换成"牺牛",应是司马迁的创造,但很符合庄子鄙弃富贵权贵的精神。由"当是之时"领起的假设,属于身居富贵而陷于死地时推想,犹如李斯与子被腰斩时,顾谓其子说:"吾欲与若复牵黄犬俱出上蔡东门逐狡兔,岂可得乎?"此处用"当是之时",提出一种悔之无及的感喟,带有警示世人的作用。与此作用相近,则是《季布栾布列传》中,栾布哭祠彭越,刘邦要"亨之",栾布要求"愿一言而死",他说:

[①] 牛运震:《史记评注》,三秦出版社2011年版,第21页。
[②] 牛运震:《史记评注》,三秦出版社2011年版,第39页。

> 方上之困于彭城,败荥阳、成皋间,项王所以不能西,徒以彭王居梁地,与汉合从苦楚也。当是之时,彭王一顾,与楚则汉破,与汉而楚破。

"彭王一顾"云云,只是对其所处位置的重要性的推论,而非事实的叙述。故用"当是之时"提动,也焕发出《项羽本纪》所说的"当此时,彭越数反梁地,绝楚粮食"的事实。而引出"以苛小案"诛灭功臣,而导致"功臣人人自危"。刘邦无言以对,只好释放了他。

另外一种,便是对意想不到的弊病的强调。《酷吏列传序》说:"法令者治之具,而非制治清浊之源也。昔天下之网尝密矣,然奸伪萌起,其极也,上下相遁,至于不振。当是之时,吏治若救火扬沸,非武健严酷,恶能胜其任而愉快乎!"牛运震说"当是之时"数句,"此反言以为讽切也,折严酷吏更痛快,非教人尚严酷也。"①正是从介宾短语提动出的警示,看到所说的实际用意。它不是事实的叙述,而是吏治现象的概括,所以不是分叙,而是一种负面败政现象的强调。《项羽本纪》:"项羽晨朝上将军宋义,即其帐中斩宋义头,出令军中曰:'宋义与齐谋反楚,楚王阴令羽诛之。'当是时,诸将皆慑服,莫敢枝梧。"末两句畏服而不敢言,与其说是对情势的叙述,还不如说是对项羽强横震慑的强调,渲染出一种畏惧气势,所以用"当是时"提动出来。

或在叙事告一段落,然后以介宾短语领出评论性结语,强调它的性质或作用。《信陵君列传》:"公子率五国之兵破秦军于河外,走蒙骜。遂乘胜逐秦军至函谷关,抑秦兵,秦兵不敢出。"然后带有总结性论断语说:

> 当是时,公子威振天下,诸侯之客进兵法,公子皆名之,故世俗称魏公子兵法。

牛运震说:"此为公子声价气色张皇装点,可谓极情尽致矣。然总用虚摹之笔。"所谓"虚摹"即就论断的议论而言。《春申君列传》:"春申君相楚八年,为楚北伐灭鲁,以荀卿为兰陵令。当是时,楚复强。"用法亦同上,同样带有"张皇装点"的特色。《张耳陈馀列传》说贯高等人欲杀刘邦,事泄被捕,百般拷问,只言张王实无谋。刘邦以其为贤而赦,遂自杀。然后总束一笔:"当此之时,名闻天下。"则以赞美收束。或以总束性的叙述,作为下文

---

① 牛运震:《史记评注》,三秦出版社2011年版,第321页。

之伏笔。《袁盎晁错列传》谓晁错"以其辩得幸太子，太子家号曰'智囊'。数上书孝文，时言削诸侯事及法令可更定者。书数十上，孝文不听，然奇其材，迁为中大夫。当是时，太子善错计策，袁盎诸大功臣多不好错。"就是用伏笔收束，为下文叙事做了预告。有时则把事件叙毕，则以介宾短语倒点时间，起了一种强调作用。《范雎蔡泽列传》叙述范雎说秦成功："秦封范雎以应，号为应侯。当是时，秦昭王四十一年也。"这里以回波倒卷的方式以做总结。

在头绪多时，或在一段中连用介宾短语。《陈涉世家》言陈涉起义，很快发展到数万人："陈涉乃立为王，号为张楚。"接言："当此时，诸郡县苦秦吏者，皆刑其长吏，杀之以应陈涉。乃以吴叔为假王，监诸将以西击荥阳。令陈人武臣、张耳、陈馀徇赵地，令汝阴人邓宗徇九江郡。当此时，楚兵数千人为聚者，不可胜数。"叙述的主线为陈涉，所以第一个"当此时"所领的三句为插叙；第二个"当此时"作为总束性的补叙。

总之，介宾短语的用法是多种多样的，所领出的内容可以是倒叙、补叙，也可以是插叙与补叙连用。作为强调性的总束，常用于段末，或带有议论性的判断总结，或带有渲染性烘托，或倒点出时间，或为下文预设伏线。总体上都有提示强调作用，而且使文章变化多端，起伏生色。如《项羽本纪》，"惊流骇浪，泱莽奔腾，连用'当是时'提笔，如风云并驰，雷电交作，令人不敢逼视，笔端若数万甲兵之声，千古文人读之无不敛手矣。"[①]可见除了提示强调作用以外，还有掀风作浪的大排场。

四、介宾短语的纵时观照

如前所言，《尚书》《春秋》《左传》都未见此类介宾短语的使用，《论语》亦未见。《庄子》用了六次；《孟子》只用过此类介宾短语之变化形式："当今之时""当今之世""当在宋也""当在薛也""当尧之时"；《荀子》用了三次；《韩非子》用了四次，《战国策》里"当今之时"两次，"当是时也"一次，"当此之时"两次，还有变形的"当秦之隆"一次，合计十四次，是先秦著作中使用此类介宾短语最多的一部。

《战国策》对介宾短语的使用，主要用于铺张扬厉的铺叙，以之为一段铺排的领词。如《秦策一》的"苏秦始将连横"，言苏秦说赵为相，"黄金万溢以随其后，约从散横以抑强秦，故苏秦相赵而关不通。"然后说：

---

① 唐文治：《国文经纬通贯大义》卷六，见王水照主编《历代文话》，复旦大学出版社 2007 年版，第 9 册第 8330 页。

当此之时,天下之大,万民之众,王侯之威,谋臣之权,皆欲决苏秦之策。不费斗粮,未烦一兵,未战一士,未绝一弦,未折一矢,诸侯相亲,贤于兄弟。

以"当此之时"领下两层铺排,一是四个偏正词组,然后以"皆欲"句收束;所贯下第二层铺排,五个否定性句子排比起来,然后由末两单句收束。整个段落带有恣肆渲染、尽情夸饰、张皇使大的特点。以下还有以"当秦之隆"领起的一节,也有同样的特点。

在《秦策一》的"张仪说秦王"中,分析赵国当时形势,说完赵国上层,再言下层时,先用了"当是时",以表示分叙。《齐策六》"田单将攻狄"说:

将军之在即墨坐而织蒉,立则丈插,为士卒倡曰:'可往矣!宗庙亡矣,魂魄丧矣,归于何党矣!'当此之时,将军有死之心,而士卒无生之气。闻若言,莫不挥泣奋臂而欲战。此所以破燕也。

这段话前为事实的叙述,后以议论为论断,二者以"当此之时"分开。《中山策》"昭王既息民缮兵",武安君一段话,先叙楚国不恤其政,为白起战败的原因;后以"当此之时"领起秦军战胜的原因,此用于分叙,介宾词组起了勾勒作用。《秦策四》的"或为六国说秦王"的"当此时",分析诸国形势,亦用于分叙的勾勒。《赵策三》"秦国围赵之邯郸"第四段,《赵策二》"苏秦从燕之赵始合从",所用"当今之时",《齐策一》"请郭君善齐貌辨",先叙述而后论断,后者以"当是时"领起,亦属此类。《齐策五》"苏秦说齐湣王"末段,《齐策六》"貂勃常恶田单"第三段的"当是时也",《中山策》"昭王既息民缮兵"第二段,《楚策一》"威王问于莫敖子华"第三段,以"当此时也"领出"天下莫敢以兵南向"的结论,《燕策二》"燕昭王且与天下伐齐",亦属强调判断。

总之,《战国策》十四例,大多用于对话中对事理的叙述与分析,叙事者则为分叙,或先事理而后判断者,则为结论,或者领起铺排夸饰。介宾短语只起到这三种作用,显得比较单纯而简单。

贾谊政论散文,好用介宾短语,仅《过秦论》"当是时"用了两次,"当此时也"与"当此之时"各用了一次,亦主要用于分析与判断上;《治安策》两用"当是时"与反诘性的判断句连用成一句。

上文已言《史记》所用介宾词组九十二次,这只是大概的统计数据,容或有所遗漏。所用介宾词组的形态种类，所用次数，每种类型的各种作用，都远超过先秦著作，仅就所用次数比起先秦著作的总和还要多，仅就这一端看来，这的确是《史记》最为乐用的表现手法。虽然是对先秦用法，特别是《战国策》，受到启发，但发展为多样性，则是此前所不能比拟的。

第四章 抒情论

第一节 《史记》人生感喟论

若按常理,史书越写得冷静,似乎越能近乎实录,过于倾注感情于文字之中,就容易把主观之见流露笔下。《左传》与《汉书》都写得很冷静,所以常被前人称美。《史记》除了要著述一部通史,还要发愤铸就为"一家之言",故笔下流注情感,其感发人心的原因也在这里。既要秉笔直书,还要把对历史变迁与人物肯否予以是非分明的评判,这本身是一个矛盾,然而司马迁成功了,《史记》获得了"无韵之《离骚》"的称誉。感情的史书超出了冷静的史书之上,这就值得深而思之。同时讨论其中的感情发抒,也是研究其风格形成不可缺少的重要一面。《史记》情感流露的方式,一是在叙事中寓有情感,一是比较直接地刻画情感动人的氛围。前者文字冷静不动声色,我们曾有讨论。后者文字热烈,情溢其中,更为感人,尤其值得注意。

一、人生感情的发抒

诗歌发抒心灵之波澜,史书记述事迹之原委曲折。言情是诗人之天职,叙事为史书之本能。司马迁却把二者融贯起来,既要叙事又要把自己的褒贬爱憎注入其间。然史家以冷静客观为上,故《左传》的不动声色向来为人首肯,《汉书》的矜持亦为人推重。一直到唐代《史记》方逐渐引人重视,至明清而受推崇,升降变化的原因,史书动人与否则是其一。职是之故,《史记》而有"史家之绝唱,无韵之《离骚》"(鲁迅语)美称之定评。

论者谓《史记》的"悲剧气氛无往不在","是爱的颂歌、恨的诅曲,是饱含作者满腔血泪的悲愤诗"[①]。依此,则《史记》是一部悲剧史。他本来就

[①] 韩兆琦:《史记通论》,北京师范大学出版社1990年版,第131、154页。

以"意有所郁结""以抒其愤"的观念,"思垂空文以自见"。这样的情感自然要灌注其中,其中充斥大悲、大痛与大泣!乃至于对人生的凡琐细事都充斥无尽的悲悯与同情,而后者往往被论者忽视。

无论是帝王太后、名臣将相还是凡夫小民,对人生都有种种不同的感触,司马迁对此予以极为深情地关注。《张释之传》里叙及传主随从汉文帝至霸陵时说:

> 是时慎夫人从,上指示慎夫人新丰道,曰:"此走邯郸道也。"使慎夫人鼓瑟,上自倚瑟而歌,意惨凄悲怀。顾谓群臣曰:"嗟乎!以北山石为椁,用纻絮斮陈,蕠(旧絮)漆其间,岂可动哉!"

慎夫人为文帝所宠幸,见《孝文纪》与《袁盎传》。《外戚世家》说她是邯郸人,当是文帝为代王时入宫,文帝出行总要带上她。茅坤说:"帝幸霸陵,突然涕顾邯郸道及思石椁二事,甚可怪。"①代地是文帝的第二故乡,为代王于此十七年,而所宠之慎夫人又是邯郸人,故居高地指着新丰道,给慎夫人说由此通向邯郸,不免引起对代王时的回顾,也由此触发慎夫人平时思家之情绪,这是人生常有之情感,所谓"远望可以当归"者是也;他本是刘邦中子,以"眇眇之身"的偶然机遇而登大位,人生之变化,时光之流逝,不免想到身后之事,亦是人之常情。前事琐屑可以不记,因由彼及此,又引发出张释之一番其中有"可欲无可欲"的谠论,关于皇陵的奢俭就不得不记。而记此之简略文字又写得深情绵邈,不能自已,其中蕴涵人生常情,就很感人。吴见思对前事说:"慎夫人,邯郸人也。千秋万岁后当从葬于此,故回望故国黯然神伤,不觉悲来添膺也。"对后事则说:"感慨目前流光难驻,指顾身后丘冢,关心又不觉其计之早也。无可奈何之思,一片深情宛然如见。"②说得大致不差,姚苎田则言:"因怀生离,旋念死别,遂计无穷,绵绵延延,相引而下。"③比吴氏所言二者关系更为透晰。牛运震说:"叙从行至霸陵一段,幽秀凄深,宛然画境。'上指示慎夫人新丰道'云云,此闲文也,写来更有别情异趣,他手即不暇及此。"又言此段:"情文相生,凄然,黯然。太史公乃独擅千古。"④则完全是就情感而言。思乡与人生易短都是人生

---

① 见凌稚隆辑校《史记评林》所引,天津古籍出版社1998年版,第6册第72页。
② 吴见思:《史记论文》,中华书局1916年版,第7册第13页。
③ 姚苎田:《史记菁华录》,上海古籍出版社1988年版,第203页。
④ 牛运震:《史记评注》,三秦出版社2011年版,第255页。

之感情,故能感动读者难以忘怀。

悲欢离合,易散难聚,并是最能撩动人生情怀之处,所以古之送行留别诗是最为流行之题材。《外戚世家》也记述了一场多年分散而偶然相见的故事;窦太后本为赵地清河观津人,入宫侍吕太后。太后出宫人以赐诸王,窦姬请求置赵。主遣宦者忘之,"误置其籍代伍中"。窦姬泣怨,至代,代王独幸窦姬,生两男。代王王后在代王未入立为帝时卒,且王后所生四男先后病死。文帝立数月,而窦姬长男最长,立为太子,立窦姬为皇后。窦皇后兄长君,弟广国字少君。少君四五岁时,家贫,被人掠卖。"其家不知其处,传十余家",至宜阳,为其主人入山烧炭。"暮卧岸下百余人,岸崩,尽压杀卧者,少君独得脱,不死。自卜数日当为侯",于是:

> 从其家之长安。闻窦太后新立,家在观津,姓窦氏。广国去时虽小,识其县名及姓,又常与其姊采桑堕,用为符信,上书自陈。窦皇后言之于文帝,召见,问之,具言其故,果是。又复问他何以验?对曰:"姊去我西时,与我决(诀别)于传舍中,丐(求)沐沐我,请食饭我,乃去。"于是窦后持之而泣,泣涕交横下。侍御左右皆伏地泣,助皇后悲哀。乃厚赐田宅金钱,封公昆弟,家于长安。

姐弟俩的经历都很曲折离奇,幼时分离,多年后相见,所叙分手更为感人。其中细节"丐沐沐我,请食饭我",用了两次反复,旋折出至亲之情至真;以下叙认弟"持之而泣,泣涕交横下",又是两处细节,尤其是"泣"字之顶真,见出泣不成声之景况。本来到此即可结果,不料又出之"侍御左右皆伏地泣",哭声竟成了一片,到了高潮,也该结束,不料又冒出"助皇后悲哀"的"画外音",——这种解释,一下滋生了一时的无尽悲哀!使这出悲喜剧的余音久久不绝。我们看《李广传》《卫青传》以及《淮阴侯传》叙写大战,都是简简单单,而描写妇女则无不极善。此处的窦太后就给人留下深刻的印象。下文《刺客传》的聂荣与《吕太后纪》中的吕嬃,后者虽寥寥几笔,却有惊心动目之作用。

古文家林纾说:"史公之写物情挚矣,今试瞑目思窦姬在行时,迨将入代,而稚弟恋姊如母,依依旅灯明灭之中,囚首丧面。窦知此行定无相见之期,计一身与稚弟相聚一晷刻间,即当尽一晷刻手足之谊,不能不向从者丐沐而请食。下一'丐'字'请'字,可见杂杳之中,车马已驾,纷纷且行,……匆匆登车,亦不计弟之何属。此在情事中特一毫末耳,而施之文中,觉窦皇后之深情,窦广国身之落寞,寥寥数语,而惨状悲怀,已尽呈纸上。"①又言:"兄弟相见时,哀痛迫切,忽着'侍御左右皆伏地泣,助皇后悲哀',悲哀宁能助耶?然舍却'助'字,又似无字可以替换。苟令窦皇后见之,思及'助'字之妙,亦且破涕为笑。"②林氏体察入微,正是从情感着眼,发现其中动人之力量。简洁快速的叙写,质朴平实的用语,却蕴涵情感的力量,文字的弹性在他手里得到肆心恣意地发挥。

同是姐弟相见,此为生聚;书中还有死别,那就是《刺客列传》中的聂政与聂荣了。聂政刺杀韩相侠累,"因自皮面(割面)决眼(挖眼),自屠出肠,遂以死"。韩暴尸于市,悬赏购问,无人认识。其姊聂荣揣知必是其弟,"如韩,之市,而死者果政也",于是:

> 伏尸哭极哀,曰:"是轵深井里所谓聂政者也。"市行者诸众人皆曰:"此人暴虐吾国相,王县购其名姓千金,夫人不闻与?何敢来识之也?"荣应之曰:"闻之。然政所以蒙污辱自弃于市贩之间者,为老母幸无恙,妾未嫁也。亲既以天年下世,妾已嫁夫,严仲子乃察举吾弟困污之中而交之,泽厚矣,可奈何!士固为知己者死,今乃以妾尚在之故,重自刑以绝从(从坐,牵连治罪),妾其奈何畏殁身之诛,终灭贤弟之名!"大惊韩市人。乃大呼天者三,卒于邑(呜咽)悲哀而死政之旁。

此种壮烈与骨肉之情交织,更为感人。聂政刺杀得手而后毁容自杀,一是为了不连累家人,二是为了保护严仲子。聂荣却不"畏殁之诛"欲扬"贤弟之名",呼天抢地大哭而死在弟之尸旁,这正是邻国人所说的"非独政能也,乃其姊亦烈女也"。借助与市人的对话,以及首尾的痛哭,悲剧气氛渲染极为浓厚。聂政为不牵连姊而死,姊为不掩弟名而死,死得极为壮烈。又借韩市人的衬托,把悲壮的气氛推动得一浪高过一浪,尤其是"大惊韩市人","又插入一句,妙甚。盖观者必有千万人,闻此语时一齐下泪。有此五字,前后神情俱动"③。特别是末尾两句,简直感天动地,划破历史的长空,呜咽悲呼,不绝于耳!

这是亲情至痛之悲哭,还有骨肉绝望之悲叹,亦为感人。《袁盎晁错列

---

① 林纾:《春觉斋论文》,人民文学出版社1998年版,第43页。
② 林纾:《春觉斋论文》,人民文学出版社1998年版,第82页。
③ 吴见思:《史记论文》,中华书局1916年版,第6册第25页。

传》说晁错削藩"更令三十章,诸侯皆喧哗疾晁错":

> 错父闻之,从颍川来,谓错曰:"上初即位,公为政用事,侵削诸侯,别疏人骨肉,人口议多怨公者,何为也?"晁错曰:"固也。不如此,天子不尊,宗庙不安。"错父曰:"刘氏安矣,而晁氏危矣,吾去公归矣!"遂饮药死,曰"吾不忍见祸及吾身"。死十余日,吴楚七国果反,以诛错为名。及窦婴、袁盎进说,上令晁错衣朝衣斩东市。

这父子俩的对话,一是为国,一是为家;晁错之决毅,老父之痛心疾首,对比出晁错为国而不顾家,生死存亡之际在所不惜。虽然作者对其人并不首肯,但在叙写时却倾注了悲悯的情感。老父的短促语,三句后的"矣"字如闻恨恨之声。父子晤对气氛,像油画一样,一层一层地着色,浓重地加剧了悲剧的色彩,毁灭性的判断语使气氛紧张到一触即发。晁错峭直刻深的个性与人格,在对比衬托中得到凸现。即使虚词,也都带有强烈的感情,形成一种回旋的韵律,情感的力量又是那样撞击人心!父子俩先后而死,父死子前,子则穿朝衣被斩,如此悲剧中的悲剧,又是多么震撼人心!

至于《张仪列传》里,问"舌在不"与在则"足矣"的对话,写家人夫妇间嘲笑与自信,则完全付之以轻松的笔墨,犹如漫画,语意诙谐,作者所持嘲讽情感显而易见,这和无关痛痒的叙述即有鲜明差别。张仪的辩士倾危的性格,在简约的叙述中显露无遗。《范雎传》里范雎与须贾的对话,一则渲染了故人相见,虽然前生恩怨,今则别后而"一寒如此",把须贾"绨袍恋恋"的故人之情,也写得沁人心脾。《陈丞相世家》张负嫁女陈平一段,先是"独视伟平,平亦以故后去",其次见其"家乃负郭穷巷,以弊席为门,然门外多有长者车辙",最后是"人固有好美如陈平而长贫贱者乎"。其间异样的眼光,心口相商的心理活动,感叹称美的判断,叙写得情致绵绵。这些家人、朋友择婿的琐屑微事,都予以抒情性的笔调来描写,因为都关乎传主的人格,即是作为陪衬,并非闲闲之笔。

总之,姐弟、夫妇、父子、朋友、择婿等人生些些微事,在一部叙写三千年的通史里,本来微不足道,然司马迁笔带情感,抒发了人生在不同处境下的种种情感,创造了喜怒哀乐不同的引人注目的抒情气氛。读来不仅饶有趣味,也能唤起读者对所写人物的感情共鸣。它们犹如明珠,闪动着富有情感的光彩,也使他创设的人外画廊,平添了不少情感的氛围!

二、文与诗的情感交融

《史记》里记述了人物自作的诗歌,这些诗与人物情感与处境相互映发,具有浓厚的抒情意味。这些叙述与描写形式是以文带诗,效果却是亦文亦诗,即文即诗,水乳交融,形成了强烈的情感旋律,具有浓郁的艺术魅力。

在著名的"垓下之围"里,一个经典的片段就是"霸王别姬"的悲唱,成了家喻户晓的故事:"项王军壁垓下,兵少食尽,汉军及诸侯兵围之数重。夜闻汉军四面皆楚歌"。于是:

> 项王乃大惊曰:"汉皆已得楚乎?是何楚人之多也!"项王则夜起,饮帐中。有美人名虞,常幸从;骏马名骓,常骑之。于是项王乃悲歌忼慨,自为诗曰:"力拔山兮气盖世,时不利兮骓不逝。骓不逝兮可奈何,虞兮虞兮奈若何!"歌数阕,美人和之。项王泣数行下,左右皆泣,莫能仰视。

项羽溃败,满腹狐疑,在风声鹤唳的凄凉中,悲从中起,他不喜读书也不是诗人,然情之所至,却具有肝肺俱裂的悲痛。他的四句诗中间两句回环推进,构成了人生三部曲:力征天下——战败尚可一死——然把虞姬又怎样安置?"英雄气短,儿女情长"的旋律,无可奈何,大痛至悲!加上此段末了后三句字字由血泪浇铸,"泣"字的反复,悲痛难以抑制,又简直是诗一般的描写,而"莫能仰视",字字千钧,窒息得透不过气来,简直成了大悲剧中最痛的悲剧,诗外之诗了。语气悲壮,呜咽缠绵。梁启超说:"这位失败英雄写自己最后情绪的一首诗,把他整个人格活活表现,读起来像加尔达支勇士最后自杀的雕像。则今两千多年,无论那一级社会的人几乎没有不传颂,真算得中国最伟大的诗歌了。"[①]司马迁又用诗一般的语言与之打成一片,真是要让人生发不尽之感慨了。

刘邦不喜儒,当然也不会喜欢读书,但他能作诗,而且作了两首,一是"衣锦还乡"时所作:

> 高祖还归,过沛,留。置酒沛宫,悉召故人父老子弟纵酒,发

[①] 梁启超:《中国之美文及其历史》,见陈引驰编《梁启超学术论著》文学卷,华东师范大学出版社 1998 年版,第 15 页。

沛中儿得百二十人，教之歌。酒酣，高祖击筑，自为歌诗曰："大风起兮云飞扬，威加海内兮归故乡，安得猛士兮守四方！"令儿皆和习之。高祖乃起舞，慷慨伤怀，泣数行下。谓沛父兄曰："游子悲故乡。吾虽都关中，万岁后吾魂魄犹乐思沛。且朕自沛公以诛暴逆，遂有天下，其以沛为朕汤沐邑，复其民，世世无有所与。"沛父兄诸母故人日乐饮极欢，道旧故为笑乐。

这当然是胜利者的极乐之歌了！他这首诗也是三部曲：崛起于风云——成功于天下——守四方的猛士又在何处？这胜利之歌同样"慷慨伤怀"，这不仅是"游子悲故乡"的感情，而且是逼得英布造反，又不得不亲自平叛，韩信、彭越都是他逼到反叛而杀，英布亦不能例外，然而无人看守他创业大家当内疚内痛，如此家国同悲，又怎能不"伤怀"？又怎能不"泣数行下"？这和项羽的"失败歌"真可同日而语了。他的这次还乡，是从平息英布叛乱的战场回来，且为"流矢所中"，半道上就病了。这是他当皇帝后第九次平叛，其中六次都要他亲自出马，韩信、彭越、英布、臧荼、利几、韩王信、陈豨等昔日亲信，都被他斩尽杀绝。当初他依靠这些人打下天下，现在又依靠谁帮他守这么大的摊子？他连宠幸的戚夫人与"类我"的爱子都难于呵护，这又怎能不在"慷慨"之后不"伤怀"呢？作为胜利者的"泣数行下"，又和被他消灭的失败者"项王泣数行下"的悲剧，在人生最后的悲痛又有多大的区别——他从平英布军回长安后没有几月就一命呜呼了，这首诗也真是"胜利英雄写自己最后情绪的一首诗"了。在故乡纵酒之乐歌，未尝不是一种悲剧，所以也有极大的感染力量。牛运震说："叙项王败垓下、高祖还沛中，皆用'自为歌诗''泣数行下'字样，妙有深情。盖项王身遭败亡，高祖过沛，道病，旋即随崩。写其歌诗泣下，皆英雄气尽也。"[①]这里也同样用了诗歌一般的语言，叙写雄风霸气，悲壮激昂，慷慨淋漓，极情尽致。尤其是"万岁后吾魂魄犹乐思沛"，牛运震说是"无限诗乐，在此一语"，其实这节文字无处不是"诗乐"，也无处不是悲歌，这是乐极生悲，还是悲从中来？依我们看，后者更为确切。因为在这《大风歌》之后，还有《鸿鹄歌》也同样悲情满怀，不能自已了。

就是在此出击英布之后，"疾益甚，愈益易太子"——想把最后的心事安排好。张良谏，不听；叔孙通以死争，佯许而心里"犹欲易之"。及宴饮酒，太子侍，而身后从者四人年八十有余，"须眉皓白，衣冠甚伟"，问后知是

---

① 牛运震：《史记评注》，三秦出版社 2011 年版，第 43 页。

商山四皓,"上乃大惊,曰:'吾求公数岁,公辟逃我,今公何以自从吾儿游乎?'四人皆曰:'陛下轻士善骂,臣等义不受辱,故恐而亡匿。窃闻太子为人仁孝,恭敬爱士,天下莫不延颈欲为太子死者,故臣等来耳。'"于是:

> 四人为寿已毕,趋去。上目送之,召戚夫人指示四人者曰:"我欲易之,彼四人辅之,羽翼已成,难动矣。吕后真而主矣。"戚夫人泣,上曰:"为我楚舞,吾为若楚歌。"歌曰:"鸿鹄高飞,一举千里,羽翮已就,横绝四海。横绝四海,当可奈何!虽有矰缴,尚安所施!"歌数阕(数遍),戚夫人嘘唏流涕,上起去,罢酒。

这真是无可奈何的"奈何歌",此与《垓下歌》的"奈若何"真是异曲同工。他在临终前连自己的"家事"——易太子,都已无能为力,也就到了气数将尽的地步。

四皓事之真伪前人已有疑义①,然而同样写得叙次明晰,指点历历,风神生动,缠绵无奈,情感淋漓。"'吕后真而主矣',英雄扼腕语,神动,读此语隐然有'人彘'之痛;'为我楚舞,吾为若楚歌',写出凄楚无聊光景,便如项王垓下泣美人之时。'歌数阕,戚夫人嘘唏流涕',写得黯然"②。情之所至,这又是一篇如诗如文的文字,梁启超谓《大风歌》说:"这首诗和项羽《垓下歌》对照,得意失意两极端,令人生无限感慨。诗虽不如《垓下》之美,但确实能表现他豪迈的人格,无怪乎多年传颂不衰。"对此诗则言:"这首诗虽仅为一爱姬而作,但意态雄杰,依然流露句下。"③前人常言太史公传记,一篇有一篇的作法,感情不同,随圆就方,全都能尽态尽致,令人情感不能平静,由此则灼然可见。

《刺客列传》里荆轲的《易水歌》为千古名作,司马迁如诗如文的语言又把它写得悲慨淋漓,英风烈气振动纸面:

> 太子及宾客知其事者,皆白衣冠以送之。至易水上,既祖,取道。高渐离击筑,荆轲和而歌,为变徵之声,士皆垂泪涕泣。又前

---

① 穆文熙《史记鸿裁》卷七说:"四人既义不为汉臣,何以得以金帛招之,又何肯为吕氏客?此必留侯之谋计人为之,于以劫制高祖,使不能动,而后世卒无有能测之者,事亦与封雍齿相同,而机则深远矣。"陕西师范大学出版社2015年版,第161页。
② 牛运震《史记评注》,三秦出版社2011年版,第155页。
③ 梁启超:《中国之美文及其历史》,见陈引驰编《梁启超学术论著》文学卷,华东师范大学出版社1998年版,第16页。

而为歌曰:"风萧萧兮易水寒,壮士一去兮不复还!"复为慷慨羽声,士皆瞋目,发尽上指冠。于是荆轲遂就车而去,终已不顾。

荆轲"提一匕首入不测之强秦",却登车"不顾",视死如归的壮举出自扶弱抑强的正义感,这种正义感的震撼力与穿透力以及艺术的魅力,都是无法估量的。"士皆垂泪涕泣"之悲,"士皆瞋目,发尽上指冠"之怒,"就车而去,终已不顾"之豪,交织成一曲悲慨淋漓的交响乐!而又和这两句悲歌浇灌成一个巍然的雕塑,凝固在每个读者的心里。陶渊明的《咏荆轲》就把它又歌咏了一次,因为司马迁的描写太像诗了,他的情感又极为感人,所以陶诗的"雄发指危冠,猛气冲长缨","渐离击悲筑,宋意唱高声","商音更流涕,羽奏壮士惊","登车何时顾,飞盖入秦廷",几乎都用上这节文字的语言。或谓《易水歌》"虽仅仅两句,把北方民族武侠精神完全表现,文章魔力太大,殆无其比"[①]。依此看此段文字,也再合适不过了。读《史记》的人都知道,《荆轲传》是从《战国策》里移植过来的。然前人亦疑刘向之流摭史公之文附益《国策》[②]。依我们看,以宾衬主的烘托,场面的恣意描写,乃至句式的长短,以及喜用人物所作诗入文,都很像司马迁一贯的风格。

还有赵王友的"饿中作歌",单看其诗"虽无藻丽之辞,然抒情极质而丰"(梁启超语),一经写入《吕后本纪》,司马迁用他特长的短句,叙写得就更为悲悯感人。《齐悼惠王世家》中朱虚侯刘章的《耕田歌》,在谈笑风生的宴会上以此暗示,斩杀诸吕逃酒一人,写得豪情震动,雄气英发,快慰人心。而《淮南衡山列传》里,文帝用软办法,逼死淮南厉王刘长,"民有作歌歌淮南厉王曰:'一尺布,尚可缝;一斗米,尚可舂。兄弟二人不能相容。'上闻之,乃叹曰"云云,也写得情致摇曳,颇为动人。至于此类民歌、谣谚、儿歌见于《史记》就更多了,这也是文富言情的重要特色。

三、对话之反复与议论之铺张中的情感

反复是司马迁最为乐用的修辞手法,不仅见于叙事,而且在人物对话中亦如是。经常在人物较长的对话,首尾包裹同样的感叹句,为整段对话增添了强烈的抒情特色。同时在描述性的议论中,也用了散文诗样的语句

[①] 梁启超:《中国之美文及其历史》,见陈引驰编《梁启超学术论著》文学卷,华东师范大学出版社1998年版,第15页。

[②] 吴见思《史记论文》、方苞《望溪先生文集·书刺客列传后》、牛运震《史记评注》,都持有相同的说法。

与词汇,以发抒见解,也发抒充沛的感情。

在《范雎传》里,说侯嬴见信陵君不敢收留魏齐,就讥讽说:

> 人固未易知,知人亦未易也。夫虞卿蹑蹻檐簦,一见赵王,赐白璧一双黄金百镒;再见,拜为上卿;三见,卒受相印,封万户侯。当此之时,天下争知之。夫魏齐穷困过虞卿,虞卿不敢重爵禄之尊,解相印,捐万户侯而间行。急士之穷而归公子,公子曰'何如人'。人固不易知,知人亦未易也!

信陵君听此"大惭,驾如野迎之",可见这段话的刺激作用之大。言虞卿之三见赵王用了上升律,再用"当此之时"提示了强调"天下争知之",然后以解印捐侯,既回应上文,又做一小对比。虞卿"急士之穷"再与信陵君之冷拒又做一大对比,而"虞卿"与"公子"的顶真,亦即两次反复,则强调了对比之双方。更重要者,首末两句的反复,是把演绎法与归纳合在一起,取其任何一处均不损文义,然感情未免就会降温。而以此把这段话包裹起来,就滋生出一种回环往复的旋律,把人物语气与情感全部烘托出来,而作者的感情也荡扬在字里行间。而这两句本身回环反复,"首尾重语应转有味"(吴见思语),平添了说话人的不尽感慨。

在《平原君传》里也用了同样的手法。当毛遂逼胁楚王联盟抗秦,先后用了两次话语首尾复句的反复,一是针对楚王斥叱。毛遂说:"王之所以叱遂者,以楚国之众也。今十步之内,王不得恃楚国之众也,王之命县于遂手。吾君在前,叱者何也?"这是针锋相对斥责楚王,"楚国之众"的反复所体现的意义各自不同,对比性极强。接此还有下边的对话:

> 且遂闻汤以七十里之地王天下,文王以百里之壤而臣诸侯,岂其士卒众多哉?诚能据其势而奋其威。今楚地方五千里,持戟百万,此霸王之资也。以楚之强,天下弗能当。白起,小竖子耳,率数万之众,兴师以与楚战,一战而举鄢郢,再战而烧夷陵,三战而辱王之先人。此百世之怨而赵之所羞,而王弗知恶焉。合从者为楚,非为赵也。吾君在前,叱者何也?

"吾君在前"两句的反复,前者用在前节对话之末,亦即这段长话的中间,以反问作一收束,这是因用于起手的变化;而此节却用在结尾,作为此段的收束,又与上文回应。这两句强硬语,分置前后,反复得英气逼人。而这段话又全以对比出之,言辞犀利,毛遂辩才无碍的形象俨然在目。牛运震说:"毛遂说楚王,危言侃论,谏动开朗,气魄夺人,较樊哙鸿门对项王语,更为生色。'以楚之强'云云,至'而王弗知恶焉',雄悍如剑拔弩张,顽懦人惊心动魄。'合从者为楚,非为赵也',破的之论,所谓'两言而决'。两'客何者也',两'楚国之众也',两'吾君在前,叱者何也',多用连叠之句,怒气急喉,勃勃不可遏止。"①就把反复的道理讲得颇为精彩!

谈判成功而归至赵,平原君感慨至极,遗憾未能及早发现毛遂,使之如锥处囊中脱颖而出,说:

> 胜不敢复相士。胜相士多者千人,寡者百数,自以为不失天下之士,今乃于毛先生而失之也。毛先生一至楚,而使赵重于九鼎大吕。毛先生以三寸之舌,强于百万之师。胜不敢复相士。

于是"遂以为上客",首尾一句反复,还用了三"毛先生"与"相士",夸美赞扬之情溢于言表,犹如一首颂歌。

像这样单句或复句反复见于人物之对话中,于《史记》之中所在多有,他如《秦始皇本纪》里将闾以"吾乎尝敢"云云为反复;《虞卿传》中赵郝之说赵王,以"此非臣之所敢任也"为反复;《鲁仲连传》里平原君回答鲁仲连的话,以"胜也何敢言事"的前后反复;《张丞相列传》里周昌谏争易太子,以"臣期期"为反复;《魏其武安侯列传》的"东朝廷辩",韩安国说"魏其言是也"与"丞相言亦是"亦为反复。另有对话中相邻两句的反复,如《鲁仲连传》里鲁仲连回答平原君的"吾始以君为天下之贤公子也,吾乃今后知君非天下之贤公子也",还有两人对话,中间以对方问话隔断,传主的话前后末句为反复。同上传鲁仲连两番话末句以"欲以助赵也"与"则必助赵矣"为反复。以上反复形态变化多样,都是为了刻画说话的神情,也发抒作者不同的种种感情。对话的如此反复,《论语·雍也》就有:"子曰:'贤哉回也!一箪食,一瓢饮,在陋巷,人不堪其忧,回也不改其乐。贤哉回也!'"司马迁把这种形式发展到极致,反复见于《史记》之中,而且变化多方,形式多样,而反复本身就是一种强调。在司马迁来说,这种强调,目的就在于言情。

其次是在议论时,不仅采用描述性叙说,形象生动,而且充满了情感,这在《伯夷叔齐列传》《屈原贾生列传》与《货殖列传》中表现得最为充分。比如论述钱财对人的诱惑,《货殖列传》说:

---

① 牛运震:《史记评注》,三秦出版社2011年版,第189页。

礼生于有而废于无。故君子富,好行其德;小人富,以适其力。渊深而鱼生之,山深而兽往之,人富而仁义附焉。富者得势益彰,失势则客无所之,以而不乐。夷狄益甚。谚曰:"千金之子,不死于市。"此非空言也。故曰:"天下熙熙,皆为利来;天下攘攘,皆为利往。"夫千乘之王,万家之侯,百室之君,尚犹患贫,而况匹夫编户之民乎!

作者俯视尘世的人间百态,以富有节奏的语言挟带充沛的感情,关注经济社会对人的各种影响,这和冷漠的议论差异是很大的。下面的一段把这个道理讲得更透彻,感情更为激切跳荡:

富者,人之情性,所不学而俱欲者也。故壮士在军,攻城先登,陷阵却敌,斩将搴旗,前蒙矢石,不避汤火之难者,为重赏使也。

其在闾巷少年,攻剽椎埋,劫人作奸,掘冢铸币,任侠并兼,借交报仇,篡逐幽隐,不避法禁,走死地如骛者,其实皆为财用耳。

今夫赵女郑姬,设形容,揳鸣琴,揄长袂,蹑利屣,目挑心招,出不远千里,不择老少者,奔富厚也。

游闲公子,饰冠剑,连车骑,亦为富贵容也。

……

吏士舞文弄法,刻章伪书,不避刀锯之诛者,没于赂遗也。

农工商贾畜长,固求富益货也。此有知尽能索耳,终不余力而让财矣。

这简直是一篇"钱财逐求赋",描述了各行各业众生百相,对富贵物质的奔逐。人之对物质财富的追求,竞相趋赴,不遗余力。整齐的句式,丰富的辞藻都与赋体无甚区别。唯一有别的是情感之充沛,以批判的笔调描绘了这个角逐富贵的沸腾的人间世。牛运震说:"此段描写人情世态,可谓尽情极致,恢宕淋漓,擅一篇之警策。中间似谑似嘲,似嬉笑似怒骂,傲睨鄙薄之态如见。"[①]需要说明的是这并非作者的本色语,同样也能把感情燃烧得很激烈。

[①] 牛运震:《史记评注》,三秦出版社 2011 年版,第 348 页。

他如《伯夷叔齐列传》对天道的质疑,《屈原传》里对屈原"忠而被谤"的同情,对怀王不分忠奸的谴责,同样都充斥着爱憎分明的感情。

综上所述,无论在叙写人生琐屑的细事,还是把人物所作诗融入叙述之中,或是对话的反复与大段议论之中,司马迁都以饱含情感的笔触描绘叙写、议论,充分把自己的爱憎、嘲讽、嬉笑怒骂,展现在激荡的文字里。其中发抒情感的悲痛,是《史记》的主调。刘鹗曾说:"《离骚》为屈大夫之哭泣,《庄子》为蒙叟之哭泣,《史记》为太史公之哭泣,《草堂诗集》为杜工部之哭泣;李后主以词哭,八大山人以画哭;王实甫寄哭于《西厢》,曹雪芹寄哭于《红楼梦》。"[①]这些"哭"有为一国、为人生、为国为民、为失国、为易代、为种族,都是哭的现实存在,司马迁为现实也为历史可歌可泣之人物而哭,为可憎可恨之人而愤慨。他的悲愤固然与一己不幸相关,但在对历史的裁断上他能控制自己,所以他的《史记》,"悲世之意多,愤世之意少,是以立身常在高处"[②]。也正因此,他的《史记》充满人所认同的感情,而且能永恒地唤起不同读者的共鸣。

第二节　哭在《史记》

《史记》是一部伟壮的三千年通史,也是一部各色人等的悲剧史,略备于战国,详叙于秦汉之际,尤其是汉初四代,其间惊心动魄的风云变化,盘根错节的上层社会和各种矛盾,仁人志士建功立业的壮烈事迹,司马迁叙写得悲慨淋漓,可歌可泣。其中形形色色的人物,真真假假的各种哭泣,几乎形成一种赞美、同情、讥讽、悲恸的交响曲,或者一种旋律,贯穿于全书。

一、志士、壮士与烈丈夫的哭

司马迁的父亲司马谈临终遗嘱,要他完成汉兴以来"明主贤君忠臣死义之士"的记载,他"俯首流涕"地接受了这一使命。缅怀历史,被许多轰轰烈烈的人物所震撼,在《屈原列传》里说:"夫天者,人之始也;父母者,人之本也。人穷则反本,故劳苦倦极,未尝不呼天也;疾痛惨怛未尝不呼父母也。"这是对屈原《离骚》悲痛的人生终极的阐释。论赞又言:读《离骚》等,"观屈原所自沉渊,未尝不垂涕,想见其为人"。所以他的笔下饱含了强烈

---

① 刘鹗:《老残游记·自序》,见舒芜等《近代文论选》,人民文学出版社1999年版,第214页。
② 刘熙载:《艺概·文概》,上海古籍出版社1978年版,第12页。

的感情,也渗透着悲痛的泪水。

当志士处于事业无成面临死亡之时,或者穷困无援的绝境,未尝不痛哭流涕,"疾痛惨怛",悲慨淋漓。李广身经七十余战,匈奴敬畏怕他,谓之"飞将军"。他一上前线,便"避之数岁"。士兵爱戴他,"咸乐为死",一代名将到了汉武帝肆力征伐匈奴之时,该有了用武之地。然而仍不被重用,逼他几次上军事法庭,最后一次不愿"复对刀笔之吏",便自杀了。司马迁写道:"广军士大夫一军皆哭。百姓闻之,知与不知,无老壮皆为垂涕。"在论赞里压抑不住悲痛,又说:"余睹李将俊俊如鄙人,口不能道辞,及死之日,天下知与不知,皆为尽哀。"茅坤说:"李将军乃最名将而最无功,故太史公极力摹写淋漓,悲咽可涕。"①李广没有死在战场上,却倒在汉武帝与卫青上下齐手制造的悲剧里,司马迁用公孙昆邪的哭,军营里的哭,百姓的哭,歌颂他,同情他,以哭声为李广致以最崇高的礼敬。从开头至结尾哭声贯穿全文,为"飞将军"发出连续的不平之鸣。文帝初律令更定,列侯就国大政,皆出于贾谊,文帝欲委以公卿之位,绛、灌之辈的老元勋诋毁他"专欲擅权,纷乱诸事"。文帝为了稳定老臣,即贬贾谊为长沙王太傅。一年后,召见不提政事而问鬼神。不由自主地说:"吾久不见贾生,自以为过之,今不及也。"就移任为梁怀王太傅,算是优待。怀王为文帝少子,很受宠爱,好读书。不料几年后,怀王坠马而死。贾谊自伤失职,"哭泣岁余,亦死"。紧接又言:"贾生之死时年三十三矣",每个字眼里都浸满了泪水,悼惜一代英才而又毁在一代明君为了平衡政局的悲剧中。战国时齐败燕,燕昭王礼贤下士,乐毅为燕伐齐五年下七十余城,仅余莒与即墨。燕昭王死而其子燕惠王立,与乐毅早先存有芥蒂。齐之田单反间于燕,燕使骑劫代将,乐毅惧而降赵。田单大破燕,尽收齐城。燕惠王后悔,又怒乐毅降赵,使人责备乐毅,又表示歉意。乐毅《报燕王书》说明燕昭王重用之原因,认为伍子胥重用于阖闾而功成,夫差信谗而沉之于江,均为见事不明。故言:"夫免身立功,以明先王之际,臣之上计也。离毁辱之诽谤,堕先王之名,臣之所大恐也。临不测之罪,以幸为利,义之所不敢出也。"表示"古之君子,交绝不出恶声;忠臣去国,不絜其名",谓虽身处别国,不会有对不起燕的行为。于是燕复用其子。乐毅可谓善成善终,书之言辞,委屈忠厚,为一代名文。司马迁在《乐毅列传》论赞里说:"始齐之蒯通及主父偃读乐毅之报燕王书,未尝不废书而泣也。"因有相同的处境而受感动,这也是司马迁自己的感受。因替李陵辩解反受腐刑,故有遭人主猜疑的切肤之痛。《鲁仲连列传》言燕将

---

① 茅坤编纂,王晓红整理《史记钞》,商务印书馆2013年版,第453页。

攻下齐之聊城,齐人谗之于燕,燕将惧诛,因保守聊城,齐攻城一年而士卒多死。鲁仲连写信给燕将,剖析对方左右为难处境,劝其"亟忿悁之节,定累世之功",以降齐为上策。"燕将见鲁连书,泣三日,犹豫不能自决。欲归燕,已有隙,恐诛;欲降齐,所杀掳于齐甚众,恐已降而后见辱。喟然叹曰'与人刃我,宁自刃。'乃自杀。聊城乱,田单遂屠聊城。"此言人处于左右失据之时的痛楚惨怛,司马迁以口语得祸亦想到自杀,为了完成《史记》,才含垢忍辱而受极刑。"每念斯耻,汗未尝不发背沾衣也"。对燕将"泣三日"而自杀,司马迁一洒同情之泪,未尝不倾注自家的悲痛,千古之下让人感泣!

人之痛苦之极,悲从中来,汪然大泣,情之所动,亦让人下千古之泪。伍员被楚平王逼得家破人亡,临逃时对至交申包胥说"我必覆楚",申则言"我必存之"。伍员率吴兵破郢,鞭平王尸三百。申奔秦告急,秦不许。"包胥立于秦廷,昼夜哭,七日七夜不绝其声。秦哀公怜之,曰:'楚虽无道,有臣若是,可无存乎!'"楚遂得救。司马迁在《伍子胥列传》论赞里说:"向令伍子胥从奢俱死,何异蝼蚁!弃小义,雪大耻,名垂于后世,悲夫!"称为"隐忍就功名"的"烈丈夫"。而对申包胥哭秦廷予赞美于叙述之中,树立了一个光辉的爱国形象,血泪感人至深。项羽兵败垓下,在生死抉择关口,把马与头都能赠人,而面对虞姬却无可奈何。英雄末路之时,发儿女情长之悲歌。悲痛心肺的《垓下歌》,使"项王泣数行下",而且"左右皆泣,莫能仰视"。清人王又朴说:"未写项王歌,先写楚歌;又写美人和歌,又写项王泣,又写左右皆泣,一片儿女深情。……人莫易于写盛,而难于状衰,以其迫促易尽也。今史公写羽之败,乃觉意气宽闲,英风奕奕,则其败也如胜矣。写羽之死,仍觉众人心头眼底如有一活项王跳掷而出,则其死也犹生矣。"① 司马迁对他钟爱的悲剧英雄,同样悲慨淋漓,字字痛愤,倾满同情之泪。刘邦成功了,得意不久,也很悲痛。总疑心有人谋反,诛尽功臣。每次平叛还得亲自带兵,他击英布时中箭负伤,半道病得厉害,路过故乡沛地的《大风歌》的"安得猛士兮守四方",已可看出忧恐深入骨髓。"高祖乃起舞,慷慨伤怀,泣数行下"。他的悲泣似乎不比项羽少,项羽绝望时,只是悲伤把一个女子怎么办,刘邦悲伤的这一大摊"家业"又由谁来看守。所以老泪纵横,回长安后却医不治,带着无限的悲恸超前病死。对于刘邦的悲恸于怀,在司马迁笔下对英主功臣猜忌未尝不是一种讽刺!而对刘、项同情与讽刺在同样的"泣数行下",又显得多么泾渭分明!

---

① 王又朴编选,凌朝栋整理《史记七篇读法》,商务印书馆2013年版,第26页。

二、作为一种政治手段的哭

哭泣原本是伤心惨怛的真情,悲痛难抑的流泻,但在政治家那里却往往作为一种手段,以假作真,或作为收买人心的一种做作,或掩饰自己的残忍行为,或者把眼泪当作达到目的的工具,招之即来,挥之即去。总之,哭泣的目的包含掩饰、虚伪、奸诈、欺骗等,以蒙天下人眼目,换取人们的信任或不可告人的目的。《项羽本纪》说,项羽自杀后,"汉王为发哀,泣之而去","哀"就"哀",还要"发哀",就是要让天下人知道,他与项羽"约为兄弟",兄弟死了,怎能不哀呢?论者也以为这一对生死冤家,恩仇已泯,刘邦的哭泣属于人情本性的流露。其实这是活老鼠哭死猫,属于"作秀"的政治姿态。他知道项羽还有不少残余势力,就哭给人看,让他们都能臣服自己。配合"发哀"行为就是"以鲁公礼葬项王谷城",而且"诸项氏枝属皆不诛",并赐姓刘氏,均属于同样目的。

这还从《田儋列传》中看得出来,在楚汉相争之际,刘邦与韩信上下其手,袭破齐军。一年后,汉灭项羽,田横率五百人逃往海岛。"高祖闻之,以为田横兄弟本定齐,齐人贤者多附焉,今在海中不收,后恐为乱"。便招田横,并命"齐王田横将至,人马从者敢动摇者致族夷"。若"不来,且举兵加诛",逼得田横自杀,刘邦亦"为之流涕","以王者礼葬田横"。田横随从二客在其冢旁皆自刭,"高帝闻之乃大惊,以田横之客皆贤"。岛中五百人亦皆自杀,不用说,刘邦更大惊。这正是刘邦为项、田"发哀""流涕"之原因。

汉惠帝在位七年病死,发丧时,"太后哭,泣不下"。吕后只有这么个儿子,且早逝,白发人送黑发人,应悲恸才是,然却哭而无泪,不悲不痛,犹如潘金莲哭武大郎般的干号。其原因即张良的儿子张辟疆对丞相所说:"帝毋壮子,太后畏君等",如请诸吕为将与入宫居中用事,"如此则太后心安,君等幸得免祸矣"。丞相乃照此作。"太后说,其哭乃哀"。吕后的假哭不真,真哭亦不动人,眼泪之有无,则以权力之转移为决定。母子如此,兄弟亦复这样。《梁孝王世家》说,窦太后爱小儿子梁孝王刘武,入朝则景帝因母亲故而与弟同辇,窦太后欲以为后嗣,遭到袁盎等人反对。梁王与羊胜等人谋刺袁盎等,事发,梁王只好令羊胜等人自杀。景帝由此怨恨梁王,梁王请朝见,悄然入关匿于长公主家。汉使迎王而不知所处。窦太后泣曰:"帝杀吾子!"景帝忧恐。于是梁王出于阙下谢罪。"然后太后、景帝大喜,相泣,复如故"。景帝与弟梁王相对而"泣",好像恢复原来兄弟之情。然"景帝益疏王,不同车辇矣",说明"复如故"是做给窦太后与弟看的,至于对弟而"泣"自然也是假的,眼泪成了政治斗争的障眼法。帝王母子兄弟,犹如韩安国对梁孝王所说:"虽有亲父,安知其不为虎?虽有亲兄,安知其不为狼?"亲情在权力面前显得脆弱,被异化为剑拔弩张的敌对关系。

《李斯列传》写一个精明贪图富贵终于酿成政治家的悲剧。秦二世二年赵高诬陷李斯,五刑用尽后与其中子腰斩。李斯回头对中子说:"吾欲与若复牵黄犬俱出上蔡东门逐狡兔,岂可得乎!"于是"父子相哭,而夷三族"。这是他人生唯一的也是最后的一次忏悔。早年看见厕、仓之鼠的处境差异,曾说:"人之贤不肖譬如鼠矣,在所自处耳"。在"人之将死,其言也善"时,才发现以唯利是图的"老鼠哲学"自处的危害。论赞言:"持爵禄之重,阿顺苟合,严威酷刑,废適立庶。诸侯已畔,斯乃欲谏争,不亦末乎!"同样,他的忏悔与反省亦太晚了!

汉文帝该是一代明君,然《淮南列传》说,淮南厉王刘长为刘邦少子,常称文帝"大兄",又椎杀辟阳侯郦食其,"薄太后与太子诸大臣皆惮厉王,厉王以此归国益骄恣","自为法令,拟于天子"。文帝唆使丞相张苍等人诬告淮南厉王谋反,迁禁蜀郡。袁盎谏文帝谓其"为人刚,今暴摧折之。臣恐卒逢雾露病死,陛下为有杀弟之名,奈何?"文帝说:"吾特苦之耳,今复之。"结果淮南王"乃不食死",文帝"哭甚悲"。文帝逼死弟之用心虽颇深隐,但"民有作歌歌淮南厉王曰:'一尺布,尚可缝;一斗粟,尚可舂。兄弟二人不能相容。'"袁盎看出是"暴摧折之",老百姓说"兄弟不容",所以文帝"哭甚悲",犹如乃父哭项羽那样,同样是做给别人看的。

哭泣如果选择恰当或赶不上恰当的场合,其结果会有福祸不同的差异。蒯成侯周緤,从刘邦起于沛,始"终无离上心",故封为信武侯。陈豨"叛乱",刘邦欲自击。"蒯成侯泣曰:'始秦攻破天下,未尝出行。今上常自行,是为无人可使者乎?'上以为'爱我',赐入殿步趋,杀人不死。"《蒯成列传》论赞说他:"操心坚正,身不见疑,上欲有所之,未尝不垂涕,此有伤心者然,可谓笃厚君子矣。"刘邦称帝七年,"谋反"九次都是所逼造成,除贯高、韩信、彭越杀于长安,其余六次都是亲自出击,最后平英布负伤,不久死去。派别人则绝不相信。所谓"上有所欲之"即指出外平叛,故周緤"未尝不垂涕"。至于"是为无人可使者乎"就不了解刘邦的心理了。不过哭却赢得特别的喜欢与特殊待遇,可谓哭得恰到好处。这实际是皮里阳秋文字,似褒实贬,说他的侯王是哭来的。

也有因哭得不是时候而丧命。《彭越传》说,刘邦往击陈豨,命梁王彭越出兵,彭越称病,派将前往。"高帝怒,使人让(责备)梁王。梁王恐,欲自往谢。其将扈辄曰:'王始不往,见让而往,往则为禽矣。不如遂发兵反。'梁王不听,称病。"他的太仆因畏惧被斩而逃,告其"谋反"。刘邦派人捕彭越,迁放蜀地。路遇吕后,"彭越对吕后泣涕,自言无罪,愿处故昌邑。吕后许诺"。至洛阳告刘邦:徙蜀遗患,"不如遂诛之"。于是吕后指使彭越舍人告"彭越复谋反","遂夷越宗族"。彭越对吕后哭,可谓哭非其人。吕后后来把戚夫人搞成人彘,又骗杀韩信,残酷苛毒。又与刘邦狼狈为奸,迫害彭越,所以彭越哀求之泪,反成了促死之具。《栾布传》说,彭越的大夫栾布"从齐还,奏事彭越头下,祠而哭之"。刘邦骂栾布同反,要烹掉他。他言当汉困于彭城,败荥阳时,彭王牵制项羽,使不能西进。当时"彭王一顾,与楚则汉破,与汉则楚破。且垓下之会,微彭王,项氏不亡。天下已定,彭王剖符亦欲传之万世。今陛下一征兵于梁,彭王病不行,而陛下疑以为反,反形未见,以苛小案诛灭之,臣恐功臣人人自危也。今彭王已死,臣生不如死,请就亨。"这一番话不仅对刘邦是诛心之论,而且提醒会引起"功臣人人自危"后果,所以"上乃释布罪,拜为都尉"。彭越、栾布的哭,求生者反死,求死者反生,同是一哭,差异如此之大!正如论赞所说:"栾布哭彭越,趣汤如归者,彼诚知所处,不自重其死。虽往古烈士,何以加哉!"反过来说,彭越则"彼诚不知所处",故落了个悲惨下场!

三、滑稽可笑与情态各异的哭

有些哭虽出于真情,但因其人庸劣或处境特殊,不仅得不到同情,反而觉得滑稽可笑,客观上实是一种讽刺,让人会心一笑。《张丞相列传》说丞相申屠嘉为人廉直,当时太中大夫邓通为文帝男宠,不仅"赏赐累巨万",而且"文帝尝燕饮通家",故对朝臣举止傲慢。申屠嘉提出要严肃朝廷之礼,文帝说:"君勿言,吾私之。"罢朝后"嘉为檄召邓通诣丞相府,不来,且斩通。通恐,入言文帝。文帝曰:'汝第往,吾今使人召若。'"邓通"免冠,徒跣,顿首谢。嘉坐自如,故不为礼。责备小臣戏殿上,当斩。通顿首,首尽出血,不解。文帝度丞相已困通",使人召邓通,邓通"为文帝泣曰:'丞相几杀臣。'"《佞幸列传》又说"邓通无他能,独自谨其身以媚上而已",常为文帝吸吮疮脓。像这样弄臣的哭泣,让人就觉得滑稽可笑。《袁盎列传》说宦官赵同为文帝宠幸,常同文帝参乘,"袁盎伏车前曰:'臣闻天子所与共六尺舆者,皆天下豪英。今汉虽乏人,陛下独奈何与刀锯余人载!'于是上笑,下赵同。赵同泣下车"。他的哭与邓通一样,同样引人快心一笑。

同一件事引发出不同的哭声,有伤心,也有非伤心者。《外戚世家》说窦太后早年入宫侍奉吕后,几经坎坷,终于成为文帝王后。其弟家贫被卖,闻窦皇后新立。窦太后入宫时其弟"虽小,识其县名及姓,又常与其姊采桑堕,用为符信,上书自陈"。召见,"又复问他何以为验?对曰:'姊去我西时,与我决于传舍中,丐沐沐我,请食饭我,乃去.'于是窦太后持之而泣,泣涕交横下。侍御左右皆伏地泣,助皇后悲哀。"吴见思说:"又于傍人形容一句,极写其生死离别,骨肉乍逢,真堪一恸也!"① 窦太后失弟复得,这是从艰难中过来的富贵人的动情之哭。左右宫人的"助哀",既是一种同情,也是一种"责无旁贷"的不得不哭,就不免让人轻松一笑,也见出《史记》也有幽默的一面。

除此而外,《史记》还记录各种人物形形色色的哭。如卫子夫本为平阳公主的歌女,偶然得幸汉武帝入宫,然入宫却不复幸。武帝择宫人不中用者斥出。"卫子夫得见,涕泣请出。上怜之,复幸,遂有身,尊宠日隆",其弟卫青也由此擢为侍中而发迹。眼泪在这里发挥了特别效应,事见《外戚世家》。《晋世家》谓骊姬谗害太子申生,置毒于祭肉,犬食而毙,与小臣而死,骊姬泣曰:"太子何忍也!其父而欲弑代之!"这是把眼泪作为迫害人的利器。《刺客列传》说聂政刺杀韩相侠累未遂,自毁其容而自杀。韩相暴尸于市,"购问莫知谁子"。其姊聂荣"伏尸哭极哀",不"畏殁身之诛",不"终灭贤弟之名"。"大惊韩市人。乃大呼天者三,卒于邑悲哀而死政之旁"。这是烈女子之哭,颇有前仆后继之精神。刘邦暮年忙着"平叛",出击英布负伤归至沛县,大动乡思,悲从中来,"慷慨伤怀,泣数行下"。对父老说:"游子悲故乡,吾虽都关中,万岁后吾魂魄犹乐思沛。"这是自知日暮途穷的哭,其哭亦真,与为项羽"发哀"的虚伪的假哭对比鲜明,司马迁似乎在说汉高祖也是从成功走向悲剧的人物。《刘敬列传》借刘敬之口说:楚汉相争,"大战七十,小战四十,使天下之民肝脑涂地,父子暴骨中原,不可胜数,哭泣之声未绝",这普天下的哭声,倾注着司马迁多少悲愤!《吕后本纪》说汉惠帝看到母后把戚夫人搞得惨不忍睹的"人彘","乃大哭,因病,岁余不能起"。乃使人对吕后说:"此非人所为。臣为太后子,终不能治天下。"以不当皇帝表示怨愤与示威,也是司马迁对吕后行事残酷的诅咒。《樊哙列传》说英布反时,高祖病得厉害,见人烦,群臣莫敢入,樊哙"乃排闼直入,大臣随之。上独枕一宦者卧。哙等见上流涕曰:'始陛下与臣等起丰沛,定天下,何其壮也!今天下已定,又何惫也!且陛下病甚,大臣震恐,不见臣等计事,顾独与一宦者绝乎?且陛下独不见赵高之事乎?'"樊哙本一莽夫,在哭谏情急中能讲出这么多道理,忠憨之状动人,所以"高帝笑而起"。

《孔子世家》说子路战死,孔子叹而歌曰:"太山坏乎!梁柱摧乎!哲人萎乎!""因以涕下"。孔子的歌哭,出于对既是高才生又是卫侍者的大悲大

---

① 吴见思:《史记论文》,中华书局1916年版,第4册第35页。

痛。《乐毅列传》论赞说:"始齐之蒯通与主父偃读乐毅之《报燕王书》,未尝不废书而泣也。"这是对志士仁人事业中沮的悲泣,其间也倾注司马迁的遏制不住的悲愤。《刺客列传》说田光推荐荆轲给太子丹,自刎以示不泄密。太子丹对荆轲再拜而跪,膝行流涕。荆轲欲得樊於期之首可以使秦不疑,樊於期则"仰天太息流涕"亦自杀,以支持荆轲。"太子闻之,驰往,伏尸而哭,极哀"。易水送别时,"皆白衣冠以送之","士皆垂泪涕泣"。荆轲刺秦不成时的"倚柱而笑,箕踞以骂"。以及其友高渐离"变名姓为人庸保","便击筑而歌,客无不流涕而去者"。这一系列的流涕哭声,加上荆轲的嬉笑怒骂的对比,把荆轲刺秦写得悲慨淋漓,惊心动魄。

　　《史记》是一部可歌可泣的史书,其中所记"倜傥非常之人"的哭声,浸透司马迁的感情与泪水,所以读来感人至深;所记的哭泣蕴含了司马迁的揭露与讽刺,同样也寄托了自己的感情,表达的则是否定的鞭挞。《史记》的哭所体现的又是那样爱憎分明,感人至深。哭在《史记》,它简直是一部感情铸成的"情史",他"俯首流涕"秉承父命,要完成论载历史人物的大著述,同时也是历史的使命。撰写中途又遭腐刑,他的如椽之笔在颤抖,他的《史记》也在哭泣,而成为一部彪炳千古的悲剧史。所以刘鹗《老残游记·自序》说"《史记》为太史公之哭泣"!

第三节　《史记》情感论

　　西方叙事学研究者曾经有一个假设:"中国古代文学中虽然很难找到史诗文学作品,但史诗的美学作用还是存在的,并不缺乏。因为史书在中国文化中的地位有类似史诗的功能,中国文学中虽然没有荷马,却有司马迁。《史记》既能'笼万物于形内',有类似史诗的包罗万象的宏观感,又醉心于经营一篇篇个人的'列传',而令人油然想起史诗中对一个个英雄的描绘,从而无愧于古代文化集成的浓缩体现。我们甚至可以这样说,中国古代虽然没有'史诗',却有史诗的'美学理想'。这种'美学理想'就寄寓于'史'的形式之中而后启来者。"[1]《史记》的抒情性,应当说就是"史诗的'美学理想'"的最显著的特征之一,历来受到论者特别关注,然一部煌煌通史大典,当然绝对要以叙述为主要目的。作者对历史的判断与情感,只能倾注在"原始察终、见盛观衰"的历史陈述中。虽然其中情感激切谁都能感受

---

[1] 浦安迪:《中国叙事学》,北京大学出版社2018年版,第35—36页。

到,然探究却颇棘手,所以,是热点也是难题。且所见不同,分歧亦多,这似乎成为永恒的命题,值得不断思考,相继阐发。

一、寓情感于叙事之中

顾炎武曾提出《史记》寓论断于序事[①],《史记》抒情亦未尝不如此,也就是寓情感于叙事之中。司马迁对历史变迁与历史人物,不仅有深刻的思考和感慨,而且持以饱满的热情,他在《十二诸侯年表序》开头即言:"太史公读《春秋历谱牒》,至周厉王,未尝不废书而叹也。"这是对时代兴废的感慨。又在《孟子荀卿列传》打破自己撰史惯例,先置一传序,开头同样即言:"余读孟子书,至梁惠王问'何以利吾国',未尝不废书而叹也。"这是对治乱的大感慨,因他认为"利诚乱之始"。还在《儒林列传序》的开头说:"余读功令,至于广厉学官之路,未尝不废书而叹也。"这是对国家政令制度的感慨。这三次"废书而叹",无论是古代史还是近代史,或是官制政策,不但始终以史学裁断眼光予以深切关注,而且以饱含情感的语言付诸笔墨。除了对历史抱有深切的大感慨外,还同时借记载历史人物的痛憾,以发已之情感。《乐书序》发端即言:"余每读《虞书》,至于君臣相敕(告诫),维是几安,而股肱不良,万事堕坏,未尝不流涕也。"这是看到君臣关系对国家大政具有重要作用而深有感慨,情动于衷,不能自已。《乐毅列传》的"太史公曰"说:"始齐之蒯通及主父偃读乐毅之报燕王书,未尝不废书而泣也。"这是借他人不得于君的感泣,以浇自己心中的块垒,不,进一步说,应当是以历史人物来代替自己的感泣。在《屈原贾生列传》的"太史公曰"还说:"余读《离骚》《天问》《招魂》《哀郢》,悲其志。适长沙,观屈原所自沉渊,未尝不垂涕,想见其为人。"他理解历史也遗憾历史,对他笔下的传主,无不充斥爱憎分明的情感。他既然叙述历史和记录人物事迹,他就有了对历史材料取舍选择的权利。他的秉笔直书也有详略与安排,他又以大散文家的如椽之笔,以简朴激荡饱含感情的语言叙说历史与刻画人物,恰尽了史家与文学家的天才。

《史记》的情感,首先体现在对那些可歌可泣的"倜傥非常"之人物的同情与赞美。他叙写的廉颇是"忠实的老军人"(梁启超语),为赵国立下赫赫

---

① 顾炎武《日知录》卷二十六"史记于序事中寓论断"条说:"《平准书》末载卜式语,《王翦传》末载客语,《荆轲传》末载鲁勾践语,《晁错传》末载邓公与景帝语,《武安侯田蚡传》末载武帝语,皆史家于序事中寓论断法也,后人知此法者鲜矣。"见黄汝成:《日知录集释》,世界书局1936年版,第590页。

战功,晚年不被赵悼襄王所用,不得已奔魏,久之又未被信用,当时:

> 赵以数困于秦兵,赵王思复得廉颇,廉颇亦思复用赵,赵王使使者视廉颇尚可用否。廉颇之仇郭开多与使者金,令毁之。赵使者既见廉颇,廉颇为之一饭斗米,肉十斤,披甲上马,以视尚可用。使者还报王曰:"廉将军虽老,尚善饭,顷之三遗矢矣。"赵王以为廉颇老,遂不召。

这节文字冷静极了,也简朴极了!作者也无暇在跳荡的叙述中介入感情,也不忍以携带任何肯否意念以示对老将不尽惋惜,打断简略客观的叙写,甚至连外露倾向的一个字眼也看不到,然而却打动了许多人。辛弃疾即言:"凭谁问,廉颇老矣,尚能饭否"——廉颇老将在异国,赵王尚且使人探问——而自己连问的人也没有,辛词的"读后感"很感人,而引发他这番同感的这种极客观的叙述,充实着动人的魔力。赵国因被秦兵数困,"赵王思复得廉颇",而"廉颇亦思复用赵",拿手的顶真,精彩的反复,叙说得多么情致绵绵,而且"一饭斗米,肉十斤"的夸张,读者不会计较多少,唯觉其老当益壮,英风犹在。"披甲上马"后该刺杀一番,硬是控制住了,因为对于名将是多余的,何况使"思复用赵"有了间隙,舒缓了叙述的节奏,只虚笼一笔,"以视尚可用"就够了。使者"虽老,尚善饭",还算是如实的汇报,然"虽"字埋下了伏笔,"尚"字有多么勉强,而"顷之三遗矢"却是要老将军的命,并且有"与臣坐"为证。老将太忠实了,也想不到如果予使者金,就会机会再来。只相信他的马上演示会打动使者,也会打动赵王。然而赵王终于"以为老",廉颇就这样失去了适逢其时的机会。后为楚将,又"无功",盖不能信用,渴望回赵说:"我思用赵人。"最后"卒死于寿春"。这真是余音袅袅,让人感慨歔欷!这些简括叙说与交代,简朴到不能再简朴,浸透了多少同情之泪,首尾两个"思"字,真能催人泪下。

《李将军列传》也是感发人的得意文字,比起《廉颇传》更属超乘,李广身经七十余战,司马迁又是叙述战争的高手,像写项羽垓下之围,比善叙战争的《左传》有过之而无不及,但只写了真刀真枪的三战,付诸文字并不多。而随大将军击匈奴一战,因卫青与汉武帝上下齐手,故因措置不当并没赶上围剿,其间曲折却予以特别的详叙,甚至于有些"冗长"沉闷,因李将军就死在这一次不战之战中,最后因"不能复对刀笔之吏"而自刭。于是"广军大夫一军皆哭。百姓闻之,知与不知,无老壮皆为垂涕",在传后的"太史公曰"里又特意重复了一遍。如果联系传首文帝的"惜乎,子不遇时",以及公孙昆邪的"李广才气,天下无双"云云,李广没有死在"数与虏敌战"之中,而被汉廷逼死,这正是特详于此的原因。不平之鸣流淌在看似平静的叙事之中,《史记》文字向来"热",这时却"冷"得出奇。等到"一军皆哭"、百姓"皆为垂涕",我们能想见司马迁的笔在疾驰中颤抖,泪水会打湿笔下的竹简。在叙事不待言情能把情感浸含到如此程度,同样属于"唯太史公能之"。

像《魏公子列传》在《史记》里可算是热情洋溢的名文,而写请侯嬴一节,委屈备至。其中侯嬴故意絮谈磨蹭,从骑的窃骂,而"公子色终不变",回至家的"宾客皆惊",以及侯嬴的一番感慨,市人皆以"公子为长者能下士也",作者只是忙着叙说故事,全是客观叙述,犹如记者的一场"录像",绝对没有自己的声音,而把魏公子礼贤下士,乃至于"夷门抱关者"——一个看管城门的老头,给予了十二万分的礼赞,"神理处处酣畅,精采处处焕发,体势处处密栗,态味处处秾郁,机致处处飞舞,节奏处处铿锵"①,而这一切热情以至热烈的礼赞,"曲折甚多而不觉其琐碎"(陈衍《史记文学研究法》),全从旁观者的静观默察中流出。只觉其人虚衷折节,全从好客之心性中流出,而作者赞美之热情却洋溢纸上。

而《赵世家》中的"赵氏孤儿"的故事,写程婴与公孙杵臼,着重于两人"死易,立孤难耳"的对话,先写公孙之死。孤儿赵武成人后,又以程婴"我非不能死"云云,写足两人视死如归、为义而死的精神,又是极客观的文字,比起写魏公子,更是一片冷文,然赞美之热情如冰下之潜流,虽然不动声色,却是生气凛然,让人肃然起敬。而赵国代代递承,不知有多少事叙出,而特意于保孤絮絮标出,也正见出张扬"死义"之浓墨重彩的用意。他如《管晏列传》中晏子对越石父与车夫的举荐,《韩长孺列传》韩安国受辱于狱吏田甲,复出后而"卒善遇之",《张释之冯唐列传》中,王生在朝廷众目睽睽之中要张释之为之"结袜",都是在平静中叙述出,然而无不寄予作者深情与用意。至于像饱含感情的《项羽本纪》《刺客列传》那样的大传长文,更是可歌可泣,都是情深独至之作。

《史记》的讥笑与嘲弄讽刺,也是绝佳文字,特别高明的是,同样在不动声色中,倾露出鲜明的爱憎。《高祖本纪》写出许多怪异荒诞,诸如刘邦的"左股七十二黑子",赊酒、老父为一家相面、斩蛇等等,甚至于逃匿"所居上常有云气",等到举事反秦。诸父老都认为"平生之所闻刘季诸珍怪,当贵",便推举他领头。一篇开国领袖的大文,本要写其豁达大度,然不仅有如此怪异,且在开头即言其母于雷电晦暝中与蛟龙野合而"遂产高祖"。这

---

① 汤谐:《史记半解》,商务印书馆2013年版,第164页。

些故事写得很逼真,以致不少论者以为作者有天命论或迷信思想,实际是刘邦于人心反秦的乱世,为将来起事而预先制作的"天子广告",包括以后的史书,每每盛言帝王出生的怪异,都是对此的误解。因为写得太冷静了,而没有看出属于讥讽文字。而在斩蛇后人传为"赤帝子斩之",于是"高祖乃心独喜"。吕后每次寻找逃匿的刘邦,"常得之"。高祖怪问之,说是"居上常有云气",而"高祖心喜",于是"沛中子弟或闻之,多欲附者矣"。这不是一场精心设置的"双簧戏"吗,真是讥讽入骨!

被人盛赞的互见法,也是司马迁讽刺的利器。在《萧相国世家》里说:"高祖以吏繇咸阳,吏皆送奉三钱,何独以五"。到了登上皇帝大位,大封功臣时,视功臣为"功狗",独谓萧何为发踪指示的"功人",自然要列第一,并"悉封何父子兄弟十余人,皆有食邑",而且"乃益封何二千户",多封赏的原因是"以前帝繇咸阳时何送我独赢钱二也"。《高祖本纪》所说的"喜施,意豁如也。常有大度",于此便讥讽得淋漓尽致。在《楚元王世家》里说"高祖微时",常带宾客到嫂家打秋风,次数多了生厌,嫂就把锅铲得声响,客去,则发现"尚有羹",便"由此怨其嫂"。"及高祖为帝,封昆弟伯子独不得封"。还是因太上皇老爸出面,则言"某非忘封之,为其母不长者耳",于是乃封其子为"羹颉侯"。"羹颉"原为山名,"颉"有克扣义,就挖空心思地想了这个"封号",高祖的"豁达"便由此可见了。

最高明的讥讽,要算《万石张叔列传》。说石奋退休,岁时朝见,过宫门"必下车趋,见路马必式焉"。子孙为吏回家看他,"必朝服见之,不名。子孙有过失,不谯让,为便坐,对案不食"。"上赐食于家,必稽首俯伏而食之,如在上前"。确实到了"恭谨无比"的程度。他的几个儿子都恭敬至极,其中小儿子为太仆"御出,上问车中几马,庆以策数马毕,举手曰:'六马'。庆于诸子中最为简易矣,然犹如此"。而且叙万奋毕,还言:"万石君家以孝谨闻乎郡国,虽齐鲁诸儒质行,皆自以为不及也";叙石庆事毕则言:"为齐相,举齐国皆慕其家行,不言而齐国大治,为立石祠"。这是刺还是美,简直看不出来。然看石庆为相,武帝诸臣"更进用事,事不关决于丞相,丞相唯谨而已。在位九岁,无能有匡言"。长子石建为郎中令,"事有可言,屏人恣言,极切;至廷见,如不能言者。"结果"是以上乃亲尊礼之"。至此,是美是刺,便有觉察,寓讥讽"佞巧"于外似夸美之中,真是能控住感情!因他本来重视"倜傥非常"之人物,由此可见有多种笔墨,以寄托自己对历史人物的肯否与情感。

总之,无论美刺,无论文字的冷热,无论叙事的舒缓与跳荡,司马迁都能把自己爱憎寄寓其中,几乎很少看到不关痛痒的冷漠行文,这正是鲁迅所说的"史家之绝唱,无韵之《离骚》"。其所以以言情之长发而为史,"惟不拘于史法不囿于文字,发于情,肆于心而为文"①。这也正是与后世史书决然不同的地方。

二、寓爱憎于议论之中

史家要求秉笔直书,方为"实录"。《史记》"不虚美,不隐恶,故为之实录"(班固语)。但《史记》又显得爱憎异常分明,而史家都以不动声色的冷静叙事为根本,以所谓"言罕褒讳,事无黜陟"为基本原则,司马迁却把爱憎灌注笔端,故贬者谓为"谤书",然并无以一己之私而改变历史,却反而使僵硬的历史"活"了起来,使三千年可歌可泣之人物有血有肉,把史家的"冷"与文学家感情的"热"结合起来。《左传》是"冷"的上乘,《战国策》的恣肆有些"热",司马迁把这些都继承起来,冷的时候写得极冷,热的时候写得极热,歌哭喜怒,肆心为文,成功解决了史学与文学的矛盾,这需要绝大勇气,有敢于直面历史与现实的魄力。

史家拒绝感情,也拒绝显示陟黜的议论。《史记》不仅有深刻的议论,而且议论同样浇铸着感情。七十列传开卷首篇所写的《伯夷叔齐列传》,弟兄俩让国饿死,原本无关"原始察终,见盛观衰"的历史进程,甚或连"保孤"程婴与公孙杵都不及,司马迁却要为之立传,而且置于列传之首。然而与其说是记述一生大事的传记,不如说是一篇"质疑好人何以没有好报"的论文,要从此追寻三千年可歌可泣的人物为什么遭遇都那么令人无限惋惜的原因。其次以此揭示贯穿一部大书的要义与衡量历史人物,要以"尚义"为标尺,正如他在《太史公自序》里所说的此传为"末世争利,维彼争义"而作②。职是之由,特立此传,发而为论。这种写法,在《左传》《战国策》《国语》里都没有,只有《诗经》的二《雅》以议论为诗,司马迁也就继承下来,因他的《史记》原本就有"无韵之《离骚》"的特征③。

他以为伯夷、叔齐,可谓善人,颜回可谓好学,然或饿死或早卒。而盗跖竟以寿终,"是遵以何德"? 于是提出:"若至近世,操行不轨,专犯忌讳,而终死逸乐,富厚累世不绝。或择地而蹈之,时然后言,行不由径,非公正不发愤,而遇灾祸者,不可胜数也。余甚惑焉,傥所谓天道,是邪非邪?"这

---

① 鲁迅:《汉文学史纲要》。
② 刘熙载《艺概·文概》:"'末世争义,维彼弃义',太史公于叙《伯夷列传》发之。而《史记》全书重义之旨,亦不异是。"上海古籍出版社 1978 年版,第 10—11 页。
③ 刘熙载说:"学《离骚》得其情者为太史公,……离形得似,当以史公为尚。"刘熙载:《艺概·文概》,第 11 页。

是以针对现实好恶颠倒发出悲世之大感慨,非发一己之屯艰的愤世之论。所以,"大史公文,悲世之意多,愤世之意少,是以立身常在高处"①。与此相关的,是"君子疾没世而名不称"的问题,也就是如何建功立业,以为"闾巷之人,欲砥行立名者,非附青云之士,恶能施于后世哉?"这是汉代赋予的历史使命,司马迁其所以忍辱含垢就是要完成"传之后世"的《史记》。此传议论用了近乎诗一般语言,在议论中倾注了心中的积郁。在他看来,凡是特立独行者,能做出一番大事业的人,名称后世者,即值得大笔金书。这正是借此传而要发挥的另一看法。

《屈原贾生列传》也是议论多于叙事,且看下面诗一般议论:

> 屈平疾王听之不聪也,谗邪之蔽明也,邪曲之害公也,方正之不容也,故忧愁幽思而作《离骚》。《离骚》者,犹离忧也。夫天者,人之始也;父母者,人之本也。人穷则反本,故劳苦倦极,未尝不呼天也;疾痛惨怛,未尝不呼父母也。

这段议论加上叙述,就像散文诗一样,或者说以诗语发为议论。其中九个"也"字长声慢调,发为感慨。展示人在困苦屯艰时痛苦心情,他真是屈原之知音!《屈传》叙事无多,因史料所限。故此议论与言情结合,在《史记》里也算是很特殊的。

《史记》更多的是,看是叙事,实似论断;看似论断,实则言情。这些地方,往往具有深意,富有多方面的功能。《商君列传》传末说,支持变法的秦孝公卒。反对变法的太子立。谓商鞅欲反,发吏捕之。他逃到关下,欲往客舍。"客人不知其是商君也,曰:'商君之法,舍人无验者坐之。'商君喟然叹曰:'嗟呼,为法之敝一至此哉!'"这种叙事,实际上是对其人与变法的论断,这种喟叹的形式,本身就带有情感,是一种抒情的形式,如本文开头所示,无不是一种感情的表达。刘熙载说:"《画诀》:'石有三面,树有四枝。'盖笔法须兼阴阳向背也。于司马子长文往往遇之。"②司马迁的叙事,正是兼有"阴阳向背"的作用,寓情感于议论中,此处可见。

还有顾炎武所说的"于序事中寓论断",如《魏其侯列传》的结尾,汉文帝听到田蚡与淮南王勾结,便发狠地说:"使武安侯在者,族矣。"这是叙事,也是对田蚡其人的论断,同时也借他人之口表示了作者的厌憎。《袁盎晁

---

① 刘熙载:《艺概·文概》,上海古籍出版社1978年版,第12页。
② 刘熙载:《艺概·文概》,上海古籍出版社1978年版,第13页。

错列传》里,七国借清君侧为名叛反,晁错被诛,景帝问邓公吴楚罢兵与否。邓公曰:"吴王为反数十年矣,发怒削地,以诛错为名,其意非在错也。且臣恐天下士禁口,不敢复言也!"上曰:"何哉?"邓公曰:"夫晁错患诸侯强大不可制,故请削地以尊京师,万世之利也。计画始行,卒受大戮,内杜忠臣之口,外为诸侯报仇,臣窃为陛下不取也。"于是景帝默然良久,曰:"公言善,吾亦恨之。"这是对当时大事的记述,作者赞同所以详记其事,既是对吴楚七国之乱的论断,也是为晁错鸣冤。要说言情,这里似乎谈不上,但如果联系《绛侯周勃世家》,景帝的刻薄在错杀晁错上又一次体现。景帝"默然良久"后之言,正写出刻薄人口吻。景帝对晁错削藩之谋始听之,旋斩之,后又悔之,即是对刻薄人反复无常的讽刺,其中情感只是轻轻一点,对景帝之不满,虽然隐伏,但还是能感受得出。至于《刺客列传》末载鲁勾践语:"嗟呼,惜哉其不讲于刺剑之术也!甚矣吾不知人也!囊者吾叱之,彼乃以我为非人也!"记言当然属于记事,但这也是对荆轲其人的评论裁断,而如此一唱三叹的语调,情感就极浓烈。陶渊明《咏荆轲》的"惜哉剑术疏,奇功遂不成。其人虽已没,千载有余情",前两句就是此处的"再版";后两句则是司马迁要说没说出来的话。这里同样把叙事、论断、言情统一起来。

或者把叙、论、情交融起来,如水乳交融,几乎不辨彼此。《项羽本纪》最后写道:

> 项王已死,楚地皆降汉,独鲁不下。汉乃引天下兵欲屠之,为其守礼义,为主死节,乃持项王头视鲁,鲁父兄乃降。始,楚怀王初封项籍为鲁公,及其死,鲁最后下,故以鲁公礼葬项王谷城。汉王为发哀,泣之而去。

从叙事看,这是对项羽身后的交代;从论断看,项羽并未失尽人心。正如垓下之围中有落井下石的田父,也有雪中送炭的乌江亭长。而且"及其死,鲁最后下",这对刘邦只是发怵惊心,正像《田儋列传》末了言田横自杀,高祖"为之流涕",而拜田横二客为都尉,二客皆自颈,"高帝闻之乃大惊",因田横客尚有五百人居岛中。还有《季布栾布列传》,季布曾率楚兵"数窘汉王。及项羽灭,高祖购求布千金,敢有舍匿,罪及三族"。这些都是公开的敌人,至于不公开者又不知凡几。所以对鲁之"最后下",他心里又是多么吃紧。至于为项羽"发哀"——宣示哀悼,而且"泣之而去",这与对田横自杀的"流涕"同出一辙,因为田横余党有五百人远居海岛,而"鲁不下"又预示不知多少人尚未浮出水面,因而"发哀"不过演示给那些不露面的政敌看。因为这些人不知在何处,也不知叫什么名字,只能用眼泪收买了。牛运震对此说:"'项王已死'以下数段,回旋缭绕,此太史公痛惜项王也,中有无限唏嘘之神。'汉(王)乃引天下兵欲屠之',按:汉王何至于此,此自为鲁后降壮气势耳。"[1]就把此处的抒情说得至为透彻。

总之,《史记》在记事中不能没有论断,而论断最佳的方式是通过叙事表现出来。而司马迁又是富有诗人的情感,"第论其恻怛之情,抑扬之致,则得《诗三百篇》及《离骚》居多"[2]。而情感的寄托必然通过叙事发抒与论述的裁判,三者结合密切自然,这应当是《史记》兼有史家与文学家的绝大本领!

三、"太史公曰"的抒情

《史记》在篇后大多用"太史公曰"总束上文,既是对历史人物的功过的评断,也常于其中补其传中所未叙之事,尤其发抒了对传主批评或赞扬,后世称此为论赞或传论。这些微型评论,几乎是绝佳的史论小品,又美如抒情诗一般。于是论断、言情、补叙泾渭分明,又相融无间。他的这种写法每为论者推崇,论赞也就成为正史必不可缺少的一环。

《留侯世家》的传论言:"余以为其人计魁梧奇伟,至见其图,状貌如妇人好女。"这是从形貌补其传中之未叙,然而却把一个以退为进、以柔克刚道家式的智囊人物精神实质发露无遗。其前又有:"上曰:'夫运筹策帷帐之中,决胜千里外,吾不如子房。'"如此论断又与形貌配合巧妙,相得益彰。这里有"好奇"的赞叹,也有对智囊人物赞叹甚或对以退为进的阴柔而有微意。《陈丞相世家》传论说:"陈丞相平少时,本好黄帝、老子之术。方其割肉俎上之时,其意固已远矣。"补充陈平为学宗向,并与传中"使平得宰天下,亦如是肉矣"回应。《绛侯周勃世家》传论言:"绛侯周勃始为布衣时,鄙朴人也,才能不过凡庸。及从高祖定天下,在将相位,诸吕欲作乱,勃匡国家难,复之平正。虽伊尹、周公,何以加哉!"周勃原以织蚕簿为生,兼营吹箫办丧事,但后来却做出一番大事业。措语抑扬尽致,为"鄙朴人"发一感慨。在世家中,《孔子世家》的赞语最见企慕向往之情:

《诗》有之:"高山仰止,景行行止。"虽不能至,然心乡往之。余读孔氏书,想见其为人。适鲁,观仲尼庙堂车服礼器,诸生以时

---

[1] 牛运震:《史记评注》,三秦出版社2011年版,第36页。
[2] 刘熙载:《艺概·文概》,上海古籍出版社1978年版,第12页。

习礼其家,余低回留之不能去云。天下君王至于贤人众矣,当时则荣,没则已焉。孔子布衣,传十余世,学者宗之。自天子王侯,中国言六艺者折中于夫子,可谓至矣!

这里对孔子致以至高无上的礼敬!想见其人,低回不去,充满无限的向往敬慕,并把君主与之相较,突出了"至圣"影响的深远。刘熙载说:"《史记》叙事,文外无穷,虽一溪一壑,皆与长江、大河相若。"①以此看此节文字,亦有同样特色。金圣叹说:"赞孔子又别异样淋漓文笔,一若想之不尽,说之不尽也者,所谓观海难言也。"②言之不尽则咏叹之,还是诗一样的文字,前以"高山""景行"(大道)为喻,后以称"至矣"结束,情致不尽!

《管晏列传》传论言:"方晏子伏庄公尸哭之,成礼然后去,岂所谓'见义不为无勇'者邪?至其谏说,犯君之颜,此所谓'进思尽忠,退思补过'者哉!假令晏子而在,余虽为之执鞭,所忻慕焉。"伏庄公尸哭与犯颜直谏,传中未载,皆见之于《左传》与《晏子春秋》。"执鞭"云云则与传中车夫事呼应,前两层点出晏子大节,后一层表示企仰,情致绵深,风雅中亦寓悲愤之思。《伍子胥列传》的赞语却别有一番风格:

怨毒之于人甚矣哉!王者尚不能行之于臣下,况同列乎!向令伍子胥从奢俱死,何异蝼蚁?弃小义,雪大耻,名重于后世,悲夫!方子胥窘于江上,道乞食,岂尝须臾忘郢邪?故隐忍就功名,非烈丈夫孰能致此哉?

司马迁在《报任安书》里曾谓人之死,"有重于泰山,或轻于鸿毛,用之所趋异也"。说自己其所以"隐忍苟活",是"恨私心有所不尽,鄙没世而文采不表于后也"。伍子胥"隐忍就功名"引起他的极大共鸣,故行文反复顿挫,紧凑而悲壮。突然发端之"怨毒"正是此传的中心。由传中一路写来,到此爆发出来。末了又称美为"烈大夫",是为情至之文!此赞以议论为主。同样以议论为主的《汲郑列传》却抓住一点,不及其余:

夫以汲、郑之贤,有势则宾客十倍,无势则否,况众人乎!下邽翟公有言,始翟公为廷尉,宾客阗门;及废,门外可设雀罗。翟

---

① 刘熙载:《艺概·文概》,上海古籍出版社1978年版,第12页。
② 程馀庆:《历代名家评注史记集说》,高益荣等校点,三秦出版社2011年版,第703页。

公复为廷尉,宾客欲往,翟公乃大署其门曰:"一死一生,乃知交情。一贫一富,乃知交态,一贵一贱,交情乃见。"汲、郑亦云,悲夫!

此一方面补传中所未有,翟公事亦未见于他处。门客随时聚散的势态反复见于《史记》,如《廉颇传》《孟尝君传》《魏其传》《主父传》,均有相同的叙述,世态炎凉,多次引起他的感慨。作者深陷囹圄,援救无人,这在《报任安书》里有沉痛的感慨,所谓亲近交游不为一言。此处借翟公的话,对于市道之交给予针砭,愤然不满亦摇曳笔端。如汲、郑这样的重臣,亦不免遭此冷落,至于一般人还能说什么呢?这也是全书数见其义的原因。对此的差异,使情感激动起伏不平。牛运震说:"传中论断汲、郑已尽,赞语只就宾客盛衰作感慨,但述翟公之言,不更作断语,无限苍凉。"又言:"太史公感慨深情,全为自己抒写,《报任安书》所谓'交游亲近,不为一言'也,传赞中往往及之。"①赞语凡有感触于心者,往往感慨不尽,悲愤难以自抑,故往往每有涉及。而凡此处,均能引人歔欷不已。

对于涉及生死以及受辱时,赞语亦复如此。李广因排挤而不愿上法庭,被逼自杀。《李将军列传》的赞语就极哀感:

传曰:"其身正,不令而行;其身不正,虽令不从。"其李将军之谓也。余睹李将军悛悛如鄙人,口不能道辞。及死之日,天下知与不知皆为尽哀。彼其忠实心诚信于士大夫也。谚曰:"桃李不言,下自成蹊。"此言虽小,可以谕大也。

悲抑愤慨之情难禁,"及死"云云数语本属传语,又言说一番。"天下尽哀"这是对李将军最崇高的哀悼,而他又是不善言语的老实人,忠实于国家的老将,而死于非命,这怎能不让司马迁对他致以同情与尊仰。引《论语》及谚语皆为不善词言而发,正指出李广不愿上法庭的原因,这又要让人感慨一番了。"传一代奇人,而以'忠实'为归宿"(李景星《四史评议》语),而把"忠实"人逼到绝路,就有些不得不愤愤然了,所以在李将军身上,我们总觉得投射有作者的影子。

在《季布栾列传》论赞中,称季布为"壮士":"然至被刑戮,为人奴而不死,何其下也!彼必自负其材,故受辱而不羞,欲有所用其未足也,故终为

---

① 牛运震:《史记评注》,三秦出版社2011年版,第317页。

汉名将。贤者诚重其死。夫婢妾贱人感慨而自杀者,非能勇也,其计画无复之耳。栾布哭彭越,趣汤如归者,彼诚知所处,不自重其死。虽往古烈士,何以加哉!"这是对生死的看法,与《报任安书》如出一辙,英布舍死而欲有为,栾布却舍生而取义。司马迁许之"壮士"与"烈士",亦是夫子自道其一怀心事。所以论者谓"彼必自负其材"云云,"真是自写胸臆,道得蚕室著书意思出"(牛运震语)。运笔又顿挫回旋,层层转折,气势疏健,可谓为"生死论"之史论佳制。

对于韩信这样举足轻重以反被诛的人物,不能不立一大传,又不能说他不反,作为史家,又不能直截了当为之鸣冤,而《淮阴侯列传》赞语就难乎其难了:

> 吾如淮阴,淮阴人为余言,韩信虽为布衣时,其志与众异。其母死,贫无以葬,然乃行营高敞地,令其旁可置万家。余视其母冢,良然。假令韩信学道谦让,不伐己功,不矜其能,则庶几哉,于汉家勋可比周、召、太公之徒,后世血食矣。不务出此,而天下已集,乃谋畔逆,夷灭宗族,不亦宜乎!

用意可分三层:一言志大,二言功大,三明言其反,实则谓其冤屈最大。志大是实地考察的结论。而功大先从否定出之,若不伐功矜能则"功勋烂焉",这是明贬实褒;而其所以"夷灭宗族",就是不知"谦让",而所谓"叛逆"即由伐功矜能所致。以历史之假设而推论功高又不知"谦让",故招来杀身之祸。实际是鸣其不平,措语进退极有分寸,外似一尊当时叛罪的定论,实则以皮里阳秋方式否定强加之罪名。把真真假假的话说到这个程度,也就是寓否定于肯定,寓真意于假设,出没隐显,文外有文,变化无方而耐人寻味,真需要一复而三反,方能得其实也!

《张耳陈馀列传》赞语,先谓两人是"世所称贤者",即便是"宾客厮役"均为天下俊杰而为卿相。然后指出:

> 然张耳,陈馀始居约时,相然信以死,岂顾问哉?及据国争权,卒相灭亡,何乡者相慕用之诚,后相背之戾也!岂非以势利交哉?名誉虽高,宾客虽盛,所由殆与太伯、延陵季子异矣。

吴太伯避贤让国,季札贤而亦让国,都是"慕义无穷"的人物。张耳、陈馀微时为刎颈之交,为王时争权相残,势利之交与慕义让国,于此特作一大对比,使司马迁又发一大感慨。他以"尚义"衡量所叙写的历史人物,在是非分明的论断中,显示出追求人生高尚的价值趋向。

总之,《史记》的论赞,不是对传记的概括或复述,亦非远距离的冷淡的评说,而是走近历史,直面各种人物,深切地亲近历史与现实,无论是肯定赞美或是指其不当、斥其谬误,都是站在崇尚道义的高度俯察其功过。其次以有所作为为尺度,称扬他们"倜傥非常"的人生价值。无论褒贬陟黜,总是带着感同身受的情感,文字激扬,跌宕起伏,千古之下还能感受到其间以情使文的魅力。而与传文不同,其赞亦为各异,各具风格,变化不穷。即便是补写人物面貌,项羽的重瞳子,张良的貌似美女,李广的朴拙,都能显示内在的真精神且与论者情感交融。

综上所论,无论叙事、议论,还是传后的论赞,在《史记》中往往都与作者的情感熔铸为一体,所以才能叙事生动感发人心,议论情感充沛而启人深思,对历史人物的评判又是那样的爱憎分明。缘于此才有"史家之绝唱,无韵之《离骚》"两美臻至的极致。亦职是之由,《史记》是一部"热史",《史记》也是一部"冷史",热者用来发扬赞美,冷者用于讽刺鞭挞。《史记》也是一部"情史",感召无数读者,并未局限于史学之域,展现了一个天才多方面的才华,而永垂后世!

第四节 《史记》笑的艺术论

《史记》原本属于历史悲剧的记述,其中充斥"哭"与"泣"应是题中应有之义,所以"哭"字用了六十三次,"泣"字用了八十九次,我们曾有讨论[①]。哭与笑原本是对立的,悲剧色彩极强的《史记》中,"笑"肯定不会多于"哭",然一经查寻,不料"笑"字用了一百四十三次[②],仅次于"哭"与"泣"的总和,而且"笑"用得别有风味,可以焕发笑的艺术的光彩。这对于叙述历史事件、刻画人物性格与心理有极大作用,特别是尚奇的审美趋向,得到了多方面的发展。

---

① 拙文题目原为《哭在〈史记〉》,题目是受王蒙先生《雨在义山》的启发。李商隐诗朦胧,很喜欢用"雨"发抒情爱的苦闷,这或许是受了杜甫在夔州诗有许多雨诗的影响。然用意各别。不料被编辑改为《〈史记〉中的哭》,虽少却耐人寻味的含蓄,但也明了。见本书第四章第二节《哭在〈史记〉》。

② 见李晓光、李波:《史记索引》,中国广播电视出版社 1989 年版,第 1331 页。

一、在笑声中叙述历史

现代的历史书主要记事,几乎没有人物的对话,更不会看到历史人物的哭与笑。即便是纪传体的"正史",也没有一部史书载述人物的对话多于《史记》。司马迁的心目中,《史记》是以人物为中心的,这是不同于《尚书》《左传》《国语》以及《战国策》的。然记言是先秦史著的显著特点,《史记》继承发扬这一传统,在一部分"本纪""世家",甚至还包括"表",特别是"列传",大量地记述了历史人物的喜怒哀乐,以对话刻画人物,尤为人盛称。笑和哭最能宣泄人的感情,其中的"哭"使人悲戚,有些也可使人发笑,因在他手中是批判邪恶与卑鄙的利器;他笔下的"笑",也使人开怀同欢,也同样是讽刺的投枪与匕首。"笑"在他来说,是历史的闪光焦点,放射出形形色色异样纷呈的光彩。比起哭来,司空见惯的笑更能多方面地展现司马迁丰富多彩的艺术光华与才能。笑的艺术使《史记》显示出异样的风光,这也是同班固《汉书》风采不同的一个方面①。

《史记》在记述历史事件时,有时在一段简略的记述中,却连续使用"笑"字,如《周本纪》说到周宣王崩,其子幽王宠幸褒姒,生子伯服,而废申后及太子宜臼,以褒姒为后,伯服为太子。然褒姒并不显得高兴:

> 褒姒不好笑,幽王欲其笑,万方故不笑②。幽王为烽燧大鼓,有寇至则举烽火。诸侯悉至,至而无寇,褒姒乃大笑。幽王说之,为数举烽火。其后不信,诸侯益亦不至。

"褒姒不好笑",或者"为人不好笑",似乎与性不喜笑有关。然观此段上文,褒姒有一段神奇经历,实际上西周因她而东迁,后人杜撰离奇的故事,说是龙的涎沫"漦"流使宣王宫女怀孕,生女而弃之,被路过之夫妇收养。宣王据宫中歌谣要抓捕这一对夫妇,他们只好逃到褒国。后来褒君有罪,就把收养的弃女进献幽王。"弃女子出于褒,是为褒姒"。她任人摆布,视幽王为仇敌,固"不好笑"。尽管幽王"悦之万方",使尽各种招儿,她还是

---

① 《汉书》80多万字,"笑"字出现了102次,《史记》比《汉书》少了30万字,"笑"字比《汉书》却多用了41次。
② 1959年中华书局由顾颉刚标点《史记》,把"万方"属于上句,即"幽王欲其笑万方","万方"犹言万端,谓采取了各种手段,而"笑万方"不能成语,扞格不通。《太平御览》卷八十五首句"褒姒"下有"为人"二字,"万方"上有"悦之"。"悦之万方"即用各种方法讨她喜欢。参见王叔岷:《史记斠证》卷四,中华书局2007年版,第148—149页。

"不笑"。所以"幽王为烽燧大鼓",——这当然是她提出"笑"的条件,——幽王这才燃起烽火鼓起大鼓,以谎报敌人来犯的警报,博得"褒姒乃大笑"。褒姒何以有如此奇癖,这又有什么值得可笑的呢？正如论者所言:"此何以足笑,良是夙孽!"①她要以她的方式——"粉红色的炸弹"——毁掉西周。结果申侯联合缯国、西夷攻击幽王。"幽王举烽火征兵,兵莫至。遂杀幽王骊山下,虏褒姒,尽取周赂而去。于是诸侯乃即申侯而共立故幽王太子宜臼,是为平王,以奉周祀。平王立,东迁于雒邑,辟戎寇"。自此周室衰微,诸侯强大,政由方伯。烽火戏诸侯导致幽王送命与西周的结束。而这一小段六十一字,连续用了四个"笑"字:有叙述,有心理描写,有情节转折,最后还有描写。然文字冷淡,几乎不动声色,看不出叙述者情感的流露,却调动了乐以使用的反复,让"关键词"——笑,频频跳动在字里行间,这是对昏庸荒唐的周幽王的讽刺与讥嘲,也是以冷笑对亡国又亡身者的鞭挞。至于后来把褒姒看作"祸水",这节文字似乎看不出如此端倪。

明人钱福说:"齐妃笑跛而郤克师兴,赵妾笑躄而平原客散,幽王举火戏诸侯,以发褒姒一笑,而诸侯叛。自古妇人一笑虽微,而殆无穷之祸,人岂可以笑为轻而不致谨哉!"②把亡国亡身的"无穷之祸"都集矢于"妇人一笑",起码是对褒姒的误解。所说的"齐妃笑跛"与"赵妾笑躄"分别见于《齐太公世家》与《平原君虞卿列传》。前者说在齐顷公六年:"晋使郤克于齐,齐使夫人帷中而观之。郤克上,夫人笑之。郤克曰:'不是报,不复涉河!'归,请伐齐,晋侯弗许。齐使至晋,郤克执齐使者四人河内,杀之。"以后郤克总要设法报复一笑之耻,直到顷公十年,齐伐鲁、卫,鲁、卫大夫到晋求援,就通过郤克才能使晋国出兵,于是就发生了晋与齐之鞌之战,晋国的统帅就是郤克。晋胜,"齐侯请以宝器谢,不听,必得笑克者萧桐叔子,令齐东亩"。鞌之战是晋国想恢复昔日文公的霸主地位,郤克不过借助了这次出兵的机会。前后两"笑"字事隔十年,所采用的顺序,中间又隔了近三百字,只是起了遥相呼应的作用。因属世家编年体,记述亦为疏略:齐侯"使夫人帷中而观之","郤克上,夫人笑之",其间的原因很难看清。因撮述之《左传》原本也没有叙写明白。《左传》记此为鲁宣公十七年,即齐顷公七年,《史记》则提前了一年。《公羊传》与《谷梁传》所记至微,后者说:"季孙行父秃,晋郤克眇,卫孙良夫跛,曹公子手偻(驼背),同时而聘于齐。齐使秃者御秃者,使眇者御眇者,使跛者御跛者,使偻者御偻者。萧同侄子处台上而

---

① 程馀庆:《历代名家评注史记集说》,高益荣等校点,三秦出版社2001年版,第58—59页。
② 程馀庆:《历代名家评注史记集说》,高益荣等校点,三秦出版社2001年版,第59页。

笑之,闻于客。"就很清楚说明,齐顷公心里卑微无聊到一种恶作剧。且如果"郤克眇",远距离遥看的齐君之母怎能看出"眇"来?所以,《史记·晋世家》又说:"使郤克于齐。齐顷公母从楼上观而笑之。所以然者,郤克偻,而鲁使蹇,卫使眇,故齐亦令人如之以导客。"这就涣然冰释,驼背与跛者上台阶自然吃劲不自在,这也是郤克特别感到羞辱恼怒而发誓报复的原因。《史记》两世家详略不同而可以互见,这也是《齐世家》简略的原因。

再看《平原君虞卿列传》"赵妾笑跛"的故事:

> 平原君家楼临民家。民家有躄者,槃散行汲。平原君美人居楼上,临见,大笑之。明日,躄者至平原君门,请曰:"臣闻君之喜士,士不远千里而至者,以君能贵士而贱妾也。臣不幸有罢癃之病,而君之后宫临而笑臣,臣愿得笑臣者头。"平原君笑应曰:"诺。"躄者去,平原君笑曰:"观此竖子,乃欲以一笑之故杀吾美人,不亦甚乎!"终不杀。

如此记述颇符合世态人情。然下接云:"居岁余,宾客门下舍人稍稍引去者过半。平原君怪之,曰:'胜所以待诸君者未尝敢失礼,而去者何多也?'门下一人前对曰:'以君之不杀笑躄者,以君为爱色而贱士,士即去耳。'于是平原君乃斩笑躄者美人头,自造门进躄者,因谢焉。其后门下乃复稍稍来。"这一大转折就很带有"故事"性,似乎未免失实,然而下文又说:"是时齐有孟尝,魏有信陵,楚有春申,故争相倾以待士。"这样看,似乎"杀笑躄者"就不像是为了渲染而出于纯粹的杜撰。

而且在《孟尝君列传》里也有近乎同类的杀人事件:"孟尝君过赵,赵平原君客之。赵人闻孟尝君贤,出观之,皆笑曰:'始以薛公为魁然也,今视之,乃眇小丈夫耳。'孟尝君闻之,怒。客与俱者下,斫击杀数百人,遂灭一县以去。"赵之平原君为争揽门客杀了自家美人,已够惊讶!而齐之孟尝君居然同样因了一笑而杀了赵国"数百人",还"遂灭一县",居然在他国如此肆无忌惮,而赵国又无任何反应,这就真让人大惑不解!梁玉绳说:"邵氏《疑问》曰:'孟尝声闻诸侯,倾天下士,"眇小"一语,何至杀人灭县乎!'"[①]而且用了"斫击杀"连续三个残酷的动词,"数百人"一刹那间便血肉横飞,这和赵人"皆笑"构成多么强烈的对比!

而平原君"杀笑躄者",前后用了八个"笑"字,轻松的"笑"字却引发了

---

① 梁玉绳:《史记志疑》卷三十,商务印书馆1937年版,第11册第1206页。

血淋淋的结果,真可谓奇事。而文亦奇也,一连串的"笑"盘旋期间,有不由自主的笑,又让人发怵的"得笑者头",有不以为然的"平原君笑应"与"笑曰",有理智"以一笑"而杀人的质疑,也有因"不杀笑躄"为爱色而贱士的犹豫,还有"乃斩笑躄者美人头"而"自造门进躄者"的冷酷呼应。先是写得可笑,又转折到战栗笑不出来。就叙事来看,故事的起因、矛盾、转折、结局写得摇曳生姿。清人徐与乔说此篇:"写得生气勃然,使千载下,赫赫若当时情事,乃其传声像形,则在重沓用字、复句回顾间。"[1]其中"毛遂自荐"就最具如此特点,其中"复句回顾"见于对话,而"重沓用字"则间见对话与叙述。而此节的"笑"亦复如是,再加上不杀美人"宾客门下舍人稍稍引去者过半",使前边八个"笑"愈加活动起来。

有时把"笑"与"泣"对比起来,"笑"字显得更耐人寻味。《齐太公世家》说齐景公三十二年,彗星出现,景公忧虑而叹:"堂堂,谁有此乎?"说是谁能赶上这样的倒霉。于是:

群臣皆泣,晏子笑,公怒。

三种差异悬殊的情态,"泣"与"笑"对比得又极为强烈,而"公怒"又把气氛一下激化起来。于是:"晏子曰:'臣笑群臣谀甚。'景公曰:'彗星出东北,当齐分野,寡人以为忧。'"景公的话看似与晏子的话搭不上边,实际上是说:我以此为忧,群臣因此"皆泣",陪我同忧,你为什么偏偏还要"笑群臣谀甚"? 就又引出一番讨论。

晏子曰:"君高台深池,赋敛如弗得(不得满足),刑罚恐不胜(不尽),茀星将出,彗星何惧乎?"公曰:"可禳否?"晏子曰:"使神可祝而来,亦可禳而去也,百姓苦怨以万数,而君令一人禳之,安能胜众口乎?"

晏子说国君厚敛重刑,这样折腾下去,兆示祸害更大的茀星将出,至于彗星哪有什么可怕的。这一方面指出不思巨祸将至而以小害为忧,这不仅不是为国君担忧,而且是贡谀献媚的行为。至于"可禳否",晏子认为无论怎样祷告神是不会来的,所以禳是无用的。再则民怨沸腾,而以一人禳之,

---

[1] 徐与乔:《经史辨体·史部·平原君虞卿列传》,见杨燕起等编《历代名家评史记》,北京师范大学出版社1986年版,第595页。

是堵不住千万人之口的。最后用表示补叙的"是时"指出：当时"景公好治宫室，聚狗马，奢侈，厚赋重刑"，再揭示出"故晏子以此谏之"。晏子如果直谏，好奢侈的景公是不会听进去的；他也不相信什么"星灾"，他就和景公开了个"很严肃的玩笑"，以智慧的警示方式表达薄赋轻刑的政见，所以他的"笑"，实际上是一种很巧妙的"笑谏"。《晏子春秋》记此则为"直谏"："君民处无节，衣服无度，不听正谏，具事无已，赋敛无厌，使民如将不胜，万民怨怨。茀星又将见梦，宁独彗星乎！"司马迁把这种"正谏"改作了"笑谏"，带有诱导式一层层深入，即吻合其人之多智，又和历史本身出入不大，而高于《晏子春秋》若许，同时也看到对"笑"字特别的喜爱，而且使用又变化有方。

二、相面与各种不同的笑

《史记》在记述历史人物时，常常以人物的琐屑小事刻画性格，为人物的个性予以铺垫。诸如项羽学书、剑不成而学兵法，见出缺乏韧性；李斯见厕鼠而思仓鼠，显示出热衷富贵的本性；张汤掠鼠审劾，揭示出为人刻峭之"宿根"；陈涉佣耕时的"鸿鹄之志"叹息，亮出了要做一番大事业的雄心，而视人为"燕雀"又埋伏了骄横的个性；张良经过"圯上受书"的磨炼，使他由暗杀的冒险者而成为以柔克刚的道家智慧的典范。而且《史记》里好几个人物还写到了早年的相面，预占未来，到后来都一一兑现，而这些灵验的又都与"笑"联结在一起，每个故事都显得生动异常。

绛侯周勃的儿子周亚夫，其先于父卒代为侯，因杀人而除国。亚夫未出仕之先，"许负相之：'君后三岁而侯。侯八岁为将相，持国秉，贵重矣，于人臣无两。其后九岁而君饿死。'亚夫笑曰：'臣之兄已代父侯矣，有如卒，子当代，亚夫何说侯乎？然既已贵如负言，又何说饿死？指示我。'许负指其口曰：'有从理入口，此饿死法也。'"亚夫不相信，所以以"笑曰"表示不可信：一是其兄已代为侯，即便是兄过世，侄子当代为侯，他自己就谈不上侯不侯；二是假使果如其言，既为侯为什么能饿死？所以感到莫名其妙，要相面者"指示我"——给他说个清楚。相面者据司马贞《史记索引》所引应劭语，说是"老妪"，又引姚氏按语："《楚汉春秋》高祖封负为鸣雌亭侯。"一妇人能封侯，可见不是平凡人，亦见对当时时事有所熟悉。至于"三岁、八岁、九岁，历历如见，数语遂了亚夫一生"[①]，这当然据当时封废侯国情况的推测。所谓"从理"，《索隐》谓读"从"为"纵"，又说"从理，横理"。纵向纹理，何以就是横纹，我们不明白，以待高明。而既然横纹入口，也就是堵住了嘴

---

① 程馀庆：《历代名家评注史记集说》，高益荣等校点，三秦出版社2011年版，第3册781页。

第四章 抒情论

巴吃不成饭,这是从面相推出的政治预言。

后三年,其兄有罪,选择周亚夫续侯,以太尉平定吴楚之乱,"五岁,迁为丞相,景帝甚重之"。因抗阻景帝废栗太子,由此被疏。又因反对王皇后之兄封侯,处处与景帝格格不入,他只好推说有病而被免相。景帝还不解气,召他赐食却不给他筷子,恨恨地说他"此怏怏者非少主臣也",说他是个不放心臣子。不久,其子为他置办葬品甲楯五百具,一时无钱付给官方,就上告其子"盗卖"天子之物,牵连亚夫,法官审问,他不回答。景帝骂之曰:"吾不用也。"想把他处死。让延尉以"纵不反地上,即欲反地下"定罪,亚夫怒怨绝食呕血而死。

亚夫的升迁与饿死遭遇,一一与王负之言相符。由此看来司马迁很信相面,有些迷信。实则是对《左传》占卜、梦验、预言皆为兑现的"借神设教"的手段,施之笔端。而这些文字神乎离奇,又确实昭示了选择材料与审美之尚奇的特征。所记亚夫事,不在于对相面相信与否,而是借此指示景帝是多么忌刻,以致戮辱亚夫于死。正如方孝孺所说:"彼景帝者私刻忍人也!欲封其后之兄,而亚夫不从,其心固有杀亚夫之端矣,特未得其名耳。及降王而不封,其怒宜愈甚,特无以屈其说,故忍而未发。官甲楯之告,景帝方幸其有名以诛之,遂卒置之于死。求其所为事,确乎有大臣之风,景帝罪之者私恨也,为史者宜有以明之。"[①]这正是周亚夫的"笑曰",所引起的大疑问:为将相何饿死?"笑"于此起了引而不发的作用,牵动起他变幻不定的一生。至于"太史公曰"所批评"守节不逊,终以穷困",颇有几分皮里阳秋意味,敲着窗子给门听,与其说责备亚夫,还不如说景帝把一个"守节"大臣,搞到"终以穷困的地步"!"不逊"的应是景帝。司马迁是这样写这位刻薄皇帝的:

> 景帝居禁中,召条侯,赐食。独置大胾(大块肉),无切肉又不置箸。条侯心不平,顾谓尚席(主席者)取箸。景帝视而笑曰:"此不足君所乎?"条侯免冠谢。上起,条侯因趋出。景帝以目送之,曰:"此怏怏者非少主臣也!"

赏臣子食,上的却是大块肉,偏偏又不置筷子,这不是故意出人洋相,给人难堪?憨直的周亚夫以为忘记放筷子,"景帝视而笑曰",简直如猎人

[①] 方孝孺:《条侯传论》,见《逊志斋集》卷五,《四库全书》文渊阁影印本,台湾商务印书馆1986年版,第1235册150页。

视猎物掉入陷阱,一"笑"字,露出无尽嘲弄,得意之情见于言外。所谓"此不足君所乎"①——这难道不能满足你的需要吗?一怀怨怒之气出之嘲笑,阴狠刻毒浸透每一个字眼。所谓"此怏怏者非少主臣也",看着帮自己平定吴楚之乱的大将军又是今时之宰相,恨得牙痒痒的,连索要筷子的"怏怏"都难以容忍,决心置国之重臣于死地,却说是"非少主臣也",——将来幼主驾驭不了——这不是非置人于死地不可?景帝的"笑"充斥一片杀机,而给周亚夫早年疑问的"笑"判处了你死定了的答案,景帝待大臣如姑嫂斗仗,刁钻无赖,刻薄忌恨,这不是"无逊"至极吗?至于司马迁说周亚夫"足已而不学,守节而不逊,忠以穷困。悲夫!"当是谓面对如此"足已""不逊"的景帝而不知保护自己,所以只能有悲剧的结局,这又怎能不使司马迁"悲夫"!

英布在相面后发笑,却和周亚夫相反。《黥布传》说:

(英布)秦时为布衣。少年,有客相之曰:"当刑而王。"及壮,坐法黥。布欣然笑曰:"人相我当刑而王,几是乎?"人有闻者,共俳笑(嘲笑)之。

相者谓周勃先侯而后饿死,英布则是"当刑而王"。周之先福后祸与英布先祸后福,截然相反。周亚夫出身"富二代",故对当侯而饿死有疑问。布衣英布对"当刑而侯"觉得当刑既然"灵验"了,而"封王"自然不是空话,所以他的"笑"那么"欣然",只有自信而无迟疑。后来英布被逼起兵造反,年届晚年的刘邦只好亲自出马,见"布兵精甚","望布军置陈如项籍军,上恶之。与布相望见,遥谓布曰:'何苦而反?'布曰:'欲为帝耳。'上怒骂之,遂大战。"英布之反,是出于刘邦忌害功臣的逼迫,正如夏侯婴门客故楚令薛公所言:"往年杀彭越,前年杀韩信,此三人者,同功一体之人也。自疑祸及身,故反耳。"而英布临阵对刘邦所说的"欲为帝耳",只是一句笑骂话。英布出身刑徒,属于一介草莽,并无像陈涉欲为大事的"鸿鹄"之志。亦如令尹所言:"布故丽山之徒也,自致万乘之主,此皆为身,不顾后为百姓万世虑者也。"也就是说他并没有与刘邦争当天子的野心,因被刘邦逼得无奈,只好用刘邦当年"大丈夫当如此也"的语意,径直说"欲为帝耳",只不过以

---

① 郭嵩焘《史记札记》卷四说:"案凡云'所'者,皆实指现在之词,言所置大蔵不足君食,尚他求耶?景帝之阴鸷与条侯之愤懑不平,尽在此一语中。"见商务印书馆1957年版,第227页。其中的"所"应为指示代词指需要的东西。

其人之言回骂其身而已,也不过是一句笑骂,因而惹激刘邦"怒骂之"。这节文字由"望布君"一长句领下八个短句,甚至在"布曰"中,硬是省掉一个"笑"字,不,分明让读者已闻听到其间的笑骂声。"意到而笔不到",语少意长,原本即为史公所擅长①。比如英布自信"当刑而王",而"人有闻者,共俳笑之",不仅与英布的"欣然笑曰"形成对比,烘托出草莽英雄未得志前的过人英气,也引出以下一篇文字。《卫将军骠骑列传》卫青之笑,却与英布相反:

> 青为侯家人,少时归其父,其父使牧羊。先母之子皆奴畜之,不以为兄弟数。青尝从入甘泉居室,有一钳徒相青曰:"贵人也,官至封侯。"青笑曰:"人奴之生,得毋笞骂即足矣,安得封侯事乎!"

卫青出身奴隶,身处汉家第五代的盛世,不会有大起大伏的机会,所以觉得与"贵人"沾不上边,也绝不会"官至封侯",所以他的"笑"属于自嘲。英布身遇秦乱,人皆思反,故虽为刑徒而相信"当刑而王"的机遇。而卫青正是凭借太平时外戚势盛的机会,才展现了自己才能。

《范雎蔡泽列传》中的蔡传一开头就推出相面中的"笑",文字飞扬,颇值一观:

> 蔡泽者,燕人也。游学干诸侯小大甚众,不遇。而从唐举相,曰:"吾闻先生相李兑,曰'百日之内持国秉',有之乎?"曰:"有之。"曰:"若臣者何如?"唐举熟视而笑曰:"先生曷鼻(鼻孔朝天),巨肩,魋颜,蹙齃,膝挛。吾闻圣人不相,殆先生乎?"蔡泽知唐举戏之,乃曰:"富贵吾所自有,吾所不知者寿也,愿闻之。"唐举曰:"先生之寿,从今以往者四十三岁。"蔡泽笑谢而去,谓其御者曰:"吾持粱刺齿肥,跃马疾驱,怀黄金之印,结紫绶于要(腰),揖让人主之前,食肉富贵,四十三年足矣!"

蔡泽其貌不扬:鼻如蝎而翘起,头低而肩耸,额头硕宽,而且鼻子蹙近眉间,两膝拳曲不直,生理有很多缺陷,一看就是一残疾人,唐举无法给他

---

① 牛运震:《史记评注》曾多次指出,《史记》叙事"意到而笔不到""节短而韵甚长""句少意多,《史记》最长于此笔"。分别见于三秦出版社2011年版,第229、236、225页。

相面,只好"熟视"之,——想了好一阵才说一句婉拒的话"圣人不相"。这句好听话蔡泽自然不信,仍要求不看富贵看寿数。对于富贵蔡泽决然自信,至于寿数则为未知。蔡泽原本想预知几月内"持国柄",唐举看他残疾不会成事而谢绝。至于活的岁数,唐举可以给他个大数字。蔡泽"干诸侯小大甚众",起码在而立之年,若再加43年,至少超过了古稀之年,所以"笑"而"谢去"。

这段文字把相面写得有声有色,有景有态,这是有雄心有追求者与聪明人的对话。"熟视"不仅把相貌特殊的蔡泽置于眼前,而且唐举的踌躇的心理活动也抖出来了。光景活灵活现。而蔡泽"有之乎""若臣者何如",热衷发迹的迫切情态亦跃然纸上。唐举瞧他这般令人发笑模样还问何日可持国秉,只好把他端详了再端详——不知怎么回答,只好以好听话虚与委蛇。饥不择食的蔡泽不依不饶,不问官运问寿命,讨了个喜彩,这才有了满足的一"笑",又引发出"食肉富贵"可得的壮浪气色的豪语。浓墨重彩的叙写如一支"富贵曲",洋洋得意的自信亦跃然纸上。把一次相面写得波浪起伏,引人入胜;人物性格栩栩如生而呼之欲出。特别是唐、蔡的两笑,不同声色,不同心理,既相互映衬,又互成对比,荡漾出若许机趣。至于蔡泽究竟活了多少岁,本传只说他"此后入秦十余年事昭王、孝王、庄襄王,卒事始皇帝,为秦使于燕,三年而燕使太子丹入质于秦",前后凡二十四年[①]。以后再无记载,可见唐举所言四十三年并不灵验,司马迁相信相面与否,也就不言而喻。

《史记》接二连三的记述相面,有因相面引发的频频的"笑"。这些笑出于不同人物,而又以不同的笑展示不同性格,并非对相面有特殊的兴趣。蔡泽事见于《战国策·秦策三》,并无相面一事,可能为史公所增饰,且《战国策》并无唐举其人。而增叙蔡泽相面,确实看出"多爱""尚奇"(扬雄语),然所述相面是为了"突出伟烈奇节士"(《欧阳文忠公集》卷六五《桑怿传》语)的性格。用司马迁的话来说是为"俶傥非常之人"立传载述。如李广找王朔相命正是为了侧见出李广不封并不在面相与杀俘上,而是别有他指,即汉武帝不重用之所在,也正是这些小小的相面情节,读来饶有风趣,也使他笔下的人物一个一个"活"了起来。

---

① 郭嵩焘:《史记札记》卷三十说"居秦十余年":"'十'字必'廿'字。《史》仍《策》误。不然,蔡泽带相在昭王五十二年,至始皇五年燕太子入质时,凡二十四年,泽为秦使燕,何云'十余年'乎?"

三、生死关键的笑与直面嘲笑

《史记》中人物在生死关头时,往往有许多笑,他不像相面中的"笑"那样轻松,而是沉重、豪迈,或者是临死时的一搏,特别笑对死亡,闪动生命的最美火花;或是因"笑"而获生。这些悲喜剧的笑,给人留下最深刻的印记。

吴越争霸时,伍子胥曾扶助吴王阖庐称霸,又助其子夫差大败越王勾践。夫差志得意满而伐齐,子胥谏而不听。越国看吴政骄,以贷粟试探,子胥谏又不听,越乃私喜。子胥言曰:"王不听谏,后三年吴其墟乎!"太宰嚭与子胥政见不和,进谗陷害:"王不备伍员,员必为乱。"夫差始不信,"乃使子胥于齐,闻其托子于鲍氏,王乃大怒,曰:'伍员果欺寡人!'役反,使人赐子胥属镂剑以自杀。子胥大笑曰:'我令而父霸,我又立若,若初欲分吴国半予我,我不受,已,今若反以谗诛我。嗟乎,嗟乎,一人固不能独立!'"

又告使者:"必取吾眼置吴门,以观越兵入也。"于是吴王"专任嚭政",后吴被越击败,夫差"遂自杀。乃蔽其面,曰:'吾无面以见子胥也!'越王乃葬吴王诛宰嚭。"

子胥遭谗冤死,是春秋时影响深远的冤案。他扶助夫差父子两代称霸一时,以分国之功而被逼死。面对死亡而"大笑",无所畏惧,临死对夫差充斥不尽的怨愤与遗憾,其中五"我"字与四"若"字对比紧俏。而他的遗嘱"必取吾眼置吴门,以观越兵入也",确为死不瞑目,忠心可鉴,是真正的"烈丈夫"!而夫差兵败自杀,"乃蔽其面",而谓"吾无面以见子胥也!"悔之不及的忏悔,形成多么强烈的对比。这桩春秋最大的冤案,见于《越王勾践世家》。而在《伍子胥列传》临命自杀时是"仰天叹曰",合而观之,他的"大笑",是怒笑,也是怨愤的笑;是遗憾的笑——是活着不能"以观越寇之入吴也"的遗憾,也是讥笑夫差将要铸成亡国之祸的大笑,感情之愤激万端,刚烈之性格跃然纸上。

项羽兵败垓下"乃欲东渡乌江",恰逢乌江亭长以船靠岸营救,并言:"江东虽小,地方千里,众数十万人,亦是王也。愿大王急渡。"而且还说:"今独臣有船,汉军至,无以渡。"这是很鼓舞人心的话,真是绝处逢生,而且临危求生是人的本能,即便是不能东山再起,亦可以逃之夭夭。然而在这生死关头项王却"笑曰:'天之亡我,我何渡为!且籍与江东子弟八千人渡江而西,今无一人还,纵江东父兄怜而王我,我何面目见之?纵彼不言,籍独不愧于心乎?'"这一笑很让人琢磨,是绝望,还是自愧;是对天的怨恨,还是对人生再无留恋;是经不起惨败,还是不能包羞忍耻,引起千古以来的深长思之。唐人于季子说他"羞做渡江人",杜牧《题乌江亭》说"胜败兵家事不期,包羞忍耻是男儿。江东子弟多才俊,卷土重来未可知。"胡曾《乌江》与杜牧相反:"争帝图王势已倾,八千兵散楚歌声。乌江不是无船渡,耻向东吴再起兵。"而王安石《乌江亭》更引人深思:"百战疲劳壮士哀,中原一败势难回。江东子弟今虽在,肯与君王卷土来?"他的"笑"与"不肯过江东"紧连,也可以说他带着笑走向死亡,引发后人种种猜想。

《刺客列传》叙荆轲刺秦时,秦王拔剑"断其左股。荆轲废,乃引其匕首提秦王,不中,中柱。秦王复击轲,被八创。轲自知事不就,倚柱而笑,箕踞以骂曰:'事所以不成者,乃欲以生劫之,必得约契以报太子也。'"刺秦事见《战国策·燕三》,确实也写得惊心动魄。《史记》只在个别处略有增动。看来,以史公如此大手笔,亦对此文异常喜爱。荆轲被砍断大腿,受伤八处,仍然"倚柱而笑,箕踞以骂",这一"笑"一"骂"划穿了历史的长空,带着耀眼的光芒。一尊鲜血淋漓的躯体尚仍大笑大骂,英风烈气,震撼历史穹空。建安诗人,左思,连平静的陶渊明以及追踪者柳宗元,还有陈子昂、骆宾王、李白、陈子龙、何景明、顾炎武、袁枚,以及不著名者,都有歌咏,可谓不绝如缕。陶诗的"其人虽已没,千载有余情",代表了千古以下的共同呼声。荆轲虽然是一个亡命的杀手,然却代表着扶弱抑强的精神与力量。特别是他逼近死亡时的笑骂,气贯长虹,声薄云天,激励了后世多少发愤图强的仁人志士!

此篇的"太史公曰"说:"世言荆轲,……始公孙季功、董生与夏无且游,具知其事,为余道之如是。"依次,则"荆轲传"出之史公之手。吴见思说:"而此文反若从《战国策》中改出,何也?岂《国策》既缺,而刘向之徒,摭史公之文以附益之与,请以俟博雅君子。"①方苞亦言:"盖《国策》本记言之书,中间序事多者不过数语,而亦未有殊绝者。余少读《燕策·荆轲刺秦王》篇,怪其序事类太史公,秦以前无此,乃见《刺客传赞》,乃知太史公文也。彼自称得之公孙季功、董生所口道,则非《国策》之旧文决矣。"②

在觐见秦王时,荆轲还有一笑:"荆轲奉樊於期头函,而秦武阳奉地图匣,以次进。至陛下,秦武阳色变振恐,群臣怪之,荆轲顾笑武阳,前为谢曰:'北蕃蛮夷之鄙人,未尝见天子,故振慴,愿大王少假借之,使得毕使于前。'"秦武阳为燕国勇士,"年十三,杀人,人不敢忤视"。而在秦王面前"变色振恐",大殿上森严气氛到了一触即发的爆炸程度,荆轲却回过头"顾笑",是那样的坦然从容,"前谢"之词又是那样的不慌不忙,胆魄过人到了

---

① 吴见思:《史记论文》,中华书局1916年版,第6册31页。
② 方苞:《书刺客传后》,见《方望溪先生文集》卷二。牛运震《史记评注》亦持同样看法。

无所畏惧。他的"笑",前后辉映,光芒四照,雄姿英发,如在眼前。

面对别人的嘲笑,对被笑者是一种非常刺激的考验,这也是刻画性格的一个火候。《淮阴侯列传》的胯下之辱是个非常著名的故事:"淮阴屠中少年有侮信者,曰:'若(你)虽长大,好带刀剑,中情怯耳。'众辱之曰:'信能死,刺我;不能死,出我袴下。'于是信孰视之,俛出袴下,蒲伏。一市人皆笑信,以为怯。"在众目睽睽的围观中,韩信对此无赖"孰视之",然后"俛出""蒲伏"从胯下爬出,惹得"一市人皆笑"。叙至此便戛然而止,至于韩信面对满街人以为胆怯的哄笑,却无一字的叙述。他面对"屠中少年"怕死不怕死的挑衅,经过"孰视之"而选择了"怕死",面对世人哄笑也就不值一哂。而在韩信为楚王时:

> 信至国,召所从食漂母,赐千金。召辱己之少年令出胯下者以为楚中尉。告诸将相曰:"此壮士也。方辱我时,我宁不能杀之邪?杀之无名,故忍而就于此。"

对于侮辱与嘲笑,韩信能忍辱包羞,不念旧恶,而且以恩报怨。这在结构上也是对胯下之辱的"一市之人皆笑"的回应。吴见思说:"'出胯下'辱矣,下益'蒲伏'二字,写胯下之状极其不堪,然上有'孰视之'三字,而信之筹划已定,岂孟浪哉?"又谓"告诸将相"语:"又独注一段,承明'孰视之'之心事。"①而"孰视之",亦正是不顾人笑的原因已伏根于此。而回报恩怨,亦是回波荡漾"点逗生色"(牛运震语)之处。

如果说韩信一饭千金,以中尉封屠中少年,是对昔日笑辱君子式的回报,那么,商人对言语间的轻辱,就自以为得意。《吕不韦列传》说:

> 子楚,秦诸庶孽孙,质于诸侯,车乘进用不饶,居处困,不得意。吕不韦贾邯郸,见而怜之,曰:"此奇货可居。"乃往见子楚,说曰:"吾能大子之门。"子楚笑曰:"且子大君之门,而乃大吾门!"吕不韦曰:"子不知也,吾门待子门而大。"子楚心知所谓,乃引与坐,深语。

吕不韦为"大贾人",以商人眼光看到落难子楚是一件"奇货"。所谓"居即蓄积,买蓄可获巨利",这笔大买卖做成可以获利无数。所以抓住"奇

---

① 吴见思:《史记论文》,中华书局1916年版,第6册第56、63页。

货可居"的机会,一见子楚,就胸有成竹地说:"吾能大子之门",语气自负,而带以强助弱意味。而作为大国的王孙公子,虽处异国窘困而"不得意",然见到一商人说什么能光大自己的门户,很不以为意,故反唇相讥:你还是好好光大自己的门户吧,说什么"大吾门"!"且"与"而乃"顿挫中带有讥讽与轻蔑。特别是一"笑"字,把轻视侮辱的神气展现无遗。然而这对获利为目的的商人,就算不上侮辱,并未引发出任何的不快,反而借水放船:"子不知也,吾门待子门而大。"如此暗示,表示商人要与落难王孙联袂携手干出一番大事业,但却表示也需要得到对方援手,才能予以对方之尊重协助。于是如此"等价交换"生意,就一拍即合,即"深语"密谋起来。"笑"在这里起了转折作用,是对"吾能大子之门"的否定。然吕不韦"吾门待子门而大",以求联手合作,虽为引诱却极坦率,因而消除了对方的轻视与顾虑。吕不韦不以轻蔑为侮辱,又有商人的机警,因此获得了成功。

如果说"此奇货可居",以及下文为子楚入秦游说,而"念业已破家为子楚,欲以钓奇",是"真贾人口味",那么,子楚的"笑"语"且子大君之门,而乃大吾门",就洵然是大国王孙的语气,此番对话加上一"笑","机锋甚妙,如见深警人对面抵掌之神"①。此处一"笑"与反复的五个"门"字,轻捷警敏中,几番顿挫,荡漾起层层涟漪。隐语性之对话,双方神态如在眼前。

有时非纯粹的嘲笑,却能引发哭泣而流涕,而焕发出读者也应包含作者更大嘲笑。袁盎为人正直敢言,不避重臣显宦。宦臣赵同(即赵谈,司马迁避父讳,改为"同")因受宠幸,"常害袁盎,袁盎患之。盎兄子种为常侍骑,持节夹乘,说盎曰:'君与斗,廷辱之,使其毁不用。'"于是:

> 孝文帝出,赵同参乘,袁盎伏车前曰:"臣闻天子所与共六尺舆者,皆天下豪英。今汉虽乏人,陛下独奈何与刀锯余人载!"于是上笑,下赵同。赵同泣下车。(《袁盎晁错列传》)

"刀锯余人"即受过手术处理的阉宦。袁盎以与天子同乘者应为"天下英豪","刀锯余人"没有此资格,应把他赶下车。袁盎引国之大体,说得慷慨激昂。汉文帝似乎觉得同乘一车是件小事,而说得这么严肃,虽然觉得讲得有些道理,于是不由自主地"笑"了起来,使赵谈下车。这与其说笑袁盎过于认真,不如说客观上在众多随从目睹中起到了对赵谈的嘲笑。可以想见观者都会露出惬意的微笑,也正是在如此尴尬的氛围中,赵谈委屈地

---

① 牛运震:《史记评注》,三秦出版社2011年版,第213页。

"泣下车",这会更招致大家心中一笑。袁盎的慷慨驱逐,文帝轻轻一笑,赵谈吞声抽泣,三种不同神态表情,相映生辉,叙述娓娓有声有态,旋转出浓浓的喜剧气氛,让人心中一快!

袁盎的话悍直无忌,随口直出,简劲有力,而"一'笑'一'泣'"点缀俊雅,两'下'字,作两样写,尤妙"①。这又是一次"笑"与反复配合叙写生色处。

综上所论,不过就其荦荦大端,而见出司马迁对历史人物的"笑",特别注目,而且和他最擅长的对比、反复,或长短句的结合,叙写出形形色色人物各种不同的"笑"。用艺术的手段描述笑者的感情与人格,在笑声中,把人物彼此的个性刻画得生动尽致,当时情景历历在目,给一部宏大厚重的悲剧史添上一笔笔亮丽的色彩。由此可见作者很会把握描写人物的一笑一言,善于选择捕捉司空见惯的笑所体现的丰富而具有个性特征的内涵。《史记》还有许许多多日常生活的笑,展现了丰富多彩的场景,诸如冷笑、怒笑、讪笑、乖笑、微笑,以及幽默的、放浪的、轻松的、解嘲的、豪爽的异彩纷呈的笑,而展现在历史大小事件的进程之中,这就得需有另文再予以关注。

第五节 笑在《史记》再论

《史记》充满了丰富多彩的笑,笑对人物性格多样性的刻画起了生动的作用。笑是人之感情的集中宣泄,在笑声中刻画发笑的人物,司马迁即是捕捉人生内心世界的高手。《史记》凡是写笑之处,几乎都是精心文字,给人格外的提神与注目。笑与他笔下的哭构成了两极,给他悲怆的记述留下特别耀眼的光彩。

一、"笑"的讽刺

《史记》作为通史,以果敢的卓识采取详尽略远的策略。近当代史料丰富,采撷方便,然对当事人或者后之褒贬时事则有许多棘手之处。正如《匈奴列传》的"太史公曰"所说:"孔子著《春秋》,隐桓之间则章,至定哀之际则微,为其切当世之文而罔褒,忌讳之辞也。"他本人著史以继承孔子著《春秋》而自许,然他思想的深处,孟子的"尚义"精神与"民贵君轻"等理念更是

---

① 吴见思:《史记论文》,中华书局 1916 年版,第 7 册第 9 页。

"于我心有戚戚焉"①。所以,对近现代史特别以浓墨重彩予以详记,这也是对《左传》的继承,而且褒贬更为分明,"其文直,其事核,不虚美,不隐恶"(班固语)。充满是非分明的憎爱情感,这则是对《左传》的超越。他笔下人物的"笑"就是鲜明的标志之一。刻画人物的笑,往往是司马迁讽刺的重要手段。

汉高祖刘邦,这位大汉的开创者,居高临下,几乎在所有同时代的传记里都写到他的"善骂",他有恼恨与震怒,却没有"哭",而只有"笑"。他的"笑"有时是自笑,有时促使手下代替自己笑,司马迁把他公开的笑与隐形的笑都能抓住,甚至用"漫画"的笔调,予以讽刺的展示,揭示了他内心灵魂深处多种多样的"痼疾"。

刘邦为布衣时,萧何多次以吏掾方便护卫过他。为亭长,则常随从左右。赴役咸阳,"吏皆送奉钱三,何独以五"。楚汉拉锯之战,刘邦"数失军遁去,何常与关中卒,辄补缺",所以灭楚后以萧何为"功人",功列第一,其他人都是"功狗",全都屈居其下。然而就是这样的"铁哥儿",即便是楚汉交兵白热化的第三年,"上数使使劳苦丞相",也就是不放心后方坐镇的萧何,派人侦伺,萧何只好使"子孙昆弟能胜兵者悉诣军所",这才让"汉王大说",不露声色的一"笑"。萧何助吕后骗杀韩信,刘邦高兴,拜他为相国,益封五千户,令率五百人为警卫。召平认为"祸自此始矣",指出刘邦心里的猜忌以提醒他:"上暴露于外而君守于中,非被矢石之事而益君封置卫者,以今者淮阴侯新反于中,疑君心矣。夫置卫卫君,非以宠君也。愿君让封勿受,悉以家私财佐军,则上心说(悦)。"萧何从其计,"高帝乃大喜"。这就与大笑没有多少距离了!

刘邦当皇帝之第七年秋,亲自率兵平叛英布。萧何竭力安抚百姓,并悉以所有佐军。门客提醒他:"君灭族不久矣。夫君为相国,功第一,可复加哉?然君初入关中,得百姓心,十余年矣,皆附君,常复孳孳得民和。上所为数问君者,畏君倾动关中,今君胡不多买田地,贱贳贷以自污?上心乃安。"于是从其计,这才"上乃大说",这是心里得意的自笑。

刘邦结束平叛返长安,百姓拦道上书告萧何贱价强买民田数千万。萧何拜见,"上笑曰'夫相国乃利民!'"这是由先前三番五次的"坑民"为"利民"。萧何被逼无奈,只好请求把上林苑的空地退苑还耕。"上大怒曰:'相国多受贾人财物,乃为请吾苑!'"于是就把他下到廷尉,戴上枷锁关起来。后经身边卫尉开释,刘邦虽不高兴,但也只能放他出来。萧何吓得要死,光

---

① 本书第一章第一节《史记"尚义"精神论》。

着脚板去感谢,却遭到一番奚落:"相国为民请苑,吾不许,我不过桀纣主,而相国为贤相。吾故系相国,欲令百姓闻吾过也。"就在这年四月刘邦病死,不然,萧何的日子是不好过的。

一篇大汉开国首任丞相的传记,绝大篇文字都是刘邦对萧何的疑忌,而萧何"素恭谨",又是极"贴己"的人,尚且始终不能放心。至于韩信、彭越、英布等握兵权之人,就更不能容忍了。萧何买田自污而刘邦"大说",以至民告而笑曰:"夫相国乃利民!"这挖苦的话只说了半句,心中无限喜色便表露无遗。逼得萧何只好为民请田,而刘邦又"大怒",刘邦"一肚皮喜色不觉轻露矣,而刻忌之心未化,乃因相国一请,知吾之心事已为相国参透,故大说之后突然大怒也"①。牛运震说:"'汉王大说'、'高帝乃大喜'、'上乃大说'、'上笑曰'、'上大怒曰'、'高帝不怿',写高帝喜怒不测、猜忌满腹情状。以萧何之朴忠,而高帝犹疑之如此。太史公特著之,其不满高帝甚矣。何之韬晦自全,以荣名终者,幸也。"②在刘邦的"两大喜、一大悦、一大怒、一不怿"(吴见思语)中,还有一"笑",这些"大喜""大悦",实际与"大笑"如出一辙,只不过换文而已。其人忌刻心理不是昭然若揭吗?作者正是通过对笑的刻画,写刘邦刻薄到了他的乃翁。对他有用的人,他显得很"豁达",对他没用的人则是"豁达"的反面,连他的父亲也不例外。在《汉兴以来将相名臣年表》里,在刘邦的对父夸耀"今臣功孰与仲多"后,还特意补上一笔"太上皇笑",这是尴尬无奈的"笑",或是讨好儿子的笑,还是帮儿子的"助笑",就很耐人寻味。如果不"笑",后果将是很难堪的。因在刘邦当上皇帝之次年,刘太公在刘邦上朝时,就主动"拥篲",为儿子当起"清洁工",见到儿子还要"迎门却(退)行"。"太上皇笑"把刘邦全盘心理活动托出。他像捉到老鼠的猫,一紧一松地摆布他的第一功臣。史公于此文写得极为冷静,然越是不动声色,讽刺的意味越为深长。

在《高祖本纪》里又把这事极力描绘。当萧何为刘邦督建的未央宫已成,高祖宴会群臣时,给太上皇敬酒:"始大人常以臣无赖,不能治产业,不如仲力。今某之业所就孰与仲多?"说这番话的得意溢于言表,完全是一副"无赖"模样,但他没有笑。他的笑由他的群臣代他发泄无余:"殿上群臣皆呼万岁,大笑为乐"。对家大人的揶揄、挖苦、报复、炫耀,从而博得群臣的欢呼"大笑",这不是"无赖"又是什么?"日一朝太公"问候老爸的"如家人父子礼"取消了,当起儿子的"人臣"。他知道老爸没这个心眼儿,一打听是

---

① 吴见思:《史记论文》,中华书局1916年版,第4册第48页。
② 牛运震:《史记评注》,三秦出版社2011年版,第149页。

家令出的主意,"心善家令言",管教老爸把儿子尊为"人主",于是给家令"赐金五百金"。因而当刘邦质问谁的家业大时,作为"人臣"的老爸又怎敢不"笑"起来呢!司马迁同样用疏朗文字客观而冷静地述说这些可以不进入本纪的琐事①,意在对刘邦的唯我为尊的讽刺要达到淋漓尽致的程度。

刘邦的好色也是出了名的,范增谓其人早年就"贪于财货,好美姬"。他一进入咸阳就"欲止宫休舍"。楚汉相争伊始,攻下彭城,"收其货宝美人,日置酒高会"。周昌在下班后有事要奏,"高帝方拥戚姬,昌还走,高帝逐得,骑周昌项,问曰'我何如主也?'昌仰曰:'陛下即桀纣之主也。'于是上笑之,然尤惮周昌"。他白日与戚姬不雅,被人看见下不了台,就骑在周昌身上,明知故问:"我何如主",这是用无赖泼皮的手段自我解嘲。然周昌为人敢直言,"自萧、曹等皆卑下之"。故仰头谓为"桀纣之主"即荒淫之君,他哈哈大笑起来,面对无所畏惧的周昌,他只能以"笑"承认所言为是,一笑了之,否则就不方便下台。这一笑把他的好色、无耻、无赖、泼皮的劣根性全抖动出来。自此更怕周昌的耿直。刘邦欲废太子,想立戚姬之子为太子。"大臣固争之,莫能得"。周昌硬是争谏,盛怒而又口吃:"臣口不能言,然臣期期知其不可。陛下虽欲废太子,臣期期不奉诏。"刘邦"欣然而笑",这一"笑"笑得很聪明,便把这棘手事暂且搁置起来。废立太子为大事,本可记在本纪,却置于《张丞相列传》的周昌传里,包括"桀纣主"一事在内,意在避免时忌,同时也保持了《高祖本纪》的完整。

"笑"在刘邦手里是个政治手腕,往往比任何语言都管用,可以把烫手的事一笑了之,或暂时搁置,防止矛盾激化,有时还带有多重作用。在《樊郦滕灌列传》的《樊哙传》里。当英布反叛时,"高祖尝病甚,恶见人,卧禁中,诏户者无得入群臣。群臣绛、灌等人莫敢入。十余日,哙乃排闼直入,大臣随之。上独枕一宦者卧。哙等见上流涕曰:'始陛下与臣等起丰沛,定天下,何其壮也!今天下已定,又何惫也!且陛下病甚,大臣震恐,不见臣等计事,顾独与一宦者绝乎?且陛下独不见赵高之事乎?'"樊哙与刘邦是连襟近戚,故可放胆肆言,无所忌讳,这番哭谏的话很刺激,刘邦没有震怒,反而"笑而起",扶病出击英布。这一"笑"是对自己的解嘲,也是对樊哙的"奖励"。能带兵者韩、彭等全都诛除,只有亲自出马才能对付英布,为了保护权利,也不能不显得"豁达"了,而"哙等见上流涕"的哭谏,和他"笑而

---

① 牛运震《史记评注》说:"本纪之体,难于列传。或谓《高祖本纪》非《史记》之至者,殆亦有见。缘其叙斩白蛇及上寿太上皇等事,不庄重,似非本纪所宜也。然从来本纪不难于庄重,而难于叙次生动,淋漓有情。"似乎未注意到其间的讽刺性。

起",相映成趣。杨慎看到:"'流涕'数语粗粗卤卤,有布衣之忧,有骨肉之悲,不独似哙口语,而三反四正,复情词俱竭,真是子长笔力!至一'绝'字,惊痛声泪俱透,更千万语不能尽,更千万人不能道。"①所言甚是。然只留意樊哙语,却没有注意到刘邦的特别反应"笑而起"的内心活动。

楚汉广武相持,"丁壮苦军旅,老弱罢转漕。项王谓汉王曰:'天下匈匈数岁者,徒以吾两人耳,愿与汉王挑战,决雌雄,毋徒苦天下民父子为也。'汉王笑谢曰:'吾宁斗智,不能斗力'。"当时"彭越数反梁地,绝楚粮食,项王患之",急欲结束被动局面。若从人的本性看,项羽实话直说,可以看作真率人也;而刘邦的"斗智"就是要灭掉项羽,对于争夺为时之长短,在所不惜,"至于天下之民父子"痛苦,他是不会顾及的,而以一"笑"置之度外,项羽缺乏韧性,终归失败,刘邦能忍有定力,最后成功,在对比中看得出,然两人的性格人品的高下,也同样昭然若揭!

他的夫人也是他的帮手吕后,就赶不上他了。吕后称制驭政,诛除刘氏诸王,大封诸吕,刘邦外室子刘肥,其次子刘章愤恨宗室子弟被排挤。"尝入侍高后燕饮,高后令朱虚侯刘章为酒吏。章自请曰:'臣,将种也,请得以军法行酒。'高后曰:'可。'酒酣,章进饮歌舞,已而曰:'请为太后言耕田歌。'高后儿子畜之,笑曰:'试为我言田。'章曰:'深耕穊种,立苗欲疏,非其种者,锄而去之。'吕后默然。顷之,诸吕有一人醉,亡酒,章追,拔剑斩之,而还报曰:'有亡酒一人,臣谨行法斩之。'太后左右皆大惊。业已许其军法,无以罪也,因罢"。刘章是刘邦的外室之孙,曾入宿卫,吕后封他为朱虚侯,并以吕禄女妻之,像儿子一样待他。刘章要给诸吕厉害,酒席宴上的歌舞都是为此做的引导,吕后并未察觉,反以玩笑语待之,故而"笑曰"。等到"非其种者,锄而去之",方知其用意,但已应允,只好"默然",结果吕氏一人断头。"自是之后,诸吕惮朱虚侯,虽大臣皆依朱虚侯,刘氏为益强。"《齐悼惠王世家》的这个故事,可以看出吕后的"笑"比起刘邦的"笑",就差得远了,她的一"笑"却吃了大亏。司马迁只是讲他的故事,而不介入可否,只用"冷处理"叙述吕后之笑,所引发的却是哭笑不得的结局,正起了"冷幽默"的讥讽的作用。

二、在笑声中刻画人物

在日常生活中,《史记》写了不少的笑。这些笑对人物行事无关宏旨,

---

① 杨慎:《史记题评》卷九五,明嘉靖十六年刻本。又见杨燕起等编《历代名家评史记》,北京师范大学出版社1986年版,第646页。

却对刻画人物性格起了关键的作用,也使读者在兴趣盎然中,领略到人物的内心世界。

苏秦与张仪是战国时最著名的纵横家,凭颠覆倾危的智商耸动天下。他们俱从鬼谷先生学纵横之术。苏秦自以为赶不上张仪,然张仪一出手就倒了大霉:

> 张仪已学游说诸侯。尝从楚相饮,已而楚相亡璧,门下意张仪,曰:"仪贫无行,必此盗相君之璧。"共执张仪,掠笞数百,不服,释之。其妻曰:"嘻!子毋读书游说,安得此辱乎?"张仪谓其妻曰:"视吾舌尚在不?"其妻笑曰:"舌在也。"仪曰:"足矣。"

被打得遍体鳞伤,不顾疼痛,却问舌头被打掉没有,这是对妻子的讽劝的反讽。如果舌头不在又怎能说话,不过向讥笑的妻子表示,只要舌头还在就会拥有一切,就会凭口舌干一番大事。这是纵横家所必需的自信,倘若没有这点自信,又怎能耸动人主。家庭夫妇间的对话,"笑"字波澜遽起,幽默诙谐,趣味横生。张仪明知故问为假,妻子以假为真,在真假对答中,张仪获得了满足,在嬉戏中充满了自信,假中有真,显得很滑稽,从中也看出这些战国时期"倾危之士"不顾一切而唯利禄是逐的可畏。

无独有偶,《苏秦列传》也有个"家庭故事",与《张仪列传》相映照,而且两传都放在开头。前者说:

> (苏秦)出游数岁,大困而归。兄弟嫂妹妻妾窃皆笑之,曰:"周人之俗,治产业,力工商,逐什二(利润)以为务。今子释本而事口舌,困,不亦宜乎!"苏秦闻之而惭,自伤,乃闭室不出,出其书遍观之。曰:"夫士业已屈首受书,而不能以取尊荣,虽多亦奚以为!"于是得周书《阴符》,伏而读之。期年,以出揣摩,曰:"此可以说当世之君矣。"

《战国策·秦策一》把受到家庭冷落放在说秦之后,司马迁为了和《张仪列传》对照,特意移植在传前。前者说归至家"妻不下纴,嫂不为炊,父母不与言",全方位的冷落。而《史记》说妻嫂等窃皆笑之,还凭空添出了兄弟与妹及妾,说是"窃皆笑之"而非皆窃笑之,似谓《国策》的不搭理就是无声的讥笑,则与暗地里"皆笑之"并无多少区别。平心而论,司马迁此段改写,并不高明,缺乏《国策》恣肆铺排与犀利的风采。然而却显示出对以"笑"来刻画人物是那样的看重，还特意让苏秦家属的"沉默"变得都"笑"起来。

出于同样的对笑看重的审美趋向，"重耳之亡"和《左传》里也有笑与不笑的区别。《左传》"僖公二十三年"说，重耳在狄十二年，将到齐国，临行对他在狄所娶夫人季隗说："待我二十五年，不来而后嫁。"对曰："我二十五年矣，又如是而嫁，则就木焉。"《史记》把季隗的回答改成："其妻笑曰：'犁二十五年，吾冢上柏大矣。虽然，妾待子！'""冢上柏大矣"比起"就木"（进棺材），时间上更为夸大，而且特意添加了"笑曰"，与夸张配合，显得更为风趣。言语无多，聪敏的个性却都跃然纸上。

在《左传》与《史记》里都记述了郑灵公与朝臣聚餐的故事。《左传》"宣公四年"说："楚人献鼋于郑灵公。公子宋与子家将见。子公之食指动，以示子家，曰：'他日我如此，必尝异味。'及入，宰夫将解鼋，相视而笑。公问之，子家以告，及食大夫鼋，召子公而弗与也。子公怒，染指于鼎，尝之而出。公怒，欲杀子公。"于是因无聊的心理酿出了一场喋血弑君事件。《史记·郑世家》则改作：

> 楚献鼋于灵公。子家、子公将朝灵公，子公之食指动，谓子家曰："佗日指动，必食异物。"及入，见灵公进鼋羹，子公笑曰："果然！"灵公问其笑故，具告灵公。灵公召之，独弗予羹。子公怒，染其指，尝之而出。公怒，欲杀子公。子公与子家谋先。夏，弑灵公。

这里把《左传》的两人"相视而笑。公问之，子家以告。"改为"子公笑曰：'果然。'灵公问其笑故，具告灵公。"把出现一次的"笑"字，改成两次，突出了郑灵公无聊的好奇心，就出现了对子公独弗予羹的恶作剧。觉得自己没有食指动的特效，就偏让别人的失效。子公恼怒，伸手肉羹，尝而去之。于是埋下君臣仇恨的种子，由此爆发弑君事件。司马迁特意让"笑"出现了两次，突出了郑灵公嫉妒之无聊，人格之卑鄙。同样出自对"笑"字爱好心理。两"笑"引发了"两怒"，也加剧了事态的恶变。

在《淮阴侯列传》里，记述了韩信与高祖和樊哙的两次闲谈，这本是朝臣日常生活，其间的笑声也酿成了日后的悲剧：

> 信知汉王畏恶其能，常称病不朝从。信由此日夜怨望，居常鞅鞅，羞与绛、灌等列。信尝过樊将军哙，哙跪拜送迎，言称臣，曰："大王乃肯临臣！"信出门，笑曰："生乃与哙等为伍！"

这时韩信早已上升为刘邦心中最危险的人物,所以之前变着法儿假借游云梦抓过他一次,理由是"人告公反",后因证据不足放了他。因此怏怏而不得志,满腹怨望牢骚。所说的"生乃与樊哙等为伍",原本是牢骚语,也是不得志的感慨语而且出之"笑曰",即是一句开玩笑的话,樊哙也肯定会把这话报告给刘邦,加速了对他的猜忌。他和刘邦谈话,连刘邦同样也不放在眼中:

> 上尝从容与信言诸将能不,各有差。上问曰:"如我,能将几何?"信曰:"陛下不过能将十万。"上曰:"于公何如?"曰:"臣多多而益善尔。"上笑曰:"多多益善,何为我禽?"信曰:"陛下不能将兵,而善将将,此乃信之所以为陛下禽也。且陛下所谓天授,非人力也。"

这原本是君臣间的一次闲谈,韩信自恃其能,原本说的也是实情,可谓实话实说,而且末尾还补上两句好听话。然天子是圣明的,岂容他人更为圣明。刘邦这时处心积虑地要钳制他,杀机已萌,只是一时找不到把柄。寒心的实话实说中也带有些牢骚。"上笑曰"之语,已经杀气逼人,韩信尚未觉察出偶有不慎将大祸临头。当刘邦消灭了陈豨,归来见韩信已死,"且喜且怜之",心里如释重负又怎能不"喜"?"且怜之"不过是惋惜其才,则是属于次要的。何况在闲谈中凭借己才而凌驾于刘邦之上,刘邦又怎能不怒火中烧,欲置于死地而后快呢?所以,这番谈话,实际上是加速了陷入死亡的进程。本传"太史公曰"所说:"假令韩信学道谦让,不伐己功,不矜其能,则庶几哉,于汉家勋可以比周、召、太公之徒,后世血食矣。"这实际是说韩信的叛逆是冤枉的,是口祸所至。至于说:"不务出此,而天下已集,乃谋畔逆,夷灭宗族,不亦宜乎!"这实际是正言若反,正话反说。实则意谓:要除掉韩信,又怎能不给韩信加上叛逆一类的罪名呢?

在《陈涉世家》里,一开始就记述传主在田间地垄与拉长年打短工者的闲聊:

> 尝与人佣耕,辍耕之垄上,怅恨久之,曰:"苟富贵,无相忘。"佣者笑而应曰:"若为佣耕,何富贵也?"陈涉太息曰:"嗟乎,燕雀安知鸿鹄之志哉!"

第四章 抒情论

这是休息间的一次闲聊，陈胜如富贵不相忘的提议，得到佣耕伙伴的讥笑：出卖体力劳动，何来富贵？引起陈胜志气理想不为人理解的深长叹息。这是草莽英雄在未发迹前的胸襟流露，他想做一番事业，追求富贵是理想终极。别人讥笑而不信，则以"鸿鹄"自喻，而视他人为"燕雀"，骨子里有目中无人的骄气。"怅恨久之"写得光景可想。"燕雀""鸿鹄"分明是草泽英雄口气，而与刘邦"大丈夫当如此也"的小吏而有大志，项羽"彼可取而代之"将军世家的豪语，三个人物，三种身份，三种不同语气。陈涉最终在富贵已得而骄傲丧身，都可在这两句话中看出端倪，佣耕同伴的一笑，犹如导火索，引发出理想火花的爆发，拈出田野鸟飞的别样景观。吴见思说："写得磊落不群，大凡英雄至极贫贱，极富贵时，每多悲伤。此与高祖《大风歌》襟怀一样。"又言"耕者固不足答，惟有自叹自解而已，写得迈远。"① 司马迁对于人物早年的小事一言一笑，一怒一叹，详于记述，以此刻画人物性格，往往也是一传之总纲。

有时在传中，或在传末，记述细事也有同样作用。后者如韩信过樊哙以及与刘邦的交谈，前者如《刘敬叔孙通列传》。叔孙通是随时进退的时儒，司马迁说他"希世度务制礼，进退与时变化，卒为汉家儒宗"。在乱世之中，游刃有余，先仕秦而后降楚、汉，先后跟从项梁、怀王、项羽，哪里风头高就奔哪里，并能投其所好。他的行为往往为弟子所不解而有异议。他看准了刘邦当皇帝缺乏朝仪而需制定的时机，自告奋勇以"吾能为此"包揽了这一"工程"，刘邦上朝议事，弃秦苛仪而简易，然"群臣饮酒争功，醉或妄呼，拔剑击柱"，搞得刘邦头痛。叔孙通趁机提出愿与弟子共起朝仪。刘邦要求不要太难，"令易知，度吾所能行为之"。当他动手时：

> 鲁有两生不肯行，曰："公所事者且十主，皆面谀以得亲贵。今天下初定，死者未葬，伤者未起，又欲起礼乐。礼乐所由起，积德百年而后可兴也。吾不忍为公所为。公所为不合古，吾不行。公往矣，无污我！"叔孙通笑曰："若真鄙儒也，不知时变。"

他的"笑"，显示出毅然的自信，对世事的把握，因而辛苦了月余，结果叔孙通成功了。"自诸侯王以下莫不振恐肃静"，"竟朝置酒，无敢喧哗失礼者。于是高帝曰：'吾乃今日知皇帝之贵也。'"他能使秦二世欢心，是为谀儒；也能让刘邦高兴，是为时儒。君主想听什么，想干什么，全然采用贡谀

---

① 吴见思：《史记论文》，中华书局1916年版，第4册第29页。

讨好的迎合手段。解决刘邦极为头痛的问题，叔孙通由博士升擢为太常，其弟子"悉以为郎"。又以所赏五百斤金所赐诸生，"诸生乃皆喜曰：'叔孙生诚圣人也，知当世之要务！'"

应当说鲁之两生的批评是正确的，叔孙通却嘲笑他们是"不知时变"的"鄙儒"。讥笑不与时变，不会"希世度务"，就不会得到好处。他第一次进见刘邦发现憎恶他所穿儒服，"乃变其服，服短衣"，而且是"楚制"，就立即获得"汉王喜"。他能随时应变，见风使舵，故比坚持道义的"鄙儒"显得高明多了，所以弟子心悦诚服地推尊他为"圣人"。鲁两生的讥讽与"诸生乃喜曰"前后形成大幅度对比，中间叔孙通的"笑曰"则为一大枢纽。叔孙通随时应变的"时儒"本相，在笑声中也就活生生地树立起来。

三、以笑展示人物风采

《史记》记载的人物是多种多样的，《史记》的笑也是丰富多彩的。笑声不同，所刻画的人物亦为各异。林林总总的笑声，呈现出性格多样的人物画廊。用此以小见大的手法，捕捉一瞬即逝的笑，揭示人物的风采。这是司马迁叙事与刻画人物的重要手段之一。

《平原君虞卿列传》中附毛遂传，"毛遂自荐"故事也因此家喻户晓。秦围邯郸，赵使平原君与于楚合纵，约与门下食客二十人前去，"得十九，余无可取者无以满二十人"。这时毛遂自荐，愿备员而行。平原君谓他处门下三年并无"有所称诵"，毛遂要求给他个机会，平原君只好答应。"十九人相与目笑之而未废也"。他以果敢的勇气威逼楚王而合纵成功，"毛遂左手持槃血而右手招十九人曰：'公相与歃此血于堂下。公等录录，所谓因人成事者也。'"毛遂得到锥处囊中的机会，便脱颖而出。使平原君感慨地说："胜不敢复相士。胜相士多者千人，寡者百数，自以为不失天下之士，今乃于毛先生而失之也。毛先生一至楚，而使赵重于九鼎大吕（大钟）。毛先生以三寸之舌，强于百万之师。胜不敢复相士。"遂以之为上客。此一附传英气勃发，缘于欲扬先抑的大伏大起的结构安排，加上平原君对毛遂看法的前后对比，毛遂便神采焕发，气势昂扬。还有"十九人相与目笑之"这一细节，以及毛遂立堂上颐指气使召唤揶揄，扬眉吐气。前后亦成对比，两种对比跌宕顿挫，"目笑"之辱，写世俗庸人尽情，情景如画，反衬出毛遂不同凡响，可谓频上三毫之笔。文至毛遂立殿上手招十九人，"写得毛遂英风雄姿，飒爽逼人"，而且前后"呼应甚紧，真成一气团结文字"[①]。

[①] 牛运震：《史记评注》，三秦出版社2011年版，第189页。

人物自己的笑更能显示出个性与风采。《鲁仲连邹阳列传》说,在却秦救赵中鲁仲连起了极为重要的作用,于是平原君欲封鲁仲连,鲁仲连辞让者三,终不肯受。平原君乃置酒,酒酣起前,以千金为鲁连寿。鲁仲连笑曰:

"所贵于天下之事者,为人排患释难解纷乱而无取也。即有取者,是商贾之事也,而连不忍为也。"遂辞平原君而去,终身不复见。

鲁仲连是战国"倜傥非常"之高士,哪儿有患难纷乱,哪儿就会出现他,而且封爵无动于心,面对千金一笑置之。李白对他高妙的一笑很为仰慕:"却秦振英声,后世仰末照。意轻千金赠,顾向平原笑。"而且犹如"明月出海底,一朝开光辉"(《古风》其十)。南朝陈阮卓称美他:"笑罢秦军却,书城燕将愁。"(《咏鲁仲连诗》)李绅说:"谈笑谢金何所愧,不为偷买用兵符。"(《忆过润州》),屈大均称他:"一笑无秦帝,飘然向海东。谁能排大难,不屑计奇功。"(《鲁连台》)他的澹荡一笑震响历史的长空,赢得后人不尽的赞叹。

一个人的胸襟气度,也往往在一笑中显示出来。《韩长孺列传》说安国犯法被关进监牢,受尽狱吏田甲的侮辱,他在平定吴楚之乱时,立过大功。又调解过梁孝王与景帝间的矛盾,而受到太后、长公主的千金之赐。然而在牢中遭到狱吏的凌辱,安国警告说:"死灰独不复然(燃)乎?"田甲针锋相对地说:"然即溺之。"——死灰复燃的话,撒泡尿即可浇灭!没多久,"梁内史缺",实际上是梁孝王设法救他出狱,于是景帝就让他为梁内史。从囚徒一下子而为二千石的官员。田甲闻讯逃走,怕韩安国报复:

安国曰:"甲不就官,我灭而宗。"甲因肉袒谢。安国笑曰:"可溺矣!公等足与治乎?"卒善遇之。

韩安国没有报复其人,只是用嘲笑的方式教训了一顿;现在我韩安国尚"可溺"吗?像你这种人值得绳之以法吗?只是让他反省反省。最后还善待了其人。即使统领过百万大军的周勃,一进牢房,稍加侵辱,便以千金奉上,还是狱吏出主意,这才脱离了牢狱之苦,不由感慨:"吾尝将百万军,然安知狱吏之贵乎!"司马迁也受刑进狱,有揪心之痛。在《报任安书》说过:"猛虎处深山,百兽震恐,及在穽槛之中,摇尾而求食,积威约之渐也。

故士有画地为牢,势不入;削木为吏,议不对,定计于鲜也。今交手足,受木索,暴肌肤,受榜箠,幽于圜墙之中。当此之时,见狱吏则头枪地,视徒隶则心惕息。何者?积威约之势也。及已至是,言不辱者,所谓强颜耳,曷足贵乎!"是说监狱不是所处之地,与其进监狱还不如事先自裁,为了完成《史记》这才忍辱苟活。韩安国的"笑曰",可算是替他出了口气,也可见出其人度量宽宏的风采。清人林伯侗说:"处置田甲一事,较之于李将军霸陵尉,其识量宏远多矣。史公称之者,一则曰'智足以当世取(舍)[合],而出于忠厚焉'(见本传);再则曰:'智足以应当世之变,宽足用得人'(见《太史公自序》),岂虚语哉!"①

四、以笑推进叙事情节的发展与转化

《史记》在叙写大事件,无论复杂与简略,往往用人物之笑作为叙事的枢纽,或推进情节的发展,或使情节突转直下,均有恣态横生、波澜起伏的艺术效果。人物之逼真,事态之生动,都有如在目前的特征。

在《张丞相列传》中的《赵尧传》里,以"笑"写了命运起伏和仕途预言的故事,有人向御史大夫周昌提醒:"君之史赵尧,年虽少,然奇才也,君必异之,是且代君之位。"周昌耿直,连刘邦都敬惮他,他不相信年少之赵尧有取代他的本领,何况尚属于他的手下。因而笑曰:"尧年少,刀笔吏耳,何能至是乎!"当时戚姬子如意为赵王,年十岁,刘邦忧虑他去世后如意不能自全,悲歌伤感,"群臣不知上之所以然"。赵尧猜透刘邦心忧所在,于是趁机诱导:"陛下独宜为赵王置贵强相,及吕后、太子、群臣素所敬惮乃可。"刘邦甚以为是,赵尧进一步推荐"独昌可"。刘邦召周昌:"吾欲固烦公,公强为我相赵王"。这对周昌无疑是个难题,而且无异贬谪。周昌泣曰:"臣初起从陛下,陛下独奈何中道而弃之于诸侯乎?"刘邦说:"吾极知其左迁,然吾私忧赵王,念非公无可者。公不得已强行。"于是御史大夫周昌为赵相。赵尧利用了刘邦要保护赵王的心理,稍加点拨就把周昌打发掉了。御史大夫位缺久之,"高祖持御史大夫印弄之,曰'谁可以为御史大夫者?'孰视赵尧,曰:'无以易尧。'遂拜赵尧为御史大夫。尧以前有军功食邑,及以御史大夫从击陈豨有功,封为江邑侯。"赵尧在两年间由周昌手下小吏,接替周昌的御史大夫,而且封了侯。但后五年,吕后闻知赵尧为刘邦定计保护赵王,乃抵尧罪,夺御史大夫之职,这时高祖死去已好几年了。

周昌对赵尧的轻视与讥笑,却加快了赵尧想着法儿把他取而代之,没

---

① 林伯桐:《史记蠡测》,修本堂丛书本。

想到由周昌的一"笑"而转落到一"泣",左迁为赵相。赵尧处于低位摆布上级周昌,却未料到吕后治了他的罪,也丢了想尽办法搞到手的御史大夫。周昌的先笑而后泣,赵尧的先得而后失,都显示了宦海风波加上宫廷争斗的急骤变化。周昌的一笑,好像是点燃了这场双重悲剧的导火索。

与周昌先笑后泣不同的是,晋景公时发生了"赵氏孤儿"的故事。起初,赵盾梦见老祖宗"叔带持要而哭,甚悲。已而笑,抚手且歌",它预示着赵氏家族要经过一场劫杀的灾难,而后方能复兴。赵盾两次占卜,一曰"兆绝而后好",一曰:"此梦甚恶,非君之身,乃君之子,然亦君之咎。至孙,赵将(与)世益衰。"后来赵盾之子侄尽被族灭,免难之孙赵武攻灭戕害赵氏一门的屠岸贾,又恢复了赵氏在晋国的地位。此事不见载于《左传》,亦无岸贾、程婴、公孙杵臼诸人,但《史记》却写得淋漓激昂,其梦中的哭悲歌乐,变幻莫测。"占梦一段,闲文也,事之影也。太史公偏提影事,作实案。盖太史公笔,纯是悲哭笑歌,恰有一悲哭歌笑事,形于梦,见于占,便提来作案,极力摹写一番。哭是真哭,笑是真笑,反觉响象精魂之在纸上,十百千万倍于当年笑哭也"①。用梦中的哭笑牵动出一篇大文章,这也是作者对哭笑特别看重的原因。

在《淮阴侯列传》井陉之战中,韩信兵分三路,一路"选轻骑二千人,人持一赤帜,从间道萆山而望赵军,诫曰:'赵见我走,必空壁逐我,若疾入赵壁,拔赵帜,立汉赤帜。'"并传令:今日破赵会餐,诸将不信。另一路使万人先行,背水列阵,"赵军望见而大笑。平旦,信建大将之旗鼓,鼓行出井陉口,赵开壁击之,大战良久。于是信、张耳详(佯)弃鼓旗",奔逃至水军,两军合力又战。赵军果然空壁争汉鼓旗,追赶韩信。而所出奇兵二千骑,等到赵空壁逐利,"则驰入赵壁,皆拔赵旗,立汉赤帜二千"。赵军不胜,"欲还归壁,壁皆汉赤帜,而大惊,以为汉皆已得赵王将矣,兵遂乱"。于是汉军两路夹击,大破赵军,斩陈馀于泜水上。当时韩信兵数万,而赵兵号称二十万,所以诸将不相信"破赵会食",也不相信能拔赵帜。另一路万人先行的背水列阵,"赵军望见而大笑,至赵军不胜欲归,旗帜变色,皆为赤帜,赵军方大惊",兵遂乱。赵军由"大笑"而至"大惊",显示韩信以少胜多的作战才能。而"大笑",平添了读者的阅读期待,发挥了引人入胜的作用。

在《范雎蔡泽列传》里,叙及范雎与须贾的恩怨纠葛时,也以"笑"与"大惊"讲述了一个极具戏剧性的故事。范从须为魏使齐,齐以范有口才,送予

---

① 徐与乔:《经史辨体·史部·赵世家》,见杨燕起等编《历代名家评史记》,北京师范大学出版社1986年版,第480页。

金与牛肉及酒。须以为范泄露魏国机密,归而告诉魏相魏齐。魏齐大怒,笞击范。范佯死,席卷至厕,宾客醉,轮番溺之。雎被当作死人扔去,魏齐醒而悔,又召求之。范伏匿,更名姓为张禄。逃亡秦国,得重用而为相。魏国以为范已死,闻秦且东伐韩、魏,使须贾使秦。范雎闻之,微行敝衣至客馆,见须贾。须见而惊曰:"范叔固无恙乎!"须贾笑曰:"范叔有说于秦邪?"范言逃亡至此,怎敢游说。今为人做佣工。须贾同情,留他一饭,并送绨袍。须贾大惊,自知见卖,乃肉袒膝行,因门下人谢罪。于是范雎盛帷帐,侍者甚众,见之。须贾顿首言死罪,道歉不已。范雎数罗其罪,又说:"然公之所以得无死者,以绨袍恋恋,有故人之意,故释公。"须贾回国时,"辞于范雎,范雎大供具,尽请诸侯使,与坐堂上,食饮甚设。而坐须贾于堂下,置莝(铡碎的草料)豆其前,令两黥徒夹而马食之"。并让他转告:"为我告魏王,急持魏齐头来!不然者,我且屠大梁。"须贾归魏,告诉魏齐。魏齐逃到赵国,躲在平原君那里。后来秦国逼赵国要魏齐人头,魏齐只好自杀。这个故事情节起伏,前后完整。须贾两次见范雎,先是"笑曰",后是"大惊",使情节跌宕生姿,起到了戏剧化的效果。牛运震说:"其写范雎恩怨报复,烟波千里,曲折贯穿,联合无痕,此则太史公独出手法者也。"[1]《战国策》载范雎说辞甚详,然范雎快意恩仇事却不见载,或可能采自当时口传,亦复成为《史记》快意文字。

即便是较短的故事,笑在其中同样起了推波助澜的作用。在《张耳陈馀列传》中,讲了个"厮养卒"(伙夫)的故事,亦属快意文字,颇具喜剧色彩。陈涉起义后,北方燕、赵趁势立国争夺权力。赵王武臣北略地而为燕军所得,燕欲分赵地一半交换赵王。"使者往,燕辄杀之以求地。张耳、陈馀患之。有厮养卒谢(告诉)其舍中曰:'吾为公说燕,与赵王载归。'舍中皆笑曰:'使者往十余辈,辄死,若何以能得王?'"这一笑给故事埋下了伏线,以为伙夫不知天高地厚,白白送死。伙夫利用诱导,谓燕不知赵王的大将军陈馀、右丞相张耳不是"欲得其王耳",养卒乃笑曰:这三人"下赵数十城,此亦各欲南面而王,岂欲为卿相终已耶?"只是形势初定,未敢三分而王,以武臣年长先立为王,以维持赵心。"今赵地已服,此两人亦欲分赵而王,时未可耳。今君乃囚赵王。此两人名为求赵王,实欲燕杀之,此两人分赵自立。夫以一赵尚易燕,况以两贤王左提右挈,而责杀王之罪,灭燕易矣。"结果,"燕将以为然,乃归赵王,养卒为御而归"。故事中的两"笑"用在两个不同情节,前者有推动作用,后者有转折作用,前后呼应,遥相配合。前者起了

---

[1] 牛运震:《史记评注》,三秦出版社2011年版,第197页。

反衬,后者使说辞峰回路转,跌入正题,而出色完成"说燕而与赵王共载归"的壮举。情节的发展转变,全在笑声中进行,很有快慰人心的作用。此节文字豁达简切,说辞确中情事。小小的伙夫,气势夺人。虽不知名,却也是长于游说的一类人物。

一部《史记》充满形形色色的笑,几乎无一篇不笑。孙武为吴王演示兵法,"于是鼓之右,妇人大笑"。"复三令五申而鼓之左,妇人复大笑","遂斩长二人以徇"。彭越初起事,与草泽少年百余人约定,"期旦日日出会,后期者斩"。诸人不以为然,十余人来迟,后至者至日中。彭越欲杀最后一人,诸人"皆笑曰:'何至是?请后不敢。'于是越乃引一人斩之,设坛祭,乃令徒属。徒属皆大惊,畏越,莫敢仰视。"就和孙武斩吴王二姬,似乎对应。张良圯上纳履忍气吞声,受尽折腾,不仅"下取履",老头儿还要"履我"。张良先是"愕然,欲殴之,为其老",然想到"业为取履,因长跪履之"。那老头儿伸长脚让他穿上,然后,"笑而去。良殊大惊,随目之"。小故事写得离奇怪诞,这一笑就有些神秘。在《陈丞相世家》里,汉文帝问到决狱几何、钱谷出入几何,周勃不知,"汗出沾背,愧不能对。于是上亦问左丞相平。平曰:'有主者。'上曰:'主者谓谁?'平曰:'陛下即问决狱,责廷尉;问钱谷,责治粟内史。'上曰:'苟各有主者,而君所主者何事也?'平谢曰:'主臣!陛下不知其驽下,使待罪宰相。宰相者,上佐天子理阴阳,顺四时,下育万物之宜,外镇抚四夷诸侯,内亲附百姓,使卿大夫各得任其一职焉。'孝文帝乃称善。右丞相大惭,出而责怪陈平曰:'君独不素教我对!'陈平笑曰:'君居其位,不知其任邪?且陛下即问长安中盗贼数,君欲强对邪?'"这一番笑声中的奚落,使敦厚憨直的周勃"自知其能不如平远矣",只好谢病请免相,陈平便轻而易举地独掌丞相大权。

陈平本多阴谋,行事往往出人意料。有富人张负的孙女"五嫁而夫辄死,人莫敢娶"。而他却反欲得之,"一县中尽笑其所为"——贫不做事,却要做此傻事。他设法娶张氏女,"赍用益饶,游道日广",就在于获得社会活动所得经费。卫子夫立为皇后,其弟卫青封侯,其三弟皆封侯,其子亦封为侯世子,贵震天下。"是时平阳公主寡居,当用列侯尚主。主与左右议长安中列侯可为夫者,皆言大将军可。主笑曰:'此出吾家,常使令骑从我出入耳,奈何用为夫乎?'左右侍御者曰:'今大将军姊为皇后,三子为侯,富贵振动天下,主何以易之乎?'于是主乃许之。"公主这一"笑曰"显得王室之尊贵矜持,又先把卫青"剥贬"一番,左右所言"又为出色一番"(牛运震语)。正见出物色女婿时上下斟酌情怀。事见《外戚世家》。虽为褚少孙补记,然颇得太史公笔致风神。在《孝文帝本纪》里,言吕后死后,诸吕欲为乱,大臣共伐之，迎代王。对此突变而带来这意想不到的喜讯，代王疑惑拿不定主意，张武等以为诸将相多谋诈，其意非止此。今已诛诸吕新喋血京师，以迎立为名，实不可信。可称疾不往，以观其变。宋昌以为刘氏基业颇得人心，即使吕后立诸吕为王仍难以动摇。即今大臣欲为变，百姓不为使。且内外宗室呼应，故诸将相无力专一。高帝子今仅淮南王与代王，代王又长，"故大臣因天下之心而欲迎立大王"。代王派太后弟薄昭往见周勃，周勃具言迎立意。"薄昭还报曰：'信矣，毋可疑者。'代王乃笑谓宋昌曰：'果如公言。'乃命宋昌参乘，张武等六人乘传诣长安。至高陵休止，而使宋昌先驰之长安观变。"这场大变犹如悲喜剧，代王想不到会迎立他去做皇帝，疑虑重重，经探询迎立者，事无虚诈，就不无得意地对宋昌笑曰"果如公言"。汉初宗室废立不鲜，故文帝小心谨慎。他这般小心保持了一生，因为大臣能迎立，也能废除。

　　在《白起王翦列传》里，秦始皇欲攻楚之荆地，王翦言须六十万人，遂派说是以二十万人能破荆的李信，结果先胜而后惨败。始皇不得已只好向王翦道歉，并允其六十万。临行王翦"请美田宅园池甚众。始皇曰：'将军行矣，何忧贫乎？'王翦曰：'为大王将，有功终不得封侯，故及大王之向臣，臣亦及时以请园池为子孙业耳。'始皇大笑。"王翦既至关，还不停派人请善田。或谓乞贷已甚。王翦曰："不然。夫秦王怚而不信人。今空秦国甲士而专委于我，我不多请田宅为子孙业以自坚，顾令秦王坐而疑我邪？"原来不是趁秦王急于破荆，王翦真的出于私利讨价还价，搞"等价交换"。实是使秦王不怀疑他生变，能放心作战。始皇的"大笑"，以为王翦坦率，心里想什么就说什么。君臣关系微妙，始皇以"大笑"表示对王翦绝对信任，鼓励他一心作战。

　　还有《郦生陆贾传》的南越王尉他的"大笑"也值得一观。大汉初定，尉他平南越而王。刘邦使陆贾赐尉他印信为南越王，尉他发型如越人，箕倨而见陆贾。陆贾以大汉之威慑之，指责未郊迎汉使"乃欲以新造未集之越，屈强于此。汉诚闻之，掘烧郡王先人冢墓，夷灭宗族，使一偏将将十万众临越，则越杀王降汉，如反覆手耳。"尉他蹶然起坐道谢，因问"我孰与萧何、曹参、韩信贤？"陆贾曰"王似贤"。复问"我孰与皇帝贤？"陆贾便把大汉炫耀一番，是"自天地剖泮未始有也"。又指出南越"譬若汉一郡，王何乃比于汉！"尉他大笑曰："吾不起中国，故王此；使我居中国，何渠不若汉？"尉他先是妄自尊大，而与大汉比较高低时，亦不示弱，这一场外交唇枪舌剑之战，"尉他大笑曰"峰回路转，尉他心服，"而词犹倔强，口角拗折有力"（牛运震语），亦有英雄气概。与秦王大笑相比，则另有一番光景。《晋世家》言晋献公十九年欲伐对己不利之虢国,乃使"荀息请以屈产之乘(名马),假道于虞而伐虢"。二十二年晋复假道以伐虢,灭虢后袭虞,"荀息牵曩所遗虞之乘马奉之献公,献公笑曰:'马则吾马,齿亦老矣!'"这是胜利者一句戏言,言以小代价而取得灭人之国的胜利,自得之意见于言外。

其他如《孟尝君列传》里,苏代的以木偶与土偶对话,劝孟尝君勿入仕于秦,土偶讥笑木偶,"今天雨,流子而行,未知所止息也"。而指出:"今秦虎狼之国也,而君欲往,如有不得还,君得无为土偶人所笑乎?"这个笑使孟尝君终止入秦之念。《魏公子列传》中侯生的冷笑,朱亥的会心一笑,《刺客列传》里太子丹找到田光,语以刺秦之机密,并告诫"勿泄",田光"俛(俯)而笑曰:'诺'。"可见其深沉而不动声色。《伍子胥列传》说白公胜欲报郑之杀父之仇,请伐郑,楚令尹子西许之。兵未发而晋伐郑,郑求救于楚。楚使子西往救,与盟而还。白公胜怒曰:"非郑之仇,乃子西也。"于是磨剑霍霍,人问,回答曰"欲杀子西",子西闻之笑曰:"胜如卵耳,何能为也。"轻视之意见于一笑之中,结果被袭杀于朝。《吴王濞列传》里,吴楚七国反,袁盎与景帝密议,斩晁错,赦吴楚七国复其已削地,则叛乱平息,于是杀晁错,拜吴王弟子为宗正,与袁盎告吴。宗正以亲故,先入见,告吴王使拜受诏,吴王笑而应曰:"我已为东帝,尚何谁拜?"这一笑扔掉了"清君侧"的招牌,铁了心要造反称帝。《齐悼惠王世家》说灌婴闻魏勃本教齐王反,责问魏勃。勃曰:"失火之家,岂暇先言大人而后救乎!"意谓吕后一死,国家有难,不暇待诏命而发兵!退立股战,恐惧而不能言。灌婴熟视笑曰:"人言魏勃勇,妄庸人耳,何能为乎!"于是不治罪而遣之。

至于《滑稽列传》里,齐使淳于髡求救赵兵以抗进犯之楚国,先后用了三"笑"字,一为"仰天大笑",一为王问"笑岂有说乎",一为"臣见其所持者狭而所欲者奢,故笑之"。这三"笑"字穿插始终,讲述了出使前的准备。司马迁以"太史公曰"的"淳于髡仰天大笑,齐威王横行",给这位幽然大师以高度赞美。

重耳经十九年的流浪,在秦国协助下终于返晋。经黄河随从子犯试探重耳,说是多年得罪甚多,请由此亡。重耳知其意而发誓说:"所不与舅氏同心者,有如白水。"于是,杀掉怀公,排除内难,站稳脚跟。晋侯赏从亡者,"介之推不言禄,禄亦弗及",然后发了一顿牢骚,以为随从者贪天之功以为己有,下义其罪,上赏其功,上下相蒙,难与处矣,于是隐居至死。这是《左传》"僖公二十四年"记载。《史记·晋世家》则改作晋侯渡河时与子犯所言,"是时介子推从,在船中,乃笑曰"云云。而且平添出冷冷一"笑",显示出狷介不同流俗的性格,也可看出司马迁对以"笑"刻画人物与叙事时以之表示转折的看重。明人黄淳耀说:"大抵太史公于英雄贫困失路无门之日,皆极力摹写,发其孤愤,如苏秦、张仪皆笑于其妻,陈涉见笑于耕者,陈平见笑于其嫂,黥布见笑于时人,此类甚多。"① 这不过《史记》用"笑"来刻画人物的一个方面。

综上可见,笑在《史记》里起了多种多样的作用,首先拉近了历史人物事件与读者的距离,有耳闻目睹之亲切感,使当时情景气氛逼现纸上。其次,以笑作为展示人物性格与心理的重要手段,起了言少而意丰的作用。另外,把描写笑作为讽刺的一把利器,揭示人物灵魂,一笑而有淋漓尽致的作用;再则,笑在叙事里,有滋生情节,或推波助澜,或顿挫转折,而有峰回路转,或烟波无限作用。一"笑"字,作用可谓大哉!一部《史记》嬉笑怒骂、哭泣流涕皆成光采文字,读来颇值得深长思之!

---

① 黄淳耀:《史记评论》,见《黄陶庵全集》卷四。《文渊阁四库全书》影印本,台湾商务印书馆1986年版。

第五章　人物论

第一节　汉高祖的荒诞、痛苦与性格的多维度

一、寓批判于荒诞

《史记》中的"本纪",原本指记载某一帝王统治时期的大事年纪,属于编年史。"十二本纪"的前五篇:五帝、夏、殷、周、秦本纪,即从编年体《春秋》发展变化而来;后七篇则是"本纪"与"列传"——编年体与人物传记的结合,有些接近《左传》——比纯粹的编年体式的"本纪"丰满而生动。犹如《左传》比《春秋》读来有味,这是《史记》的圆通处。故后者名篇多,《高祖本纪》就是这种二合体的万字大文。

此篇以刘邦"平定天下为主。前半篇与项羽争天下也,后半篇削平反者以安天下也"(吴汝纶语),凡属此者,则为"本纪"文,属于史家之笔;开头部分起事前种种"荒诞不经"的怪异,以及后半篇穿插的琐细事,带有传体性质,最能见出人物本真与个性,文字亦最为出彩,属于文学家的本领。而开头部分所记诸般怪异,很值得耐人寻味。

开头记了这位大汉开国"高皇帝"许多怪异。"高祖为人,隆准而龙颜",相貌是高鼻子宽额头,犹如《秦始皇本纪》中间的"秦王为人,蜂准,长目,挚鸟膺,豺声"。《史记》言人形貌极少放在开头,刘邦算是例外,其中必然寓有深意;还有"美须髯,左股七十二黑子",高鼻梁,宽额头,长胡子,这些生理特征,一眼就看出来,而且高鼻宽额者不乏其人,唯有大腿上的72颗黑痣,不大好看。汉代人长衣大袖,有谁乐意去看刘邦的股痣究竟有多少,——在上者为不雅,在下者则不敢,因他毕竟是个亭长,相当今之乡长。否则,犹如春秋曹国的僖负羁在晋公子重耳沐浴时偷看他的"骈肋"——腋下连成一片的肋骨,后来曹国首先遭到报复。所以,刘邦说他的股痣有多

少就是多少。72原本就是个神秘大数,孙悟空的本领那么大,就是因为精通72变,猪八戒只有36变,能耐就差得远了。张守节《正义》说:"七十二黑子"象征赤帝。一年360日,按五行金木水火土划分,俱为72,"故高祖七十二黑子,应火德七十二日之徵也"。左为阳,主赤色,属火,故为赤帝后裔的象征。因秦尚黑,主水,而水火相生相克,故灭秦之水者必是主火尚赤之大人物,非赤帝之后裔莫属。——这是汉代人流行的五行观念,也是刘邦处心积虑经营制作的"政治广告"的目的。秦始皇晚年肆行酷政,人心思反,而刘亭长"意豁如也,常有大度,不事家人生产作业",是干大事的人物。因属区区一小亭长,故革命必须构造出许多灵异"珍怪",大造舆论,方才能获得人们的支持。高鼻宽额、长须,加上这么多黑痣,为今后起事在"形象"上便造成了皇帝的模样,做好赢得人心的准备。其实他的黑痣恐怕连36颗都没有,此其一。

其二,刘邦排行为三,人称刘季,"好酒及色",没酒钱了就赊账,常去的两家酒店都是女老板,当然都要拉长脸。然刘邦"喜施",能舍得,很乐意花大价钱作广告。一旦有钱,则付"酒雠(价)数倍"。老板娘拿了高费,就舞弄长舌,说刘季一醉,"见其上常有龙",感到很奇怪,所以连他欠的酒钱都不要了。酒店为稠人广众之所,做买卖谁不爱钱,不摊本钱的买卖,两家老板娘当然很卖力。至于"此两家常折券弃责",则属于附加性的广告。而"见其上常有龙"出自"放弃"欠账者之口,可信度就很诱人了,而且与股痣相为呼应。

其三,刘邦不但自己制作广告,还拉老婆做帮手。刘邦谋大事,无心去劳动。吕后只好带上儿女下地锄草,有个路过的老头讨水喝,吕后把带的饭给了一点,老头自然要说些好听的话。谓吕后为"天下贵人",又谓次子即后来的孝惠帝——"夫人所以贵者,乃此男儿也";还谓其女"亦皆贵"。老父去后不久,刘季来了,吕后告诉他"相我母子皆大贵",且去未远。刘邦追上老头,问自己相貌如何,老头说:"乡者(刚才)夫人婴儿皆似君,君相贵不可言。"所谓"贵不可言",是将为天子的隐语与代言的组合。吃了一点饭,就说这一家人是将来的皇帝、皇后、太子、公主,这在任何时代都会带来灭顶之灾,遑论苛毒备之秦政;何况年事已高的老头,怎么能犯如此弥天大傻,而置灭族大祸而不顾!至于老头会不会相面还成问题。这节文章最后写道:"及高祖贵,遂不知老父处",读至此,若真似伪的虚实缥缈之笔,摇曳生姿,犹如《史记·封禅书》的渤海中三神山,去人不远,望之如云。船欲近,风辄引之去。此篇记述种种"珍怪",当作如是观。如果"知老父处",肯定会让他死掉而永远消失,因为那些冒天下大险的话,他压根儿不敢说。

倘若不处理掉,总会泄露"天机",那汉高祖的"龙颜"往哪儿放呢?这节文字也实在漂亮,连用六次"贵"字,分别见于对话与叙述中,如湖水荡漾,波光粼粼,而深不可测。特别是故事末的"及高祖贵",此一实笔与前虚用的五个"贵"字,真真假假融为一片,虚实难分。反复是太史公特别钟爱的修辞方式,此一节就显得熠熠生光,神采一片。

有时遇上意外的事情,刘邦也不会忘记为他的事业做准备。他为沛县押送修骊山皇陵的刑徒,一路上多有逃亡,怕赶到时跑光了,还不如提前放走,落得不少人情,以后会用得上。有十多人愿随他一起逃亡,夜经草泽,前行者回报:有大蛇当道,应往回走。刘邦仗着酒醉,拔剑斩蛇,取道行数里,醉卧。后来者至斩蛇处,见一老妇夜哭,说"人杀吾子,故哭之",又说:"吾子,白帝子也,化为蛇,当道,今为赤帝子斩之,故哭。"故事离奇,荒诞不经。然而接着的话,就让你不得不信:

> 人乃以妪为不诚,欲告(《汉书》作"苦")之,妪因忽不见。后人至,高祖觉。后人告高祖,高祖乃心独喜,自负。诸从者日益畏之。

这些刑徒被刘邦放了活命,又乐意跟他一起逃亡。至于老妇所云,其实为"莫须有"。在荒野草泽的深夜,何来老妇?乃是刘邦选择贴己暗授机宜,杜撰出来的"政治广告"。如果说"左股有七十二黑子"是"赤帝子"的隐语,而在亡命时就没有用暗语打哑谜的必要,干脆公开亮出"赤帝子"这一招牌。这段文字格外冷静,还有"以妪为不诚",看似真实写来,然而"高祖乃心独喜",就悄然暗示出其中的机关,露出麒麟下的马脚来。并以此"自负",前人说是"自恃斩蛇事",更重要的还有以"赤帝子"而"自负"。而"诸从者日益畏之",正是他要达到的目的,让他们日后敬畏地去散布这个诡秘的广告,好有更多人"畏之",能跟上他去干出一番大事业来。明人杨循吉曰:"斩蛇事,沛公自托以神灵其身,而骇天下之愚夫妇耳!大虹大霓,苍龙赤龙,流火之乌,跃舟之鱼,皆所以兆帝王之兴起者,此斩蛇之计所由设也。"①所言甚是,正可见出刘邦的用心所在。而且"此言'心独喜,自负',后又言'高祖心喜'。此言诸从者日益畏之。后又言'沛中子弟闻之多欲附者',每段俱有结构。"②所谓"结构",其实正是暗示真相的地方,也就是制

---

① 杨循吉语,见凌稚隆辑校《史记评林》,天津古籍出版社1998年版,第2册第84—85页。
② 张之象语,见凌稚隆辑校《史记评林》,天津古籍出版社1998年版,第2册第86页。

作这些广告的目的所在。此为"广告"之四。

其五,如此苦心经营"真龙天子"的广告,刺激性的宣传一多,众口腾传,政府自会有所闻,连秦始皇也知道了"东南有天子气",便亲自东巡镇压。刘邦便亡匿于芒、砀两县间的山泽岩石中。风声一过,接着写道:

> 吕后与人俱求,常得之。高祖怪问之。吕后曰:"季所居上常有云气,故从往常得季。"高祖心喜。沛中子弟或闻之,多欲附者矣。

这种夫妇联袂的制作,是事前商定的,还是吕后有过人的智商,司马迁没直接交代,但从"吕后与人俱求,常得之",看来这样逃难不止一次,而且一找就能找见,不费周折。如果刘邦逃前不告诉地址,吕后就不会这么方便找到。正因如此,还特意每次"与人俱求",就是请些"见证人";所谓"常有云气",即秦始皇所说的"天子气"。"高祖怪问"是双簧剧少不了的细节;"高祖心喜"则是司马迁惯用的"春秋褒贬"笔法,具有鞭辟入里、刺心砭骨之讽刺力。自此"沛中子弟"之"多欲附者",亦正是极具"皇帝欲"的小亭长所亟须的。

最后,我们看看开头,文章一开头就开门见山端出一则令人不堪的广告:说其母"刘媪尝息大泽之陂,梦与神遇。是时雷电晦暝,太公往视,则见蛟龙于其上,已而有身,遂产高祖。"刘邦大约生于公元前256年,下距秦始皇称帝尚有十年。刘邦的父母连名字都没传下来,自然都是小民。他称帝后曾问家大人:"始大人常以臣无赖,不能治产业,不如仲(老二)力。今某之业所就孰与仲多?"看来刘太公只要求儿子们劳动治家,从来不会想到让他们出息得能当皇帝。又因刘邦"不能治产业"而骂他为"无赖",是游手好闲的泼皮,一个本分的庄稼汉岂能对儿子有"龙子"的奢望。毋庸置疑,这又是出自刘邦独家经营的"广告公司"。说母亲与动物交配而生己,无论何时恐怕都会啼笑皆非。就是在蛮荒的上古才有姜嫄履大人迹而生后稷,简狄吞燕卵而生契,把原本群婚风俗的野合,还用文明的方式遮蔽起来。到了文明更为进化的秦汉之际,如此炒作,就不免带有出卖母亲贞洁的嫌疑与不雅。刘邦为人"意豁如也",又具"无赖"之作风,当然对此不会有什么不自在。

以上种种"广告",在后之起兵反秦时起了极大的"远程效应"。当刘邦随众取沛县后,萧何、曹参均不敢任沛令,恐事不成而族其家,"尽让刘邦。诸父老皆曰:'平生所闻刘季诸珍怪,当贵。且卜筮之,莫如刘季最吉'。"此为初见成效。而且"帜皆赤,由所杀蛇白帝子,杀者赤帝子,故上赤",则呼应上文,回味盎然。

然而这些诡怪可异的记述,却往往引发许多误解。最显著的历代正史帝纪中,常有邯郸学步甚至东施效颦的记载。如北周文帝宇文泰出生时:"生而有黑气如盖,下覆其身。及长,身长八尺,方颡广额,美须髯,发长委地,垂手过膝,背有黑子,宛转若盘龙之形,面有紫光,人望而敬畏之。少有大度,不事家人生业,轻财好施,以交结贤士大夫"①;隋高祖杨坚出生时:"紫气充庭","忽见头上角出,遍体鳞起"②;唐太宗李世民出生时:"时有二龙戏于馆门之外,三日而去"③。明太祖朱元璋出生时:"及产,红光满室。自是,夜数有光起。邻里望见,惊以为火,辄奔救,至则无有"④。诸如此类,看似效法《史记》,实则南辕北辙,把讽刺变成歌颂,把揭露变成神化。大背其旨的原因,就是误解《高祖本纪》的一系列珍怪。清人徐经说:"自古帝王受命而兴,必征引符瑞以表其灵异,而谶纬之说,由此兴焉。余谓此皆太史公不能裁之以义,而荒诞不经,遂有以致之。如《高祖本纪》称刘媪与龙交而有身,又高祖醉卧,见其上常有龙,又所居上常有云气。此或当日托言以惊动沛中子弟,故诸从者日益畏之。史公不察,遽采入《纪》。不独赤帝子、白帝子骇人闻见,即'隆准而龙颜',何遂妖异?至是则甚矣。史公之好怪也!……史公号为良史,尚为异论所惑,无怪后之作史者,尤尚迁怪,何可为训。"⑤徐氏看到帝王兴起"必征引符瑞以表其灵异",这是对的。但对刘邦借怪奇以表其异,司马迁"为异论所惑",而《史记》"不能裁之以义,而荒诞不经",且致"后之作史者,尤尚迁怪",司马迁便成了"好怪"的始作俑者,这实在是误中出误。司马迁所记怪异,不是被"异论所惑"而记之,而是寓讽刺于怪异之中,蕴揭露于叙述之外,看似秉笔直书,只是叙录怪异本身,实则在客观的叙述中已揭示了"珍怪"的真相。而且在同篇中,以与刘邦最为密切的萧何之口,指出"刘季固多大言"。这些形形色色的"政治广告",正是刘邦"大言公司"的惨淡经营的设计炒作。汉承秦制,司马迁对西汉前期诸帝多无好感,几乎篇篇出之讽刺,故被汉代人视为"谤书"。徐经没有体会到司马迁记述怪异的用心,以为"荒诞不经",致使后之作史者尚怪,犹如明人宗法盛唐诗的雄丽浑厚,而成为只有高腔大调的空壳子,而不

---

① 令狐德棻等:《周书》,中华书局1983年版,第2页。
② 魏徵等:《隋书》,中华书局1982年版,第1页。
③ 刘昫等:《旧唐书》,中华书局1987年版,第21页。
④ 张廷玉:《明史》,中华书局1984年版,第1页。
⑤ 徐经:《雅歌堂全集》卷四,见《清代诗文集汇编》,上海古籍出版社2010年版,第433册第127页。

能反过来说盛唐诗开了明人有口无心的恶例。

　　需要指出的是,刘邦所斩白蛇引起的神母夜号事亦属子虚乌有。无论在汉代新旧五德终始系统中,汉都不属于火德。那么,"神母夜号的符瑞,自然应当待刘向父子发明了汉为火德的主张之后才出现,可以无疑也"①。而且司马迁的历史哲学的主要内容,绝不是对鬼神怪异的崇拜,而是对"人"的历史作用的深刻理解。因此,司马迁的修史态度还是很严肃而带有一定科学性的。"他的兴趣也确乎主要不在神的一面,而在人的一面"②。同样是做反秦广告,《陈涉世家》的篝火狐鸣,司马迁就揭示了这是"先威众"的神秘活动。那么对于刘邦种种人造的神秘,所谓"刘季固多大言",当然要包括这些神神怪怪的"大言",只是对这位豁达大度的高祖不便明言罢了!可惜不少读者以为作者信以为真,甚至有些专家亦持此论,就让人感到非常遗憾!这也提示我们,《史记》虽然明白晓畅,其中皮里阳秋的文字或寓有深意的文字,还是要反复阅读,细心体会,全书通盘打通,才不至于滋生误解。

　　孔子不语怪、力、乱、神,司马迁似乎相反之。他好奇而喜言怪异,实际上寓有深意,前人早就看出这一点。明人杨循吉说:"斩蛇事,高祖自托以神灵其身,而骇天下之愚夫妇耳。大虹大霓,苍龙赤龙,流火之乌,跃舟之鱼,皆所以兆帝王之兴起者,此斩蛇之计所由设也。"③清人徐孚远说:"高祖隐处,岂不阴语吕后耶?隐而求,求而怪,皆所以动众也。"④韩兆琦说:"刘邦在起事之初出于需要皆编造了许多耸人听闻的东西。……当时编造这些事是为了神化自己,有利于聚拢人,汉代建国后仍继续鼓吹这些,是为了愚弄劳动人民,巩固他们刘氏的封建统治。这些钦定的东西藏于金匮石室,挂在统治者自己的口头,司马迁在高祖本纪中是不信的,如果认为这是司马迁相信迷信,岂不冤哉!"⑤司马迁以皮里阳秋的文字论述这些怪异,实际上是一种绝妙的讽刺,他不动声色,借花献佛,既显示了实录的求实精神,又是一种无声讽刺。因为他已交代了刘季本来就好"大言",何况秦汉之际这类的"迷信广告"不知多少,而刘邦制造尤为丰多,所以就成了极其

---

①　顾颉刚:《五德终始说下的政治和历史》,见《古史辨》第5册,上海古籍出版社1982年版,第493页。
②　李少雍:《司马迁传记文学论稿》,重庆出版社1987年版,第112页。
③　杨氏语,见凌稚隆辑校《史记评林》,天津古籍出版社1998年版,第84—85页。
④　徐孚远:《史记测义》,见《钓横塘存稿》,《清代诗文集汇编》,上海古籍出版社2010年版,第14册。
⑤　韩兆琦:《史记评议赏析》,内蒙古人民出版社1985年版,第188—189页。

荒诞的广告,也就是讽刺其人,也蕴含了不少揶揄与嘲弄。如果再看看《封禅书》对汉武帝求仙的讽刺,那么对刘邦这些实录的讽刺,不就昭然若揭了吗?

二、刘邦的梦想与痛苦

刘邦其人在《史记》的许多篇章中都有记述,这里仅就《高祖本纪》以观其人的性格与内心世界。

此文起篇即言刘邦"仁而爱人,喜施,意豁如也,常有大度",这只是性格做派的一面,也是"本纪"体中应有之言。后一句"为一篇提纲语"(姚祖恩语),正是从文体与性格两方面言之。刘邦曾在咸阳服徭役,偶值秦始皇在大街抖风,可以纵观,他看到庞大的仪仗与威严的随从,不由得"喟然叹息曰:'嗟乎,大丈夫当如此也!'"司马迁叙写人物语言,为人盛称。此浩叹语推出一个活泼泼的"汉高祖"来:在人心思乱的秦末,想称帝称王者不知有几。相当于今日乡长的小亭长出此大言,亦不足为奇。然话语本身生动具有个性,只能属于刘邦而非他人。一是他"常有大度",故以"大丈夫"自许,是个有大志的大人物;二是他极富健旺的权力欲,乃至于想当皇帝;三是应当的"当"字流溢出理所应当而不得的垂涎,显示展露出"无赖"泼皮的本性。一个小亭长狂妄的由衷之言,移不到拉长年的草莽英雄陈胜身上,亦不属像项羽那样的将官世家。项羽观秦始皇亦说有"彼可取而代之"的豪言。王鸣盛以为:"项之言悍而戾,刘之言津津然不胜其歆羡矣。陈胜曰:'壮士举大名耳,王侯将相宁有种乎?'项籍口吻正与胜等,而高祖似更出其下。"①都能一语见人性格,王氏所言亦入情理。

沛令有重客,大家去祝贺。作主管的萧何说:"进不满千钱,坐之堂下。"刘邦平常瞧不起小吏,妄称"贺钱万",实不持一钱,这正是其父谓他为"无赖"的原因,常有一般人意想不到的做派。对他最为知己的萧何说:"刘季固多大言,少成事。"正是诛心之论。

刘邦给人也有宽厚长者的印象。楚怀王分兵两路西攻咸阳,北边有秦重兵围赵,南边防备薄弱。项羽所过无不残灭,故使之奔北线;"独沛公素宽大长者",可"扶义而西",所以先入关中,捡了个绝大便宜。智谋之士郦食其为看管城门的监门小吏,以为"诸将过此者多,吾视沛公大人长者",就兴冲冲求见。刘邦向来看不起小吏,接见时尚"方踞床,使两女子洗足"。所以"宽大长者"只是外在的一面,其实傲慢好骂才是其本性。多亏郦食其

---

① 王鸣盛:《十七史商榷》,北京中国书店1987年版,第3页。

为才辩之士,长揖不拜说:"足下必欲诛无道秦,不宜踞见长者。"这才提起刘邦的精神,向他道歉而"延上坐"。郦生为刘邦划策占据陈留、敖仓等,并在楚汉荥阳相拒时,建议联齐孤立项羽,后来游说齐王田广以七十余城归汉,为西进提供了方便。也见出刘邦善于识人用人的才能,随机应变时"常有大度"。李白《梁甫吟》说:"君不见,高阳酒徒起草中,长揖山东隆准公。入门不拜骋雄辩,两女辍洗来趋风。东下齐城七十二,指挥楚汉如旋蓬。"赞美的就是这一场风云际会。

西入咸阳后,刘邦见"宫室帷帐狗马重宝妇女以千数","欲止宫休舍",这是贪财好色的一面。后来楚汉相争时攻下彭城,便"收其货宝美人,日置酒高会"(《项羽本纪》),贪财,"好酒及色"全都表现出来了。

楚汉反目,广武相持时,刘邦被项羽射中胸脯,"乃扪足,曰'虏中吾指!'"这是刘邦的机敏处,意在安定军心。

歼灭项羽后,诸侯与将相共请尊刘邦为皇帝。他说:"吾闻帝,贤者有也。空言虚语,非所守也。吾不敢当帝位!"与其说这是推辞,毋宁说皇帝大位非我莫属。看他先言只有贤者才能称帝,有谁能像他有才能而称"贤者"。次言光凭嘴巴功夫,也不是看守皇位的人选。两句话就把武将、谋臣都排斥在外。最后一句话,实是逼拥戴者摆他的大功。于是群臣皆曰:"大王起细微,诛暴逆,平定海内,有功者辄裂地而封为王侯。大王不尊号,皆疑不信。臣等以死守之。"一摆功劳,话就长了。并表示如果不是大王来当,而任何人来当,我们都会怀疑而不相信。最后发誓"以死守之",非大王不可。这样话就长了,刘邦听得虽然高兴激动,但等得实在不耐烦了,便急忙说:"诸君必以为便,便国家。"多年的梦想——"大丈夫当如此也"——终于实现了,激动得心花怒放,话就说得急,一急就结巴起来,一结巴就语无伦次。一句话没说完成了半句话,半句话一情急又成了两半截。两个"便"字重复,"便国家"的急促与语不成句,千古之下,都可想见当时急不可耐的情景,犹如俗话所说的"从喉咙里伸出手来",或者把刘邦的心从腔子里掏出来,给读者看了个究竟。

刘邦便以洛阳为都,置酒大会群臣,要群臣畅所欲言,说说"吾所以有天下"与"项氏之所以失天下"的原因。高起与王陵认为:陛下虽然待人傲慢,然对有战功者多有赏封;项羽虽然仁义爱人,然妒贤嫉能,有功者不予封赏反加疑害,此即失天下的原因。刘邦说他们知其一,不知其二:"夫运筹策帷帐之中,决胜于千里之外,吾不如子房。镇国家,抚百姓,给馈饷,不绝粮道,吾不如萧何。连百万之军,战必胜,攻必取,吾不如韩信。此三者,皆人杰也,吾能用之,此吾所以取天下也。项羽有一范增而不能用,此其所以为我擒也。"刘邦意见确比臣下要高明得多。"汉之三杰"的说法,是说有足智多谋的一流参谋长,有供应不绝的出色的后勤部长,有战无不胜的大将军,我虽都不如他们,但我能重用他们,拧成一股绳,所以成功了。项羽连一谋臣范增都不能信任,所以失败了。在楚汉相争,守关中的萧何,在刘邦失利时,源源不断供给人马与粮草;韩信离楚投汉后,曾一度又离汉,刘邦虽然疑虑重重,但还是放手使用;张良出谋划策,始终言听计从。能识人用人这确实是他的长处,政治裁决"常有大度",确能高明过人。这些都是文章开头所说的"仁而爱人,喜施,意豁如也"的一面。

刘邦自知之明的另一长处,善于纳谏,能及时采纳高明的建议,改变自己的主张。他打算"长都洛阳",因他与功臣大多是丰沛人,比起关中距家乡要近得多。当时齐地人娄敬要戍守陇西,路过洛阳,劝说他建都关中,刘邦立即"是日驾,入都关中"。刘邦的乡土观念也很浓厚,但他能从政治大局出发,控制个人感情。正如他也特别忌害人,同样能控制自己而重用"汉之三杰"。

《高祖本纪》叙述刘邦如何平定天下,头绪纷繁,占了文章的绝大部分,这是"本纪体"重在纪事少不了的文字,属于史家的重要笔墨。而刘邦的为人除了开头装神弄鬼制作广告以外,就是称帝后的国事家事处理,最见其人性格。

就在汉五年十月,才称帝不久,燕王臧荼造反,刘邦亲自剿灭。接着降汉的项羽故将利几疑恐刘邦害己而反叛,刘邦又得"自将兵击之"。这两次反叛,弄得聪明过人的刘邦疑心重重。因为他出身"细微",他能当皇帝,那么什么人都有机会当皇帝,他便疑心人人都有造反的可能。次年有人告发楚王韩信"谋反",他原早有疑忌,采用了陈平的谋划,以游云梦为名,趁机逮捕了韩信。韩信最能打仗,他知道论起带兵不是韩信对手。韩信被擒,这才松了口长气,脸上才露出笑容。于是,"是日,大赦天下"。有个叫田肯的人趁机贡谀献计:抓了韩信,又治形胜之国秦中,凭山河之险,持戟百万,"秦得百二"之便,"譬犹居高屋之上建瓴水也",就不怕任何诸侯了。只有靠海的齐地,悬隔千里,地域广阔,"齐得十二",可谓东方之秦。故"非亲子弟,莫可使王秦矣"。这番话解除了刘邦的心病,正中下怀,故得赏金五百斤。刘邦在诸臣中最为担心的是韩信,便以"谋反"的罪名废掉他的楚王为淮阴侯。又分其地为二,尽量缩减他的控制区。

韩信虽不反,但反的确实不少。因为刘邦疑神疑鬼,好多功臣侯王都感到身在怀疑之列。汉七年,韩王信与匈奴联合在太原反,相邻的赵地亦起兵呼应。高祖又"自往击之,会天寒,士卒堕指者十二三"。又在平城被匈奴围困七日,多亏陈平出计,方脱险而去。次年又亲自东击韩王信的余寇。在平城刘邦不仅吃了不少苦头,还面临了灭顶之灾的惊吓,以后警惧心便提得更高。经过赵国叫"柏人"的地方,"高祖心动,因不留",感到很"迫人",便不敢住下来。果然被他感应中了,赵国宰相贯高等人因刘邦对赵王张敖痛骂侮辱,欲谋刺刘邦。刘邦的心悸使他躲过了这一劫。汉十年七月刚安葬了太上皇,八月赵相国陈豨反于代地,刘邦又"自东往击之"。好在陈豨不谙军事,手下诸将又都是商人,便用收买办法瓦解,还算顺利。然次年陈豨在外地的将军又先后折腾起来,不免弄得他手忙脚乱。攻东垣一月多不下,且天天受到赵卒辱骂。后来投降,便"令出骂者斩之,不骂者原之",可真是睚眦必报。就在这年春天,陈豨造反尚未平息,又听说在长安的淮阴侯韩信要谋反,他回不过神来,这回多亏吕后设法除掉他心头最大的"隐患"。刚到夏天,梁王彭越又"谋反"。平陈豨时,曾命彭越出兵,然彭越称病。刘邦怒,吕后使人告发彭越谋反,便夷灭彭越宗族,事详《彭越列传》。秋初,刘邦还没喘过气来,淮南王英布又反。无缘无故地杀了韩信,英布"心恐";彭越又蒙冤被诛,并用了剁成肉酱的酷刑"醢之",而且"盛其醢遍赐诸侯"。英布"见醢,因大恐"(《黥布列传》),逼得神经错乱,便造了反。英布善战,别人不是对手,韩信、彭越又都已被杀掉,这当口他又病了,太子刘盈仁弱,"固不足遣"(《留侯世家》),便只好带兵"自往击之"。

事息还归,已到了十二年十月,过沛召集所有故人纵酒,喝到面红耳热分儿,高祖击筑(似瑟而小的乐器),自为歌诗曰:"大风起兮云飞扬,威加海内兮归故乡,安得猛士兮守四方!"并令沛中儿和唱。"乃起舞,慷慨伤怀,泣数行下"。对沛父兄说:"游子悲故乡。吾虽都关中,万岁后吾魂魄犹乐思沛。"并表示永远免去沛地赋税。沛父老请求也免去丰邑赋税。高祖说:"丰吾所生长,极不忘耳,吾特为其以雍齿故反我为魏。"刘邦因了乡友雍齿一度弃他降魏,故恶及丰地,可见他心眼很小,并非处处"豁如"大度。

刘邦在出击英布时中箭,半道上就病了,最后还因此搭上一条老命。回长安后病得厉害。吕后命良医诊治,"高祖问医,医曰'病可治。'于是高祖嫚骂之曰:'吾以布衣提三尺剑取天下,此非天命乎?命乃在天,虽扁鹊何益!'遂不使治病。"刘邦当了七年皇帝,为此兴奋,也为此流泪,更为此担惊受怕,生怕别人造反。七年间,臧荼、利几、韩信、韩王信、陈豨、彭越、英布,还有卢绾都造了反,除了韩信、卢绾是吕后与手下所诛,其余六七次都是亲自出击。在平城吃尽受冻与惊吓的苦头,仅平英布一役即折腾了一年又四月。七年皇帝当得心惊肉跳,还因此受重伤以致濒临垂危。所以他太痛苦了,不,痛苦到了痛不欲生,因为这只是"本纪"里写的,还有其他的痛苦与烦恼写在别处。如《吕后本纪》所写的吕后与戚夫人的争夺亦是你死我活的程度。无尽的痛苦与揪心的苦恼折磨他,还有猛将诛尽,"安得猛士守四方"的忧虑更使他招架不住,以至于老泪纵横。所以活着受天大的罪,死了一切皆休,这个梦寐以求让他得意的皇帝,实在不愿意再当下去,所以却医不治。由于超前死去,故临终时还保持故有的识人明智与政治上的清醒。当吕后以后事问相位相继人选,他说到曹参与王陵:"然陵少戆,陈平可以助之。陈平智有余,然难以独任。周勃重厚少文,然安刘氏者必勃也,可令为太尉。"后来的事实,说明他的识人之鉴还是英明的。

他当上皇帝对刘太公还行家人父子礼,刘太公觉得家令"奈何令人主拜人臣"的说法严重,便拥篲迎门,见驾却行。刘邦知道根底后则"心善家令言"。让他确实高兴了一阵子,当皇帝不仅威重天下,连老爸也不敢乱天子法。萧丞相营建未央宫"宫阙壮甚",刘邦觉得"过度"而怒。萧何说:"天子以四海为家,非壮丽无以重威,且无令后世有以加也。"刘邦一听"重威"天下,他连老爸都要知道"威重",怎能不让天下感到"重威"呢? 壮丽的未央宫建成,高祖置酒前殿,大朝群臣。向太上皇敬酒说:"始大人常以臣无赖,不能治产业,不如仲力。今某之业所就孰与仲多?"殿上群臣大多是他早年结交的"无赖",刘邦原本就是"无赖"的头儿,所以群臣跟着得意的刘邦,"皆呼万岁,大笑为乐"。然而得意为乐不久,"高皇帝"便带着这些不三不四的哥儿弟兄,折腾了七八年去平叛,接着怀着不尽的痛苦提前死去。

《大风歌》犹如他人生的"三部曲":平定天下,称帝后诛尽猛将,忧虑大汉江山无人看守。他是成功的英主,却又滋生无限的凄凉。项羽失败了,《垓下歌》是走向失败的呜咽,然却不失为英雄的悲伤,获得后人不少的同情与好感。然而成功的刘邦落得更多的则是他的负面。

三、《史记》互见法中的刘邦其人

《史记》中的《高祖本纪》,因为要写一个开国皇帝,如果把他的种种不雅都记在其中,从刻画人物性格统一与"本纪"体的要求,都不方便。其中的大量篇幅记载如何西进咸阳、楚汉相争、削平"叛逆",都是"本纪"少不了的文字。纪传体必须采用互见法记叙人物,特别是像刘邦这样重要的人物,他的不光彩的种种行为都记在别的传记里,这就得把与之相关的篇章参读,才能看清完整而真实的全人。缘于此,《高祖本纪》虽然并非《史记》中的一流文字,而《史记》中的刘邦却是刻画最生动的人物之一。

首先在用人上,刘邦确实具有识鉴过人的英明,而且豁达大度。张良相貌如弱女子,司马迁非常诧异地说:"余以为其人计魁梧奇伟,至见其图

（画像），状貌如妇人好女。"长得秀气，谁能想到在战争年月，能有"运筹策帷幄之中，决胜千里之外"的大本领。当陈涉对酷秦首先发难，张良亦"聚少年百余人"，道遇率领数千人的沛公。《留侯世家》说："良数以太公兵法说沛公，沛公善之，常用其策。良为他人言，皆不省。良曰：'沛公殆天授。'故遂从之。"连张良这样智囊人物都很服他的明智。韩信先从项羽为郎中，《淮阴侯列传》说："数以策干项羽，羽不用。"遂弃楚归汉，经夏侯婴、萧何推荐，便由连敖、治粟都尉径直拜为大将。经过对项羽为人与战略决策不当的分析，认为"三秦可传檄而定也"，"于是汉王大喜，自以为得信晚。遂听信计，部署诸将所击"。加上萧何，"汉之三杰"都围绕在他的周围。《陈丞相世家》谓陈平"事魏不容，亡归楚；归楚不中，又亡归汉"。即日"拜平为都尉，使为参乘，典护军。诸将喧哗，曰：'大王一日得楚之亡卒，未知其高下，而即与同载，反使监护军长者！'汉王闻之，愈益幸平。"后又以陈平为亚将，周勃、灌婴都说陈平盗嫂受金，为"反覆乱臣"。刘邦便责备陈平"信者固多心乎"，陈平说："魏王不能用臣说，故去事项王。项王不能信人，其所任爱，非诸项即妻之昆弟，虽有奇士不能用。……诚臣计画有可采者，愿大王用之；使无可用者，金具在，请封输官，得请骸骨。"刘邦一听便厚赐，拜为护军中尉。楚围汉于荥阳，刘邦问天下何时可定，陈平说："项王为人，恭敬爱人，士之廉节好礼者多归之。至于行功爵邑，重之，士亦以此不附。今大王慢而少礼，士廉节者不来；然大王能饶人以爵邑，士之顽钝嗜利无耻者亦多归汉。诚各去其两短，袭其两长，天下指麾则定矣。"由此可见，刘邦用人不拘操行品德，而在于能力。正如向刘邦推荐陈平的魏无知所言："今有尾生、孝己之行，而无益处于胜负之数，陛下何暇用之乎？"如果仅看《高祖本纪》中高起、王陵回答刘邦楚汉得失的原因的话，则不会全面了解刘邦集团所具有的"无赖性质"。

其次，刘邦善于听取采纳高明的意见，而不固执己见。刘邦进入咸阳，见"宫室帷帐狗马重宝妇女以千数，意欲留居之"。经樊哙、张良劝阻，便"还军霸上"。汉四年，楚围刘邦于荥阳，情势危急。韩信已平定齐地，未前去援救，反而要求封他为假（代理）齐王。刘邦发书大怒，骂曰："吾困于此，旦暮望若来佐我，乃欲自立为王！"张良、陈平蹑刘邦足，因附耳密语，刘邦立悟，因复骂曰："大丈夫定诸侯，即为真王耳，何以假为！"急转弯转得确快，利用他的"善骂"，变化精彩，使者自不会有所觉察；见出善于改变自己，控制愤怒。当时汉处劣势，不然变生，后果不堪设想。事见《留侯世家》《陈丞相世家》与《淮阴侯列传》。汉元年平定三秦后东击楚，在彭城大败退至下邑时，刘邦下马踞鞍而问曰："吾欲捐关以东等弃之，谁可与共功者？"张良提出捐之韩信、彭越、英布,可破楚,后来终赖"此三人力"。汉三年项羽急围荥阳,刘邦恐忧。曾为刘邦出谋划策而取得大功的郦食其提出"复立六国后世",则"莫不乡(向)风慕义","楚必敛衽而朝",刘邦以为"善"。"趣(促)刻印,先生因行佩之矣。"张良后至,陈述"八不可行",若封六国之后,则日夜望咫尺之地的天下游士无望,则离之而去,那么"陛下与谁取天下乎?"而且所封六国也不会臣服于汉。刘邦"辍食吐哺,骂曰:'竖儒,几败而公事!'令趣销印"。陆贾常称说诗书,便以"乃公"詈骂,但一听说"居马上得之,宁可以马上治之乎",便能让著秦汉得失。陆贾每奉上一篇,"高帝未尝不称善"。左右看他从善如流而"呼万岁"。在裁断大事上确有从善如流、雷厉风行的大气度。事见《留侯世家》。汉四年楚汉鸿沟划界,项羽引兵而东,刘邦亦欲西归。又是张良、陈平劝刘邦趁机袭楚:"今释弗击,则养虎遗患",亦为刘邦采纳。追至固陵,所谓韩信、彭越约期合力击楚,韩、彭兵不至,楚则大破汉军。张良谓若能与共分天下,今可立致。不能则事未可知。刘邦即分封韩、彭大片封地,于是两家会集垓下,最终围歼了项羽。事详《项羽本纪》。它如刘邦欲建都洛阳,听了娄敬"都关中"之说,则当日进发关中。陈平用重金离间项羽与范增、钟离眛的关系,伪游云梦擒拿韩信,群臣争功而先封"数尝窘辱我"的雍齿,平城之解围脱险,对陈平、张良等人都能言听计从。英布反时,刘邦"病甚,恶见人",樊哙"排闼直入"哭谏,即带兵出击;刘邦欲废太子,周昌廷争盛怒,口吃语不成句:"然臣期期知其不可","臣期期不奉诏","上欣然而笑"。此事即止。罢朝后,吕后跪谢周昌:"微君,太子几废。"事见《张丞相世家》。诸如此类,见于《史记》者不少。以上两点是刘邦成功的主要原因。

  刘邦的赏罚出自爱憎,本性刻薄而危及家人,疑忌心极重,而诛杀功臣,"善骂"好色,带有"无赖"习气,也表现得特别出色。

  先看前者,《留侯世家》载,张良对刘邦说:"今陛下为天子,而所封皆萧、曹故人所亲爱,而所诛者皆生平所仇怨"。《萧丞相世家》记歼灭项羽后,论功封赏,"高祖以萧何功最盛,封为酂侯,所食邑多",引起功臣普遍的不满。刘邦谓萧何是"发踪指示"的"功人",而其余人是"徒能得走兽"的"功狗",既狡辩又谩骂,"群臣皆莫敢言"。关内侯鄂君看准了他的心理,说"萧何第一,曹参次"。于是"多封萧何",并"惠封何父子兄弟十余人",还给萧何增封两千户,"以帝尝徭咸阳时何送我独赢(多给)钱二也"——司马迁狠狠揭穿了高祖的老底。又在《萧相国世家》论赞里说:"淮阴、黥布等皆以诛灭,而何之勋烂焉",刘邦的偏心眼,于此揭露无余。《陈丞相世家》说沛人王陵任气好直言,"高祖微时,兄事(王)陵",初反秦时,"陵亦自聚党数千人","不肯从沛公",又与刘邦不睦的雍齿交好。归附刘邦晚,"以故晚封"。《楚元王世家》说,刘邦早年常带一帮不三不四的朋友到长嫂家"打秋风"。长嫂寡居、生活艰难,有一次逢其带人来,便用锅铲把锅边铲得乱响,来客便不欢而散。刘邦偶尔发现锅中有饭,"由此怨嫂"。及为帝,昆弟封遍,就是不封大侄子。刘太公说情,高祖则言:"某非忘封之也,为其母不长者耳。"于是就封为"羹颉侯"——克扣饭的侯,以示侮辱,为后代帝王恶作剧起了始作俑者的先例。

其次看本性刻薄。刘邦的自私刻薄出了大名,《高祖本纪》不便记,便记在《项羽本纪》里。汉三年春,彭城大战失利。"楚骑追汉王,汉王急,推堕孝惠、鲁元车下,滕公常下收载之,如是者三"。为他赶车的夏侯婴都看不惯逃命时只顾自己,又因三番五次地"收载",车慢了,"汉王怒,行欲斩婴者十余",事见《高祖本纪》与《滕公夏侯婴传》。至于早先骂他为"无赖"的老爸,就更不会要。楚汉广武相持数月,项羽乏粮而急,把刘太公放在高桌的砧板上,威胁刘邦退兵,不然"吾烹太公"。没料刘邦说:我们在怀王时为友军,这就是"约为兄弟"。既是"兄弟",那么,我的老爸就是你的老爸,如果要油炸你的老爸,就巴望分给我一碗肉汤。如此"逻辑"与"无赖"无二。正如陈平说他的手下都是"顽钝嗜利无耻者",他正是"无耻之尤"的领班,后世谓之"流氓皇帝",并不委屈他。刘太公早年骂他"无赖",不仅因他"不事家人生产作业",恐与刘邦宣扬自己是"龙种"有关:说其母在大泽中,有蛟龙伏在母身,于是有了他。并且说是老爸亲见,老实种地的刘老公蒙此羞辱,怎能不骂他"无赖"。为此,称帝后,他在未央宫大朝群臣宴会上,报复老爸说:"始大人常以臣无赖,不能治产业,不如仲力,今某之业所就孰与仲多?"惹得一帮群臣喧呼大笑。做了皇帝亦不改旧时泼皮习气,"无赖"得到位极了。《汉书·高帝纪》与《后汉书·章帝纪》章和元年注说:刘邦称帝后招魂葬其母,并追封为"昭灵夫人"——龙在其母身上显灵,还在为他是"龙种"制作"后广告"。好议论的宋人晁伯宇便有《昭灵夫人词》诗说:"杀翁分我一杯羹,龙种由来事杳冥。安用生儿作刘季,暮年无骨葬昭灵。"钱钟书先生《管锥编》"高祖本纪"条引此诗说:"意谓汉高既号'龙种',即非太公之子,宜于阿翁无骨肉情。"[①]是说杀翁分羹不认老爸,原因在于他是"龙种"。还又诬老娘与"龙"野合,死了后还说她"昭"了"灵"。带有双重讽刺,就是针对他的刻薄而言的。

再次是疑心很重。萧何早年与刘邦最为要好,多次以沛县主吏掾身份

---

① 钱钟书:《管锥编》,中华书局1979年版,第280页。

庇护犯事的刘邦。楚汉相争，萧何留护关中。汉军多次溃败，萧何转漕，关中给食不缺，帮了刘邦的大忙。汉三年楚汉京、索相拒数月，便派人多次"慰问"萧丞相，疑有异心。萧何急忙使子孙昆弟全上前线作"人质"，刘邦这才"大说"。所以称帝后以萧功第一。萧助吕后杀掉韩信，去掉刘邦心中一块大病，便拜萧何为相国，邑封五千户，令率五百人为护卫。召平提醒萧何：高祖以韩信新反，故疑及丞相，"置卫卫君，非以宠君也"。萧何急忙"让封不受"，并"悉以家私财佐军"，"高帝乃大喜"。平英布费时一年多，萧何因高祖在军，尽力抚勉百姓，"悉以所有佐军"。有人相劝：高祖担心他镇抚关中十余年，得民心，恐倾动关中。可贱价强买田地自污。萧何从其计，"上乃大说"。英布被诛，刘邦返京。萧何代民请求把上林苑空地退苑还耕。刘邦大怒："相国多受贾人财物，乃为请吾苑。"把萧何下了狱。后听人辩白并无反心，才悻悻然赦放。萧何一出狱光着脚拜谢，刘邦说："相国为民请苑，吾不许，我不过为桀纣主，而相国为贤相。吾故系相国，欲令百姓闻吾过也。"明明是疑心造反，下了大狱，又恐人心不服，却说了一番"此地无银三百两，隔壁阿二不曾偷"的话。就像韩信要封"假齐王"，他说什么"大丈夫定诸侯，即为真王耳，何以假为"，一样都是诳人的"无赖"语。只有"桀纣主"一句话为真，因为他的铁哥们周昌就骂过"陛下即桀纣之主也"。刘邦在位七年间，总疑忌功臣造反。诸如燕王臧荼、韩王信、赵相贯高等谋弑，赵相国陈豨、韩信、彭越、英布，除过韩信、彭越被杀于长安，其余每次都是亲自出兵。最后带兵平英布时负伤，回来后不久就死了。几乎在平叛中度过七年皇帝岁月，遭诛杀者都是被逼得造反。连最贴己的萧何都在怀疑之列。张良不愧为智者，自刘邦入关称帝，即"道引不食谷，杜门不出岁余"。吕后逼他出计护太子位后，便声称"愿弃人间事，欲从赤松子游"。要辟谷学道，实是吓得吃不进饭了。适"会高帝崩"，这才安心地吃起饭来。

最后谈谈"善骂"与好色。好色似乎是帝王的通病，好骂则是"无赖"之本性。《郦生陆贾列传》说，郦食其要觐见刘邦，刘邦的骑士对他说："沛公不好儒，诸客冠儒冠来者，沛公辄解其冠，溲溺其中。与人言，常大骂。未可以儒生说也。"不仅对儒生如此，见英布时亦"方踞床洗"，全然是无赖的做派。一见面即骂郦生"竖儒"。后来为他出了好多主意，帮了他大忙。但因建议封六国后裔事，刘邦又骂"竖儒，几败尔公事"。郦生比刘邦年高十岁有余，骂起来就像老子骂儿子。陆贾曾从刘邦定天下，常居左右。刘邦称帝后，陆贾时时称诗书，便骂："乃公居马上得之，安事诗书！"汉七年韩王信与匈奴欲共击汉，娄敬使匈奴还报匈奴不可击，因只见羸瘠老弱，恐有埋伏，与前使者意见相反。当时汉兵已行，刘邦就怒骂："齐虏！以口舌得官，今乃妄言沮吾军。"结果被围平城七日。英布被逼造反,他问"何苦而反?"英布按照刘邦的心理与用语回敬说:"欲为帝耳。"惹恼了刘邦,便"怒骂之"。刘邦从平城解围经过赵,赵王张敖的王后是刘邦长女鲁元公主,"自上食,礼甚卑,有子婿礼。高祖箕踞詈,甚慢易之"。赵相贯高等人"义不辱"欲谋杀刘邦未成。两年后谋泄,刘邦逮捕赵王、贯高等人。吕后屡言女婿不反,"上怒曰:'使张敖据天下,岂少而女乎!'"包括萧何在内,他的诸臣很少没有被骂过。而且只许己骂人,不许人骂己。平叛陈豨时,守城卒骂刘邦,后便"令出骂者斩之"。谩骂自少至老未变,临终前还骂给他治病的良医。刘太公批评他是"无赖",此盖其中原因之一。

刘邦好色也很有名。《高祖本纪》无暇也不好详言,只说了一句"好酒及色"。楚汉相争时攻下彭城,便"收其货宝美人,日置酒高会",结果吃了大败仗。范增曾谓其人起事之初,即"贪于财货,好美姬"。事见《项羽本纪》。又在《万石列传》说:东击项羽过河内,听小吏石奋说"有姊,能鼓琴",即"召为美人,以奋为中涓","徙其家长安中戚里,以姊为美人故也"。周昌在非上朝时入奏事,见"高帝方拥戚姬",转身就走。搞得刘邦下不了台,就赶上推倒周昌,骑在脖子上,问"我何如主也"。周昌为人倔强敢直言,说"陛下即桀纣之主也"——即以"好色"下结论。因"爱幸"戚姬,"其子如意几代太子者数矣"。所谓"如意类我",则是以"好色"为转移。宫中的薄姬与管夫人、赵子儿早年相善,曾约"先贵勿相忘",而管、赵"先幸汉王"而笑被冷落的薄姬。"汉王心惨然","是日召而幸之"。薄姬说:"昨暮夜梦苍龙据吾腹。"刘邦说:"此贵徵也,吾为女遂成之。"然而"其后薄姬稀见高祖",再也得不到"同情"。

刘邦作为开国英主,多有过人之处,然而诛戮功臣与谩骂的习性,似乎把他固定于不光彩的历史耻辱柱上——流氓皇帝。元人睢景臣的《高祖还乡》极尽讽刺,就体现了普遍的看法。刘邦创天下时能广泛用人,称帝后又猜疑杀人;既任意称性骂人,又能知过而遽改;也有常人怀乡之情,却能以政治家冷静予以控制;骂人是他的短处,却又借此以假为真或化尴尬为"自然";具有极强的政治敏感,故善于改换角色面孔。鸿门宴上乖觉伶俐,礼葬项王的发哀泣之,都是他多变的政治手腕。跋扈地驾驭人,却又能采纳比自己高明的意见。想方设法地自称"龙种",又极尽"变色龙"的角色。在用人上不拘一格,豁达大度,所以成功了;成功后过度使用聪明,把敏感扩大到神经紧张,所以尽诛功臣,却滋生了巨大忧伤与孤独,以至于却医不治,要提前死去。刘邦实际上亦属于悲剧人物,由"吾乃今日知皇帝之贵也",到痛苦的"孤家寡人"却医不治地超前病死,从自我满足到自我讽刺,完成了嬉笑怒骂风云变化的一生。

司马迁"不虚美,不隐恶"的"实录"精神,采用精心经营的"互见法",从文学与史学、正面与负面多维度地刻画刘邦——当朝汉武帝的曾祖。秉笔直书的无畏精神,百代之下,仍然使人感佩!

第二节 《留侯世家》的传说真伪与性格刻画

史传文学与纯属虚构的小说,在刻画人物上迥然有别。小说塑造人物,如果性格是动态的,发展变化的,便写得成功。《水浒传》中的林冲、逼上梁山的过程,即是心理变化发展的历程,故生动饱满,活灵活现。史传文学的人物,须是果有其人的真人真事,且得到历史定评,故是凝固的,不要求性格之发展变化。故觉小说里人物向读者越走越近,而史传中的人物似乎越走越远。不成功者,犹如看一张履历表。《史记·留侯世家》却突破史传文体的局限与格局,人物性格变化生动,能活起来,从而具有小说因素。

圯上老父授书的故事本身,与当时秦汉之际风云变化,以及张良"运筹策帷帐之中,决胜千里外",并没有直接的任何联系,且与"世家"体的要求亦距离甚远,而对这一轶事的描述,特别曲折详细。而且故事本身带有传说性质,却娓娓叙说,似乎有些"离谱"。好从理性思考的宋人对此提出不少批评,谓张良"从沧海君得力士,已怪。百二十斤椎举于旷野之外,而正中副车,虽炮架不如也。如此大索而不能得良,非自免并隐力士,此大怪事。卒归圯上老父,又极从容,如同时亲见,乃今人以为小说不足信者,即子房时时自道,容有疑之者矣。此皆不可意测,不可语解。"[①]就所提问题本身看,确有出于常情之处,殊可诧怪。然在时局纷乱的秦汉之际,人情思变,不知有多少异闻隐跃于当时,如《高祖本纪》开头所记的诸多"珍怪",乃"自托以神灵其神,而骇天下之愚夫妇耳。"(凌稚隆《史记评林》引明人杨循吉语)陈胜、吴广以丹书帛曰"陈胜王","狐鸣呼曰'大楚兴,陈胜王'",其目的就意在"威众",诸如此类伪为神奇的事当非一二数。至于项羽的"彼可取而代也",刘邦的"大丈夫当如此矣",陈涉的"王侯将相宁有种乎",正是豪杰之士之所必言。像会稽太守殷通所说的"此亦天亡秦之时也",应为当时之共识。甚至于有在坠星石,"黔首或刻其石曰'始皇帝死而地分'",当

---

① 倪思、刘辰翁:《班马异同》卷五,见杨燕起等编《历代名家评史记》,北京师范大学出版社1986年版,第519页。

是被灭六国后裔而沦为"黔首"者,属于像楚怀王孙心已为牧羊者类所为。还有人遮拦秦之使者公开说"今年祖龙死",而达于秦始皇之视听。俱见《秦始皇本纪》。《高祖本纪》还说:"秦始皇帝常曰'东南有天子气',于是因东游以厌之。"可见秦始皇末年人心思反已如此纷然,像张良这样故国被秦灭掉的韩国贵族,怎能不会蠢蠢欲动呢?

张良的祖辈五代相韩,年少时目击韩国被秦所灭,亡国之痛必然强烈刺激因"年少,未宦事韩"的张良。祖、父两代均为韩相,到韩国灭亡时张良"家僮"尚有三百人,本来政治前途是美好的,一旦被强秦粉碎,所以"弟死不葬,悉以家财求客刺秦王,为韩报仇",像他这样的世代贵胄子弟自然会处心积虑地反秦,热衷之不顾,可见复仇的火焰多么炽烈。他早年在今河南东部游学,故"东见仓海君。得力士,为铁椎重百二十斤。秦皇帝东游,良与客狙击秦皇帝博浪沙中,误中副车"。博浪沙在今河南原阳东南,地理情况熟悉。至于"铁椎重百二十斤",容或有所夸张。倪思所说的"炮架不如也",谓火炮射力亦不会达到,亦不达情理。张良狙击伏伺的地点,必然距车道不远,或有密林,或有障碍隐身,投掷距离,事前自会有所考虑。刺秦未成,"秦皇帝大怒,大索天下,求贼甚急,为张良故也"。如此大规模的缉捕,惊动天下,为人人所知,自不待言。张良只好更名换姓,亡匿下邳(今江苏睢宁西北),此地正是反秦情绪高涨地区,东距项羽故乡下相(今江苏宿迁)不远。于是便有了圯上授书的传说。至于说"大索"抓不到张良,亦不为怪,只要看看刘邦屡次制作"真龙天子"的反秦怪异,抓获而不得,张良亡命他地,又怎能被捕呢?

狙击本是亡命之徒的行为,张良此举与暗杀党荆轲刺秦行为无异。光天化日的伏击不仅见出复仇情绪之激烈,亦见血气方刚锋芒外露的少年性格。而他后来又成为以柔克刚的智囊人物,其间的大转变,又从何说起呢?圯上授书便是关键的枢纽。一身着粗布衣的"老父",走到张良旁边,故意"直堕其履圯下",回头对张良说:"孺子,下取履!"如此无礼,作为纨绔子弟又是敢冒大险的人,岂能忍受?于是"良愕然,欲殴之",则与伏击的性格并无两样。因"为其老,强忍,下取履"。老父又故作得寸进尺地说:"履我!"语气更为蛮横。张良心想"业为取履",已经把鞋子从桥下取上来,便犯不着动怒,"因长跪履之",恭敬地给他穿。那个老头伸足受用,且"笑而去",不再理他,连句客气话也没有。张良非常惊异,看着这位神秘的老父一直走得很远。不料走了一里地,又回来对张良说"孺子可教矣",约定后五日天亮于此会面。张良愈觉怪异。后如期而至,老头已到,"怒曰:'与老人期,后,何也?'"再次鸡鸣即往,老头又先到,"复怒曰:'后,何也?'"又给一次机会。第五日未至半夜赶到,没多久老头来到,高兴地说:"当如是。"然后拿一卷书,说什么读了"则为王者师",并诡秘地告以十年后有大事发生,再十三年在济北谷城山下见到黄石,"即我矣",便再也不说什么,去而"不复见"。天亮"视其书,乃太公兵法也。良因异之,常习诵读之"。兵法类著作在贵族家不会缺乏,"学礼"出身的张良就不一定感兴趣,赶上暗刺未遂复仇心切,加上使他怪异的"老父"如此地郑重与暗示晓谕,就自然"常习诵读之",做好"为王者师"的准备,也是可能的。

　　清人鹿兴世《史记私笺》说:"老人授子房于圯上,世人不察,以为鬼物,以其有'十三年见我谷城山下'之语,故以为可怪。安知老人果有是言乎?马迁好奇,安知非故神其说乎?《留侯世家》一篇,观其文律,盖以黄石公为始终,而中间以辟谷为枢纽,直可作《列仙传》读也。"[1]这是怀疑圯上老父为杜撰,张良为了"故神其说",司马迁"好奇",而把他写成神仙中人物。这种说法导源于《班马异同》所云:"此传从仓海力士、圯上老父以至四皓,〔岂〕必有姓名哉?殆以天人助兴汉业,故屡见不为怪。末著子房学道,欲轻举(学仙),与黄石俱葬,首尾奇事。"[2]其后袁枚《书留侯传后》亦言:"史迁好奇,于《留侯传》曰仓海君,曰力士,曰黄石公,曰赤松子,曰四皓,皆不著姓名,成其虚诞飘忽之文而已。温公作《通鉴》删之,宜哉,宜哉!"[3]前者说司马迁对汉业之兴起有天命论的观念,故记怪异而"不为怪",后者言《通鉴》删掉,是不相信这些"虚诞"。如果说张良于乱世中欲做帝王,必然如刘邦那样造作怪诞异闻,然其目的在于"为韩报仇"。而博浪沙一击,非但复仇不遂,反被逼得逃匿。而黄石公亦为蓄意反秦之人物,他不愿像范增以七十高龄跑到项梁军营里,而要物色一个"替身"。张良敢冒暗杀的大险,而且惊动全国,便成为理想的调教对象。所以他三番五次地"折腾",意在打磨掉年轻人莽撞的棱角,成为反秦之中坚。司马迁对"倜傥非常"之人物特别钟爱,故多采秦汉之际的传闻异事,精心打磨这些在风云变化中涌现的精英。《陈丞相世家》中张负孙女"五嫁而夫辄死",陈平"欲得之"而特意追求。父老称赞他作社宰"分肉食甚均",则有"使平得宰天下,亦如是肉矣"的感慨。张良与陈平都成就了一番事业,所以入之于《世家》。袁枚又在《张良有儒者气象论》说:"若良者,范蠡、范雎之徒耳。"这话大致不差。然又谓张良"岂忠于韩哉?郦生劝立六国时,良果为韩,正当成人之美,使

---

[1] 杨燕起等编《历代名家评史记》,北京师范大学出版社1986年版,第529页。
[2] 杨燕起等编《历代名家评史记》,北京师范大学出版社1986年版,第579页。
[3] 袁枚:《小仓山房诗文集》卷二十三,上海古籍出版社1988年版,第3册第1643页。

韩有后矣。发八难以阻之,则韩绝"①。当时天下大势已为非楚即汉,范增劝立楚怀王,以赢得一时之人心,项羽称霸后因其碍手而杀掉,可谓得不偿失。张良之"为韩报仇"在于灭秦。韩与楚实力原本悬殊,何况恢复六国,只能徒滋天下更乱,延缓灭秦,故折冲于尊俎间以筯筹划"八难"。

司马迁在此篇论赞说:"学者多言无鬼神,然言有物。至如留侯所见老父予书,亦可怪矣。"所谓"言有物"当指秦汉之际的异闻多有出现,"老父予书"不过是当时"可怪"事之一端。张良其所以后来成为伸缩自如之智士,则与圯桥"特殊训练"有关,此段亦是司马迁特别经营之文字。除首末一二长句外,全为短句,短得不能再短,独字句与二、三字句为主。短句易于表达紧急情事,如巨鹿之战,荆轲刺秦等。此段情事可分作两节,前节突兀、曲折、洒落,离奇而不可测。"下取履""履我",老父"傲态可掬"(牛运震语),两"履"字名词、动词兼备,各有其用,口吻如生。一字反复五次,错杂于叙述与对话中,"宛然一幅画图,句法节奏并佳"(牛运震《史记评注》语),而具有一种异样的旋律;"良愕然,欲殴之。为其老,强忍,下取履",心理刻画闪烁荡漾,曲折次第了然,摇曳生姿;"良殊大惊,随目之",满怀恍惚,一往惊异。后一节句子更短,"后五日平明""五日平明""后五日早会""后五日复早来","五日"不停反复,不停变化,还有"怒曰""复怒曰",还有"后,何也"与"去"的反复,神秘谲怪的节奏与旋律与前相近而有别。"良殊大惊""良因怪之""良因异之",则为脉络把两节串连,又形成一个总体旋律。老父行踪怪异,离奇恍惚,如天外云峰,让人神远,而又琢磨费思。其文字亦有"江流天地外,山色有无中"之光景。

以下言从沛公后,"良数以太公兵法说沛公",沛公"常用其策",回应上文。西入武关至峣,益张旗帜诸山上,以重宝啖秦将;入咸阳谏沛公不居秦宫,约项伯以缓鸿门之急;烧栈道以示无还心;彭城战败,进言用韩信、英布、彭越破楚,荥阳被围劝阻刘邦勿立六国后,劝封韩信为齐王。韩信、彭越拥兵自重,劝封以土地而至;立国建议先封雍齿,建都劝从娄敬都关中之说,为吕后出谋聘请四皓以安太子之位,以上诸谋,"著著在事外,步步在人前"(汤谐《史记半解》引钟惺语),全是道家以退为进、以弱克刚手段,故能运筹帷幄而决胜千里。亦正是所谓黄石公调教的作用。至于"状貌如妇人好女",如此相貌禀赋正是道家人物的风貌,然而论其在风云变化时代所起作用,正如论赞所说的"余以为其人计魁梧奇伟",见到他的画像,则使人爽然,这才是一个典范的道家人物的风范。

---

① 袁枚:《小仓山房诗文集》卷二十三,上海古籍出版社1988年版,第3册,1601页。

此文末,"留侯乃称曰:'家世相韩,及韩灭,不爱万金之资,为韩报雠强秦,天下振动。今以三寸舌为帝者师,封万户,位列侯,此布衣之极,于良足矣。愿弃人间事,欲从赤松子游耳。'乃学辟谷,道引轻身。"这番声明,是因了高祖诛杀功臣,人人疑恐,全然出于保护自己,属于一种政治姿态,所以"会高帝崩"吕后劝之,他就放心吃起饭菜,也不从"赤松子游"了。

最后说圯桥授书后之十三年,"从高帝过济北,果见谷城山下黄石,取而葆祠之。留侯死,并葬黄石。"是为了与前授书呼应顾盼,整体上神完气足,既满足了读者阅读期望,又给这个道家人物添上了神秘的一笔,余音袅袅,气韵悠长。清人汤谐说:"文于前后幅两用特笔提唱'为韩报仇'四字,如龙啸虎吟,声振天地。中间叙良大功十一条,皆曲传其立身事外之微情,于留侯全体大用,固已毫发无遗憾。而愿沛公听樊哙言与刘敬说是也,两节遥对;'卒灭楚者此三人力也','竟不易太子者四人力也',两节亦微对。止立六国,计封功臣。两节遥对。其余五节错综见,或整或散,参差不齐,章法尤有寓方于圆之妙也。"①从人物性格看,从博浪一击的莽撞的冒险,经圯桥的转化,又以楚汉之际"王者师"的发展,最后以明哲保身结尾,展现了道家人物的成长、变化、发展的全过程;从风格看,"将极言有鬼神,却从无鬼神说,满传奇怪,……及论其形貌,亦爽然自失,言笑有情,却不郑重,极闲散"②,这就和他所写《老子传》很有些接近了。

篇中引人入胜处为圯上授书,苏轼《留侯论》谓圯上老人,"其事甚怪。然亦安知其非秦之世有隐君子者出而试之。观其所以微见其意者,皆圣贤相与警戒之义。而世不察,以为鬼物,亦已过矣。且其意不在书。"又言:"夫老人者,以为子房才有余,而忧其度量之不足,故深折其少年刚锐之气,使之忍小忿而就大谋。……此固秦皇之所不能惊,而项籍之所不能怒也。"③所言中肯,值得思考。

其所以历来引人注目,除了曲折离奇外,就是两层中许多反复的手法,步步留,步步转,在顿挫中形成许多波澜,处处引人入胜。在人物性格的发展中,又置于刺杀秦之王之后,形成性格转折的枢纽,故对此传闻叙写至为详细。末尾又以"黄石"反复三见做一回应。不仅前后顾盼,人物性格丰满生动,又构筑有一种凝练的韵律反复回应始终,引人寻味。

---

① 汤谐:《史记半解》,商务印书馆2013年版,第130页。
② 倪思、刘辰翁:《班马异同》刘辰翁语,见杨燕起等编《历代名家评史记》,北京师范大学出版社1986年版,第519页。
③ 苏轼:《苏轼文集》,中华书局2008年版,第103页。

第三节 《李将军列传》对比的感慨与力量

《史记·李将军列传》让人感慨、抑郁、不平、嘘唏，又使人愤然欲争，在不平中搏斗，以折摧的翅膀奋力翱翔！

对比在其中起了极为重要的作用，正如辛弃疾《卜算子》："千古李将军，夺得胡儿马，李蔡为人在下中，却是封侯者。"司马迁以对比为铁锤钢钎，雕刻了一个飞将军，不但活生生地矗立在历史上，也活在人们心中，放射出永恒的魅力！

全文以对比为结构，首先在开头对传主做了定性式的对比，汉文帝对表现不凡的李广说："惜乎，子不遇时！如令子当高帝时，万户侯岂足道哉！"在文景之治的休养生息时代，不会给李广提供英雄用武之地；典属国公孙昆邪对汉景帝泣曰："李广才气，天下无双，自负其能，数与虏敌战，恐亡之。"所谓"自负其能"三句话，话外有话，意谓朝廷不让他带大兵，又让他驻守前线，恐有不测。因对皇帝上言，不能直说。合观以上二语，司马迁要说的是：天下无双的第一名将，赶上了以安宁为主的文治时代，永无出头之日。全文顺叙，依次为文、景、武帝三代，以上的文景帝时代，实是全文之总冒。暗示才气无双的李广，赶上了英雄无用武之地的时代。"子不遇时"不仅指文景帝之时，汉武帝时代亦暗示在内，此用虚写来对比，预先揭示李将军一生之不幸。

全文在这样的对比中，一幕一幕展开了一位忠实将军的悲壮与不幸。李广一生身经七十余战，传中仅选择了四战作为文章的主体。其一是景帝时的上郡遭遇战，以下的雁门出击战、右北平之战、从大将军卫青出击战，均属武帝时的主动出击。前三战打响了，后一战则打哑了。打响的仗，因朝廷每次给他的兵少，都打败了，虽百战百败，然百败百英雄，打得飒爽英姿，仗仗打出"天下无双"，打出了一个"飞将军"；后一仗打哑了，规模最大，却一箭未发，还被逼得自杀。一代名将没有亡在战场，汉武帝与卫青联合出击逼他上军事法庭，他只有自杀了。响战与哑战的对比，毁坏了飞将军。如此大对比、大跌宕、大起伏、大感慨，引发了千古之恨事。最后的论赞又是对比，由三层构成，最重的一层是："余睹李将军悛悛如鄙人，口不能道辞。及死之日，天下知与不知，皆为尽哀。彼其忠实心诚信于士大夫也！"李将军是个忠厚的军人，老实巴交的，而且不会讲话——不会做广告，然而当他的死讯传出，无论与他有交往还是没有交往，"皆为尽哀"，普天之下莫不悲伤！司马迁用他如椽的史笔，以他的目见耳闻，代民立言，代全社会立一公言,为李将军发出最公允、最沉痛的礼赞,使"飞将军"永远活在人们心中。

四战都用了浓墨重彩的大对比。上郡战,李广随从百骑,遭遇到匈奴的数千骑。"广之百骑皆大恐,欲驰还走",而李广却要逼近匈奴二里地,还命从骑"皆下马解鞍",匈奴以为诱兵不敢击。李广趁机与十余骑"奔射杀胡白马将",又"令士皆纵马卧"。匈奴既怪且怕,半夜引兵撤退。次日天亮,李广这才"乃归其大军"。然而在这一日一夜里,气氛紧张得让人窒息,竟然"大军不知广所之,故弗从",这就提醒我们,汉廷不会让李广领大军,故有此险。其中敌我之悬殊,从骑之惊慌,对比出李广过人的镇定与大将风度。雁门之战,先以"匈奴兵多,破败广军,生得广",交代清楚。然后写道:"胡骑得广,广时伤病,置广两马间,络而盛卧广。行十余里,广详死,睨其旁有一胡儿骑善马,广暂腾而上胡儿马","鞭马南驰","射杀追骑,以故得脱"。"飞将军"飞回来了,汉家却把他下到法庭,判处死刑。李广只好拿积蓄"赎为庶人"。然而"匈奴素闻广贤",故欲"生致之",汉廷不讲李广兵少,反而要处斩。其间种种对比,不免让人感慨不已。右北平之战兵力悬殊更大,张骞率万骑,李广仅率四千骑,而"匈奴左贤王将四万骑围广,广军士皆恐"。李广命儿子李敢"直贯胡骑","军士乃安"。敌人发动攻击,箭如雨下,"汉兵死者过半,汉矢且尽"。李广命拉圆弓不射,亲自"射其裨将,杀数人",敌人的进攻这才松弛下来。时至日暮,"吏士皆无人色,而广意气自如","军中自是服其勇也"。次日又力战,张骞军赶到,匈奴撤退,李广军疲惫而无力追击。此战敌我兵力为十比一,"广军几没",双方死者相当,功过相抵,结果又没有任何封赏。最后一战是从卫青、霍去病出击匈奴,"广数自请行",汉武帝"以为老,弗许;良久,乃许之,以为前将军",即为打前锋。汉武帝的心思是要卫、霍立此殊勋,又以李广已老,一生运气很坏,但名气大,只好允许他参战,而暗地里要卫青命李广"毋令当单于,恐不得所欲"。出塞后卫青撤去李广前将军之职,而隶属于右将军出东道,却把前将军让给对己有恩的公孙敖。李广知道其中关节,坚辞不成。而东道曲折遥远且水草少,不宜大军行,加上向导逃亡,又迷失道路,没有赶上与卫青合围单于的期限。卫青与单于战,单于逃走,结果劳而无功。此为当时规模最大的一战,责任非同一般。卫青要把一切责任推卸给右将军与李广,让李广上法庭交代迟到情况。李广觉得以六十多岁的老将还要上法庭,便自杀了。"广军士大夫一军皆哭,百姓闻之,知与不知,无老壮皆为垂涕"。李广没有死在战场上,却毁在汉武帝与他的小舅子上下齐手制作的"子不遇时"的悲剧中。千古之下,不知让多少仁人志士悲慨嘘唏!而李广如有驰马射敌机会,又能何至于此呢?如能委以重兵,那又是怎样一番光景呢!

　　李广一生的日常生活小事,都插在这四战之间,使文章气氛张弛相间,既紧张又有一种英气感人的韵律。四战如四座大山,而平常琐事犹如山间沟壑小溪旁的野草小花。四战之紧张,犹如爬过每座大山,再从容观赏山沟小景,而又是另一番风采。不仅多维度地刻画了李广,而且多用对比,同样让人感慨无限。上郡遭遇战之前是由射杀射雕者引起,宦官领十多名骑士在沙漠上驰马,见匈奴三人,与战。那三人转身回射,射伤宦官,射杀其骑将尽。宦官跑到李广驻地,李广判断"是必射雕者也",便往驰那三人,"射其二人,生得一人","果匈奴射雕者也"。这是射击国手间的较量,李广果然"天下无双",对比出他的"善射"。遭遇战结束后,插入与名将程不识的对比,分作四层。李广带兵简易,歇营后"人人自便",程不识则事事谨严,"军不得休息",其结果都是"未尝遇害";程不识自己也说:"李广士卒亦佚乐,咸乐为之死。我军虽烦扰,然虏亦不得犯我。"口不服人而心服;两人"皆为名将,然匈奴畏李广之略",此从敌人眼中看出两人的高下;"士卒亦多乐从李广而苦程不识",苦乐对比,出自士兵。四层对比,四种角度,李广作为名将之精英便多棱角多风采地凸显出来,也回应了开头的"李广才气,天下无双"。

　　雁门之战后,插叙七八件小事。一是因此战李广被俘虏过,做了平民,闲居夜间出猎,还至霸陵,已至禁夜时分。亭尉醉酒不让过,并言:"今将军尚不得夜行,何乃故也!"世态炎凉使他吃了一肚子闷气。不久,东北前线吃紧,连续败北,汉武帝这才想起要李广为右北平太守。李广借此"即请霸陵尉与俱,至军而斩之"。把受排挤的郁愤发泄到小人物,也是性格上"自负其能"的不足一面。李广一到右北平,匈奴称他"汉之飞将军,避之数岁"。闲时出猎,"见草中石,以为虎而射之,中石没镞,视之石也。因复更射之,终不能复入石矣。"先是以"石"为虎,故连箭尖都陷入了;视之是石,就兴致勃勃地再射,却再也射不进去。此节文字,神奇与平凡对立,拼命与试试看对比,围绕着没镞与不入的对比,善射名将与平常人的无异见于一人,尊敬与亲切融为一体,三个"石"字,两个"复"字,还有句末的"也"与"矣",前者既不能少,后者则不能移动互换。如"因复更"若只有其中一字,均可文通字顺,但惊诧、兴奋的心理活动便消失了。

　　以上详写,以下略叙。"得赏赐皆分其麾下",故"家无余财",此言其廉洁;中又插入"终广之身,为二千石四十余年",暗应五为边太守与七十余战,形成对比,令人扼腕不平。"为人长,猿臂",大个儿,长臂膀,言其"善射"具有天赋;"讷口少言,与人则划地为军阵,射阔狭以饮。专以射为戏,竟死",他是个天生而勤奋的将军,热爱军人职业,射箭便成了唯一的爱好,如此"游戏"人生,又怎能不为天下第一呢？匈奴又怎能不畏不避他呢？带兵到了缺水少粮之处,士卒不尽饮不尽食,则"不近水""不尝食",是说士卒"爱乐为用"的原因;至于"见敌急""不中不发,发即应弦而倒",看似写他的战斗作风,实言不受重用,不仅兵少,且装备亦少,所以"其将兵数困辱",连射猛兽"亦为所伤"。读至此,为李将军"不遇时"又不得不喟然叹息！

特别是右北平之战之后,插叙与堂弟李蔡的对比,更让人发一浩叹！"蔡为人在下中,名声出广下甚远,然广不得爵邑,官不过九卿,而蔡为列侯,位至三公",以及李广问相士王朔不得爵邑的原因,转折连词"然"与"而"交换连续出现,凡八见,吐尽了李广满腔的怨愤。每转折一次,就跌宕出一番感慨。如游武夷山,山转水折,一转一景。或者更确切地说,这一连串的不平与悲叹,淋漓酣畅地发抒了李广的不平,也发抒了司马迁心中不尽的块垒,亦替千古英才而不见用发出种种长叹！所谓"无韵之《离骚》",于诸如此处,最见发愤抒情之精神。

传末缀以李陵附传,李陵率五千人被八万匈奴围困,而李夫人之兄、汉武帝的小舅子贰师将军李广利却率兵三万。让李陵"以分匈奴兵,毋令专走贰师也",这不是说得再明确不过了。李陵的悲剧,实际是李广不受重用之继续。司马迁因李陵事辩解而受宫刑,因此叙述简略,语气在吞吐之间。班固《汉书·李广苏建传》附李陵传,则以悲慨淋漓的叙写,把司马迁没说完的话,补足得回肠荡气,很值得参看。

前人谓:"李广所长在射,故传内叙射独详,若射匈奴射雕者,若射白马将,若射追骑,若射猎,若射石,若射虎,若射饮,若射猛兽,若射裨将,皆著广善射之实。末及孙(李)陵教射,正应篇首'世世受射'句。"[①]李广善射贯穿全文始终,所谓"其善射亦天性也,虽其子孙他人学者,莫能及广",这种对比均意在标立"李广才气,天下无双",此为全文明线;而"子不遇时"则为暗线。明暗两线的对比,其中还包含着对比中的对比,正是此文用心深长之处,也是感发千古读者深长思之的所在。

王维《老将行》说:"卫青不败由天幸,李广无功缘数奇。""由天幸"谓由于天子之宠幸,而"缘数奇"的命运不好,实指"天幸"的皇恩荡漾不到李广身上。《李将军列传》不但篇内处处对比,而且文外则与《卫将军骠骑列传》又形成对比。如果二者合观,则更能理解司马迁的用意与感慨所在。

---

① 程一枝语,见凌稚隆辑校,李光缙增补《史记评林》卷109引,天津古籍出版社1998年版,第6册第262页。

文末的论赞又是三层对比,就带兵将军角度,先引孔子语"其身正,不令而行;其身不正,虽令不从",形成对比;然后推出一句"其李将军之谓也",蕴涵着多少尊崇;次以目睹"悛悛如鄙人,口不能道辞",然而,"及死之日,天下知与不知,皆为尽哀",与上文反复见意,对比出一代人杰却又遭如此悲剧,倾注着无限的同情。再以"彼其忠实心诚信于大夫也"长句洋溢出多少赞叹。最后的谚语"桃李不言,下自成蹊",则承文中"讷口少言"与此处"口不能道辞"反复见意,反复对比,由经典印证到耳闻目睹,再到老百姓俗语,又形成多维度的礼赞,多维度的对比。最后说"此言虽小,可以谕大也",可以奉献给忠诚老实的李将军,又滋生出多少敬意与感慨来。

吴见思《史记论文》说:"李将军战功如此平序直序固亦可观,乃忽分为千绪万缕,或入议论,或入感慨,或入一二闲事,妙矣。又忽于传外插入一李蔡一程不识,四面照耀,通体皆灵,可称文章神技。"此就结构言之。又说:"吾尤爱其以李将军行军方略于程不识口中序出,广之为人反从射虎带下,而不侯杀降事偶在王朔燕语点明,错综变化,纯用天机,有意无意之间令人莫测。"①此就对比言之,兴会不远,颇中肯綮。此篇无论大战或日常微事,以及他人与传主的话语,巨细不遗,无不处对比之中。这些大小对比也无不围绕着一代名将而命运最为不幸的中心,把整体与局部都统帅在大小不同的对比之中。运思之深,布局之精,即使在《史记》中亦为少见。这些对比,贯穿前后,四面比照,八方出锋,通体震动,以绝佳之文,而引发了深沉的历史浩叹!元人黄缙《偶成》的"汉室需材访隐沦,贩缯屠狗各求伸。岂知风雪南山下,别有当年射虎人",以及王昌龄的"但使龙城飞将在,不教胡马度阴山",都说明李广永远活在人们心中。

第四节 《史记》人物形貌和个性描写

《史记》除了"列传"专为刻画人物而设,"本纪"与"世家"一部分实是与"列传"的结合体,也刻画了形象生动、性格各异的人物,包括"八书"个别篇章,如《封禅书》等,合起来可以说构筑了三千年历史上林林总总的人物画廊。其中近、现代史的人物刻画最为生动感人,由于耳闻或者亲自有所目睹,材料多而真切,加上司马迁善于从性格角度抓住个性特点刻画,所以人物形貌往往须眉皆动,栩栩如生。

---

① 吴见思:《史记论文》,中华书局1916年版,第7册第52页。

后世史书与小说描写人物,在文章开头或人物首次上场,十分注重描写人物形貌,一来能给读者一个"第一印象",二来写起来顺手自然,便于展开人物的行事或情节。如《红楼梦》第三回叙述林黛玉投亲荣国府,合府老小一阵寒暄,贾母的话尚未说完,接着写道:"一语未了,只听后院中有人笑声,说:'我来迟了,不曾迎接远客!'黛玉纳罕道:'这些人个个皆敛声屏气,恭肃严整如此,这来者系谁,这样放诞无礼?'心下想时,只见一群媳妇丫鬟围拥着一个人从后房进来。"这是王熙凤第一次上场,以下便详细描写她的打扮与眼、眉、身段、体格、粉面、丹唇如何如何。先声夺人的大声笑语与形貌描写,展示了"凤辣子"的形象与性格,每为人称道。《水浒传》第六回林冲首次露面也用了同样手法,说鲁智深在相国寺菜园挥舞禅杖,"众人看了,一齐喝彩,这时只见墙外一个官人看见,喝彩道:'端的使得好!'"鲁智深收住手,"只见墙缺边立着一个官人",以下便写其形貌如何如何。刻画人物形貌,亦为成功的著例。史传文学与小说不同,没有空间放开笔墨精雕细刻人物形貌,充其量只能付之粗略笔墨。所以《史记》的人物形貌刻画很少放在开头,而选择最为恰当关口才让形貌露脸,虽然着笔不多,却能熠熠生辉。

《史记》刻画项羽最为生动,言其相貌:"籍长八尺余,力能扛鼎,才气过人,虽吴中子弟皆已惮籍矣",而且是"重瞳子",形貌确实气势不凡。司马迁没有写在开头"项籍者,下相人也,字羽"之后,而是先言祖父为秦将所戮,"项氏世世为楚将"。家庭背景交代清楚,再言其个性。学书学剑俱不成,不屑于"记名姓""一人敌"的书剑,以为"不足学,学万人敌"的兵法,"于是项梁乃教籍兵法,籍大喜",然而"略知其意,又不肯竟学"。其人虽然有志气然做事缺耐心无韧性属于悲剧性格,便昭然若揭,为他的霸王事业由成功走向失败,从性格上埋下了伏根。对他的相貌硬是耐下性子,盘马弯弓而不发。直到俱观秦始皇,项羽不由自主发出"彼可取而代也"的壮语,惊恐的项梁对这个不满意的小侄方才"以此奇籍",推出形状与才气的勾勒。而且笼罩在"奇籍"光辉中。"身长八尺,力能扛鼎"不是此时才有,只有"才气过人"才是刮目相看下的发现。二者搅和在一起,又是从非平常人的项梁眼光中看出,就不仅是项梁"奇籍",也是司马迁的"奇籍",这就引发千古读者的"奇籍"感。读者阅读期待感至此方得满足。项梁由主转宾,陪衬项羽神采焕发,光芒四射。试想,如果把它放在开头写出,那效果之差异,则不以道里计。

更为有趣的是那特别奇异的"重瞳子",却未一次同时写出。又硬是按捺住放在文末的论赞。论赞是对人物的总评,本属论体,司马迁往往在最后的议论中插入形貌个性的描写与叙述。如张良早年博浪沙一击,暗杀当时被视为虎狼之君的秦始皇,看来是个亡命之暴徒。经过挫折,又有许多神出鬼没的奇招辅佐汉兴。引起司马迁的震撼,然而也没在开头言其形貌,却同样按住,直至《留侯世家》的论赞中,非常感慨地说:"余以为其人魁梧奇伟,至见其图,状貌如妇人好女。"这就把他的惊异转授给读者,让读者于诧异中深长思之——这真是能伸能屈的典范道家人物。此篇前边并未写其形貌,于此出此一篇就增加了人物的"神秘色彩"。《项羽本纪》前边已"画龙",对形貌已有勾勒,却在结末"点睛":"吾闻之周生曰'舜目盖重瞳子',又闻项羽亦重瞳子。羽岂其苗裔邪?何兴之暴也!"然言其身高云云在前,言眼睛在后,如此"身首异处",则需要大魄力。对后者论者以为司马迁出于"好奇",有天命论的思想。司马迁确实"好奇",然好的是"倜傥非常之人"之"奇"。对形貌如此特别地分写,深意在焉。然而王若虚却说:"人之形貌容有偶相同者。羽出舜后千有余年,而独以此事,遂疑其为苗裔,不亦迂乎?商均,舜之亲子,遗体在焉,然不闻其亦重瞳也。而千余年之远裔,乃必重瞳耶?周生何人?所据何书?夫舜以之德升闻,……岂专以异相之故而暴兴者哉?使舜果如此而兴,则羽之成功亦应略等,奚其不旋踵而剿灭也?迁轻信爱奇,初不知道,故其谬妄每如此。后世状人君之相者,类以舜瞳为美谈,皆史迁之所启。而后梁朱友敬自恃重瞳,当为天子,因作乱而伏诛,亦此之误也。悲夫!"[①]王氏把这几句看得太死,并没有体会其中的真正用意,倒是他自己太较劲儿,未免有些迂。司马迁认为"秦失其政","豪杰蜂起,相与并争,不可胜数。然羽非有尺寸,乘势起陇亩之中",三年灭秦,"政由羽出","近古以来未尝有也"。他从战国以至秦汉之际的政局变迁,高度肯定诛灭暴秦的历史功绩。缘于此,以为项羽的贡献应当与大舜等同,至于都是"重瞳子"则无关宏旨。只要看言舜则用"盖"的揣测,言羽则"岂其苗裔邪"反诘揣测语气,自然不会当真有什么"重瞳子",它不过作为发论的"道具"而已。司马迁不以成败论人,亦不惧身处大汉而尊敬其敌的无畏精神,以及弃名求实的对历史本真的叩问,于此则闪烁出耀眼的火花。

无独有偶,《李将军列传》写李广为右北平太守时,匈奴避之数岁,夹叙不少日常琐事。其中写道:"广为人长,猿臂,其善射亦天性也。虽其子弟他人学者,莫能及广。广讷口少言,与人居则画地为军陈(阵),射广狭以饮。专以射为戏,竟死。"善射是李将军绝大本领,亦与大个儿、长臂膀相

[①] 王若虚:《滹南遗老集校注·史记辨惑》,胡传志校注,辽海出版社2006年版,第156页。

关。形貌、秉性与善射非常自然地融为一体,如淡云在霄,随风舒卷,自然变化,姿态顿生。又在论赞的论断中夹叙:"余睹李将军悛悛如鄙人,口不能道辞。及死之日,天下知与不知,皆为尽哀。彼其忠实心诚信于士大夫也!"说诚实谨厚的样子像个乡下人,嘴巴讲不了几句话,更不会讲漂亮好听话,然而他的不幸却引发出天下不尽的悲哀。这真是颊上三毫之笔,使一个老实的大个儿的将军棱角分明矗立起来,在人们心中留下了永恒的"飞将军"形象。此与《项羽本纪》分写形貌,具有异曲同工之妙。

如此分开勾勒人物形貌的,还有《孔子世家》。开端一段先言孔子"生而首上圩顶,故因名曰丘云",是说头顶平而中凹,似乎与常见的寿星头有些相近。虽然有些异样,但看起来与愚笨能联系起来。"这轻松的语调恰恰给那太严肃的空气一种补偿"(李长之语)。叙述孔子周游列国返鲁,忽出一句"孔子长九尺六寸,人皆谓之'长人'而异之",伟岸得如一尊雕塑,分明又是一奇男子。因孔子声誉日高,学生日众,故把躯干伟壮放于此。传末论赞以"高山仰止,景行行止"称颂孔子,又说"余读孔氏书,想见其为人",很容易使人想见谨重坚毅还有点迂拙的"至圣形象"。把人物形貌最重要的特点分开来安置在不同位置,一是因头形与名字相关故写于开头。二是写在事态发展的关口,使人物形貌与之相应处更为突出。三是前后合观,让读者自己组合完整多样的形象,显得更丰富,更鲜明,更具活力。不仅比合起来一块写更能突出不同之特征,而且与叙述配合相激相荡,更为生动,在结构上也显得灵活多样,整合起来就有多维度的魅力。

《史记》在刻画人物形貌时,有时只抓住一个特征,在需要的时候方使出极简略的笔墨,然其效果犹如大写意的泼墨人物,神气毕现。《秦始皇本纪》言秦皇开始谋灭六国时,借尉缭之口说:"秦王为人,蜂准,长目,鸷鸟膺,豺声。"只用了九个字把鼻眼与胸部都写到,还包括让人畏惧的声音,把飞虫猛鸟凶兽的残酷、狠毒与摧毁性集于一身,锋芒毕露的短句,斩钉截铁的气势,活脱脱再现一个难以抵抗的虎狼之君形象让人恐惧。《范雎蔡泽列传》则从相面唐举口中写出蔡泽的相貌:"曷鼻巨肩,魋颜,蹙齃,膝挛",是说鼻子朝上,肩膀耸起,大脸盘,凹鼻梁。两膝蜷曲,则与写秦皇手法相同。《张丞相列传》是一篇合传,先言张苍起初"坐法当斩,解衣伏质,身长大,肥白如瓠,时王陵见而怪其美士,乃言沛公,赦勿斩。"此从形貌中引发一段故事,虽言之极简却曲折带有戏剧性。在写完周昌、任敖传后,接云:"初,张苍父长不满五尺,及生苍,苍长八尺余,为侯、丞相。苍子复长。及孙类,长六尺馀,坐法失侯。"这里只是把前文"长大"换成具体尺数,然一家四代长短不一,而且差距甚大,长者为侯为相,短者失侯,生出不少风波。

《淮阴侯列传》里说:"淮阴屠中少年侮信者,曰'若虽长大,好带刀剑,中情怯耳。'"于是有了胯下之辱的故事。写得形貌极简略,也是从别人眼中看出,好像是不大经意似的。后来弃楚投汉,"坐法当斩,其辈十三人皆已斩,次至信,信乃仰视,适见滕公,曰:'上不欲就天下乎?何为斩壮士!'滕公奇其言,壮其貌,释而不斩。"这不仅是上文"长大"的呼应,也似乎与张苍因"长大"而获赦,形成对应。

有时把人物最主要特点写得极为简单,却不停地出现在不同人的眼中,不仅使文章形成一种内在旋律,而且其形貌给人留下极深刻的印象,《陈丞相世家》便是这方面的出色之作。起首言陈平少时家贫,好读书游学。接言:"平为人长美色。人或谓陈平曰:'贫何食而肥若是?'其嫂嫉平不视家生产,曰:'亦食糠籺耳。有叔如此,不如无有。'"汉人以高大丰腴为美,张苍、韩信传已看到。陈平的"长美色"即为标准的美男子,但如同韩"长大"遭人嫉妒而凌辱,此处"贫何食而肥若是"与嫂子吃糠籺之语,讥讽嘲弄,亦复如是。到了男大当婚时,富人不愿把女儿嫁他,陈平亦看不上贫穷人家。富人张负孙女"五嫁而夫辄死,人莫敢娶。平欲得之",张负"独视伟平",以平为伟壮男儿。并到陈平家观察一番,虽然"家乃负郭穷巷,以弊席为门",而且住在城角落的贫民窟里,以破席为门,"然门外多有长者车辙",就想把孙女嫁给他。但他的儿子说:"平贫不事事,一县中尽笑其所为,独奈何予女乎?"张负却说:"人固有好美如陈平而长贫贱乎?"便把孙女嫁给陈平。在这个戏剧性故事中,陈平的长大伟壮的形貌,一是从张负眼中看出,一是由张负说出,并预见出将来必有所作为,其依据除了"门外多有长者车辙"外,就是形貌伟壮而"好美"。美男子形貌遭嫂子与邻居的讥讽,又获得张负的看重而赢得了婚姻的成功,在前后对比中形成了许多波澜。不独如此,还有因这一副仪表险遭不测。陈平弃楚投汉时仗剑渡河,"船人见其美丈夫独行,疑其亡将,要中当有金玉宝器,目之,欲杀平",船夫因了"美丈夫"带剑独行,疑为亡将,这个判断不错;然以为身上"当有金玉宝器",却猜错了。因陈平弃楚时把赐金与印派人还给项羽,身上实无值钱东西。多亏陈平智慧过人,察觉船夫意图,"平恐,乃解衣裸而佐刺船",表示一无所有,才有惊无险,安全地过了河。归汉后得到刘邦信任,迅速升为亚将。引起周勃、灌婴等老将的不满,向刘邦进谗:"平虽美丈夫,如冠玉耳,其中未必有也",说他"盗嫂",又事魏事楚,又归汉,以"受诸将金"多少处之善恶,为"反复乱臣"。说他的形貌不仅高大,而且皮肤洁润如玉,但腹中空空,未必有什么过人之处。这又是从别人眼中看出,使人物形象更为光彩。后来他帮了刘邦不少大忙,又设计解了平城之围,回经曲逆,刘邦登城"望见其屋室甚大,曰:'壮哉县!吾行天下,独见洛阳与是耳。'"便封陈平为曲逆侯,食邑五千户。这个"壮哉县"与前"长美色""独视伟平",似乎有意无意回应,全文形成了"美丈夫"的旋律,陈平因了这副好皮囊遭讽受讥,险些遇害,而又被谗;又因了这身好仪表,被人视为奇伟而促成婚事,受到重用,还享用"壮哉县"的封侯,事事都出人意料,处处都能逢凶化吉,莫不与他的仪表具有一定的关系。《游侠列传》郭解传,先言"为人短小精悍,不饮酒"。叙及迁徙关中,天下豪杰争与之交欢。又言"解为人短小,不饮酒,出未尝有骑",论赞又言:"吾视郭解,状貌不及中人,言语不足采者。然天下无贤与不肖,知与不知,皆慕其声,言侠者皆引以为名。"状貌"短小"成了全文旋律的关键,具有极强反弹性与张力。

有时人物形貌不见于本传,却出现在别传中。如樊哙在《樊郦滕灌列传》中,只有攻城略地与苦谏刘邦的记载,看不到其人形貌。而在《项羽本纪》的鸿门宴里却写得有声有色,虎虎而有生气,刻画得须眉皆动。在项庄舞剑的当口:"哙即带剑拥盾入军门。交戟之士欲止不纳,樊哙侧其盾以撞,卫士仆地,哙遂入,披帷西向立,瞋目视项王,头发上指,目眦尽裂。"写得形貌神气如生,精神勃发,要比本传神气多了。这是因了鸿门宴上人物,不能有一个疲软的,樊哙在此的威武正好与默默无多语的项羽成了对比。这个半路杀进来的"程咬金"越威猛,才能镇住项羽,险急的气氛才能缓和下来。其本传说:"是日微樊哙奔入营谯让项羽沛公事几殆。"这可能是司马迁特意状其相貌于此的原因。

李长之说:"司马迁凡写一个人的面貌性情时,决不在篇首,而是在叙过许多事情之后,拣一个适合的场合透露出来,可说毫无例外。"①这确实是《史记》的规律,然亦有例外。除了合传《游侠列传》写郭解一上手即言"为人短小"。还有《高祖本纪》的言其神秘的出生以后,即言"高祖为人,隆准而龙颜,美须髯,左股有七十二黑子。仁而爱人,喜施,意豁如也。常有大度,不事家人生产作业。"高鼻宽额,再加上好胡须,相貌当然不凡。而大腿的黑痣,则是自作神异的杜撰——大腿上的东西不易看见,即使看见也数它不清。其实都是为后来反秦作的"政治广告",不能轻信。

有时形貌性情简略到一半句,甚至一两个字。《刺客列传》说:"荆轲虽游于酒人乎,然其为人沉深好书。其所游诸侯,尽与其贤豪长者相结"。《魏其武安侯列传》的"武安者,貌侵,生贵甚"。《大宛列传》中写张骞"为人强力,宽大信人,蛮夷爱之"。《司马相如列传》说"相如口吃,而善著书,常

---

① 李长之:《《司马迁之人格与风格》,生活·读书·新知三联书店1984年版,第253页。

有消渴疾"。《万石张叔列传》谓周仁"为人阴重不泄,常衣敝补衣溺裤,期为不絜清,以是得幸。"《平津侯主父列传》言因公孙弘"状貌甚丽",汉武帝即拜为博士。为丞相、封平津侯,又谓"为人意忌,外宽内深。诸尝与弘有郤(隙)者,虽详(佯)与善,阴报其祸"。《酷吏列传》谓宁成"好气,为人小吏,必陵其长吏;为人上,操下如束湿薪,滑贼任威"。《绛侯周勃世家》言其"为人木强敦厚,高帝以为可属大事"。而且这些刻画都安排在气氛情事最适宜的地方,所以给人留下难忘的印象。

第六章　语言论

第一节　《史记》动词及合成词的艺术魅力

　　《史记》语言朴素峻洁富有弹性,而具表现力,所谓"质而不俚""善序事理"(班固语),以及刘知几所说:"使人味其滋旨,怀其德音,三复忘疲,百遍无斁"①,这种诱人反复阅读的魅力,其中重要的原因就体现在语言的艺术魅力。

一、动词的弹性魅力

　　《史记》其所以耐读,读后能滋生出种种阅读的快感,除了通俗易懂,行文节奏快捷,富有精神血气和情感,那就是语言简洁,生动且具有活力。而这种弹性的活力主要见于动词。他能借助动词的活态激发更多的活力,或刻画人心理,或表现神情,或使情景如在目前,让人心领神会,快意盎然,兴致淋漓。

　　本来诗歌使用动词,往往构成"诗眼",以成名句。而《史记》的动词,不仅用力于一句中,常常使一节文字生辉,而且光照全篇,使动词发挥了无上的魔力!特别是其中的动词以情感浇铸渗透,虽不是诗而有胜过诗的魅力,带来了饱满的审美快感。

　　如《李将军列传》是最质朴不过的文章,因其人"讷口少言",所以就用了极朴素的语言,而"质而不俚"正是司马迁叙事之擅长,因而此文最能体现他的简洁朴素之风格。李广的本领在于善射,而一篇正以"射"字为中心,即是叙其事也是如此:

---

　　① 刘知几:《史通通释·叙事》,浦起龙注,上海古籍出版社1982年版,第165页。

> 广出猎,见草中石,以为虎而射之,中石没镞,视之石也。因复更射之,终不能复入石矣。

这是李广驻防右北平,匈奴"避之数岁,不敢入右北平"。因李广在雁门被俘,曾腾越夺得胡儿马,匈奴称之为"汉之飞将军"。飞将军闲而出猎,射虎而"中石",而且"没镞"——连整个箭头都陷进去。"中石"已让人惊讶,而"没镞"就更为吃惊。"没"字本来是平常不显眼的字,而用在这里精神焕发。它像一个极突出的"特写镜头",是那样的逼真、清晰、活灵活现。本来应把"视之石也"置于此句前边,一经倒置,"中石没镞"就更"亮相"了。而且此句本应为"中虎没镞",因前有见石以为虎,后边又有"视之石也",而偏偏写成"中石",把"石"字预先交代,这样"没镞"就生发了无上的奇特魅力!再加上其后紧随一句"视之石也",就真是余音袅袅,愈加滋发惊叹不绝的魅力,这是写实还是夸张?何焯说:"《吕览·精通篇》云:'养由基射虎,中石,矢乃饮羽,诚乎虎也。'与此相类,岂世之因广之善射,造为此事以加之欤?"① 梁玉绳说:"射石一事,《吕氏春秋·精通篇》谓养由基,《韩诗外传》六、《新序·杂说四》谓熊渠亡,与李广为三。《论衡·儒增篇》以为主名不审,无实也。《黄氏日钞》亦云:'此事每载不同,要皆相承之妄言也。"② 如此说来,这实在又是一种夸张。

然而,看后两句:"因复更射之,终不能复入石矣。"又属于真实的叙述,回照"中石没镞",就有不能不信以为真的效果。我们感兴趣的是,这一次用了"入",而非"中"或"没"。"中石没镞"与"终不能复入石矣"前后照应,后者是那样的实在而轻松,前者又更显得坚实而确切,"没"与"入",还有"中",三动词,一经碰撞,告诉人宁信其真,而不信其为虚伪夸张,朴素的动词,在这里发挥了多大的魅力,相较《吕氏春秋》的"饮羽",就只能说夸张了,因"饮"字太雅太轻松,没有"没"字确切具形而逼真,而且"没"是那样的有力,不由你不信了。一篇之"善射",也由此提动,虎虎而有生气。

动词提动全篇的功能,还见于《吕不韦列传》:

> 始皇帝益壮,太后淫不止。吕不韦恐觉祸及己,乃私求大阴人嫪毐以为舍人,时纵倡乐,使毐以其阴关桐轮而行,令太后闻之,以啖太后。太后闻,果欲私得之。

---

① 何焯:《义门读书记》,中华书局1987年版,第286页。
② 梁玉绳:《史记志疑》,《丛书集成初编》本,商务印书馆1937年版,第1308页。

这个"啖",本为引诱义,但这里还有因其嗜好而诱之。极秽污事即写得极丑,"不堪之极"(吴见思语),程馀庆说:"史公写闺房事往往大雅,独嫪毐太后事极其不堪,盖太后老淫,纵恣不堪,不能为之讳也。"①太后原本为邯郸舞女,是吕不韦欲做窃国大盗的"钓奇"的诱饵,属于人尽可夫之类。吕不韦先与同居,有身,再进献为质于赵的子楚。子楚回秦被吕不韦设法立为太子,即位三年死。太后又和不韦通。他们的儿子秦始皇长大,吕不韦恐祸及身,这才找嫪毐做了替身,又生二子。始皇九年,东窗事发,嫪毐及二子被杀,把太后放到雍地。此事跨度数十年,是吕不韦制造的"大事业",所以这个"啖"字,也是牵一发而动全身,虽然极其丑秽。牛运震说:"极猥亵事,不惜笔墨详细写之,太史公极力丑秦至此。"②此字见于《史记》多处,却都用得很有特色:

及赵高已杀二世,使人来,欲约分王关中。沛公以为诈,乃用张良计,使郦生、陆贾往说秦将,啖以利,因袭取武关,破之。
（《高祖本纪》）
闻豨将皆故贾人也,上曰:"吾知所以与之。"乃多以金啖豨将,豨将多降者。 （《高祖本纪》）
汉使人以利啖东越,东越即绐吴王,吴王出劳军,即使人镦杀（以戈刺）吴王,盛其头,驰传以闻。 （《吴王濞列传》）

"往说秦将,啖以利",这是道家"欲取先予"的手段,出自善于以退为进的张良的计谋。叙事简要明白。次例说刘邦学会了张良这一招,听说陈豨的将军都是商人出身,他自然知道用什么手段对付,"乃多以金啖豨将",结果都被收买。这个手段用到他的孙子时代,亦"以利啖东越",结果吴王被杀。这几个"啖"字用法相同,合在一起,可以看见汉家手段一脉相承。动词的用法也用得全新,而"啖太后"就更感奇特了。

有些动词,不但写出人物举动,而且传递出当时气氛。《留侯世家》说张良随从刘邦"东击楚。至彭城,汉败而还,汉王下马踞鞍而问曰'吾欲捐关以东等弃之,谁可与共功者?'"汉二年,刘邦趁项羽东伐齐,占领彭城。项羽回头大破汉军,围刘邦三匝,大风"逢迎"楚军而大乱,刘邦才趁机逃

---

① 吴见思:《史记论文》,中华书局1916年版,第6册第22页。
② 牛运震:《史记评注》,三秦出版社2011年版,第213—214页。

跑,跑到汉军所居下邑,这才喘了口气。"下马踞鞍而问",依靠马鞍,急问张良,决心用老本的一半收买帮手,消灭项羽。即使下马喘息还要依靠马鞍,人不敢离马,准备随时再跑。这次惨败,几次连儿女都推坠车下,可见惨败仓皇之急。即使脱离险境,尚且"踞鞍",但他此时尚考虑谁能帮他除掉项羽。很有些像《三国演义》曹操赤壁惨败逃奔时,还讥笑周瑜、孔明不在他逃路上设置伏兵。"下马踞鞍"既见出惊心未定,又见出当时大战后的气氛。

《陈丞相世家》说陈平在年轻时怀有大志:

> 里中社,平为宰,分肉食甚均。父老曰:"善,陈孺子之为宰!"平曰:"嗟乎,使平得宰天下,亦如是肉矣!"

前两个"宰"为名词,主管分肉的意思。第三个"宰"用意未变,但却由名词一变而为动词,这次"宰"的不是社肉,而是"宰"的天下,这就非同凡响了,自负有宰相之才。在"宰天下"上发出光彩,前两个淡淡的"宰"字,把最后一个"宰"字陪衬得褶辉生光,意态迈远,热衷功名,均从中见出。《陈馀张耳列传》里,陈馀所说的:"项羽为天下宰不平,尽王诸将善地,徙故王王恶地",此"宰"字即由切割引申为分封,换成分封就没"宰"字那么形象而富有弹性。《史记》善于反复,在反复中常改变词性,名词一变成动词,即格外精彩。除此,还有《留侯世家》的一节:

> 良尝闲从容步游下邳圯上,有一老父,衣褐,至良所,直堕其履圯下,顾谓良曰:"孺子,下取履!"良鄂然,欲殴之。为其老,强忍,下取履。父曰:"履我!"良业为取履,因长跪履之。

六个"履"字,一会儿名词,一会儿变为动词,则格外传神。"履我"——给我穿上,这比"孺子,下取履"口气更为强硬,如果说命其取履是倚老卖老,那么"履我"简直是颐指气使的逼迫。而末了的"履之"很顺当,因经过一番思想斗争,反正把鞋都从桥下拿了上来,他要穿就给他穿上呗。这两个动词性"履",使故事带有戏剧性,因有了曲折的情节,故事也就提神多了。接着写道:

> 父以足受,笑而去。良殊大惊,随目之。

这个"受"也特别有意味，本为平凡而动态性模糊的动词，在此可想见：老父的脚翘起，欣享别人给他穿上，倨傲自得神气跃然纸上，"笑而去"又平添了不少神秘意味。"大惊"而"目之"又使上面的动词余音袅袅不绝。"随"非于是义，应是动词追随，此句即谓看着老父背影一直走到老远。这段叙写句子极短，每句都有动词，甚或两个，每个动词都没有什么特别，然一旦名词动用，就格外提神，使人注目，有所兴会。

平凡模糊的动词，在司马迁手里就像魔术之变化，变得神气活现。《司马相如》说文君私奔后，其父怒而"不分一钱"，相如家徒四壁，还是文君出了主意：

> 相如与俱之临邛，尽卖其车骑，买一酒舍酤酒，而令文君当垆。相如身自著犊鼻裤，与保庸杂作，涤器于市中。

这是故意做给其父卓王孙看，以使之羞辱的方式逼他掏腰包。"文君当垆"的"当"字，是迎面站在烧酒炉之后，与佣人"杂作"——处在一起干粗活——"涤器于市中"。一个才女迎立于酒炉，一个大才子洗起碗筷，这是一场别有用意的"演出"，"当""杂作""涤器"，前者的满店生辉，中间与佣人穿来穿去忙成一团。后者"涤器"，不仅指洗碗洗碟，还包括擦桌抹凳——这都是"杂作"的活儿。这对夫妇成了卖酒女郎和店小二，岂不让"卓王孙闻而耻之，为杜门不出"？这些动词，特别是"当"字，给这场"演出"增添了浓郁的戏剧气氛。

动词原本平凡习见不过，但一经呼应，就好像另换了个模样，连带人物的神态，亦呼之欲出，栩栩如生。《平原君传》里言毛遂威胁逼楚王答应出兵救赵，歃血为盟以后：

> 毛遂左手持槃血而右手招十九人曰："公相与歃此血于堂下。公等录录，所谓因人成事者也。"

单看"持"字，或只看"招"，并没有什么特别之处。若合观之，其人立于堂上持盘招手，扬眉吐气，得意扬扬的神采，千载之下犹可想见。还有此前平原君与楚合从（纵），日中不决，于是：

> 十九人谓毛遂曰："先生上。"毛遂按剑历阶而上，谓平原君曰："从之利害，两言而决耳。今日出而言从，日中不决，何也？"

十九人心悦诚服地怵惠,于是毛遂"按剑历阶而上",一股冲突气喷薄而出,一手按住挎剑,登阶不停足而行——依礼每上一级要两脚相并——此固事急不顾礼仪匆匆而上。其人胸有成竹,不可阻挠之气跃然纸上,大有气冲云天之概。动词配合呼应,使人杰姿致,宛若目前。

　　有些动词,不仅意想不到,而且内涵丰富,用意坚明确切,生动异常。鸿门宴上刘邦要溜之大吉:"乃令张良留谢。良问曰:'大王来何操?'"不曰"持",也不曰"带",却曰"操"——这是个重量级动词,带有贵重物品为"操",此句言此番带来有什么珍宝异物。《田单列传》中的:"田单知士卒之可用,乃身操版插,与士卒分功","身操版插"不仅仅是亲自拿着筑墙挖土用具,而且还有用力于版插一层意思。《荆轲刺秦》中的:"秦王惊,自引而起,神绝。拔剑,剑长,操其室。时惶急,剑坚,故不可立拔。"同样的道理,"操其室"不仅仅是说抓住了剑鞘,这时剑鞘正属救命之具,"操"有急促迫不及待意。特别是《范雎传》中的"操",用得别致极了:

　　　　范雎得出。后魏齐悔,复召求亡。魏人郑安平闻之,乃遂操
　　　　范雎亡,伏匿,更名姓曰张禄。

　　人不是物,却用了"操",很出人意料。李长之说:"'操'……都是普通的字,但因为用到恰好的地方,都新颖而内涵增多。'操'有奇货可居之意。"①"操"字除了这层意思外,还有携带隐蔽掩藏的意思,视下文"亡"与"伏匿",自可明了。那么这句话是说:于是把范雎这个宝物藏起逃亡。同样一个普普通通的"操"字,在他手里,可以有多种变化与多种含义,也丰富了语汇。亦如李长之所说:"语汇之多,决不在识字多寡,而在能运用。能运用,便使许多熟字也都新鲜起来,于是一字有数字之用,无形中语汇也丰富了。"②若论语汇之多,《史记》不如《汉书》;若论作用之生动,则《汉书》远不如《史记》。《史记》《汉书》之区别,也可在运用常见词之生动与否上有鲜明之分!

二、精确生动的动宾组合词与主谓组合词

　　《史记》用词干净利落,简洁省净,而且坚确明白,生动有意味。单音动

---

① 李长之:《司马迁之人格与风格》,生活·读书·新知三联书店1984年版,第287页.
② 李长之:《司马迁的人格与风格》,生活·读书·新知三联书店1984年版,第287页。

词已如上论,而动宾组合词或动词词组,也格外引人注目。有弹性张力的动词,与意想不到的名词宾语,一经配合,格外引人注目,别有兴味。

先秦至汉,词汇由单音词逐渐向复音词发展,在发展中有些松动的动宾词组慢慢发展到动宾结构的组合词,如《太史公自序》中说《史记》各篇所作的原因,出现了许多由宾语"义"组合的动宾结构组合词:

1. 穆公思义。　　　　　　　　（《秦本纪》）
2. 汉乃扶义征伐。　　　　　　（《秦楚之际月表》）
3. 推恩行义。　　　　　　　　（《王子侯者年表》）
4. 文侯慕义。　　　　　　　　（《魏世家》）
5. 末世争利,维彼奔义。　　　（《伯夷列传》）
6. 崇仁厉义。　　　　　　　　（《仲尼弟子列传》）
7. 连类以争义。　　　　　　　（《屈原贾生列传》）

其中思义、扶义、行义、慕义、奔义、厉义、争义,还有"敢犯颜色以达主义""嘉庄王之义""《春秋》以道义""明主贤君忠臣思义之士",又有了主义、嘉义、道义、死义。这些动宾结构合成词,以后逐渐变为复音名词,如"主义"与"道义"。一部《史记》以《春秋》为大法,司马迁认为"《春秋》以道义",即以讲义为原则,《史记》亦以"尚义"为主①。所以司马迁创制许多以"义"为宾语的动宾结构组合词,这只是就《自序》而言,如果统计全书那就更多了。然仅此一端即可见在"尚义"思想指导下,新词的骤增。

《苏秦列传》说苏秦游说韩王合纵:"且大王之地有尽而秦之求无已,以有尽之地而逆(迎合)无已之求,此所谓市怨结祸者也,不战而地已削矣。""怨"可以招,"祸"可以结,但不可买卖,然《战国策·齐策四》之《冯谖客孟尝君》即有"乃臣为君市义也"与"市义奈何",把焚券弃债获得人心称作"市义"。既然"义"可以"市",那么"怨"也就可以"市"了。班彪《北征赋》的"剧蒙公之疲民兮,为强秦乎筑怨",说是筑长城以疲民,等于为秦筑怨,应当是就史公"市怨"引发出来。"怨"是无形无味,既然可"市",那么也就可"筑"了。班彪的"筑怨"显然是从此"市怨"而来。割地求和结局只能是"市怨",这足够让人触目惊心的,很带刺激性。

还有更刺激的"卜鬼""念鬼"。《陈涉世家》:"吴广以为然。乃行(往)卜。卜者知其指意,曰:'足下事皆成,有功。然足下卜鬼乎?'陈胜吴广喜,

---

① 见本书第一章第一节《〈史记〉"尚义"精神论》。

念鬼,曰:'此教我威众耳。'""卜之鬼"犹言卜于鬼①,意谓向鬼请教,暗示可借鬼神以取得威信。所以陈、吴听后"喜","念鬼"——开始考虑"卜鬼",即怎样问鬼。于是明白了"此教我先威众耳"。作者依事行文,临文造句组词,"念鬼""卜鬼",都是以前没有出现过的,而意外意中,若隐若现,匆乱中起事的密谋,如何倾动人耳,写隐秘事一时如见。以后便有鱼书狐鸣的神鬼事。

《大宛列传》:"骞所遣使通大夏之属者皆颇与其人俱来,于是西北国始通汉矣。然张骞凿空,其后使往者皆称博望侯,以为质于外国,外国由此信之。""凿空",裴骃《集解》引苏林曰:"凿,开;空,通也。骞开通西域道。"司马贞《史记索隐》:"谓西域险厄,本无道路,今凿空而通之也。"此为司马迁创词。《汉语大词典》释为"打通道路",似缩小了内涵。恐为逐渐艰难地在荒凉险阻地带打开通往西域之道。或许接近"凿"义的内涵。由此可见,司马迁创新词的语言弹性,且精确明晰,生动简洁。

《魏豹传》:"汉王闻魏豹反,方东忧楚,未及击,谓郦生曰:'缓颊往说魏豹,能下之,吾以万户封若。'""缓颊"谓徐言慢慢劝说,不用徐言之类,而谓放松脸颊说话时活动,也是为了求其视角的可视性,达到形象逼真。"捧腹大笑"见于《日者列传》,作为状语的"捧腹",动态逼真,可使人哑然失笑。《樊哙传》:"荒侯市人(哙庶子)病不能为人,令其夫人与弟乱而生他广,他广实非荒侯子,不当代后。""为人",张守节《正义》说:"言不能行夫妇道。"遇到这类不便明言者,措语含蓄,还要说得让人知道是怎么回事。"不能为人",可称得上"质而不俚"。该传又言:

> 先英布反时,高祖尝病甚,恶见人,卧禁中,诏户者无得入群臣。群臣绛、灌等人莫敢入。十余日,哙乃排闼直入,大臣随之。

樊哙拿出鸿门宴撞帐的劲儿,"排闼"——横冲直撞地推开宫中小门,这就把"直入"描写得至为逼真,而且传出一种紧张的气氛。

《冯唐传》叙写文帝与冯唐论将,谈得很热烈,于是:"上既闻廉颇、李牧为人,良说,又搏髀曰:'嗟乎,吾独不得廉颇、李牧时为吾将,吾岂忧匈奴

---

① 之,有"于"义。《太史公自序》的"藏之名山",犹言藏于名山。《报任安书》:"藏之名山,传之其人。"《项羽本纪》的"吾闻之周生曰",《六国年表》的"三国终之卒分晋",《张耳陈馀列传》:"乃卒为请决,嫁之张耳。"以上"之"均为"于"义。后三例参见王叔岷:《古书虚字广义》"之"字条,中华书局2007年版,第435页。

哉!'"文帝为代王时就听闻过赵将,冯唐亦为代地人,论将投机,所以文帝兴奋地"搏髀":拍起大腿,表示赞扬而惋惜。此词本出于李斯《谏逐客书》,然用于此别有一番风味,见出论将的热烈气氛。《吕不韦传》:"吕不韦怒,念业已破家为子楚,欲以钓奇,乃遂献其姬。""钓奇"生新,宾语使人想象不到。这和把子楚看作"此奇货可居",造词法相同,且与前后呼应,可视这篇大商人传的"关键词"。柳宗元"独钓寒江雪"的"钓"与"雪"字,当与此有关。《廉颇蔺相如列传》赞:"知死必勇,非死者难也,处死者难。"把面对死亡,如何对待处理,谓之"处死",简明精确,而且峻洁。《韩非传》的"非知之难矣,处知则难矣","处知"与"处死"造词法相同。与之相近的还有"处谄",谓以取容为处世之道。《万石君传》论赞:"周文处谄,而君子讥之。"诸如此类的动宾结构合成词,无不形象生动,有些词尚未为大型辞书所收,如"处谄"。

其次,再看主谓结构合成词。这些词松散者可以看作短语,凝固可视作复音词,无论何种,都以形象生动为措词或造词之标准。《田叔列传》说刘邦过赵,对女婿赵王张敖无礼,赵相赵午等"请为乱",张敖说:"先人失国,微陛下,臣等当虫出,公等奈何言若是!毋复出口矣!""虫出"犹言死无葬身之地。"当虫出"简言之应当早死,把早死说成"虫出",骇人心目,亦与张敖小心之性相符。《礼书》:"自子夏,门人之高弟也,犹云'出见纷华盛丽而说,入闻夫子之道而乐,二者心战,未能自决'。"把心里计较对事物得失的取舍说成"心战",自然生动活现。陶诗的"贫富常交战"即由"心战"生发出来。"心战"出自《韩非子·喻老》:"子夏曰:'吾入见先王之义,则荣之。出见富贵之乐,又荣之。两者战于胸中,未知胜负,故臞。今先王之义胜,故肥。"二者比较,司马迁措辞的简洁生动迈出蓝本之上。《苏秦列传》:"秦虽欲深入,则狼顾,恐韩、魏之议其后也。"把有后顾之忧说成"狼顾",恰切生动则不言而喻。《刺客列传·豫让传》:"今智伯知我,我必为报仇而死,以报智伯,则吾魂魄不愧矣。"按语意本是"吾不愧",添一"魂魄"语奇而沉痛。《史记》主谓结构合成词数量比不上动宾合成词,但凡所见,或后出转新,或自铸新词,均以生动见长。

三、状谓合成词与动词连用

状谓结构合成词,前之状语本具修辞性,所以这类词文采斐然,而且内涵丰富,可使行文简洁。

《田叔列传》:"鲁王好猎,相尝从入苑中,王辄休相就馆舍,相出,常暴坐待王苑外。""暴坐"谓坐在露天下。观下文田叔所说:"我王暴露苑中,我独何为就舍!"这是以"暴坐"为谏,所以"鲁王以故不大出猎"。《淮南衡山列传》:"百姓离心瓦解,欲为乱者十家而七。"喻事物分裂分离为"瓦解"。与之相迎还有瓦合,《儒林列传》:"陈涉起匹夫,驱瓦合适戍,旬月以王楚。"喻临时凑合为"瓦合",创词生新。《赵世家》叙写"赵氏孤儿"一节,程婴说:"今赵武既立,为成人,复故位,我将下报赵宣孟与公孙杵臼。""下报"犹言死报,意谓将到地下告知,措词奇壮,而又极为简明,把死说成"下",真是视死如归。与之相近的还有"口报",《吴王濞列传》:"吴王濞恐削地无已,因以此发谋,欲举事。……乃使中大夫应高祧诱惑胶西王。无文书,口报曰:'吴王不肖,有宿夕之忧。'""口报"谓口头告知,因谋发用文书怕留下把柄,故用"口报"方式。

《货殖列传》:"乌氏倮畜牧,及众,斥卖,求奇缯物,间献遗戎王。戎王什信其偿,与之畜,畜至用谷量马牛。"谓衡量牛马之多少以山谷为单位,极言不计多少。牛运震说:"奇语入妙,与《庄子》'死者以国量'句同工。"①《滑稽列传》:"若乃州闾之会,男女杂坐,行酒稽留,六博投壶,相引为曹,握手无罚,目眙不禁,前有堕珥,后有遗簪,髡窃乐此,饮可八斗而醉二参。""目眙"犹言直视。因此节文字,形同赋制,措语华赡,铸词须雅,故不用直视,而出之"目眙"。由此可见语言风格的多样化,他有朴言,亦有雅言。无论雅俗,均写得酣畅淋漓。该传又说:"关中自汧、雍以东至河、华,膏壤沃野千里,……然四塞,栈道千里,无所不通,唯褒斜绾毂其口,以所多易所鲜。"司马贞《史记索隐》:"言褒斜道狭,绾其道口,有若车一毂之凑,故云'绾毂'也。"绾为盘结义,毂为车辐所聚之处。比喻处于中枢地位,对各方面有联络、扼制作用。《甘茂传》的"贫人女与富人女会绩",把聚会在一起纺线谓之"会绩",虽属雅词,然亦简明。

《平原君传》:"平原君竟与毛遂偕。十九人相与目笑之而未废也。""目笑"谓挤眉弄眼地窃笑,写俗人神态尽情,铸词奇特而生动。《越王勾践世家》:"吾不贵其用智之如目,见豪毛而不见其睫也。今王知晋亡失计,而不自知越之过,是目论也。"所谓"目论",谓像眼睛一样只见他人三毫毛不见自己睫毛之论。比喻不自见过失,无自知之明。"目论"的造词方式与"耳食"相同。《六国年表序》:"学者牵于所闻,见秦在帝位日浅,不察其终始,因举而笑之,不敢道,此亦与耳食无异。悲夫!"《货殖列传》:"今夫赵郑姬,设形容,揳鸣琴,揄长袂,蹑利屣,目挑心招,出不远千里,不择老少者,奔富厚也。""目挑心招"为两个状谓结构合成词并用,与司马相如《上林赋》的

---

① 牛运震:《史记评注》,三秦出版社2011年版,第346页。

"色授魂与"构词方式相同。《刺客列传·荆轲传》:"固去也,吾曩者目摄之。""目摄"谓瞪眼威吓。这是出自盖聂自己的话,故用雅词。

再看动词连用合成词,此类词含义多,把两个动态连续描绘组成一个新词,显得较为复杂,作者同样重视形态的描绘。《秦楚之际月表序》:"然王迹之兴,起于闾巷,合从讨伐,轶于三代,乡秦之禁,适足以资贤者,为驱除难耳。""驱"与"除"为两动词,意义稍别,比单用一动词,更为确切。《陈涉世家》:"又间令吴广之次所旁丛祠中,夜篝火,狐鸣呼曰:'大楚兴,陈胜王'。卒皆夜惊恐。旦日,卒中往往语,皆指目陈胜。"把以手指示、以目示意谓之"指目",两动词连用,见出当时神秘惊讶气氛。

《秦始皇本纪》:"秦每破诸侯,写放其宫室,作之咸阳北阪上。""写"与"放(仿)"都是模仿的意思,合用在一起,意义有所扩大,当为尽力模仿。《荆燕世家》:"及太后崩,琅琊王泽……乃引兵与齐王合谋西,欲诛诸吕,至梁;闻汉军遣灌将军屯荥阳,泽还兵备西界,遂跳驱至长安。""跳驱"即连奔带跑。"跳"有急奔义,《高祖本纪》:"(项王)遂围成皋,汉王跳,独与滕公共车出成皋玉门。"而"跳驱"属于同义动词并用,但不是简单的两动词相加,而是快上加上,火急火燎的情势已见。

《酷吏列传·张汤传》:"汤为人多诈,舞智以御人。始为小吏,乾没,与长安富贾田甲、鱼翁叔之属交私。""乾没"义同陆沉,亦即俗语所说的"埋没",此谓埋没于小吏中①。同传:"汤数行丞相事,知此三长史素贵,常凌折之。"又:"君所治夷灭者几何人矣?""凌折""夷灭"均为动词连用,前者表欺辱方法之多样,后者强调杀伐之惨酷,比单音词要来劲得多。《项羽本纪》:"于是大风从西北而起,折木发屋,扬沙石,窈冥昼晦,逢迎楚军。楚军大乱,坏散,而汉王乃得与数十骑遁去。""逢迎"谓朝着迎着;"坏散"犹言败散,语简而意丰。

总之,《史记》中动词连用的复音动词甚多,多用于强调作用,或者表示动作的连续性与复杂性。无论何种情况,构词的目的都避免模糊力求简明生动,精确形象。

刘熙载说:"学无所不闚?'善指事类情',太史公以是称庄子,亦自寓也。"②如果从"指事类情"看,《史记》在动词以及有关复合词的运用上,也能从具有动态、形象生动的此类词汇,达到善叙事理,摹写生动的特征。虽然词汇的总量比不上《汉书》,但能俗中出雅,把习见寻常字一经组合,顿成

---

① 钱钟书:《管锥编》,中华书局1979年版,第373页。
② 刘熙载:《艺概·文概》,上海古籍出版社1978年版,第13页。

异观,组成不同的词汇,创造出不少奇特别致的新词,给他的行文增添无尽的光彩。

第二节 《史记》虚词的情感魅力

《史记》的虚词主要见于人物对话与"太史公曰",这两部分的虚词,表现了所写人物与作者自己的感情。而且往往在每句中都出现,感情摇曳,丰富多彩,给《史记》平添了不尽的风光,部分虚词也引起了不少论者的注意[1],然系统集中讨论者,还须进一步努力。

一、句末常见语气词的情感

研究虚词的训诂学家说:"构文之道,不过实字虚字两端,实字体其骨,而虚词其性情也。盖文以代言,取肖神理,抗坠之际,轩轾异情,虚字一乖,判于燕越。……且夫一字之失,一句为之蹉跎;一句之误,通篇为之梗塞。讨论可阙乎!"[2]这是从虚词词义看,而虚词体现"性情"一面就不仅表达意念,而且表现语气与情感的作用,往往可意会而难于言传。而《史记》一书注重情感的发抒,所用的虚词从种类上看并不多,甚至于还比不上陶渊明诗的用量[3],然而所用虚词棱角外露,感情充沛,给人留下极深印象。先就句末语气常用虚词"也""矣""哉"讨论如下。

"也"字用于句末,一般为"语已辞"或"终意辞"(刘淇语),表示句意完结,因其语气"疏爽质实,专确无疑,故其于语也,勾勒完结"[4]。但这种语已终意之词仍带有色彩各异的情感。如《封禅书》:

---

[1] 牛运震:《史记评注》有不少讨论,然限于随文评释,比较分散。林纾《春觉斋论文》有两条专论"矣"与"也"的用法,前者以《汉书·食货志》为例,后者专为《史记》而发。李长之《司马迁之人格与风格》第八章第五节《司马迁之词汇及其应用》,讨论了"矣""也""而""故""则""乃""亦""竟""卒""欲""言",每词举一二例,带有抽样调查性质。吴国忠:《〈史记〉虚词同义连用初探》,《中国语文》1983年第3期。集中单字讨论见于20世纪末。李春普:《〈史记〉"且"字虚词用法统计分析》,《佳木斯师专学报》1996年第4期;张福德:《〈史记〉中"以"字析论》,《古汉语研究》1997年第1期;方文一:《〈史记〉中"孰与"的用法》,《浙江师范大学学报》1991年第2期。近代学者章廷华:《论文琐言》就说过"《史》《汉》用虚字最有分寸。见王水照主编《历代文话》,复旦大学出版社2007年版,第9册第8391页。
[2] 刘淇:《助字辨略·自序》,中华书局1983年版,第1页。
[3] 参见拙文《陶渊明诗的散文美》,《文学遗产》2008年第6期;又见笔者所著《陶渊明论》,北京大学出版社2011年版。
[4] 袁仁林:《虚字说》,中华书局2004年版,第55页。

第六章 语言论

　　少君资好方,善为巧发奇中。尝从武安侯饮,坐中有九十余老人,少君乃言与其大父游射处,老人为儿时从其大父,识其处,一坐尽惊。少君见上,上有故铜器,问少君。少君曰:"此器齐桓公十年,陈于柏寝。"已而按其刻,果齐桓公器。一宫尽骇,以为少君神,数百岁人也。

此"也"字不仅表达语已终意,同时表达对以上两事的感受,而又是叹词,发抒了感叹惊讶意味。由"一坐尽惊"至"一宫尽骇",以"也"统作收束,语气拖宕冷隽,则又是读者的感受了。同传又说:

　　有雉登鼎耳雊(鸣叫),武丁惧。祖己曰:"修德。"武丁从之,位以永宁。后五世,帝武乙慢神而震死。后三世,帝纣淫乱,武王伐之。由此观之,始未尝不肃祗,后稍怠慢也。

此"也"字是对此节的总收束,具有总结性质。这节文字由上至下,由肃敬而至怠慢,"穆然一叹,讽刺之旨甚长"(牛运震语)。然林纾却说:"此'也'字应上慢淫之结局,为武丁惋惜,至有余味。"①到底"也"字作用是"讽刺"还是"惋惜"? 其实二者兼有之,就武丁看是"惋惜",就纣王看则是"讽刺",由此可见,"也"字情感包容量甚大。该传又言:

　　群臣有言见一老父牵狗,言"吾欲见巨公",已忽不见。上即见大迹,未信,及群臣有言老父,则大以为仙人也。

"巨公"指武帝,所谓"大迹",即上文:"公孙卿持节常先行候名山至东莱,言夜见大人,长数丈,就之则不见,见其迹甚大,类禽兽云。"那么"大迹"即"大人"之足迹,指神仙而言,实则"类禽兽"之足迹。"上即见大迹,未信",这是武帝一时聪明处。然对"老父",即确认为"仙人",这是彻底糊涂痴迷之处。林纾说:"此'也'字是讥词,'则'字有冒失意,'大'字有急不暇查意,'以为'二字有迷信意,用'也'字作煞,讥贬之意,不绎而明矣。"②"也"字于此为判断词,棱角突出,寓于鲜明的嘲讽。说仙之足迹"类禽兽",

---

① 林纾:《春觉斋论文·也字用法》,人民文学出版社,1998年版,第135页。
② 林纾:《春觉斋论文·也字用法》,人民文学出版社,1998年版,第135页。

本为极意嘲笑。武帝不信仙迹却绝对相信牵狗老父为仙人,亦极滑稽,"笔意闪忽,似谐似谑"(牛运震语)。

"也"字既从判断中崭露讽刺之锋芒,还可荡漾出无限之感慨:

> 太史公读《春秋历谱牒》,至周厉王,未尝不废书而叹也。(《十二诸侯年表》)
> 余每读《虞书》,至于君臣相敕,维是几安,而股肱不良,万事堕坏,未尝不流涕也。(《乐书》)

"未尝不废书而叹也",还见于《孟子荀卿列传》与《儒林列传》的"太史公曰";还有《乐毅列传论》所言:"始齐之蒯通及主父偃读乐毅之《报燕王书》,未尝不废书而泣也。"这"废书而泣也"未尝不是作者自己的感受。总之,这些"也"字以双重否定表示决然的肯定,这种肯定句的感情本来就浓烈炽然,加上末句"也"字的扬起,其感慨意味就不能自已,似乎还有说不完的话。所以这些复句常用发端,"凡语意方始,用以钩勒收声,归于明了,此为结上"①。由此可见,用于讽刺则为判断词之结上,用于感叹者则为"语意方始"之起下。

然表感慨赞美也有用于"结上"与"起下"者。《秦始皇本纪》赞曰:"自缪公以来,稍蚕食诸侯,竟成始皇。始皇自以为功过五帝,地广三王,而羞与之侔。善哉乎贾生推言之也!"表示对贾谊《过秦论》的极为赞扬,而且用于倒装句之后,叹美之意溢于言表。以下则引出贾文,如此过脉,意味无穷。纯粹用结上者,如《秦楚之际月表》:"五年之间,号令三擅。自生民以来,未始有受命若斯之亟也。"这是以原始察终对秦汉之际变化频繁迅急发出的感慨,由西周而春秋而战国每段都在数百年间,而由秦而楚而汉只有五年,却有三变。此"也"字不仅是比较的判断,而且是对"变之亟"的感慨。《叔孙通传》里说:

> 竟朝置酒,无敢喧哗失礼者。于是高帝曰:"吾乃今日知为皇帝之贵也。"

刘邦"大丈夫当如此也"的企慕,终于如愿以偿,其志得意满的兴奋,控制不住,"以英雄作伧父语气,细味之可笑"(林纾语)。制定汉仪的"一段大

---

① 袁仁林:《虚字说》,中华书局2004年版,第55页。

文字一语总收有力"(牛运震语)。"也"字结上,也显示对暴发户的微讽。于是"乃拜叔孙通为太常,赐金五百金"。叔孙通因弟子共定朝仪,提出封之以官:

> 高帝悉以为郎。叔孙通出,皆以五百斤金赐诸生。诸生乃皆喜曰:"叔孙生诚圣人也,知当世之要务。"

"圣人"一句既是对制礼余波的收束,也引起下称为"圣人"之原因,是"希世度务"而能"与时变化",在诸生是由衷的赞美,在作者却是对时儒的讽刺。"也"字又起了结上起下的双重作用。

由上可见,"也"字在司马迁手里,既表赞美、感慨,又有讽刺讥笑的意味,还有结上与起下的双重作用。它的感情与作用是复杂而多样的。"也"字还有"让文字格外多了一番从容,有舒缓悠长之致"①。《留侯世家》:"竟不易太子者,留侯本招此四人之力也。"张良处事不露锋芒,废立太子本为大事,说得如此从容不迫,这与其性格再吻合不过了。"也"字也有急迫一面,《吕后本纪》:"吕禄信郦寄,时与出游猎。过其姑吕媭,媭大怒,曰:'若为将军而弃军,吕氏今无处矣。'乃悉出珠玉宝器散堂下,曰:'毋为他人守也。'""也"字使气急败坏的怒声可闻,句短气促,好像冰山雪崩就在眼前。"也"还有轻忽蔑视的意味,《平原君传》:"毛遂左手持槃血而右手招十九人曰:'公相与歃此血于堂下。公等录录,所谓因人成事者也。'""也"字使颐指气使之神气,轻视之语气,如闻似睹。用法与表示限止语气的"耳"相同②。刘邦的名言"大丈夫当如此也",是无赖者的自信与艳羡,自信为决词,艳羡则为叹词。《汉书》"也"字则作"矣",保持了自信,却失了感叹的艳羡。

其次看"矣"。"'矣'字类俗间'了'字口吻,其声尖利清越,倒卷净尽,亦尝随语轻重"③。其声由高落低,为"语已辞",说是"尖利清越"似非,而"随语轻重"倒确为其特点。《平原君传》中的"'愿君即以遂备员而行矣。'平原君曰:'先生处胜之门下,几年于此矣?'毛遂曰:'三年于此矣。'"三个"矣"字分别表示了自信、遗憾与决然的不同语气。而又在不同语气中传递

---

① 李长之:《司马迁之人格与风格》,生活·读书·新知三联书店 1984 年版,第 290 页。
② 《广韵》入声"屋"第一引此例"也"正作"耳","也"字于此犹"耳也"。解惠全注袁仁林《虚字说》:"'耳'字是'而已'的合音,通常用于陈述句末表示限止语气,带有把事情往小处说,往轻说,使人不把它这回事的意味。"
③ 袁仁林:《虚字说》,中华书局 2004 年版,第 54 页。

出各种不同的"何等力量"①!《贾生传》:"贾生之死,时三十三年矣。"惜其年少。"矣"犹言"耳",语气轻而意重。《黥布传》:"出于下计,陛下安枕而卧矣。"语气轻而意亦轻。《王翦传》:"将军之乞贷,亦已甚矣。"语气重而意亦重。《鲁周公世家》:"甚矣!鲁道之衰也。"语气极重,加上与"也"字的配合,而意亦遗憾不尽。《平准书》:"天子既下缗钱令而尊卜式,百姓终莫分财佐县官,于是告缗钱纵矣。"林纾说:"此言以告缗之故,得民财物以亿计;推原百姓不能如卜式以私钱助官,故因告缗而破其家。'纵'字有纵人劫夺意,下字极重,似说成民不分财助官,官自能夺之也。故下文曰:'而县官以盐铁缗钱之故,用少饶矣。''少饶'二字均说他劫夺民财而来,措词冷刻。"②可见这两个"矣"字都很冷而重,讽刺中又含有悲慨之意。

李长之说:"'矣'字最能代表司马迁的讽刺和抒情","可说是司马迁用得最灵巧的一种武器了"③。其"随语轻重"的灵活性为此提供了莫大的方便。《平准书》:"公孙弘以汉相,布被,食不重味,为天下先。然无益于俗,稍骛于功利矣。"《儒林传》说他"希世用事",辕固生骂他"曲学以阿世","董仲舒以弘为从谀",《汲黯传》谓其人"怀诈饰智以阿人主取容"。此"矣"讽刺其人佞巧,使世趋于功利之途。《封禅书》:"天子益怠厌方士之怪迂语矣,然羁縻不绝,冀遇其真。自此之后,方士言神祠者弥众,然其效可睹矣。"一篇"汉武求仙记"的长文以此告终,两"矣"字,前言兴趣健旺的武帝也厌倦了,然余兴未衰;后则不言其效渺茫,而曰"其效可睹矣",出之冷语,"设词于疑信之际,用笔在离合之间,摹拟处无一实境,论断处无一直笔"④,极尽热讽冷嘲之能事。该篇又云:"(栾)大见数月,佩六印,贵震天下,而海上燕齐之间,莫不扼腕而自言有禁方,能神仙矣。"这真是"上有所好,下必甚焉"!汉武帝好仙舍得花大钱,濒海之人即皆会仙术。这个"矣"把奔骛仙途讽刺得深入骨髓。吴见思说:"篇中用字用句,有'若'者、'云'者、'盖'者、'焉'者、'或曰'者,俱冷语微词,意在字句之外,而又不尖利露锋,但见其俊冷,不见其刻削,故妙。"⑤该篇段末四五处"矣"字,可谓属于"冷语微词"的"灵巧武器"。

最后讨论"哉"字。"'哉'字之声,舌点上颚,在拖声语中最为开大重

---

① 章廷华:《论文琐言》,见王水照主编《历代文话》,复旦大学出版社2007年版,第9册第8591页。
② 林纾:《春觉斋论文·矣字的用法》,人民文学出版社1998年版,第134页。
③ 李长之:《司马迁之人格与风格》,生活·读书·新知三联书店1984版,第289页。
④ 牛运震:《史记评注》,三秦出版社2011年版,第91页。
⑤ 吴见思:《史记论文》,中华书局1916年版,第2册第70页。

实"①。用来表示感叹,语气强烈。《淮阴侯列传》曰:"假令韩信学道谦让,不伐己功,不矜其能,则庶几哉,于汉家勋可比周、召、太公之徒,后世血食矣!""庶几哉"犹言庶几乎,意即差不多吧,"哉"与"矣"字均为叹美之词,寄寓惋惜同情之意。《六国年表序》:"《诗》《书》所以复见者,多藏人家,而史记独藏周室,以故灭,惜哉,惜哉!"这是无限的惋惜,连连叹息之声如闻。《滑稽列传》赞曰:"优旃临槛疾呼,陛楯得以半更。岂不伟哉!"这是对"俶傥非常"者的礼赞,也是对智慧人的格外称颂,情感之强烈不能自抑。其传序又言:"天道恢恢,岂不大哉!"则以反诘语气以表感叹,语气同样是强烈的。

"哉"表反问,语气亦重。《楚元王世家》曰:"贤人乎,贤人乎!非质有其内,恶能用之哉?"袁仁林说:"'哉'字挺劲悠长,其气毕达无余,其声苍老衰息,能使声闻天外。"②作为反诘语气词,其作用尤其如此。《樊郦滕灌列传》赞曰:"吾适丰沛,问其遗老,观故萧曹、樊哙、滕公之家,及其素,异哉所闻!方其鼓刀屠狗卖缯之时,岂自知附骥之尾,垂名汉庭,德流子孙哉?""异哉所闻"为所闻异哉的倒句,强调他们原来辱处小业,出身低微,使人意想不到。就是他们本人原来怎么会想到会做出这么大的事业。以反问加强感叹,语气感叹无尽。《张释之冯唐列传》论赞曰:"冯公之论将率,有味哉!有味哉!""哉"为深然之词,叹美之声不绝,咨嗟慨然,深切于衷。《李斯列传》:"斯乃仰天而叹,垂泪太息曰:'嗟乎!独遭乱世,既以不能死,安托命哉!'"叹泣之中,见其人贪位慕禄,堕入泥沼而无可奈何。明知有圈套,仍任人摆布,而有托命无所的悲泣感慨。

总之,"哉"字感情浓烈,无论为语助为叹词,尤其表反诘、表深然,语气要比"也"与"矣"强烈得多。

二、语气轻微的句末语气词

在句末语气词中,语气轻重有别,"也""矣""哉"语气较重,而"焉""耳""云"语气较轻,而各有其用,感情变化则有显著区别。

"焉","平来平落,足其本然之词。诸项虚字中惟此'焉'字定静平延,百无变态"③。"焉"字确实平静,感情微微,但焉字含义较丰,《史记》用得更是丰富多彩。《六国年表序》:"论秦之德义不如鲁卫之暴戾者,量秦之兵

---

① 袁仁林:《虚字说》,中华书局2004年版,第39页。
② 袁仁林:《虚字说》,中华书局2004年版,第39页。
③ 袁仁林:《虚字说》,中华书局2004年版,第54页。

不如三晋之强也,然卒并天下,非必险固,便形势也,盖若天所助焉。"此"焉"犹"也",带有疑惑不解意味,语气平静却引人深思。《苏秦列传》赞曰:"夫苏秦起闾阎,连六国从亲,此其智有过人者。吾故列其行事,次其时序,毋令独蒙恶声焉。"此"焉"字为决词,犹如"矣",但比"矣"字的语气轻得多了。

"焉"字在平静中还可包含不易察觉的讽刺意味。《封禅书》:"石闾者,在泰山下址南方,方士多言此仙人之闾也,故上亲禅焉。""焉"犹如"之",庄重之中寓有讽刺性的冷语微意,意在句外。《万石君传》:"过宫门阙,万石君必下车趋,见路马必式焉。""焉"字不动声色,讥讽之意同样见于言外。《货殖列传序》:"渊深而鱼生之,山深而兽往之,人富而仁义附焉。"此"焉"犹"之",造句如《庄子·胠箧》:"窃国者为诸侯,诸侯之门,仁义存焉。"

除了冷静以外,"焉"字也有热烈与强烈的一面。《游侠列传》:"自关以东,莫不延颈愿交焉。""焉"犹如"之",以此表达游侠的强烈感召精神。《儒林列传》:"及至秦之季世,焚《诗》《书》,坑术士,六艺从此缺焉。""焉"为决然之词,犹如"矣",惋惜中有不尽遗憾。《伯夷列传》:"余甚惑焉,傥所谓天道,是邪非邪?""焉"为疑词,满腹疑惑,亦即满腹愤慨,一肚皮的不平,都倾注在"焉"字上。《老子韩非列传》:"吾宁游戏污渎之中自快,无为有国者所羁,终身不仕,以快吾志焉。"这个"焉"字,痛快淋漓,感情之强烈不弱于"哉"字。《孟尝君列传》:"敬从命矣。闻先生之言,敢不奉教焉。""焉"字语气之强烈,亦灼然可见。

由上可见,"焉"字情感丰富,只是不外露罢了,然并非"百无变态"。

其次讨论"耳"字。"耳"字之语气比"焉"字显得更为轻微,表示限止语气,有不屑一提,或轻视等意。相当今语"罢了",古语"而已"。

《陈涉世家》:"陈胜、吴广喜,念鬼,曰:'此教我先威众耳。'"经过对卜者的话一番琢磨,原来是让我们借鬼取得威信罢了。此"耳"字有恍惚大悟,才觉得不过如此罢了,并不那么神秘。《封禅书》:"于是天子曰:'嗟乎!吾诚得如黄帝,吾视去妻子如脱躧耳。'"这是崇神拜仙教者的兴奋,视仙为至高境界,甚至于视去妻抛子如脱鞋,"耳"字不值一钱的轻视意味很浓。《淮阴侯列传》:"王素慢无理,今拜大将如呼小儿耳,此乃信所以去也。"此"耳"轻率至极,以见刘邦倨傲无礼之习性。同传又曰:

> 何曰:"诸将易得耳。至如信者,国士无双。王必欲长王汉中,无所事信;必欲争天下,非信无所计事者。顾王策安所决耳。"
> 王曰:"吾亦欲东耳,安能郁郁久居此乎?"何曰:"王计必欲东,能

用信,信则留;不能用,信终亡耳。"

　　这里四个"耳"字,第一个"耳"字,限止语气明显。"顾王策安所决耳",这是重话轻说,带有诱导性质:这就看王策如何决定罢了。看似轻忽,实则牵着刘邦鼻子朝韩信那儿引导。这才逗引牵惹出刘邦"吾亦欲东耳",萧何既已明示"必欲争天下",所以刘邦此语就有些无可奈何:我也想向东进取呀。此"耳"之语气就轻得多了。末尾的"耳"为决词,也是重话轻说,同样有诱导作用。这四个"耳"字,借助不同的语气——表面都是轻易,而实则不同,刻画出人物微妙的心态。牛运震说:"叙高帝与萧何问答紧慢断续,历落曲折,清快活脱,如新出口,遂极摹神写生之胜。"①而其中一连串的"耳"字,起了关键作用。

　　有时"耳"字用得很微妙,语气轻重一时难辨。《高祖本纪》:"丰吾所生长,极不忘耳,吾特为其以雍齿故反我为魏。"只看"极不",则"耳"为重词,语气强烈;然"特为"云云,回头再看"极不忘耳",话说得极为勉强,是属于故作姿态语。再看下文:"沛父兄固请,乃并复丰,比沛。"对于"复丰"是极不乐意的,因仇人雍齿即生其地,他怎能痛快地免去丰地的赋税。故此"耳"字,把刘邦心里的小算盘揭示得惟妙惟肖。《孝武本纪》说汉武帝发现李少翁的法术通通作假,"于是诛文成将军而隐之",后又来了栾大说什么:"不死之药可得,仙人可致也。"设置诱饵后,又言:"臣恐效文成,则方士皆掩口,恶敢言方哉!"武帝说:"文成食马肝死耳。子诚能修其方,我何爱乎!"明明是诛杀,却说成食物中毒,"耳"字口气极为轻率,想轻轻地掩饰过去,栾大的话却用"哉"表示重而强的语气,两相对比,彼此的心理活动,就隐跃纸上,历历分明。

　　《淮阴侯列传》:"龙且曰:'吾平生知韩信为人,易与耳。'""耳"字在轻率中还包含一种自信,而有绝对把握。他其所以被韩信杀掉即与轻敌有关。同传又曰:"项王所过无不残灭者,天下多怨,百姓不亲附,特劫于威强耳。"这是说百姓暂时的屈服,只是迫于项羽的威力强大而已,终究会"不亲附"的。换句话说,项羽的"威强"也是暂时的,故用了限止语气的"耳"。《儒林列传》:"窦太后好黄老书,召辕固生问老子书。固曰:'此是家人言耳。'""家人",或谓"僮隶之属"(颜师古《汉书》注语),或谓"犹《晋书》所谓'老生常谈'"(郭嵩焘语),"耳"即有强烈轻视意。

　　可见"耳"字语气短促轻率,然在司马迁手里却用得复杂多变,对描摹

---

① 牛运震:《史记评注》,三秦出版社2011年版,第230页。

人物的语言,起了极重要的作用。而且语气轻重有变化,刻画人物心理活动,在细微之间,纤毫毕现。

最后讨论"云"字。"云"之语气较"耳"字更为轻微,几乎在虚无缥缈之间。或者似有似无,处于有无之疑惑之间,视为疑词。

《伯夷列传》:"余登箕山,其上盖有许由冢云。"此所谓传闻异辞,以疑传疑。"云"字表达若有若无的疑似语气,语气缭绕多姿,澹荡而有波澜。《封禅书》:"平原君往祠,其后子孙以尊显。及今上即位,则厚礼置祠之内。中闻其言,不见其人云。"说得似有似无,可闻而不可见,"云"字就表现了这种若有若无的情景,以声音细微之疑词,表达有无难定之疑事,恰到好处。若取掉"云"字,如此光景则减少若许。此类恍惚之事,说到质实,倒显得不够真切。同传又说:"此三神山者,……未至,望之若云;及到,三神山反居水下。临之风辄引去,终莫能至云。"把神山说得忽有忽无,恍惚不定,这真是"忽闻海上有仙山,山在虚无缥缈间"!"终莫能至云",本来为子虚乌有的事,说得可有可无,引人无限遐想,"云"字平添了云雾般的情趣。又说:"上有所幸王夫人,夫人卒,少翁以方盖夜致王夫人及灶鬼之貌云,天子自帷中望见焉。""盖"为推测之词,加一"云"字,真就成了疑似之间,而末了"焉"字回射,真就成了果真如此,让汉武帝处于云里雾里一般。又说:"其后(栾大)装治行,东入海,求其师云。"这位术士打点赏赐黄金,准备东入海逃之夭夭,说是"求其师",后着一"云"字,讽刺其谎言,渺茫没有边际。又说:"三月,遂东幸缑氏,礼登中岳太室。从官在山下,闻若有言'万岁'云。问上,上不言;问下,下不言。于是以三百户封太室奉祠。"是说听到好像有人喊"万岁"似的,上下互问,都没有说听到还是没听到。人人都处于精神恍惚之中,每个人好像都不相信自己的听觉。虽然谁都没有说听到什么,谁也不敢说没听到什么。反正还是把三百户人家的赋税慷慨地做了"太室奉祠"的费用,这真是莫大的讽刺,而且是相互连接的两重讽刺。以上《封禅书》五例,前四例的"云"字无不有讥讽意味。

由上可见,语气轻微的句末语气词,变化比较微妙,在司马迁手里简直成了便利的武器,以它们各自不同的特点,发挥到了随心所欲各臻其极。尤其在讽刺上各尽其妙,言外有无尽的辛辣,笔端又是那么轻微而不动声色,甚至于到了至善至美的地步。

三、句首句中虚词的情味

句首句中虚词,前者关乎上下句或多句的关系,后者则与所在句起着重要作用。前者如转折连词"而""然",副词如"乃""竟"等,这些与一般发语词区别在于情味浓郁,而不仅仅只承担语法上的作用。

"而"字有顺承,也有转折,后者往往投注作者的感情。袁仁林说:"'而'字之声,腻滑圆溜,有承上启下之能,有蒙上辊(转)下之情。惟其善转,故不拘一处,无乎不可,一切去来、出入、周折、反正、过接,任其所辊无滞。"①《李将军列传》所附《李陵传》说:"陵既至期还,而单于以兵八万围击陵军。陵军五千人,兵矢既尽,士死者过半,而所杀伤匈奴亦万余人。"第一个"而"字有两重意想不到的作用:当李陵按约定时间返回,突然遭到围击;陵军五千人被八万匈奴围击,力量悬殊,故用"而"字转折。第二个"面",虽然陵军人少,且死伤过半,还能杀伤敌军万余人,故再用"而"字转折。两"而"字寄寓了作者的同情与称扬。写李广最后对他部下说:"广结束与匈奴大小七十余战,今幸从大将军出单于兵,而大将早又徙广部行回远,而又迷失道,岂非天哉!"前两句总结了一生,一辈子不受重用,又不能明说,到现在才能"幸从",真是有一肚皮的委屈。而中两句连续用了两"而"字,转折再转折,不幸又加上不幸,正要逼他上法庭,顿挫跌顿间有无限之辛酸,汉武帝与卫青夹击,非把老将逼上死路不可。而忠实的老将临死也只能说"岂非天哉",这节血泪文字,两"而"字犹如其中的"强音符",呜咽一声如闻,表示了不尽的同情与愤懑。

或者几个"而"字连用,则有意想不到的结果。《万石张叔列传·直不疑传》:"其同舍有告归,误持同舍郎金去。已而金主觉,妄意不疑,不疑谢有之,买偿,而告归者来而归金,而前郎亡金者大惭,以称此为长者。"前两"而"字,一为转折一为顺承,第三个"而"又转折,且是故事结局的大转折。三"而"字相距极近,络绎而来,中间的"而"字似乎把前后两次转折,予以缓冲。两句波澜骤起,"而"字澹荡有神,"两句中情事曲折,妙在连用'而'字,句流走而挺健"②。《孟尝君列传》:"君独不见夫趋市者乎?明旦,侧肩争门而入;日暮之后,过市朝者掉臂而不顾。非好朝而恶暮,所期物忘(亡,无)其中。"三"而"字前后为顺承,中间为转折,此与上例相反,然"而"字使"句流走而挺健",则是一致的。

在纵横家的说辞里,每用"而"以加强语势的转折。《苏秦列传》:"且大王之地有尽而秦之求无已,以有尽之地而逆(迎合)无已之求,此所谓市怨结祸者也,不战而地已削矣。"三"而"字都在句中,都起转折作用。这种转折加强了反差性的对比,语势震荡,如大风卷箨,使割地事秦之说扫尽

---

① 袁仁林:《虚字说》,中华书局2004年版,第9页。
② 牛运震:《史记评注》,三秦出版社2011年版,第259页。

无余。

《平原君传》:"邯郸之民,炊骨易子而食,可谓急矣,而君之后宫以百数,婢妾被绮縠,余粱肉,而民褐衣不完,糟糠不厌。民困兵尽,或剡木为矛矢,而君器物钟磬自若。使秦破赵,君安得有此?"四个"而"字,除第一个"而"字为顺承外,其余都为转折,且都用于句首,一来勾勒句意层次,以"而"字分疆划界,至为清晰;二来中间之"而",与前后两层均成对比,语势劲猛。"而"字于此犹如"领字",贯下数句,层次一目了然。《虞卿传》:"今坐而听秦,秦兵不弊而多得地,是强秦而弱赵也。以益强之秦而割愈弱之赵,其计故不止矣。"四"而"字都用于句中,都为顺承,使每句的因果关系透晰,合而用之,有顺流直下、势不可止之光景。

有时"而"字无多,却有不少感慨。《春申君列传》:"于是遂使吏尽灭春申君之家。而李园女弟初幸春申君有身而入之于王所生子者遂立,是为楚幽王。"首一"而"字领起长长一句,其人已死,其子确立为楚王,使人滋发多少慨然,因前后相照相对比,自作聪明者反被聪明所误;而且句中的"而"字,使长句摇曳动荡,其间原委靠它说得清楚,并且又生一感慨。牛运震说:"二十七字为句,拙古而不见冗弱。此太史公长处。"[1]句"不见冗弱"者,关键在于句首与句中两"而"字起了转折,滋生动荡之势。《李斯列传》:"今反者已有天下之半矣,而心尚未寤也,而赵高为佐,吾必见寇至咸阳,麋鹿游于朝也。"两"而"字分置两句首,两句又彼此接踵而至,反复跌宕顿挫,反复转折,自然逼出来"吾必见"之结果,"而"字显得格外挺劲。或者"而"字转折出数句,气势更为充沛。《蒙恬列传》说:

> 夫秦之初灭诸侯,天下之心未定,痍伤者未瘳,而恬为名将,不以此时强谏,振百姓之急,养老存孤,务修众庶之和,而阿意兴功,此其兄弟遇诛,不亦宜乎!

两次转折,先正说后反言,无论正反都以转折为用。正说详而反言略,语详者缓而略者紧。两"而"领句虽有多寡之别,都起了一气直下作用。以"'而'字为转折,原很普通,但司马迁用来却特别有一种娟峭之美,清脆之声"[2]。这在上面是分明感受得到的。

有些"而"字用义少见,如《李斯列传》:"扶苏为人仁,谓蒙恬曰:'父而

---

[1] 牛运震:《史记评注》,三秦出版社2011年版,第196页。
[2] 李长之:《司马迁之人格与风格》,生活·读书·新知三联书店1984年版,第290页。

赐子死,尚安复请!'即自杀。""而"犹"曾"犹"乃","父而赐子死"谓竟然赐子死,此"而"表极为遗憾。《秦始皇本纪》赞曰:"后虽有淫骄之主,而未有倾危之患也。"此"而"犹"尚"犹"犹"。《大宛列传》:"是时汉既灭越而蜀,西南夷皆震。""而"犹"与"。《苏秦列传》:"韩、魏战而胜秦,则兵半折,四境不守;战而不胜,则国已危亡随其后。"这是对形势的估计。两"而"均为"如果"义。《张仪列传》:"凡天下强国,非秦而楚,非楚而秦。""而"字犹"则"犹"即"。

与"而"字转折作用相近的是"然","'而'字轻便滑溜,以其虚递也;'然'字重实老到,以其承上也。而上文已有收束,则用'然'字认真转;上文只恁平来,则用'而'字轻便转"①。二者轻重有别,虚递实转各异。《范雎蔡泽列传》论赞曰:

范雎、蔡泽世所谓一切辩士,然游说诸侯至白首无所遇者,计策之拙,所为说力少也。及二人羁旅入秦,继踵取卿相,垂功于天下者,固强弱之势异也。然士亦有偶合,贤者多如此二子,不得尽意,岂可胜道哉!然二子不困厄,恶能激乎?

以上三"然"字俱为实转重转,上文俱有收束,且每转一次即深入一层,层层深入,由二人转入天下之士,而别开一境界,不觉写出自己胸中块垒。"二转一意,愈转愈深曲,感慨亦与俱长"(牛运震语),这也是司马迁使用虚词最具个性的地方。

"乃"与"竟"在表达居然、竟然义上相同,区别在于"乃"轻而"竟"重。"乃"有顺接作用,此易见易懂而可不论。

《孟尝君列传》:"始以薛公(指孟尝君)为魁然也,今视之,乃眇小丈夫耳。"言居然是个头不高的小男子,惊讶兼有蔑视。《李斯列传》:"二世用其计,乃不坐朝廷见大臣,居禁中。赵高常侍中用事,事皆决于赵高。"用"竟"则语气过重,不若"乃"妥帖。《淮阴侯列传》:"(樊哙)曰:'大王乃肯临臣!'信出门,笑曰:'生乃与哙等为伍!'""乃肯"犹言"居然肯"。后句说现在却与樊哙之类等同。两"乃"义别,人物心理活动的微妙亦由此可见。

"竟"比"乃"语气重多了。《魏其武安侯列传》:"其春,武安侯病,专呼服谢罪。使巫视鬼者视之,见魏其、灌夫共守,欲杀之。竟死。"末句非言一直到死,与《李将军列传》的"专以射为戏,竟死",用法不同。而竟然死掉

---

① 袁仁林:《虚字说》,中华书局2004年版,第9页。

了,也就是说居然被吓死了。这个"竟"字用得很响。《佞幸列传》:"长公主赐邓通,吏辄随没入之,一簪不得著身。于是长公主乃令假衣食。竟不得名一钱,寄死人家。"以上两"竟"都倾注讽刺意味,都能把"竟"字用得很响。《赵世家》:"屠岸贾闻之,索于宫中,夫人置儿裤中,祝曰:'赵宗灭乎,若号;即不灭,若无声。'及索儿,竟无声。"言居然没有哭①,有出于意料之外的感叹意味。

《史记》的虚词,当然不止这些,其他如"乎""则""即""故""亦""欲""夫""曾",以及复音副词"也夫""嗟夫""何其""呜呼""乎哉""于戏""嗟乎""者也""者哉",还有与动词组合的"惜哉""悲夫"等,都能随文势而施用,以发抒种种不同的感情。尤其是把一两个虚词在一节中反复或交错出现,把复杂的感情与深广的思考,表现得更为淋漓尽致。本文虽间或涉及,但这并非其全面,也是值得深长思之。

还有虚词的反复使用,最为常见的为"而"、"然",上文已有讨论。还有句末语气词"矣",《袁盎晁错列传》说晁错执意削弱侯国,其父劝阻,晁错用意决然,其父曰:"刘氏安矣,而晁氏危矣,吾去公归矣!"钱钟书说:"叠三'矣'字,纸上如闻太息,析为三句,削去衔接之词,顿挫而兼急迅错落之致。《汉书》却作:'刘氏安矣而晁氏危,吾去公归矣!'索然有底情味?"②取掉一"矣"字,感叹意味就少得多了。

第三节 《史记》实词反复的特征

《史记》的反复,自宋以降,每为人看重,今人亦多有论述。然反复的形态与规律,特征与作用,方法与效果,尚有待全面盘点与梳理,进一步从宏观与微观结合上深入讨论。

一、通篇散见而具有贯穿性的反复

《史记》有个奇特的现象,叙事峻洁简捷,"辞约而事举,叙三千事唯五十万言;班固叙二百年事,乃八十万言,烦省不同,不如迁一也"③,这种外

---

① 杨树达《词诠》谓武安侯"竟死"与此"竟无声"的"竟",是"终"的意思,而"竟"字条亦未列"居然"一义。
② 钱钟书:《管锥编》,中华书局1979年版,第273页。
③ 晋人张辅语,见《晋书·张辅传》,中华书局1982年版,第6册第1640页。

在形态的比较并不餍服人心,然却启人思考,既然《史记》言约事丰,以简洁著称,为什么却要大量使用反复？反复的消极是烦冗,积极则是强调,但无论怎么说,都是一种"奢侈文字",而简洁的《史记》为何不惜笔墨,而以反复著称？可以这么说,言约事丰是史家的追求,以反复强调其实也是文学家之能事。《史记》以兼备两家而著称,他要发愤抒情,写活人物,叙事生动,反复自然就成了一种看家的本领。

反复亦称复沓或累叠,反复形态有两种,一是在一节文字里相比邻的两句,或全句或短语,或语词,连续反复两次,或者间隔反复两次；二是在以上语境里间隔或连续地反复三次及多次,还包括在同一篇散见的贯穿全文的反复,后者则是本文讨论的对象。如果按三次以上反复相同语句或语词为一次计算,《史记》的反复至少在二百次,每篇平均将近两次。最早发现这一特点者是洪迈,他在《容斋随笔·五笔》"史记简妙处"条指出:《魏世家》的"韩必德魏爱魏,重魏畏魏,韩必不敢反魏";《苏秦列传》说赵肃侯的"民安""民终身不安""民不得安"的反复;《平原君传》的平原君、毛遂的两次对话都有很多的反复,《鲁仲连传》的辛垣衍前后两次不同对话,都有反复。洪氏说读此"未尝不惊呼击节,不知其所以然"。又说:"是数者,重沓熟复,如骏马下驻千丈坡,其文势正尔。风行于上而水波,真天下之至文也。"①洪氏所举全为对话,并视反复为"简妙"——是一种最节约的文字,这是从描写角度看到词复而意丰的特点。钱钟书先生谓《项羽本纪》篇末三言"天亡我,非战之罪也",说是"心已死而意犹未平,认输而不服气,故言之不足,再三言"。又指出《袁盎晁错列传》记错父曰:"刘氏安矣！晁氏危矣！吾去公归矣！"认为"叠三'矣'字,纸上如闻太息,断为三句,削去衔接之词,顿挫而兼急迅错落之致"②。所举两例亦为对话。

《史记》的反复存在多种,有复句或单句间隔或比邻反复,有各种不同词性的词汇反复,有介宾短语反复,有反复的关键词词性变化的反复,有动宾、主谓组成的复合词反复。从内容看,除了对话,还有叙述,以及作者直接的议论。我们先看贯穿全篇散见性的反复。

《史记》每一篇各自都有个中心,围绕这个中心,往往理出关键句或关键词的头绪,穿插在重要位置,这是司马迁始终不懈的追求。《殷本纪》以

---

① 洪迈:《容斋随笔·五篇》卷五"史记简妙处",岳麓书社1995年版,第586—587页。
② 钱钟书:《管锥编》,中华书局1979年版,第273页。又谓"贯华堂本《水浒》第四回裴闍黎见石秀出来,'连忙放茶','连忙问道','连忙道:"不敢！不敢！"','连忙出门去了','连忙走';殆得法于此而踵事增华者欤。"

"殷道"之兴衰,反复出现,以见殷代的发展与变化。"叙殷商兴衰之本末曰'殷道衰,诸侯来朝'曰'殷复衰',一代国势,历历如指画。文庄而不苟,词复而不繁,真非大手笔不能为也"①在关键时刻如此特意指出,以"原察始终,见盛观衰"的史家眼光,关键词的频频交换反复,这显然是一种特意经营组织,而非率尔漫笔为之。

在《吕后本纪》里,前半主要是封诸吕为王,后半主要是诛除诸吕,所以,"吕氏、刘氏,一篇眼目,故重复提掇点逗生情。如篇中'非刘氏功臣番君','吕氏权由此起','非刘氏而王','今王吕氏','定刘氏之后','吕氏安得王','诸吕用事兮刘氏危'……皆其篇中眼目。"②反复贯穿于吕后王诸吕与危刘氏,以及周勃、陈平诸大臣诸除吕安定刘氏之中。它似乎是一种不间断的旋律,跳动通篇前后,使得两次政变,眉目清晰。

《项羽本纪》叙写三年反秦与五年楚汉相争,其中千头万绪,前半主要写项氏"乃以八千人渡江而西",攻入关中。以后楚汉东西纷争,往往又以"东""西"字为反复,其中较重要者,如"项王闻汉王皆已并关中,且东","楚以故无西意,而北击齐","汉王率五诸侯兵,凡五十六万人,东伐楚","楚以故不能过荥阳而西","请和,割荥阳以西为汉","割鸿沟以西者为汉,鸿沟而东都为楚",乃至于"项王乃欲东渡乌江",都是篇中最关键之处。前半由东向西是项羽的辉煌期,后半忽东忽西,处于被动地位,是他的衰败期。"兵所入之涂,曲折变化,唯太史公序之如指掌。以山川郡国不易明,故曰东曰西曰南曰北,一言之下,而形势瞭然"③。这也是以东西为眼目的原因。

《越王勾践世家》上世世系荒略,就以叙勾践为主,"苦身焦思"则成为一篇反复的关键短语。"一篇《越世家》,于此三致意焉。故曰'越王勾践反国,乃苦身焦思',又曰'范蠡越王勾践,既苦身戮力',又曰'耕于海畔,苦身戮力',赞语又云'苦身焦思,终灭强吴',屡屡点注,暗作关照,针线细密,意趣深远"④。勾践事又以范蠡为配合,而形成反复的主线。《萧丞相世家》则以刘邦与萧的关系为中心,由三条反复线索构成,一是为萧相出谋者:"鲍生谓丞相曰","召平谓相国曰","客有说相国曰",见出颇得人心;二是萧何因畏祸而纳言,处处提动,特为反复,与刘邦的时时猜忌对比映照:"于

---

① 牛运震:《史记评注》,三秦出版社2011年版,第10页。
② 牛运震:《史记评注》,三秦出版社2011年版,第48页。
③ 黄汝成:《日知录集释》卷二十六"史记通鉴兵事"条,中州古籍出版社1990年版,第590页。
④ 牛运震:《史记评注》,三秦出版社2011年版,第124页。

第六章 语言论

是何从奇计","相国从其计",同样随时处处提动;三是刘邦的反应:"汉王大说","高帝乃大喜","上乃大说","上笑曰","上大怒曰","高帝不怿",写出刘邦满腹猜忌,喜怒难测。这三条反复的线索,相互形成连锁效应,合力拧成了一种旋律。

对于《陈丞相世家》,牛运震说:"'奇计阴谋',是陈平一生功业本领,篇中屡屡点出,如'臣进奇谋之士','用其奇计策,卒灭楚','吾用先生谋计,战胜克敌','高帝用陈平奇计','其计秘世莫得闻也','平与太尉合谋,卒诛诸吕,立孝文帝,陈平本谋也',眼目点逗,不一而定。篇末又借陈平口中结出'阴谋'二字,而于'赞语,总收之,曰:'非智谋孰能当此者?'章法贯穿,才是一篇文字。"[1] 以今日看来"奇计""奇谋"正是此文反复的线索。《李斯列传》记述主人翁的发迹与败灭,实际还有"二世记"与"赵高传"的作用。牛运震说:"《李斯传》凡有五叹:'于是李斯叹曰:"人之贤不肖,譬如鼠矣"'云云,此其未得志而叹不得富贵也;'李斯喟然叹曰:"嗟乎"'云云,此其得意满而叹其物即将衰也;'斯乃仰天叹曰,垂泪太息'云云,此听高而叹,亦以遭乱世不能舍富贵也;'李斯拘执束缚,居囹圄中,仰天而叹曰:"嗟呼,悲夫"'此为失势被囚而叹,而富贵不能长得矣;'顾谓其中子曰:"吾欲与若"'云云,此其临刑之叹也。而斯遂夷族矣,五叹遥做呼应,层层关目了了分明,而筋节警策,遂使长篇累幅不觉其懈。"[2] 这五叹都发生在李斯仕途的关键处,贯彻首尾。只有临刑所言没有"叹"字,他的后悔莫及的惨痛语,是极悲痛感叹语,所以"五叹"就有了反复的线索,叙述了一个极聪明人如何毁了自己。

其他如《信陵君列传》以一百四十七次"公子"为反复,钦羡推重不绝于口。《卫将军骠骑列传》凡九用"天子曰",以显示卫、霍得于重用;《樊郦滕灌列传》中的《夏侯传》,以"太仆"为反复,络绎出现了十三次。在《酷吏列传》里,其中《赵禹传》曰"上以为能",《张汤传》曰"于是上以为能",《义纵传》曰"上以为能",《杨仆传》曰"天子以为能",《杜周传》曰"天子以为尽力无私",由此可见酷吏是由汉武帝培养的,反复于此涉及文章的主题。"《孔子世家》在写孔子之学礼、问礼、好礼、讲礼"[3]。那么"礼"就是反复的关键词,这就等于抓住孔夫子的精神。《李将军列传》以"射"为反复,开端"广家世世受射"便推出一传纲领,后叙射匈奴者,射白马将,射追骑,射石,射虎,

---

[1] 牛运震:《史记评注》,三秦出版社2011年版,第159页。
[2] 牛运震:《史记评注》,三秦出版社2011年版,第220—221页。
[3] 李长之:《司马迁之人格与风格》,生活·读书·新知三联书店1984年版,第232页。

射阔狭以饮。专以射为戏,竟死,射猛兽,射裨将。凡写到射处,文字亦精神耸动,虎虎而有生气。《平津侯主父列传》的平津侯公孙弘曲学附世,与时上下,很得汉武帝欢心,便以"上大悦之""上然弘言""上益厚之""天子以为谦让,愈益厚之"。作为节奏,虽文字稍变,而"上"未变,使公孙弘直至安然地以丞相终。在《卫将军骠骑列传》里,两人以外戚陵挫强胡,"太史公两不没之,凡叙其所以得宠处,立言具有分寸。篇中九用'天子曰',盖以诏语叙卫霍二将功绩。体格庄严,词旨古雅,在诸列传特为创调。"①《张释之冯唐列传》以表时之长短的"久之""顷之""良久",三种词形反复了八次,起了意料不到的效果,或心理刻画情态逼真等作用,疏朗散入每一件事的叙述上,它是一种节奏,也是一种韵律,而且每反复一次后必出现新结果。《张耳陈馀列传》则以"两人"为关锁处处提动。

总之,贯穿全篇的散见性反复,或为了叙写时代之兴衰,随文小结论断。或提动大关目,如《吕后本纪》以刘、吕为反复,亦如其眼目。或者把重要事件凝结成一词而反复,处处提动主题。或以传主的能力为主线,如陈平"奇计""奇谋",随处点逗;或者显示对话中的节奏。或以传主的大感慨组织一生,如李斯五叹。这些反复就像盖楼房的钢筋,把整个建筑凝固成一个整体。又或如人体中的血管,血脉在流动。或者一篇中有多种反复,像《项羽本纪》的"莫敢起""莫敢仰视""莫能仰视",几乎穿插了他的一生,处处闪耀夺目的光彩。还有介宾短语"当是时"等出现了八次,则为提清叙事的线索与局势的变化。

二、名词反复的魅力

《史记》更多的是在一传的某段落中,反复名词、动词、形容词,或刻画人物,或描写心理,或强调某地或某物。此与上文散见不同,一般都密集在不长的语境里,它的节奏与旋律更见紧凑。

《高祖本纪》在平息英布后:

> 高祖还归,过沛,留。置酒沛宫,悉召故人父老子弟纵酒,发沛中儿得百二十人,教之歌。酒酣,高祖击筑,自为歌诗曰:……令儿皆和习之。高祖乃起舞,慷慨伤怀,泣数行下。谓沛父兄曰:"游子悲故乡。吾虽都关中,万岁后吾魂魄犹乐思沛。且朕自沛公以诛暴逆,遂有天下,其以沛为朕汤沐邑,复其民,世世无有所

---

① 牛运震:《史记评注》,三秦出版社 2011 年版,第 287 页。

与。"沛父兄诸母故人日乐饮极欢,道旧故为笑乐。十余日,高祖欲去,沛父兄固请留高祖。高祖曰:"吾人众多,父兄不能给。"乃去。沛中空县皆之邑西献。高祖复留止,张饮三日。沛父兄皆顿首曰:"沛幸得复,丰未复,唯陛下哀怜之。"高祖曰:"丰吾所生长,极不忘耳,吾特为其以雍齿故反我为魏。"沛父兄固请,乃并复丰,比沛。于是拜沛侯刘濞为吴王。

这段文字的"沛"字出现十四次,其中五次单用,九次组成不同语词,把"游子归故乡"人人所共有感情,发抒得淋漓尽致。刘邦老境逼临,境况凄凉。再到明年四月就诀别他所缔造的大汉。其原因即在平叛英布时,为流矢所伤。人皆熟悉的《大风歌》三行诗,概括他人生最有影响的三阶段:反帝、称帝、护帝。他当上皇帝后,先后有八起反叛,都是猜忌所导致。彭越、韩信、英布、陈豨都是被他逼出来的,也全都杀掉,而今却不放心无猛士看守刘家这一大摊子。这又是和常人不同地方。其中"万岁后吾魂魄犹乐思沛",这是乐极生悲,极其缠绵之语。

彭城大战,汉势跌落欲求和。"项王乃与范增急围荥阳。汉王患之,乃用陈平计间项王。项王使者来,为太牢具,举欲进之。见使者,详惊愕曰:'吾以为亚父使者,乃反项王使者。'更持去,以恶食食项王使者。使者归报项王,项王乃疑范增与汉有私,稍夺之权。"一小节文字"使者"出现六次,全在此做文章,又分为"亚父使者""项王使者"。如此简单的圈套,项羽竟因此气死范增,失去了智囊人物,而加速了自己的失败。此几行文字清浅明净,利落快捷,特别是惊愕所言两句,挑逗明白,竟使人信以为真,于是把太牢大餐撤去,再上来竟是"恶食",就不由得使项羽生疑。事见于《项羽本纪》。

当怀王要派人入关时,诸老将以项羽所过无不残灭,要求"不如更遣长者扶义而西,告谕秦父兄。秦父兄之苦其主之矣,今诚得长者往,毋侵暴,宜可下。今项羽僄悍,今不可遣。独沛公素宽大长者,可遣。卒不许项羽,而遣沛公西略地"。其中"长者"与"今"都出现了三次,"长者"为突出刘邦,故反复出现;而在对话的五句话中,"今"字出现三次,"似历乱无文理,而口吻逼肖,确不可删去其一,笔意之妙,几不可思议。太史公最长此法。"①当时决议分歧,加上项羽怨秦破项梁军,愿与沛公西入关。情势紧急,说到谁去谁不能去,一时口急,连用三个"今",如果删去其中一个或两个,这种气

---

① 牛运震:《史记评注》,三秦出版社 2011 年版,第 39 页。

氛就减少得多了。

项羽杀掉徘徊不前的宋义,"当是时,诸将皆慴服,莫敢枝梧。皆曰'首立楚者,将军家也。今将军诛乱',乃相与共立为上将军。""今将军诛乱"显然是半句话,似乎还没有等到诸将说完,即"相与共立",也就胁迫不得不立。这几句话里出现了三次"将军",突变间事出仓促,所以诸将的话说得极短,且语不成句,当时气氛之紧张亦可想见。在《高祖本纪》前半有好多小故事:

> 高祖为亭长,乃以竹皮为冠,令求盗之薛治之,时时冠之,及贵常冠,所谓"刘氏冠"乃是也。

刘邦未起义之前,处处求与人异,"刘氏冠"即其中之一。他当亭长就戴着这种特制帽,甚至"及贵常冠",目的都在于以"特异人物"的面孔出现,想笼络更多的人跟着他。"冠"字在六句中出现四次,一顶简陋竹皮帽飞来舞去,浓缩了刘邦的一生。

垓下会战时,诸路大军云集垓下:"韩信乃从齐往,刘贾军从寿春并行。屠城父,至垓下。大司马周殷叛楚以舒屠六,举九江边,随刘贾、彭越皆会垓下"。而下边开头即言"项王军壁垓下,兵少食尽,汉军及诸侯兵围之数重。"与前合共三个"垓下"都作叙述双方的宾语,用于句末,"垓下"便成为辐辏的焦点,刘邦大军四面而至,气势汹涌把驻扎在垓下的项羽团团围住,用笔如书法中的屋漏痕,凝重厚实,或如书法中的锥画沙,两边壁垒分明,地名在这里成为一个重心。

秦二世元年秋,陈胜起义建立"张楚",《高祖本纪》说:"诸郡县皆多杀长吏以应陈涉。沛令恐,欲以沛应涉"。狱掾、主吏萧何、曹参乃曰:

> "君为秦吏,今欲背之,率沛子弟,恐不听。愿君召诸流亡在外者,可得数百人,因劫众,众不敢不听。"乃令樊哙召刘季。刘季之众已数十百人矣。

这里三个"众",前两个"众"字指沛中子弟,第三个"众"指刘邦手下之人,意思各不一样,而字面的相似一致,说明了当时人心思反,处处暴动。匆忙中难以名之,即以"众"字代称。

《梁孝王世家》插叙了一个故事:

初,孝王在时,有罍樽,直千金。孝王诫后世,善保罍樽,无得以与人。任王后闻而欲得罍樽。平王大母李太后曰:"先王有命,无得以罍樽与人。他物虽百巨万,犹自恣也。"任王后绝欲得之。平王襄直使人开府取罍樽,赐任王后。

由于梁平王之后任王后得宠,听说从梁孝王时就有罍樽酒器,价值千金,为传家之宝。她却欲得之,梁平王之祖母李太后——即任王后的婆婆,拒绝了。任王后要死要活的"绝欲得之",梁平王就直接派人开府取出,送给了任太后。这本来是贵族妇人仗恃宠幸,而任意所为,在家闹起了一场大风波。罍樽便成了争夺与保护的中心,频频出现了三次。这事引起婆婆对孙媳的大怒,"汉使者来,欲自言,平王襄及任王后遮止,闭门,李太后与争门,措指(手指被门夹住),遂不得见汉使者。"隔代人因一酒器的争斗,酒器频频出现,便成了叙事的焦点。她们又都是王后身份,因贪欲无止,连祖母亦不放在眼中。

在《绛侯周勃世家》,汉文帝劳军细柳营,多次反复"天子":

上自劳军。至霸上及棘门军,直驰入,将以下骑送迎。已而之细柳军,军士吏被甲,锐兵刃,彀弓弩,持满。天子先驱至,不得入。先驱曰:"天子且至!"军门都尉曰:"将军令曰:'军中闻将军令,不闻天子之诏。'"居无何,上至,又不得入。于是上乃使使持节诏将军:"吾欲入劳军。"亚夫乃传言开壁门。壁门士吏谓从属车骑曰:"将军约,军中不得驱驰。"于是天子乃按辔徐行。至营,将军亚夫持兵揖曰:"介胄之士不拜,请以军礼见。"天子为动,改容式车。使人称谢:"皇帝敬劳将军。"成礼而去。既出军门,群臣皆惊,文帝曰:"嗟乎,此真将军矣!曩者霸上棘门军,若儿戏耳,其将固可袭而虏也。至于亚夫,可得而犯邪!"称善者久之。

此段劳军写得一波三折,最后以"此真将军矣""称善者久之"结束,余音袅袅,其中五用"天子"。有趣的是此段前云"文帝之后六年,匈奴大入边",后言"文帝曰",中间凡言文帝处,都用"天子",目的在于与亚夫对比。"天子"一多对比层次就多。"天子先驱至,不得入","上至,又不得入"。直至"上乃使使持节诏将军",这才进入大营,却又有"军中不得驱驰"约束,"天子乃按辔徐行"。见到周亚夫,却是"持兵揖曰:'介胄之士不拜,请以军礼见。'"连续奔凑的四五层对比,竟使"天子为动""称善久之",这就是反复使用"天子"的效果。其中又以两个"不得入"与"介胄之士不拜"的三个"不"字为反复,此与"天子"的反复对比效果便碰撞出来,文字的肃穆还在其次。

《史记》有时在一小节文字,使反复字眼密集出现,具有"大珠小珠落玉盘"的情韵。《循吏列传》中的"公仪休传",只记述了这位鲁相的一件事:

> 客有遗相鱼者,相不受。客曰:"闻君嗜鱼,遗君鱼,何故不受也?"相曰:"以嗜鱼,故不受也。今为相,能自给鱼;今受鱼而免,谁复给我鱼者?吾故不受也。"

两句叙述,一次对话,凡五十多字,居然出现七个"鱼"字,翻来倒去,加上句式简短,就显得更密集。在反复的荡漾中,简朴高朗,用意淡而远。牛运震说:"数句中三转,妙在连用数'鱼'字,清折如生。"① 如果与作为蓝本的《韩非子·外储说右下》一经比较,更能发觉《史记》反复的特点,把原来较长的句子,全变成短句,把其中阐发道理的句子删去,不仅使故事的主干更清晰,而且使反复的特点更为突出,并且文字比蓝本减少了一半还多。这大概就是洪迈所说的复沓处就是简妙处。

无论是地名,人称名词,器物名,还是笼括性的名词,或指向明确的人称名词,《史记》都反复地跳荡在字里行间,形成了一种节奏或旋律,每反复一次,实则提醒一次。反复的语词又一定是本节文字的关键词,它的作用有时会像一出戏中的道具,能贯穿首尾;或如节日树上布置的彩灯,能增加一种气氛,或如中矢之的,是所在语境中心。司马迁处处用心,使本来很平凡的最常见的名词,却在他手中奔凑出诱人的魅力。

三、动词与形容词的反复

《史记》中最爱用的动词反复,就是哭和笑,我们曾经有所讨论,此处从略。动词在《史记》中的反复赶不上名词,然亦用得有生色之处。

《韩信卢绾列传》一开头就说:"卢绾者,丰人也,与高祖同里。卢绾亲与太上皇相爱,及生男,高祖、卢绾同日生,里中持羊酒贺两家。及高祖、卢绾壮,俱学书,又相爱也。里中嘉两家亲相爱,生子同日,壮又相爱,复贺两家羊酒。"把两家两代人的"相爱"反复了四次,把人情世俗写得浓郁缠绵,风情世态笃厚。牛运震说:"此段妙哉重叠往复,'里中嘉两家亲相爱'云

---

① 牛运震:《史记评注》,三秦出版社2011年版,第313页。

云,本可省去,却定要重复一遍,叠'相爱'、'同日'字,情致婉笃十分。"①后被封为燕王,又因燕使张胜通匈奴情事,引起刘邦猜忌,后来以为"卢绾果反矣",使樊哙击燕,燕王率人众数居于长城下,"候伺,幸上病愈自入谢。四月,高祖崩,卢绾遂将其众亡入匈奴",然"为蛮夷所侵夺,常思复归。居岁余,死胡中"。吕后时,卢妻降汉,"会高后病,不能见,舍燕邸,为欲置酒见之。高后竟崩,不得见。卢绾妻亦病死"。这就和传首"同日""相爱"相照应。由"相爱"而至敌对,使人感慨唏嘘。

在《季布栾布列传》的"栾布传"叙其早年的坎坷与逐渐发迹,合用了十个"为"字:

> 栾布者,梁人也。始梁王彭越为家人时,尝与布游。穷困,赁佣于齐,为酒人保。数岁,彭越去之巨野中为盗,而布为人所略卖,为奴于燕。为其家主报仇,燕将臧荼举以为都尉。臧荼后为燕王,以布为将。及臧荼反,汉击燕,房布。梁王彭越闻之,乃言上,请赎布以为梁大夫。

此段"为"之凡十见,除了"彭越为家人""为盗"与"臧荼后为燕王"外,其余七个"为"都是写栾布。"为酒人保""为人所略卖,为奴于燕"见其困屯;"为其家主报仇""臧荼举以为都尉",彭越"请赎布以为梁大夫",则是渐露头角之势。十个"为"字,杂沓而下,叙写了他人和传主许多事,简而能详。"极叙辛苦,为保为奴,亦暗与季将军广柳车相映,凡合传多有闲中衬射之妙。"②"为"字浑朴,可以当作许多动词使用。此处正是借着这个便利,鱼龙俱下,浑浑噩噩。而为主家报仇,又为下哭吊彭越伏案。

有时反复无多,却笔下情感涌出,使人感慨嘘唏。《韩长孺列传》谓"安国为人多大略,智足以当世取合,而出于忠厚焉。贪嗜于财。所推举皆廉士,贤于己者也。于梁举壶遂、臧固、郅他,皆天下名士,士亦以此称慕之,唯天子以为国器。"接着叙写他的不幸:

> 安国为御史大夫四岁余,丞相田蚡死,安国行丞相事,奉引堕车蹇。天子议置相,欲用安国,使使视之,蹇甚,乃更以平棘侯薛泽为丞相。安国病免数月,蹇愈,上复以安国为中尉。岁余,徙为

---
① 牛运震:《史记评注》,三秦出版社2011年版,第233页。
② 姚苎田:《史记菁华录》,上海古籍出版社1988年版,第197页。

卫尉。

安国为引导天子车而坠落，伤脚跛足。他原本可以代理丞相，天子置相即想到他，然他的脚"蹇甚"——跛得更厉害了，便更换他人。等他"蹇愈"而腿不跛了，就让他去任中尉。无论中尉或卫尉秩皆二千石，和丞相地位差多了。这三个有起有伏的"蹇"字，可把他害苦了，很有些哭笑不得。以致后来步步失意，呕血而死。不免对他的命运为之感叹，特意以三个"蹇"字点逼出来。吴见思说："写安国不相事，以见功名富贵之皆天也，普为天下后世不遇人一叹。"①

官场升迁起伏，命运不定，让人感慨。女性也有幸与不幸的变迁，《外戚列传》说卫子夫因出身低微，偶然机会遇到汉武帝得到赏识：

> 是日，武帝起更衣，子夫侍尚衣轩中，得幸。上还坐，欢甚。赐平阳主金千斤。主因奏子夫奉送入宫。子夫上车，平阳主抚其背曰："行矣，强饭，勉之！即贵，无相忘。"入宫岁余，竟不复见幸。后武帝择宫人不中用者，斥出归之。卫子夫得见，涕泣请出。上怜之，复幸，遂有身，尊宠日隆。召其兄卫长君弟青为侍中。而子夫后大幸，有宠，凡生三女一男。男名据。

平阳主即歌女卫子夫的主人，故临别有"无相忘"语。汉武帝遇卫子夫一见钟情，便"得幸"。然入宫一年后"竟不复见幸"。直到出宫女时，一见涕泣请出的卫子夫，便"怜之，复幸"，乃至以后的"大幸"。幸与不幸都在君王的一念之间，幸与不幸又都是对的同一个人。宫女的命运完全掌握在天子手里，这和男子的仕途升降同样是一个道理。这里四个"幸"字："得幸""竟不复见幸""复幸""后大幸"，把幸与不幸写得波澜起伏，节次亦分明，淡语朴语却娓娓动情。

《吕不韦列传》先简略介绍了大商人吕不韦与秦公子楚在赵做人质，然后叙述两人最初的交往：

> 子楚，秦诸庶孽孙，质于诸侯，车乘进用不饶，居处困不得意。吕不韦贾邯郸，见而怜之，曰："此奇货可居。"乃往见子楚说曰："吾能大子之门。"子楚笑曰："且自大君之门，而乃大吾门。"吕不

---

① 吴见思：《史记论文》，中华书局1916年版，第7册第46页。

韦曰:"子不知也,吾门待子门而大。"子楚心知所谓,乃引与坐,深语。

"此奇货可居",这是商人的经典语言。由此引发出四个"大"字。"吾能大子之门"这是带有广告性的夸饰之言,也是商人"贩贱卖贵"的第一招,自信之中带有诱惑。子楚为大国王孙,质于赵,也见过世面,不信商人有多大能力,反唇相讥:还是先光大君之大门,而居然想扩大吾门! 两人都用暗示性的隐语对话。吕便直言不讳地指出:有点你不知道,吾门有待于你门才能扩大发展。子楚于是明白对方"等价交换"的意图,当然还不知道自己是作为"奇货",一本万利的天大买卖开始萌芽。"奇货可居"犹如导火索,一下子爆发出四个"大"字,均属形容词动用,分属彼此两番四次交锋之中,就像一个小皮球在两个小朋友脚下踢来踢去。这是一场谈判,也是一次交易,由卖方子楚的不信任买方的成功,由针锋相对的较量达到默契。或谓:"三折五'门'字,清倩便捷"(吴见思语)。或谓:"此段机锋甚妙,如见深警人对面抵掌之神"(牛运震语)。都看到了这段对话中反复的高妙。

《史记》的形容词所用不及动词之多,但所用都是极简易的形容词,然一经反复使用即熠熠生光。《高祖本纪》记述刘邦未起事前的种种特异,下面就是其中一种:

> 高祖为亭长时,常告归之田。吕后与两子居田中耨,有一老父过请饮,吕后因餔之。老父相吕后曰:"夫人天下贵人。"令相两子,见孝惠,曰:"夫人所以贵者,乃此男也。"相鲁元,亦皆贵。老父已去,高祖适从旁舍来,吕后具言客有过,相我子母皆大贵。高祖问,曰:"未远。"乃追及,问老父。老父曰:"乡者夫人婴儿皆似君,君相贵不可言。"高祖乃谢曰:"诚如父言,不敢忘德。"及高祖贵,遂不知老父处。

这是杜撰的寓言。对刘邦最熟悉不过的萧何谓"刘季固多大言",刘邦把他的出生说为龙种,左股的黑痣奇特到七十二颗,酒醉时"其上常有龙",那是因为给了老板娘数倍的酒钱,连他逃匿的地方,吕后一看便知,因"所居上常有云气",这当然是商量好的夫妇合作"广告",还有赤帝子的故事。总之,一个目的,就是在咸阳看到秦始皇那句名言:"嗟呼,大丈夫当如此也!"就是十二万分想当皇帝。相面的寓言同样是编造的,因讨口水喝的老父,不会因为吃了她们一点东西,就说吕后是"天下贵人",至于谓刘邦"贵不可言"的话更是子虚乌有。这是他们夫妇合伙编出来给大家听的,为以后起事做好舆论准备。等到高祖"贵"时,老父却不知其处,因为压根儿是杜撰的。如果有这位老父,绝对会被杀掉,因为他没有说出这么多"贵"字来!司马迁据传说叙说了一个神秘的故事,说得有头有尾,特别末尾两句,不由人不信,这正是以假作真、以无为有的反话正说,正是他寓论断于叙事中的特有手法。加上他擅长反复的风格,故事就更显得活灵活现了。

在《绛侯周勃世家》记周勃战功,以"最"字殿于句末;如"攻槐里、好畤,最。击赵贲、内史保于咸阳,最",还有"攻曲逆,最"。前半句为状语,后半句以单音形容词独立成句,简洁明晰。《项羽本纪》记章邯降楚,整军向西挺进:"到新安。诸侯吏卒异时故繇使屯戍过秦中,秦中吏卒遇之多无状。及秦军降诸侯,诸侯吏卒乘胜多奴虏使之,轻折辱秦吏卒。秦吏卒多窃言曰"云云,把秦兵与义兵之间的矛盾以三个"多"字括叙,于是便发生了楚军夜击坑秦卒二十万的事件。笼括性密集的"多"字,见出当时情势与气氛,确实达到"此数语与事曲尽,三个'多'字尤出色"(牛运震语)的效果。"多"字常用于粗略叙事,再如《田敬仲完世家》记齐襄王的王后称"君王后"贤能事秦谨,与诸侯信,因此她的儿子王建立四十余年没有遭到战争。但是:"君王后死,后胜相齐,多受秦间金,多使宾客入秦,秦又多予金,客皆为反间,劝王去从朝秦,不修攻战之备,不助五国攻秦,秦以故得灭五国。五国已亡,秦兵卒入临淄,民莫敢格者。王建遂降,迁于共。"三个"多"字连续接递,"秦以故得灭五国"与上文"以故王建立四十余年不受兵"对比,加"秦"字两次顶真,论兴亡大势,综括紧密。三个"多"字遗憾愤慨,无限扼腕。还有《高祖本纪》叙至刘邦被推立为沛公:"祠黄帝,祭蚩尤于沛庭,而衅鼓旗,帜皆赤。由所杀蛇白帝子,杀者赤帝子,故上赤。"牛运震说:"叙高祖起兵,典重雄武,居然帝王举动,不同草泽英雄。"①对"帜皆赤"数句牛氏说是"此以回应为束语,古劲",还有以"上赤"为灵验,构成一种吸引力与凝固力,具有鲜明的政治色彩。

综合上论,《史记》的反复是多样的:首先是以反复散见形式贯穿通篇,对揭示主旨中心、人物刻画、结构组合等各方面,具有互不相同的作用;其次是名词反复,名词本属静态,一经反复便活跃起来,这主要集中在一段或一节文字里,或强调突出,或带有褒贬不同情意,或是穿梭式的人物,或是为了形成一种氛围;再次是动词与形容词的反复,动词带有浮动性,常用于起伏不定的叙事,或为模糊表述以求简括,或在对比中刻画人物性格。"项

---

① 牛运震:《史记评注》,三秦出版社2011年版,第38页。

籍少时,学书不成,去;学剑又不成,项梁怒之。籍曰:'书足以记名姓而已。剑一人敌,不足学,学万人敌。'于是项梁乃教籍兵法,籍大喜,略知其意,又不肯竟学。"像《项羽本纪》这样把"学"与"不足学"等,三番五次出现在不同句式的不同位置,看似质朴如口语,却是经过一番特意推敲。至于形容词的反复主要见于简括的叙述中,像给刘邦相面的情节那么周详,却是极少。还有那些如动宾合成词、名词与动词的混合型、虚词、复句与单句的反复则需另文讨论。

第四节 《史记》特殊的反复形态

《史记》贯穿通篇的散见反复与介宾短语的反复,我们都已有讨论。对于动宾与主谓的合成词、名词与动用的混合反复,以及虚词与复句、单句的反复,这些形态特别的反复,则是本文讨论的对象。

一、动宾与主谓的合成词反复

反复不仅是《史记》叙述与倾注感情的极重要的表现方式,而且所反复的词形、短语、单复句的形式也是多彩多样。合成词的反复主要是动宾与主谓的两种形态。

合成词的反复,司马迁最喜使用的是不同动词加上一个共同的宾语,构成 A 之、B 之、C 之的形式,往往用于比较简括的叙事里。如《周本纪》一开头先从后稷叙起:"周后稷,名弃。其母有邰氏女,曰姜嫄。姜嫄为帝喾元妃。"然后倒叙出后稷如何诞生,又何以名弃的原因:

> 姜嫄出野,见巨人迹,心忻然说,欲践之,践之而身动如孕者。居期而生子,以为不祥,弃之隘巷,马牛过者皆辟不践;徙置之林中,适会山林多人,迁之;而弃渠中冰上,飞鸟以其翼覆荐之。姜嫄以为神,遂收养长之。初欲弃之,因名曰弃。

这个三弃故事,用了"践之"与"弃之"各两次,还有"置之""迁之""荐之""长之",如按合成词看,其中带"之"者八次,它带动情节的进展,显示着叙事的一种节奏,描述了神话故事的神秘性。或许正出于这一原因,"A 之"形成动宾合成词连续出现了八次,或密集或疏朗散落在这灵异的故事里,甚至以之为独立句,就表示了它的不同凡响。如果与它的蓝本《诗经·

大雅·生民》比较,虽然《诗经·大雅·民生》也有"诞置之隘巷,牛羊腓字之""鸟覆翼之",都带有"A之"合成词,但《史记》把其中的"字之"换成"长之","置之"则直用,说明如此反复,与《诗经》具有一定的联系,《史记》把这一反复发展到极致,把隐形变成显形的。

同样在《周本纪》里,叙至西伯周文王笃仁敬老,礼贤下士,于是:"日中不暇食以待士,士以此多归之。伯夷叔齐在孤竹,闻西伯善养老,盍往归之。太颠、闳夭、散宜生、鬻子、辛甲大夫之徒皆往归之。"用在相连接三句末尾的词,都是"归之",很显然属于一种特异安排,但三种句型不一样,说明在反复中还寻求种种变化。回环往复地表现了周民族世德相承而对其他地域人们的吸引。在《秦本纪》里说商鞅变法,内务耕稼,外劝战死,孝公善之,"甘龙、杜挚等弗然,相与争之。卒用鞅法,百姓苦之。居三年,百姓便之,乃拜鞅为左庶长。"这里采用了复句排比,"争之""苦之""便之",概括变法的全过程,全由"善之"领起,全用宾语为"之"的动宾合成词,三个历程泾渭分明,而又"缨带有情"(牛运震语)。这在《高祖本纪》则稍大变化:沛公"因袭攻武关,破之。又与秦军战于蓝田南,益张疑兵旗帜,诸所过毋得掠卤,秦人喜,秦军解,因大破之。又战其北,大破之。乘胜,遂破之。"四次用"破之",中间两次又加上"大",语简意丰,显示义军沿途势如破竹。在《曹相国世家》记叙曹参战绩,同样用了"破之""大破之""取之""尽破之"的反复。在不同语境中,仍采用了构词相同反复。同篇叙及曹参为相时无为而治:

> 卿大夫已下吏及宾客见参不事事,来者皆欲有言。至者,参辄饮以醇酒,间之,欲有所言,复饮之,醉而后去,终莫得开说,以为常。相舍后园近吏舍,吏舍日饮歌呼。从吏恶之,无如之何,乃请参游园中,闻吏醉歌呼,从吏幸相国召按之。乃反取酒张坐饮,亦歌呼与相应和。

其中的"间之""饮之""恶之""按之",若不细心按察,很难发现它所形成的一种隐形节奏,而且与三个"歌呼"悄然呼应。这节有趣文字,被排印标点本分作两段①,就只能看到"歌呼"的反复。这一段文字反复缠绵。姚

---

① 中华书局1959年排印《史记》三家注本,从这段的"相舍后园"句开始,分作两段,见第6册2029—2030页。吴见思《史记论文》亦如此分作两段,谓前段"饮酒是一段",后段"此节是足上饮酒一事,而申言之耳。"

祖恩说:"只就饮醇酒一节反复言之,笔墨淋漓酣畅极矣。"又言:"'来者''至者',语似复而景色更佳。史公往往有此。"又谓"以为常":"三字加得妙。下又就中抽出一事写之,遂觉酒痕歌韵,满目淋漓。此渲染之美法也。"①所谓"渲染",实际也就是反复所散发的审美效果,或者干脆说反复本身就具有渲染的效能。《田叔列传》使用了同样的反复手法:

鲁相(即田叔)初到,民自言相,讼王取其财物百余人。田叔取其渠率二十人,各笞五十,余各搏二十,怒之曰:"王非若主邪?何自敢言若主!"鲁王闻之大惭,发中府钱,使相偿之。相曰:"王自夺之,使相偿之,是王为恶而相为善也。相毋与偿之。"于是王乃尽偿之。

四个"偿之",再配合"怒之""夺之",有对比,有曲折,全由反复的节奏荡漾出来,句法缭绕,环环相扣,彼此生发。

有时一大段文字,前以反复起,后以反复终,中间相隔较多的文字,然一旦注意起始,反复自然显亮出来。《魏公子列传》:"魏王怒公子之盗其兵符,矫杀晋鄙,公子亦自知也。已却秦存赵,使将将其军归魏,而公子独与客留赵。赵孝成王德公子之矫夺晋鄙兵而存赵,乃与平原君计,以五城封公子。……公子竟留赵。赵王以鄗为公子汤沐邑,魏亦复以信陵奉公子。公子留赵。"中间言公子有自功之色,经客劝说,公子自责,认为有负于魏而无功于赵,文字比首尾合起来的还长,似乎冲淡了首尾的"存赵"与"留赵"反复。然首尾俱是醒目留神处,以见出公子留赵之后的谦恭。

在动宾合成词反复有时稍加变化,形成 AX、BX 两种形式,单看其中一种为复叠,若从同一宾语看则为反复,而这两种形式的共现则为了对比,这在《魏其武安侯列传》的"使酒骂坐"中表现最为突出:

夏,丞相取燕王女为夫人,有太后诏,召列侯宗室皆往贺。魏其侯过灌夫,欲与俱。夫谢曰:"夫数以酒失得过丞相,丞相今者又与夫有郤。"魏其曰:"事已解。"彊与俱。饮酒酣,武安起为寿,坐皆避席伏。已魏其侯为寿,独故人避席耳,余半膝席。灌夫不悦。起行酒,至武安,武安膝席曰:"不能满觞。"夫怒,因嘻笑曰:

---

① 姚苎田:《史记菁华录》,上海古籍出版社 1988 年版,第 88 页。

"将军,贵人也①,属之!"时武安不肯。行酒次至临汝侯,临汝侯方与程不识耳语,又不避席。夫无所发怒,乃骂临汝侯曰:……

动宾结构"避席""膝席"前后出现了五次。前两次"避席"已见世态炎凉的对比;中间两次"膝席",又是趋炎附势与傲慢自尊的呼应在有意与无意间,最后的"又不避席",则回光返照,又形成了一番对比。三番两次的对比,惹得灌夫怒火中烧,然在高层官员间又不能破口大骂,于是就热嘲冷讽,田蚡丞相,原不过"将军",而且是凭着裙带关系爬上了"贵人"——外戚的位置。以酒席宴间小小的礼节动作,展现出官员们的世俗面孔。反复与对比的兼用,特别是灌夫心中的不平——发怒——克制后的嘲讽——以至于怒骂,暴露无遗,淋漓尽致。吴见思说:"'避席''膝席'三四错落,妙。"对于武安不肯满觞,则又说:"又顿住妙。写使酒一事,逐层写来,情景如见。"又言:"使酒一案,必以为灌夫与武安作难,乃偏放过武安而发怒闲人,写得不伦不类,是酒醉人家数。"②牛运震说:"看他屡用'避席''膝席'字回互钩应,详细如画。此段笔笔详细,不肯粗过。"又言"写来详至,有次第"。"如亲见其事,又如亲见灌夫肺腑"③。《史记》向来以疏朗著称,而此段以密见好,显示出大手笔风格的多样性。

或有时动宾合成词,前后参差相重,以求变化。《佞幸列传》中"邓通传"有节难以入目的文字:

文帝尝病痈,邓通常为帝唶吮之。文帝不乐,从容问通曰:"天下谁最爱我者乎?"通曰:"宜莫如太子。"太子入问病,文帝使唶痈,唶痈而色难之。已而闻邓通常为帝唶吮之,心惭,由此怨通矣。

吸吮痈脓非一般人所为,邓通取宠就不择手段,太子"色难"则属正常,然在病患者看来,前者为"爱我"而后者则否。首尾用"唶吮之",中间又特

---

① 今通行标点本或注本,均把"将军贵人也"看作一句话,田蚡此时为丞相。本篇上文建元元年,田蚡门客尚称其"今将军初兴",说明此前曾称将军,这里不称丞相而只言"将军",言外是说就是这个"将军"也是靠"贵人"所得,老子在"吴楚之乱"后即为将,资格比你老的,所以命其"属之"。
② 吴见思:《史记论文》,中华书局 1916 年版,第 7 册第 41 页。
③ 牛运震:《史记评注》,三秦出版社 2011 年版,第 271 页。

意以"喑痈"顶真①,使之更加突出,若按词头"喑"字看,则为反复,于邓通则用前者,对太子则用后者,以两动词加一代词的"喑吮之",不仅不见"痈"之所具有的恶心;而且见出特别的"爱",而"喑痈"则难以忍受,"痈"作宾语则指示给人看,或如放大的特写镜头,这样就怎能不"色难之"呢?如此精心区别,也是在反复中匠心独具之处。

主谓合成词在《史记》中用于反复者,不如动宾合成词的表现力,所以用者不多。《陈涉世家》叙写大泽乡起义时,首难者发动戍役时:

> 会天大雨,道不通,度已失期。失期,法皆斩。陈胜、吴广乃谋曰:"今亡亦死,举大计亦死,等死,死国可乎?"陈胜曰:"天下苦秦久矣。吾闻二世少子也,不当立,当立者乃公子扶苏。扶苏以数谏故,上使外将兵。今或闻无罪,二世杀之。百姓多闻其贤,未知其死也。……

前番商度语句短,四个"死"字前三次先用于句末,次用顶真,贯穿紧促,举目可见,故得古今论者所称誉。而陈胜语中的"吾闻""或闻""多闻",同样为反复却不被人觉察,一是位置多变,二是相隔句子太多,又因语出多口,仓促间一时传闻不定,而反复则见"约略闪忽,确是草泽人口气"(牛运震语)。如再进一步看应是草泽人首难起事前匆忙语气。

有时中间隔断字句过多,反复便不易发觉。《老子韩非列传》中,因老子不介入政治,属于"隐君子",文献材料过少,就只好处处以"或曰",即传疑词表出,所以老子也就成了云里雾中人了,作史者无可奈何,就文章来说屈伸自如,东鳞西爪,满纸烟云,别是一种风格。而在《廉颇蔺相如列传》的"完璧归赵"中,每为人盛称,却未曾注意其中的反复,使用到极致,"一璧耳,变出'易璧''奉璧''完璧''授璧''得璧''求璧''破璧''持璧''破璧''送璧''归璧''留璧'字,虽非经意,却有多少生情处"②。还有《周本纪》的幽王宠褒姒的故事,在叙写褒姒出生、被弃、收养的神话传说时,同样用了数量可观的 A 之形式词的反复,诸如"杀之""去之""止之""藏之""告之"

---

① 前句"文帝使喑痈"省掉"便"后之宾语太子,后句"喑痈而色难之"又是无主语句,其主语则是前句省去的"太子",而下句按理应补出。硬是不补的原因,是为使"喑痈"前后形成顶真,一经难堪的碰撞,就更突出太子之"色难之"。何况顶真又是作者所钟爱的手法。

② 牛运震:《史记评注》,三秦出版社 2011 年版,第 204 页。吴见思《史记论文》说:"因'完璧'二字,遂一路写'奉璧''授璧''持璧''得璧''求璧''取璧''送璧''上璧',归至'怀璧''归璧'而出,多少错落。"

"去之""发之""观之""噪之""遭之""弃之""闻之""戮之""收之""爱之",数量之多,亦为惊人,或三词见于一句,或如"去之"用了两次,而且"之"所指代词多种多样,也体现这节文字的神秘色彩。反复到如此程度,真可叹为观止。总之,合成复音词的反复,虽然没有单言独字词数量为多,但其间的变化却纷然而多,很值得留意。

二、语词变形、名词与动用的混合和介宾词组或短语与人称代词的反复

把所要反复的语词略加变形,在外表词形上似乎非属反复,而在语意上实在是一种反复,可以称为"语词变形反复"。

《周本纪》说:"昭王之时,王道微缺。昭王南巡不返,昭王南巡守而不返,卒于江上。……穆王即位,春秋已五十矣。王道衰微,穆王闵文武之道缺,……"其中的"王道微缺""王道衰微""文武之道缺",句式相近,其中的谓语虽有微调,整体上大致仿佛,节奏亦有次第,故可视为语词变形反复。《司马穰苴列传》:"将军受命之日则忘其家,临军约束则忘其亲,援枹鼓之急则忘其身。"三句递进而来,逐层加深。而"忘其家(亲、身)"三句,则属动宾短语,属于复音词反复发展而来。《魏公子列传》叙写公子大会宾客,去迎请侯生,侯生故意磨蹭,而"公子颜色愈和";从骑窃骂侯生,"公子色终不变";至家后又由侯生口中叙出市上久言时,"公子愈恭"。"公子"三句主语一致,谓语相近,前人说:"三叠摹写,不厌其复,只觉浓厚,笔底绸缪不尽。"[①]所谓"三叠"即反复了三次。与此相近的是《廉颇蔺相如传》"将相和"一节伊始,廉颇不忍屈居相如之下,宣言"必辱之":

> 相如闻,不肯与会。相如每朝时,常称病,不欲与廉颇争列。已而相如出,望见廉颇,相如引车避匿。

前人亦谓避让廉颇亦为"三层叠写"(牛运震语),也只就大意如此观之。在内容上是属于反复描写。让人感兴趣的是《张释之冯唐列传》里,有与侯生"折磨"魏公子相近的故事:

> 王生者,善为黄老言,处士也。尝召居廷中,三公九卿尽会立,王生老人,曰"吾袜解",顾谓张廷尉:"为我结袜!"释之跪而结之。既已,人或谓王生曰:"独奈何廷辱张廷尉,使跪结袜?"王生

[①] 牛运震:《史记评注》,三秦出版社2011年版,第192页。

曰："吾老且贱,自度终无益于张廷尉。张廷尉方今天下名臣,吾故聊辱廷尉,使跪结袜,欲以重之。"诸公闻之,贤王生而重张廷尉。

此亦与张良圯上受书相近。其中"结袜"反复了三次,"袜解"一次,后者则为前者的变形,"张廷尉"凡见四次。牛运震说:"'张廷尉'屡呼叠唤,妙;三用'结袜'字,故为重复而实用有变换。凡此皆太史公独擅之长、得意之笔。"①所言甚是。

至于名词与动用合用的反复,是耐人寻味的形式。其中的反复的关键词看似相同而词性与内容都不一样,《吕后本纪》说:

宣平侯女为孝惠皇后时,无子,详为有身,取美人子名之,杀其母,立所名子为太子。孝惠崩,太子立为帝。帝壮,或闻其母死,非真皇后子,乃出言曰:"后安能杀吾母而名我?我未壮,壮即为变。"太后闻而患之,恐其为乱,乃幽之永巷中,言帝病甚,左右莫得见。

"名之""名子"与"名我"的"名",均为使动用法,故为反复。牛运震说:"'名'字下得不轻不重,妙。'所名子',奇峭。'名我',尤妙。"②这说明其间各有微妙的区别。其中还有三个"壮"字,"帝壮",为已然,"我未壮"为未然,前后不合,对前者的"壮"字曾视作衍字(张文虎《校刊史记集解索隐正义札记》)。那么这两句便成为"帝或闻其母死",余下两"壮"字则是复叠。

名词与动词的混用形式,可以在《留侯世家》看到:

良尝闲从容步游下邳圯上,有一老父,衣褐,至良所,直堕其履圯下,顾谓良曰:"孺子,下取履!"良鄂然,欲殴之。为其老,强忍,下取履。父曰:"履我!"良业为取履,因长跪履之。父以足受,笑而去。良殊大惊,随目之。

其中"履"反复了六次,前三次与第五次均为名词,第四次与末尾一次名词动用。"履我"犹言给我穿上,"履之"犹言给他穿上,"履"后跟上代词

---

① 牛运震:《史记评注》,三秦出版社2011年版,第256页。
② 牛运震:《史记评注》,三秦出版社2011年版,第46页。

或名词,由鞋之名词动化为穿上。这样的语气要比"取履"更带有凌辱性。于是"履"在这节文字里出现了,名词与动词的混合,一只鞋子变来变去,一会儿名词一会动词,就更耐人寻味。这个神秘的老头儿采用异乎寻常的训练,来磨砺曾经刺杀秦始皇的莽撞的张良,然后还有"五日平明,与我相会"的三番四次的下一次训练。至于后来送张良什么一编《太公兵法》,倒在其次。老头要把一个暗杀党变为"王者师",使他在任何情况下都能够忍受,才是最重要的。

介宾短语,曾就"当是时"之类有过讨论,然无暇涉及"自是以后",还有"其后""是时"尚未言及。《河渠书》常以此领起一段,且还反复。次段为"自是之后",隔三段后之第六段为"其后",第七段为"是时",第八、九、十段均为"其后",第十一段为"自河决瓠子后二十余岁",第十三段即正文的末段,为"自是之后",可见大部分段落都用了此类表示时态的介宾合成词或短语,作为各段的领起,各段之间形成了一种反复节奏。《平准书》大略亦同,只多了"其明年"。介宾合成词或短语的反复,可使复杂多变的事,从时间梳理出各个不同时段,有醒目的提示作用,显出乱中有整,整而不乱。以时间为界标,条理就清楚多了。

最后看人称代词的反复。人称往往作为主语或宾语,位于句子首尾,可清爽察见。《越王勾践世家》记伍员被吴王夫差所逼自裁:

> 子胥大笑曰:"我令而父霸,我又立若,若初欲分吴国半与我,我不受,已,今若反以谗诛我。嗟乎,嗟乎,一人固不能独立!"

五个"我"字,"若"字三见,再加上与"若"同属第二人称的"而",构成两种反复,而且在四句中都分属首尾,前后位置各有变化,形成痛心疾首的对比,绞缠对峙,所有代词利落紧峭,语意顿挫激昂。

另外,还有一种由凝固虚词"孰与"组成的短语,后面加上名词,前置主语构成反诘句,而不断反复,主要用于对话之中。《李斯列传》叙述到赵高想篡立二世,欲与李斯一同合谋,起初遭到李斯拒绝,而赵高威胁说:

> 君侯自料能孰与蒙恬?功高孰与蒙恬?谋远不失孰与蒙恬?无怨于天下孰与蒙恬?长子旧而信之孰与蒙恬?

连排出五句,句尾"孰与蒙恬"连续五见,句子主语由一字到六字逐渐加长,语意自然愈来愈强,语气亦愈来愈急速,欲置对方处于无可辩驳之地。这在《史记》里也很少见到反复到如此之多。

三、虚词与单句、复句反复

实词如骨骼,虚词似血脉,表达语气与神气很大成分要依赖虚词完成。就数量看,《史记》的虚词种类并不多,犹如它的实词远少于《汉书》一样,但却把它们使用得格外精神,尤其是虚词的反复,往往存在着许多感慨。

《高祖本纪》记汉十二年底,刘邦因平叛黥布为流矢所伤,且病甚,自知在世不长,故拒医不治。吕后问及后事丞相的安排:

> 已而吕后问:"陛下百岁后,萧相国即死,令谁代之?"上曰:"曹参可。"问其次,上曰:"王陵可。然陵少戆,陈平可以助之。陈平智有余,然难以独任。周勃重厚少文,然安刘氏者必勃也,可令为太尉。"吕后复问其次,上曰:"此后亦非而所知也。"

在对王陵、陈平、周勃的职位安排上,都用了转折连词"然",前两人指出不足,后者则言其可以依赖,刘邦知人善任,这对于领袖人物是最为重要的。所论三人恰如其分,既看到其长,又能察觉其不足。所以用了三个"然"字评说长短,话说得极有分寸,这是他在政治识见上过人之处,也是战胜项羽的最根本的地方。日本学人中井积德说:"是数语恐有后人所附益也。"[①]这是说根据后来丞相安排补上去的,刘邦不会料事如神到如此。这种猜测不无道理,但缺乏依据。刘邦能够驾驭将相,是因为他具备洞悉人才的卓识。三个"然"字正体现了这种眼光。牛运震说:"'然'字拗折低回,长虑苦意,深情如见。"[②]程馀庆亦谓:"一句一转,如医之量药,刚柔佐使毫厘不差,此所谓天授也。"[③]他们都看到"然"字反复的功能。在《范雎蔡泽列传》的"太史公曰"中,同样也用了三个"然"字:

> 韩子称"长袖善舞,多钱善贾",信哉是言也!范雎、蔡泽世所谓一切辩士,然游说诸侯至白首无所遇者,非计策之拙,所为说力少也。及二人羁旅入秦,继踵取卿相,垂功于天下者,固强弱之势异也。然士亦有偶合,贤者多如此二子,不得尽意,岂可胜道哉!

[①] 泷川资言:《史记会注考证附校补》,上海古籍出版社 1986 年版,第 252 页。
[②] 牛运震:《史记评注》,三秦出版社 2011 年版,第 43 页。
[③] 程馀庆:《历代名家评注史记集说》,高益荣等校点,三秦出版社 2011 年版,第 179 页。

> 然二子不困厄，恶能激乎？

一段议论分了四层四转，"然"字用在层内转折，或转折另起层处。随着三次转折，逐层加深。"然"字起了多维度衡量事物的作用，包括从反面看到正面。牛运震说："赞语连用三'然'字，一转一意。愈转愈曲深，感叹亦与俱长。"又言末二句："不觉写出自己胸中磊块。"① 由于转折幅度大，风格峭劲快捷，而且能引起深长思之。

或者把与"然"同为转折连词的"而"合用，二者有轻重快慢之别。"'而'字声，腻滑圆溜，有承上启下之能，有蒙上辊下之情。"承上启下者为顺转，所谓蒙上辊下者当为逆转。"然"字则专门别转一意，二者俱为转辞，然声气有异："'而'字轻便滑溜，以其虚递也；'然'字重实老到，以其承上也。凡上文已有收来，则用'然'字认真转；上文只怎平来，只用'而'字轻便转。"② 简而言之，轻转为"然"，重转为"而"。轻转者快，重转者慢。这在《史记》里也能看到。《李将军列传》：

> 广之从弟李蔡与广俱事孝文帝。景帝时，蔡积功劳至二千石。孝武帝时，至代相。以元朔五年为轻车将军，从大将军击右贤王，有功中率，封为乐安侯。元狩二年中，代公孙弘为丞相。蔡为人在下中，名声出广下甚远，然广不得爵邑，官不过九卿，而蔡为列侯，位至三公。诸广之军吏及士卒或取封侯。广尝与望气王朔燕语，曰："自汉击匈奴而广未尝不在其中，而诸部校尉以下，才能不及中人，然以击胡军功取侯者数十人，而广不为后人，然无尺寸之功以得封邑者，何也？岂吾相不当侯邪？且固命也？"

牛运震说此段："连用'然'字、'而'字转折，似不甚顺，而跌宕顿挫，婉顺隐然。"③ 此段"而"字四见，"然"字三见。"然"作转折纯为逆转，语气重硬，"而"则有逆转，也有顺转。前两次转折，把李蔡的扶摇直上以"李广不得爵邑"两句隔开，故此句前置一硬转"然"，这两句后再接上李蔡"为列侯，位至三公"，这是前一大转后的再转，故这两句用重转"而"；"自汉击匈奴"句中的"而"为顺转，故用于句中不做强调，"而诸部校尉以下"两句，亦为顺

---

① 牛运震：《史记评注》，三秦出版社 2011 年版，第 200 页。
② 袁仁林：《虚字说》，中华书局 2004 年版，第 9、15 页。
③ 牛运震：《史记评注》，三秦出版社 2011 年版，第 278 页。

转,用于句首者的"而"则为与李广分开。此为"上下截一意相因,则顺辊直下,有'因'字意,故'因而'二字相连。"①而为转折做了准备,故"然以击胡"两句,句首分别用了"然"与"而",前须轻转故用"然",后之"而广不为后人"为重转,故用"而"。"然"字为大转,带出的"无尺寸之功以得封邑者",为大转。如果把"自汉击匈奴"两句中的"而"不看作顺转,前后自然"似不甚顺"。每次转折都构成一次对比,山转水绕,发抒了无尽的慨叹!

此节亦可视为"李蔡附传",叙写李蔡之始末,与此堂弟之较量,意在借客形主对比出传主的不幸,"正极意形容李将军之不幸也,却又带出一'李蔡传'",特意与李蔡与诸校尉以下三番五次较量,正为李广发不平之鸣,而李广满腹的抑郁,若慨若叹,"吾相"与"命"云云,则言此而意在彼,"如泣如诉,缕缕动人"(牛运震语),见出胸中多少块垒!

《万石张叔列传》中的"直不疑传"写其为人,先讲述了一个小故事,连用三个"而"字,读来颇为有趣:

> 塞侯直不疑者,南阳人也。为郎,事文帝。其同舍有告归,误持同舍郎金去,已而金主觉,妄意不疑,不疑谢有之,买金偿。而告归者来而归金,而前郎亡金者大惭,以此称为长者。

三个"而"字用得很紧密,特别是前两个"而"字见于一句。句首者当为顺转,意在承接上句,属于递承,"两而既分畔岸,便如驿递,一站倒一站也"②。句腰的"而"字亦为顺承,这是误持金者发现后自主行为,没有转折意味,而末一个"而"则属大转,由"妄意"而至"大惭",故为转承。"两句中情事曲折,妙在连用'而'字,句流走而挺健"③。"流走"者指用了两个"而"字句,"挺健"者指句首用"而"字句。因顺转故"流走",因逆转故"挺健"。

再看用于句首的发语词"夫"字,"每著于所言而虚指之,有一段铺开扶起、敷布回翔意"④。它也是个标志,一旦出现就会出现铺开议论,反复言说。然而"夫"字连用很少,《萧相国世家》却有出现。在论功谁可为最上,群臣推举战功最多的曹参,刘邦想让萧何第一。关内侯鄂君(千秋)说:

---

① 袁仁林:《虚字说》,中华书局2004年版,第9页。
② 牛运震:《史记评注》,三秦出版社2011年版,第9页。
③ 牛运震:《史记评注》,三秦出版社2011年版,第259页。
④ 袁仁林:《虚字说》,中华书局2004年版,第1页。

群臣议皆误。夫曹参虽有野战略地之功,此特一时之事。夫上与楚相距五岁,常失军亡众,逃身遁者数矣。然萧何常从关中遣军补其处,非上所诏令召,而数万众会上之乏绝者数矣。夫汉与楚相守荥阳数年,军无见粮,萧何转漕关中,给食不乏。陛下虽数亡山东,萧何常全关中以待陛下,此万世之功也!……

曹参为一时之功,萧何的补军、给食、全关中为"万世之功",所以"不能以一旦之功而加万世之功"。分了四层,前三层开头都用"夫",前两个"夫"用在劈头发语者,意注所言,乃提出口吻,分论曹与萧;第三个"夫"字"用以承顶上文者,意注前文,即将上件来明说、覆说、总说也"①。牛运震说:"鄂君语一段,连用'夫'字转折,拙劲、古法。"②"夫"字似无转折作用,袁氏说法较确。其中"萧何"三见,"数矣"两见,还有"数"。一段文字,三种反复交错在一起,基本上反复词绝大多数都处句首和句尾,只有"数"倒上提到句中,这都是精心之处。

句尾"也"字反复连用,对后世影响甚大。《屈原贾生列传》:"屈平疾王听之不聪也,谗谄之蔽明也,邪曲之害公也,方正之不容也,故忧愁幽思而作《离骚》。离骚,犹离忧也。夫天者,人之始也;父母者,人之本也。人穷则反本,故劳苦倦极,未尝不呼天也;疾痛惨怛,未尝不呼父母也。屈平正道直行,竭忠尽智以事其君,谗人间之,可谓穷矣。信而见疑,忠而被谤,能无怨乎?屈平之作《离骚》,盖自怨生也。……皭然泥而不滓者也。推此志也,虽与日月争光可也。"前四句末尾都以"也"字结句,然后以"故忧愁"句作一小束,不用"也"亦为间歇。以下则变为由两个分句组成单句,句末均带"也";接着三句后末有"也",再回复到两句一个"也"。以上"也"字由密到疏再到稍密,段之末尾又回归到单句用"也",以与开头呼应。"也"字出现的疏密,均按意思分层出现。

袁仁林说:"'也'字之气,疏爽质实,专确无疑,故其于语也,勾勒完结,然亦时有变态。"又言:"'也'字有二用:一是结上,一为起下。凡语意著实,用以勾勒收声,归于明了,此为结上。凡语意方始,用以衬垫扬起,以便措语,此为启下。"③上引一段凡十二"也"字,前四个"也"字用于启下。第五、六、七、八、九个"也"字结上;末尾第一个"也"字结上,第二个启下,第三个

---

① 牛运震:《史记评注》,三秦出版社2011年版,第148页。
② 牛运震:《史记评注》,三秦出版社2011年版,第148页。
③ 袁仁林:《虚字说》,中华书局2004年版,第55页。

结上。"也"字的两个作用都派上了用排场。另外,这些"也"字抒情意味极浓。

或者两个虚词分别反复,构成肯定与否定的对比,而虚词则加强对比的色彩。《万石张叔列传》便有精彩的体现:

> 过官门阙,万石君必下车趋,见路马必式焉。子孙为小吏,来归谒,万石君必朝服见之,不名。子孙有过失,不谯让,为便坐,对案不食。然后诸子相责,因长老肉袒固谢罪,改之,乃许。子孙胜冠者在侧,虽燕居必冠,申申如也。僮仆䜣䜣如也,唯谨。上时赐食于家,必稽首俯伏而食之,如在上前。

前九句反复了三个"必"字,后三句反复了三个"不"。最后几句又出现了两个"必"字,似对前三个"必"字的呼应。"必"者绝对的肯定,"不"者毅然的否定,肯否对比森肃。其人之恭谨可谓"典范",正如此段末尾所言:"虽齐鲁诸儒质行,皆自以为不及也。"西汉前期是个建功立业时代,各人以自己特有的方式展现自己。万石君一家却和司马迁推崇的"倜傥非常"之人物决然相反,所以每一虚词都闪动讽刺的色彩,加上对比,就显得异常的辛辣。其中有些举措,很有些漫画式的幽默,几近滑稽,却又极为严肃庄重,那讽刺就不能不属于讥笑了。牛运震说:"史传驯谨忠实人最难写,画家所谓犬马难工也,看太史公描写万石君驯谨处,连用数'必'字、数'不'字为章法,参差转换,步步有情有景,极琐细,极朴厚,极工妍,大似《曲礼》《内则》《乡党篇》等项文字,以是知太史公胸中笔墨无所不有。"① 这里的叙写,不用任何否定字眼,只采用"冷处理",不介入作者感情,就像说玩笑话自己却不笑,只要听者开怀,这才是行家里手。

以上所论虚词,原本都是极普通的字眼,在他手里却很响很亮,或者很决绝很悠扬,或者从容,或者有声色,而且一经反复,反复之中又有不少变化,而形成各种不同节奏,又能散发出各种不同情味。

末了先看单句反复。《河渠书》在郑当时、番系、有人上书欲通褒斜道,在进言与上书结束后,都要紧跟一句"天子以为然",而且这三段相互比邻,这自然会形成一种节奏,汉武帝兴水利的兴趣是那样浓厚,至于实效如何他却不大计较。这似乎又与前文"秦之好兴事"而水工修渠提议一结束,就立马有"秦以为然"的呼应了。《汲郑列传》里,汲黯批评汉武帝"用群臣如

---

① 牛运震:《史记评注》,三秦出版社 2011 年版,第 258 页。

积薪耳,后来者居上",又批评迎匈奴耗费无度,以及因此"以微文杀无知者五百余人",都用了"上默然"。

其次为复句反复。《齐太公世家》说齐桓公曾问病危的管仲:谁可为相?管仲说"知臣莫如君",桓公提出"易牙如何",管仲的回答:"杀子以适君";又提出"开方如何";答曰"倍亲以适君";又问"竖刁如何",答曰"自宫以适君"。在三次回答的次句,都缀上了同样的"非人情"与分别是"不可""难近""难亲",此为复句反复,而上句的"××以适君",以及三问的"××如何",又都是单句反复,这就把单句复句反复配合起来,形成了一种旋律与节奏。

总之,《史记》的反复多种多样,上面只就出现三次以上者而言,如果把见于两次者算起来,那就更多了。它们不停地回荡在这部名著里,形成了司马迁的独特风格。

附　录

1.《史记·太公自序》"厥协《六经》异传"之"厥"字解

　　数十年来，每读《史记》最后一篇《太史公自序》正文最后一段的最后几句时，对于其中"厥协《六经》异传"的"厥"字之义，总搞不清楚。后来遇到凡是注释《史记》此文者，总要看看怎么解释的，然而向来都是解释"协"，而不解释"厥"。这真是别人懂的解释，不懂的却不解释，让人哭笑不得。看来只得自己动手，探究其义。

　　《史记·太史公自序》正文最后一段的最后几句是这样的：

> 凡百三十篇，五十二万六千五百字，为《太史公书》。序略，以拾遗补艺，成一家之言，厥协《六经》异传，整齐百家杂语，藏之名山，副在京师，俟后世圣人君子。第七十。

　　这是一部《史记》的最后结束语，写得特别庄重自负，而其中的"厥协"句的"厥"颇为费解，又从来没有异文。

　　对"厥协"二句，现存最早的"三家注"，其中唐人司马贞《史记索隐》说："迁言以所撰取协于《六经》异传、诸家之说耳，谦不敢比经艺也。异传者，如子夏《易传》、毛公《诗》及韩婴《外传》、伏生《尚书大传》之流者也。"[①]张守节《史记正义》说："太史公撰《史记》，言其协于《六经》异文，整齐诸子百家杂说之语，谦不敢比经艺也。异传，谓如丘明《春秋》外传《国语》、子夏《易经》、毛公《诗传》、《韩诗外传》、伏生《尚书大传》之流也。"[②]

[①] 司马迁：《史记》，中华书局1982年年版，第10册第3321页注12、注13。
[②] 司马迁：《史记》，中华书局1982年年版，第10册第3321页注12、注13。

两家都对"厥协《六经》异传"予以解释，看来这句存乎难解之处，是绕不过去的，非解释不可。对于"厥协"，《索隐》释之为"以所撰取协"，似仅释其大义，《正义》释为"其协于"，看来两家都把"厥"看作代词之"其"义，施之语中，前后句意亦大致可通。但这两句是明显的对偶句。若果视"厥"为"其"义，则与下句的"整齐"龃龉不合，显得参差别扭。王先谦《史记集解》也只释"协"，"合也，言稽合同异，折衷取裁"。今人王叔岷《史记斠证》五大册，对《史记》校释至为用力，却对"厥协"无释。韩兆琦译注《史记》"以拾遗补艺"四句："写这部书的目的，一方面是为了搜集遗文以补充《六艺》的不足，同时也要让它成为自己的一家之官（当为'言'之误）。写作时吸收了有关《六艺》的各种不同的解释，兼采了诸子中各家的不同学说。"①把"厥协《六经》异传"，译成"写作时吸收了有关《六艺》的各种不同的解释"，未释"厥"字，"协"字也未译好。

《汉书·司马迁传》对这两句，干脆删去句首的"厥"与"整"，成了"协《六经》异传，齐百家杂语"。虽然简洁明晰，且为明白的对偶句却失去了厚重肃穆的意味。但却省去了"厥"之费解麻烦。

到了清代，此'厥'字引起训诂家的注意。刘淇《助字辨略》"厥"字条说："《尔雅》云：'其也'。《诗·大雅》：'厥初生民'，'厥初'，其初也。又《史记·自序》：'左邱失明，厥有《国语》。'又云：'成一家之言，厥协《六经》异传'，此'厥'字，语辞，犹云'爰'也。"②是说"厥"除了代词"其"义外，还有"爰"义，爰犹乃也。谓所举《太史公自序》两例，均为"爰"即乃义。前者为副词"才"义，后者为连词"于是"义。谓"厥协《六经》异传"，为于是协调《六经》异传。此节文字前言其书已成，后言撰作目的与方法，所以，把"厥协"看作于是协调，不大顺当洽切，语意阻塞不畅。而不如视"厥"为代词"其"义，前后逻辑明畅。

杨树达先生《词诠》释以上刘氏所举《史记·自序》两例，均为"语首助词，无义"③，前者不如《史记索隐》与《史记正义》所释"其"为义长，为者则"厥协"与下句"整齐"，同样失偶，于义未稳。

反复斟酌比勘其义，"厥"当通假"掘"，谓挖掘。"厥协"犹言掘协，指穿穴协调。"厥"之于"协"为动词并列词组，如此，方与下"整齐"偶对锱铢相称。

---

① 韩兆琦：《史记译注》，中华书局 2013 年版，第 9 册第 7756 页。
② 刘淇：《助字辨略》，中华书局 1983 年版，第 252 页。
③ 杨树达：《词诠》，中华书局 1979 年版，第 157 页。

段玉裁《说文解字注》："厥，发石也。发石，故从厂。引伸之，凡有掘发皆曰厥。《山海经》曰：'相柳之所抵厥。'郭云：'抵触，厥掘也。'《孟子》：'若厥角稽首。'赵云：'厥角者，叩头以额角犀掘地也。'晋灼注《汉书》曰：'厥犹竖也。叩头则额角竖。'按'厥角'者，谓额角如有所发。《角部》'觼'下云角有所触发是也。以上皆厥之本义。若《释言》曰：'厥，其也。'此假借也。假借盛行而本义废矣。"①

朱骏声《说文通训定声》："《荀子·大略》：'和之璧井里之厥也。'注：'石也'〔转注〕《汉书·李寻传》：'荧惑厥弛。'注：'动摇貌。'〔假借〕为觼。《孟子》'若崩厥角。'《汉书·诸侯王表》'厥角䭫首'，注：'犹竖也。'"②末例《汉书》颜师古注："应劭：'厥者，顿也。角者，额角也。稽首，首至地也。言王莽渐渍威福日久，亦值汉之单弱，王侯见莽篡弑，莫敢怨望，皆厥角稽首至地而上其玺绶也。'晋灼曰：'厥犹竖也，叩头则额角竖。'师古曰：'应说是也。䭫音口礼反，与稽同。'"③其实"厥角䭫首"，为动宾并列词组。"䭫首"犹言稽首，稽首义同顿首。而"角"谓额角，"厥角"则与"䭫首"同为"首至地也"之义。䭫为稽的异体字，而"厥"与稽义相同。稽亦有考证、考核义，"厥"当亦相同。那么"厥协"则是考证协调的意思，这就和"整齐"偶对锱铢相称。

如果说以上求义有些牵曲辗转，那么《山海经·海外北经》的"相柳之所抵，厥为泽谿"，郭璞注："抵，触也。厥，掘。"如此则"厥"为"掘"通假字。《汉书·淮阳宪王钦传》："王舅张博数遗王书，非毁政治，谤讪天子，褒举诸侯，称引周、汤，以诒惑王，所言尤恶，悖逆无道。王不举奏而多与金钱，报以好言，罪至不赦，朕恻焉不忍闻，为王伤之。推原厥本，不祥自博。惟王之心，匪同于凶。"这里的"推原厥本"，可以看作推原其本，"厥"作代词用；也可以看作动宾并列词组，是推原究本的意思，"厥"即"掘"的通假字，《汉语大词典》即作如此处理。若看下句"不祥自博"，颜师古注说："祥，善也。自，从也。不善之事，从博起也。"那么，这两句是说：推原究本，不法之事都是由张博引起来的。"厥"之掘义似比"其"的意思义长。从而可见，"厥"可以通假掘，有冲掘、推究等义。

由此看来，"厥协《六经》异传，整齐百家杂语"的前句，是说推究考察协调《六经》与异传的异同，整理统一百家杂语的不同说法。这样处理就使

---

① 段玉裁：《说文解字注》，上海古籍出版社1981年版，第447页。
② 朱骏声：《说文通训定声》，武汉市古籍书店1983年版，第685页。
③ 班固：《汉书》，中华书局1983年版，第2册397页、第10册第3316页。

"厥协"与"整齐"具有相对的语意,且极为稳顺,而且偶对也很整齐。这样看来,上文两种推求"厥"意的方法,可以说是殊途同归,其结论则是同样的,不仅比"厥"之乃义自然稳当,也比"其"义更为洽切自然。

2. 自称代词"吾""我""余""予"词义辨析

古汉语的自称代词"吾""我""余""予",向来只从语法功能予以讨论,而词义自古迄今都认为没有区别亦即今语中的"我",实际语言运用的情况并非如此。《史记》上承先秦散文,下启汉宋明清,是古代散文最具代表性的经典之一。若就自称代词看,运用也较多,而且非常灵活。即以此为焦点,试加讨论。

一、问题提出:自称代词词义必有区别

如果古汉语自称代词没有区别,那么为什么会出现"吾""我""余""予"的不同。换句话说,既然有几个自称代词,他们之间的词义肯定会有所区别。翻译古代散文,对这些不同的人称代词,都译成今语之"我",这实在是无可奈何的事,但以此认为古汉语这些自称代词只有语法功能的区别,在词义上没有什么不同,却是一种误解,而且误解由来已久,今日则很有必要讨论清楚,还其本来面目。

自称代词全出现在人物对话中,不会见于单纯的叙述文字。《史记》叙写人物对话极多,而且非常生动,这已为人熟知。然在对话语言中,一人之语,无论在完整一段,或在同时分散的几段对话中,言说者的自称往往采用了不同的称谓:

> 1. 高帝从破布军还,病创,徐行至长安。燕王卢绾反,上使樊哙以相国将兵攻之。既行,人有短恶哙者。高帝怒曰:"哙见吾病,乃冀我死也。"(《陈丞相世家》6.2501,小数点前为中华书局修订本2016年版之册数,后为页数,下同)
>
> 2. 苏秦喟然叹曰:"此一人之身,富贵则亲戚畏惧之,贫贱则轻易之,况众人乎!且使我有洛阳负郭田二顷,吾岂能佩六国相印乎!"(《苏秦列传》7.2746)
>
> 3. 公子行数里,心不快,曰:"吾所以待侯生者备矣,天下莫不

闻,今吾且死而侯生曾无一言半辞送我,我岂有所失哉?"(《魏公子列传》7.2892)

4. 且吾亨人之兄,与其弟并肩而事其主,纵彼畏天子之诏,不敢动我,我独不愧于心乎?且陛下所以见我者,不过欲一见吾面貌耳。今陛下在洛阳,今斩吾头,驰三十里间,形容尚未能败,犹可观也。(《田儋列传》8.3212)

5. 二世怒曰:"吾常多闲日,丞相不来。吾方燕私,丞相辄来请事。丞相岂少我哉?且固我哉?"(《李斯列传》8.3104)

6. 嗟乎,惜哉其不讲于刺剑之术也!甚矣吾不知人也!囊者吾叱之,彼乃以我为非人也。(《刺客列传》8.3078)

7. 太后怒,不食,曰:"今我在也,而人皆藉吾弟,令我百岁后,皆鱼肉之矣。且帝宁能石人邪!……"(《魏其武安侯列传》9.3448)

8. 尉他大笑曰:"吾不起中国,故王此。使我居中国,何渠不若汉?"(《郦生陆贾列传》8.3269)

9. 范雎(一作睢)曰:"吾闻穰侯专秦权,恶内(纳)诸侯客,此恐辱我,我宁且匿车中。"(《范雎蔡泽列传》7.2903)

10. 王先生谓户郎曰:"幸为我呼吾君至门内遥语。"(《滑稽列传》10.3899)

以上十例,均为同一时间同一人的话语,但在同一段话中,自称代词不仅有"吾",而且还有"我",如果单从语法角度看,很难分清"吾"与"我"的区别。如例1"吾"与"我"都做宾语,为什么一句用"吾",而下一句却用了"我"?例2和例3、4、5、8、9、10的"吾"都做主语,例4"一见吾面貌",例10的"呼吾君",为何又位于宾语位置?"我"字亦复如是。为何以"吾""我"两字,忽吾忽我,或者又忽我忽吾,前后都不统一,其间的道理又是为什么?如果专从语法角度看,恐怕不能解决问题。这种变动不居的现象,只能从"吾"与"我"的词义去把握,那么它们的词义今日学界却认为是今语的"我",仍然不能解决问题,只有进一步辨析二者之间的区别,才是解决问题的唯一途径。

二、"吾"为大我之"我"

如果把《史记》中一段话单纯只用了"吾"字,做一比较推测,就可以发现"吾"有更为丰富的含义。试看下例:

1. 上曰:"前日吾诏列侯就国,或未能行,丞相吾所重,其率先之。"(《绛侯周勃世家》6.2517)

2. 汤出,见野张网四面,祝曰:"自天下四方皆入吾网。"(《殷本纪》1.124)

3. 项王使者来,为太牢具,举欲进之。见使者,详惊愕曰:"吾以为亚父使者,乃反项王使者。"(《项羽本纪》1.413)

4. 吾与诸侯约,先入关者王之,吾当王关中。……凡吾所以来,为父老除害,非有所侵暴,无恐!且吾所以还军霸上,待诸侯至而定约束耳。(《高祖本纪》2.459)

5. (秦穆)公曰:"得晋侯将以为乐,今乃如此。且吾闻箕子见唐叔之初封,曰'其后必当大矣',晋庸可灭乎!"(《晋世家》5.1997)

6. 箕子曰:"为人臣谏不听而去,是彰君之恶而自说于民,吾不忍为也。"(《宋微子世家》5.1946)

7. 于是文公环绵上山中而封之,以为介推田,号曰介山,"以记吾过,且旌善人。"(《晋世家》5.2006)

8. 其妻笑曰:"犁(等到)二十五年,吾冢上柏大矣。虽然,妾待子。"(《晋世家》5.2001)

9. 张负归,谓其子仲曰:"吾欲以女孙予陈平。"(《陈丞相世家》6.2494)

10. 张仪谓其妻曰:"视吾舌尚在不?"(《张仪列传》7.2771)

例1为汉文帝语,例2是商汤语,例5是秦穆公语,例7是转述晋文公语,他们都是贵为天子或国君,高自身份而称"吾",自是情理中事。例1的汉文帝自称"吾",故意以此显出威重,表示对周勃的挤压。例2商汤自称"吾",显示出对自己治绩的自负。例3为刘邦手下人,故作"惊愕",以"吾"高自位置,也特意表露对项羽使者的轻视。例4刘邦作为胜利者,口口声声称"吾",意在显示"为父老除害",以及对"当王关中"的宣示。例5秦穆公作为战胜国的君主,自称"吾",见出得意且表示宽宏。例6箕子为殷商宗室,以"吾"表示自己忠诚的表率身份。例7转述晋文公敢于承担过失,"吾"字显示出大国国君的风度。例8事观《左传》僖公二十三年,季隗语原为"我二十五年,又如是而嫁,则就木焉",本很生动。《史记》改"我"为"吾",因重耳在狄属于寄人檐下,狄女季隗则言"吾冢"云云,见出彼此关系高下之微妙。例9张负经过平时观察与到陈平居地考察,对儿子所说要把孙女执意嫁给陈平,此为父对子言,"吾"显示父对子与年长对年少者的双重身份。例10则是夫对妻言,"吾舌"见出尊对卑的身份。

综上可见,"吾"作为自称代词,往往表示上对下、尊对卑、长对幼的身份。或者如刘邦下属见项王使者的故意自我作大,或如例6箕子敢于承担的使命感。总之,"吾"与今日之"我"不同,也与古汉语中的"我"有别,它是一种"大我",敢承担的"我",居高临下的"我",是自我尊贵或尊重的"我"。而古代汉语中的"我"则与今语中的"我",似乎没有多大区别。这是一般的"我",泛化的"我",普遍的"我",所以人人都可以用,它比大我"吾"要小,尤其当"我"与"吾"同时出现在一人所言时,更能显出彼此之关系。

比如《项羽本纪》中项羽的话,若处于得意或精神之高处时,处处自称为"吾",如"若不急下,吾烹太公","吾起兵至今八岁矣","吾为公取彼一将","吾知公长者","吾闻汉购我头千金,邑万户,吾为若德";再看他处于劣势或说下风头话时,则用"我":当他疲于奔命,龙且军破,彭越绝楚粮时,嘱曹咎等谨守城堡,与汉勿战,则言"我十五日必诛彭越"。垓下之围反复言"天之亡我","我何渡为",这些"我"字则换不成"吾"字,同样的道理,以上"吾"字亦换不成"我"字。"吾"与"我"区别至为分明。

回头再看第一节所提出一人之言而"吾"与"我"的"混用"。例1的"吾病",病是刘邦的,故刘邦说是"吾病",这是从刘邦自己角度讲的,因而用了大我之"吾"。然"冀我死",是从樊哙角度讲的,他所希望的"我死",而不是"吾死"。"吾死"是从刘邦方面讲的,不合语境。刘邦谓己为"吾",别人谓己则是"我",这也是大我与小我之别。例2"使我有"是苏秦假设先前之"我有",那时还没有发迹,只能是"我"了;而现在已"佩六国相印",就只能用"吾"来表达,而用"我"就和先前没有区别。这是今日之大我"吾"与先前之一般之"我"的假设性比较。例3魏公子先前敬待侯生,而现在处于生死之地,而侯生不出一策,他心中埋怨,故言"吾所以待"与"今吾"云云;"送我"是从侯生角度说的,他既无所表示,亦即把公子似乎看成一般人,故言"送我",而不能说是"送吾";"我岂有所失"是反思的话,是自我的平视,故不能说"吾岂有所失"。这里前两"吾"与后两"我",刻画了先是不满,次为诧异,后则反思,"作数折,曲写文情"(吴见思《史记论文》),也可以从自称代词的反复与变化中看出。例4的"吾"与"我"各用三次,而且交错出现,更见复杂。刘邦召逃至岛上之田横,田横先前曾烹郦生,而其弟郦商又受到刘邦不能"动摇"的警告,再召时他给自己门客说的这段话,表明不愿赴召的理由,除了以北面事人为耻外,再就是烹人之兄而与其弟共事,有愧于心。言"烹人之兄"用了"吾",当时他为齐王之相,同时也显示了敢于承担的"大我",故用"吾";而不敢"动我"是从郦商畏天子之诏讲而不敢动,故用了一般之"我",对此有愧也只能说"我独不愧于心";至于刘邦欲见他,刘邦贵为天子,也只能说"陛下所以见我";而刘邦觉得其人不凡,因之说是"欲一见吾面貌",一旦作"我",便失掉了这种特殊情势。因而"今斩吾头",送至三十里外的洛阳同样可达到目的。此"吾"字则有不见刘邦的烈丈夫之气,若作"今斩我头",壮烈之气则顿减,而使"至贤"失色。例5的秦二世语前两"吾",表其自尊,而"少我""固我",则为李斯对己之轻视,以我年少而识见不广。如果继续说成"少吾""固吾"即和语境不符。

再看例6,这是鲁勾践听到荆轲已死的自言自语,前两个"吾"字表示敢于承担的历史遗憾,是说小看了荆轲,以前过于高自位置;而末句中的"我"则言荆轲肯定认为我是一般人,而非英雄惜英雄,故言"以我为非人",绝不能说成"以吾为非人",那就把我看成非一般人的高人,例7是王太后骂儿子汉武帝的话,"今我在也",是骂武帝不把老娘放在眼里,不看娘面,故不言"今吾在也";而"藉吾弟",所以众臣居然欺辱"吾弟",这是拿作太后身份,表面是说这是太后之弟,实则亦言这也是你的大舅子呀,故用了大我之"吾";接言"令我百岁后",给儿子摆出:你和群臣不看重的"我"死后,"吾"弟则会成为刀俎间的"鱼肉",任你们宰割,这是给儿子难堪的话。然后再刺激一句,"且帝宁能石人邪",不说"汝",不说"汝为人子",而言"帝"——有权裁断一切——却能无动于衷——就像"石人"一样,却不援手舅舅!"太后语凡数转,层层驳折,真如推墙排壁"①,太后语的不停转折,自称代词也不停转换,把一个蛮横不讲理的贵族老太的全盘心思用意表达得淋漓尽致。例9尉他的大笑之语,以一国之主的身份说"吾不起中国,故王此",这是以大我之"吾"摆出桀骜不驯之态。而"使我居中国",这是退一步而言之,语气抑折,而"何渠不若汉"则语势扬起。而由"吾"转换为"我",语气亦在张弛伸缩之间,顿挫语亦说得处处目中无汉。从人称代词也可看出:"尉他意服矣,而词犹倔强,口角拗折有力"②。如果自称代词都是"吾",或都是"我",就失去了"口角拗折"意味。例9的"吾闻"云云,见出策士自信与果决,故用大我之"吾";而"此恐辱我",则担心处于不利,就不能用"吾"而用"我"了。第三句的"我宁且匿车中",亦近此意,故亦用"我"。例10一句之中却用了"我"与"吾"两个不同的自称代词,"幸为我呼"是求

---

① 牛运震:《史记评注》,三秦出版社2011年版,第272页。
② 牛运震:《史记评注》,三秦出版社2011年版,第243页。

人语,故称己为"我";"呼吾君"云云,"吾君"指北海太守,故称"吾君"。如果倒置"幸为吾呼我君",那么不仅桀骜不驯,"我君"则由尊重而变成轻率。

《史记》这类自称代词转化在一段话中,不仅如上所示,还有:

  1. 我真王嗣,当立,吾欲求之。季子虽至,不吾废也。(《吴太伯世家》5.1767)

  2. 卢生等吾尊赐之甚厚,今乃诽谤我,以重吾不德也。(《秦始皇本纪》1.329)

  3. 吾翁即若翁,必欲烹而翁,则幸分我一杯羹。(《项羽本纪》1.416)

  4. 乃吾等非也。吾王长者,不倍德。且吾等义不辱,今怨高祖辱我王,故欲杀之,何乃污王为乎？令事成归王,事败独身坐耳。(《张耳陈余列传》8.3133—3134)

  5. 帝壮,或闻其母死,非真皇后子,乃出言曰:"后安能杀吾母而名我？我未壮,壮即为变。"(《吕太后本纪》2.511)

  6. 此三者,皆人杰也,吾能用之,此吾所以取天下也。项羽有一范增而不能用,此其所以为我擒也。(《高祖本纪》2.480)

例1是吴公子光对专诸所言,认为自己是真正的吴王继承人,先以自别于人的"我"字表白"当立",然后用大我之"吾"表示"欲求之",显示了自信与用意的决然。然后又谓就是季扎从晋国回来,也不会废掉我,那时我就是已为吴王之我,故言"不吾废也",而不说"不我废也"。例2是秦始皇之语,首句以秦始皇身份而言,次句言把我不以帝王待,因言"诽谤我"。接言以加重我无道德的坏名声,又把"我"换成了"吾"。首句是主观之自称必然称"吾",次句为客观别人眼中的我,决然不能再用"吾"了,末句虽为儒生目的,而更重要则是我的处境,所以不用"我"而换成"吾"了。例3是刘邦称己父为"吾翁",这是高自位置;而"幸分我"云云,外似"求人",实为无赖语,因"求人"故言"我",而不能再用"吾"了。例4贯高等人对张耳所言刺杀刘邦的话,"吾等"与"我等"不同,后者为一般的复数自称,而前者则是要做大事的大称,以显"义不辱"的自尊;次句"今怨高祖辱我王",高祖为尊而我王为卑,故只能称"我王",称"吾王"则不吻合彼此之关系。例5汉惠帝皇后无子,取美人子而称己子,杀其母,后立为太子。惠帝崩,太子立为帝,知其情,愤然所言,"杀吾母"则从帝位身份言,"名我"是就未立帝前之我而言,故不能说"名吾"。"我未壮"本应为"吾未壮",而言"我未壮"是表明他把报母之仇看得比做皇帝还重要。例6刘邦所言"吾能用之,此吾所以取天下也",两"吾"意在自尊自大;而末句"此其所以为我所擒",按理应为"为吾所擒",却把自己压低了一码,而用了"我"。因项羽和他起事时约为兄弟,后则被他所灭,此则以当时身份而用"我"。"吾"的膨胀与"我"之缩小,目的在于显示"吾能用之","我"字于此具有反弹性,起了与"吾"同等的作用与效果,但直接用了"吾",就缺少了这种张力与弹性。这也可见出司马迁在运用自称代词时的灵活性。

总之,"吾"是表大我,"我"是显示一般的我,普泛的我,身份地位等却要小于"吾"的"我",只有辨析清楚二者之异同,才会对《史记》在同一人同一段话中,分别出现二者,甚至忽彼忽此,不至于被变动不定的变化搞得分不出头绪。而看了这种区别,对于单独出现一种自称代词,就更能理解其隐微一层的意义。

三、"余"为小我之自称

《史记》的自称代词运用数量以"吾"为最,"我"则次之;"余"为少,"予"则更少。如果说"吾"为大我,"我"为一般的我,那么"余"则为小我,"予"即为小小的我。相比之下,"我"则更为明朗,即是不大不小的我,比"吾"小,而比"余"要大。那么何以见出"余"与"予"的这种特点呢?请看:

1.(秦穆公)乃誓于军曰:"嗟士卒!听无哗,余誓告汝。古之人谋黄发番番,则无所过。"以申思不用蹇叔、百里奚之谋,故作誓。"令后世以记余过"①。(《秦本纪》1.246)

2.余将使女反灭知氏。女亦立我百邑,余将赐女胡林之地。(《赵世家》6.2163)

3.今世之处士,……天下和平,与义相扶,寡偶少徒,固其常也,子何疑于余哉?(《滑稽列传》10.3895—3896)

不少"余"字见于"太史公曰",以及引用先秦经典,"予"字亦复见于先秦经典与贾谊赋作。见于"太史公曰"者留待下论。例1是秦穆公的誓词,相当于"罪己词",是说殽之战的失败,过失在己,所以两次用"余",反复使用了低调的"小我",以示悔过。例2是放在竹子里的"朱书",亦即神的示意,与神言无异。《左传》的神之自称多为"余",如僖公二十八年城濮之战:

---

① 末句原修点本无前后引号,此为作者据文意所补。

"先战,梦河神谓己曰:'畀余,余赐女孟诸之麋。'"神之所言显得诚谨慎微。此处"余将使女"云云,用意亦同。而"立我百邑"则是从赵国出发,犹言"立我赵百邑"。末句又用了"余",亦和《左传》黄河神的口气一致。例3是东方朔回答博士们的话。末了则出于谦词,而用了"小我"之"余"。例3为东方朔与博士辩论语,此出于储少孙手笔,仿司马迁行文风格而作。同样用了谦词"余",而不用大我之"吾"。

至于"余"之"小我"之意,只在"太史公曰"与传序中运用不少。司马迁每到一地,专采史料常用"吾":"吾适齐,自泰山属之琅邪,北彼于海,膏壤二千里,其民阔达多匿知,其天性也。"(《齐世家》)"吾适故大梁之墟,墟中人曰:'秦之破梁,引河沟而灌大梁,三月城坏,王请降,遂灭魏。'"(《魏世家》)"吾尝过薛,其俗闾里率多暴桀子弟,与邹、鲁殊。"(《孟尝君列传》)"吾过大梁之墟,求问其所谓夷门。夷门者,城之东门也。"(《魏公子列传》)"吾适楚,观春申君故城,宫室盛矣哉!"(《春申君列传》)"吾适北边,自直道归,行观蒙恬所为秦筑长城亭障,堑山堙谷,通直道,固轻百姓力矣。"(《蒙恬列传》)"吾如淮阴,淮阴人为余言,韩信虽为布衣时,其志与众异。"(《淮阴侯列传》)"吾适丰沛,问其遗老,观故萧、曹、樊哙、滕公之家,及其素,异哉所闻!"(《樊郦滕灌列传》)

由上可见,凡是亲到某地寻访史料、民俗调查,都要用大我之"吾",这是把作《史记》看作极为紧要的大事,显示出庄重、严肃的精神。然亦有例外:

1. 余尝西至空峒,北过涿鹿,东渐于海,南浮江淮矣,至长老皆各往往称黄帝、尧、舜之处,风教固殊焉,总之不离古文者近是。(《五帝本纪》1.54)

2. 余从巡祭天地诸神名山川而封禅焉。(《武帝本纪》2.614)

3. 余南登庐山,观禹疏九江,遂至于会稽太湟,上姑苏,望五湖;东闚洛汭、大邳,迎河,行淮、泗、济、漯洛渠;西瞻蜀之岷山及离碓;北至龙门至于朔方。曰:甚哉,水之为利害也! 余从负薪塞宣房,悲《瓠子》之诗而作《河渠书》。(《河渠书》4.1706)

以上三例可算例外。例1是调查黄帝、尧、舜、禹,这是儒家所称古老的圣贤,所以特意自称小我之"余",以表示虔诚。例2是跟随汉武帝祭祀,也只能称"余"了。例3是考察大禹治水,故称之以"余"。其次随汉武帝治理黄河,同样也只能自称为"余"。可见司马迁在《史记》里提及所到之处,凡所自称之大小,是有一定区别的。

作《史记》要读先秦史料,并要做口头调查,凡属此两类,自称代词都用了"余",表示自己"厥协《六经》异传,整齐百家杂语"(《太史公自序》)的认真精神。言及读书者如:"余读谍记,黄帝以来皆有年数。稽其历谱谍终始五德之传,古文咸不同,乖异。"(《三代世表》序)"余读高祖侯功臣,察其首封,所以失之者,曰:异哉所闻!"(《高祖功臣年表》序)"余读《春秋》古文,乃知中国之虞与荆蛮句吴兄弟也。"(《吴太伯世家》)"余读《世家》言,……"(《卫康叔世家》)"余读孔氏书,想见其为人。"(《孔子世家》)"余尝读商君《开塞》《耕战》书,与其人行事相类。"(《商君列传》)"余读《司马兵法》,闳廓深远,虽三代征伐,未能竟其义,如其文也,亦少褒也。"(《司马穰苴列传》)"余读孟子书,至梁惠王问'何以利吾国',未尝不废书而叹也。"(《孟子荀卿列传》)"余读《离骚》《天问》《招魂》《哀郢》,悲其志。"(《屈原贾谊列传》)"余读功令,至于广厉学官之路,未尝不废书而叹也。"(《儒林列传》)以上凡读先秦至汉初文献,都采用"余读"的形式,都昭示了《史记》材料的出处,为了显示对作史的谨慎,都采用"小我"之"余"以自称。

对于历史材料的处理,凡涉及自称,也同样都以"余"为自称。"余并论次,择其言尤雅者,故著为本纪书首。"(《五帝本纪》)"余以《颂》次契之事,自成汤以来,采于《书》《诗》。"(《殷本纪》)"余于是因《秦纪》,踵《春秋》之后,起周元王,表六国时事,……"(《六国表》序)"余寻曹共公之不用僖负羁,乃乘轩者三百人,知唯德之不建。"(《管蔡世家》)"余以弟子名姓文字悉取《论语》弟子问并次为篇,疑者焉。"(《仲尼弟子列传》)"田横之高节,宾客慕义而从横死,岂非至贤,余因而列焉。"(《田儋列传》)"古之卜人所以不载者,多见于篇。及至司马季主,余志而著之。"(《日者列传》)以上均为对史料的处理与选择,也都用了"余"。

对于口传材料,以及对历史人物论断,也用"小我"之"余"表示。"余闻孔子称曰'甚矣鲁道之衰也!洙泗之间龂龂如也'。"(《鲁周公世家》)"苏健语余曰:'吾尝责大将军至尊重,而天下之贤大夫毋称焉,愿将军观古名将所召选择贤者,勉之哉。……'"(《卫将军骠骑列传》)"世言荆轲,其称太子丹之命,'天雨粟,马生角'也,太过。又言荆轲伤秦王,皆非也。始公孙季功、董生与夏无且游,具知其事,为余道之如是。……"(《刺客列传》)以上为口传材料的采集,记录时自称为"余"。对于见闻与历史人物的论定,亦自称"余"。"余以为其人计魁梧奇伟,至见其图,状貌如妇人好女。盖孔子曰:'以貌取人,失之子羽。'"(《留侯世家》)"余悲伯夷之意,睹轶诗可异焉。"(《伯夷列传》)"余睹李将军悛悛如鄙人,口不能道辞。……"(《李将军列传》)对于所闻,也有例外,而用"大我"之"吾":

1. 吾闻之周生曰"舜目盖重瞳子",又闻项羽亦重瞳子。羽岂其苗裔邪？何兴之暴也？(《项羽本纪》1.428)

2. 吾闻冯王孙曰："赵王迁,其母倡也,嬖于悼襄王。悼襄王废适子嘉而立迁。迁素无行,信谗,故诛其良将李牧,用郭开。"岂不缪哉！(《赵世家》6.2206)

同样都是采集的口头传闻,为何不用"余闻",都用了"吾闻",舍"小我"之"余"而用"大我"之"吾"呢？揆其情理,这两则传闻的本身,都带有"齐东野语"性质,犹如今日之"马路消息"。然而在司马迁看来,这两则传闻虽不一定属实,但却属事出有因。例1的"重瞳子"是不会有的,司马迁也不会相信的,其所以把这些子虚乌有的事记录下来,因为在他看来,项羽平定天下,"位虽不终,近古以来未尝有也",其功绩不下于治水之大禹。所谓"羽岂其苗裔邪"不是真的就指两人都是"重瞳子",而是借这两个传说,意在指出项羽的功绩几等于大禹。所以,他用了"吾闻"担负了这两个不可靠的传闻的记载,实际上言在此而意在彼。前人指出："诞语诙谐的妙,正见羽之功德无足取也。"①这话正好说反了,既没有理解对项羽肯定的一面,同时也不明"吾"的用法。这个"大我"之"吾"的庄重肃穆,正是以"诞语"说出亟须肯定正面的一面,"近古以来未尝有也",则是庄重肃穆的,与"吾"字呼应得很紧密。例2的赵国之亡的原因是多方面的,而写王孙所言"赵王迁其母倡也"云云,在司马迁看来,赵王迁听谗言诛李牧而用佞人,确实为赵之亡国的重要原因,所以他要把这则未经落实的材料记录下来,表示了他的判断历史的责任,显示了担当的精神,故用庄重认真的大我之"吾",而不用小我之"余"。

由上可见,司马迁作史,对于"吾"与"余"的使用,是区分得泾渭分明的,二者从不混淆,即使在灵活运用时,也有一定的法度。再如《太史公自序》说："余死,汝必为太史,为太史,无忘吾所欲论著矣。"这是其父司马谈最后对作者遗嘱的几句,遗嘱中处处称己为"余",而没有一般父对子言而用"吾",因他遗憾因病留滞洛阳,不能参与百年不遇的祭泰山之大典,而且也没有完成"所欲论著"的大著作史书,因而对儿子也要处处自称"余"。但一提及"所欲论著",就不用"余"了,而用"大我"之"吾"了。因为在司马迁与其父都认为这是他们的大事业,是历史与社会交与的绝大的使命。司马谈要儿子继续完成这一番大事业,故用"吾"则当仁不让了。至于自称代词在先秦文献中的使用,有另文讨论,此处不赘。

---

① 牛运震：《史记评注》,三秦出版社2011年版,第36页。

参考文献

(依引用书籍与参考文献的分类为序)

《史记》,〔汉〕司马迁撰,〔宋〕裴骃集解、〔唐〕司马贞索引、〔唐〕张守节正义,中华书局1982年版。

《校刊史记集解索引正义札记》,〔清〕张文虎著,中华书局1977年版。

《史记志疑》,〔清〕梁玉绳著,《丛书集成初编》,商务印书馆1937年版。

《史记会注考证》,〔日〕泷川资言著,上海古籍出版社1986年版。

《史通通释》,〔唐〕刘知几著、〔清〕浦起龙注,上海古籍出版社1982年版。

《文史通义校注》,〔清〕章学诚著、叶瑛校注,中华书局1985年版。

《廿二史札记》,〔清〕赵翼著,北京市中国书店1987年版。

《十七史商榷》,〔清〕王鸣盛著,北京市中国书店1987年版。

《史记评林》,〔明〕凌稚隆辑校、〔明〕李光缙增补,天津古籍出版社1998年版。

《史记论文》,〔清〕吴见思著,中华书局1916年版。

《史记评注》,〔清〕牛运震著,三秦出版社2011年版。

《史记钞》,〔明〕茅坤编纂,商务印书馆2013年版。

《史记纂》,〔明〕凌稚隆编纂,商务印书馆2013年版。

《史记鸿裁》,〔明〕程文熙撰,陕西师范大学出版社2015年版。

《金圣叹评〈史记〉》,〔清〕金圣叹撰,陕西师范大学出版社2018年版。

《史记半解》,〔清〕汤谐编纂,商务印书馆2013年版。

《史记钞》,〔清〕高塘选评,乾隆五十三年刻本。

《史记菁华录》,〔清〕姚祖恩选评,上海古籍出版社1988年版。

《读史管见》,〔清〕李晚芳编纂,商务印书馆2016年版。

《历代名家注史记集说》,〔清〕程馀庆编纂,三秦出版社2011年版。

《史记蠡测》,〔清〕林柏桐著,陕西师范大学出版社2015年版。

《读史记蠡述》,〔清〕李澄宇著,陕西师范大学出版社2015年版。

参考文献

《史记札记》,〔清〕郭嵩焘著,商务印书馆1957年版。

《史记探源》,崔适著,中华书局2005年版。

《〈史记订补〉叙例》,李笠著,见韩兆琦等选编《史记二十讲》,华夏出版社2009年版。

《四史评议》,李景星著,岳麓书社1986年版。

《史记精华》,中华书局编纂,商务印书馆2013年版。

《历代名家评史记》,杨燕起、陈可青、赖长扬编,北京师范大学出版社1986年版。

《孟子》,孟轲等著,辽宁教育出版社1997年版。

《春秋左传注》,杨伯峻注,中华书局1983年版。

《嘉祐集笺注》,〔宋〕苏洵著、曾枣庄注,上海古籍出版社2001年版。

《苏轼文集》,〔宋〕苏轼著,中华书局2008年版。

《逊志斋集》,〔明〕方孝孺著,《四库全书》文渊阁影印本,第1235册。

《小仓山房诗文集》,〔清〕袁枚著,上海古籍出版社1988年版。

《包世臣全集》,〔清〕包世臣著,黄山书社1994年版。

《散原精舍诗文集》,〔清〕陈三立著,上海古籍出版社2003年版。

《烟霞草堂遗书》,〔清〕刘光蕡著,西北大学出版社2014年版。

《梁启超学术论著》文学卷,陈引驰编,华东师范大学出版社1998年版。

《曾巩集》,〔宋〕曾巩著,中华书局1984年版。

《容斋随笔》,〔宋〕洪迈著,岳麓书社1995年版。

《文章精义》,〔宋〕李涂著,人民文学出版社1998年版。

《习学记言序目》,〔宋〕叶适著,中华书局2009年版。

《滹南遗老集·史记辨惑》,〔金〕王若虚著,海南出版社2006年版。

《四友斋丛说》,〔明〕何良俊著,中华书局1983年版。

《文章辨体序说》,〔明〕吴讷著,人民文学出版社1982年版。

《文体明辨序说》,〔明〕徐师曾著,人民文学出版社1982年版。

《焦氏笔乘》,〔明〕焦竑著,上海古籍出版社1986年版。

《日知录集释》,〔清〕顾炎武著,黄汝成释,中州古籍出版社1990年版。

《义门读书记》,〔清〕何焯著,中华书局1987年版。

《舒艺室随笔》,〔清〕张文虎著,辽宁教育出版社2003年版。

《太史公书知意》,刘咸炘著,见《刘咸炘学术论集》(史学编上册),广西师范大学出版社2007年版。

《论文琐言》,〔清〕章廷华,见王水照主编《历代文话》,复旦大学出版社

2007年版,第9册。
《中国历史研究法》,梁启超著,上海古籍出版社1998年版。
《史记释例》,靳德峻著,商务印书馆1933年版。
《司马迁的人格与风格》,李长之著,生活·读书·新知三联书店1984年版。
《史记新论》,白寿彝著,求实出版社1981年版。
《史记选》,王伯祥注,人民文学出版社1982年版。
《史记研究》,张大可著,甘肃人民出版社1985年版。
《史记管窥》,程金造著,陕西人民出版社1985年版。
《史记传记人物论稿》,郭双成著,中州古籍出版社1985年版。
《史记艺术美研究》,宋嗣廉著,东北师范大学出版社1985年版。
《史记论稿》,吴汝煜著,江苏教育出版社1986年版。
《史记评议赏析》,韩兆琦著,内蒙古人民出版社1986年版。
《史记通论》,韩兆琦著,北京师范大学出版社1990年版。
《中国传记艺术》,韩兆琦著,内蒙古教育出版社1991年版。
《司马迁传记文学论稿》,李少雍著,重庆出版社1987年版。
《史记文学成就论稿》,可永雪著,内蒙古教育出版社1991年版。
《史记艺术研究》,杨树增著,学苑出版社2004年版。
《史记文章学论稿》,潘定武、任刚著,黄山书社2017年版。
《史记二十讲》,梁启超等著,韩兆琦等选编,华夏出版社2009年版。
《管锥编》,钱钟书著,中华书局1979年版。
《逝川集》,冯其庸著,陕西人民出版社1980年版。
《词诠》,杨树达著,中华书局1979年版。
《古书虚词广义》,王叔岷著,中华书局2007年版。
《史记校正》,王叔岷著,中华书局2007年版。
《虚字说》,袁仁林著,中华书局2004年版。
《史记词典》,仓修良主编,山东教育出版社1991年版。
《司马迁与史记研究论著专题索引》,徐兴海主编,陕西人民教育出版社1995年版。
《史记论丛》(第一辑),安平秋等主编,华文出版社2004年版。
《史记论丛》(第十四辑),张大可等主编,中国文史出版社2017年版。
《史记论丛》(第十五辑),张大可等主编,中国文史出版社2018年版。
《史记论丛》(第十七辑),张大可等主编,中国文史出版社2020年版。
《司马迁与史记论集》(第二辑),徐兴海等主编,陕西人民出版社1995

年版。

《司马迁与史记论集》(第三辑),袁仲一等主编,陕西人民出版社 1996 年版。

《司马迁与史记论集》(第四辑),张立文等主编,陕西人民出版社 2000 年版。

《司马迁与史记论集》(第五辑),徐卫民等主编,陕西人民出版社 2002 年版。

《司马迁与史记论集》(第七辑),吕培城等主编,陕西人民出版社 2006 年版。

《司马迁与史记论集》(第八辑),吕培城等主编,陕西人民出版社 2008 年版。

《司马迁思想研究》,王明信、俞樟华著,《史记研究集成》第十卷,华文出版社 2005 年版。

《史记文学研究》,可永雪著,《史记研究集成》第九卷,华文出版社 2005 年版。

《史记史学研究》,阎崇东著,《史记研究集成》第八卷,华文出版社 2005 年版。

《历史的观念》,[英]科林伍德著,何兆武、张文杰译,商务印书馆 1997 年版。

《历史学的理论和实际》,[意]贝奈戴托·克罗琦著,傅任敢译,商务印书馆 1982 年版。

《汉代文学思想史》,许结著,人民文学出版社 2010 年版。

《太史公书研究》,赵生群著,陕西人民出版社 1994 年版。

《〈史记〉〈汉书〉比较研究》,[韩]朴宰雨著,中国文学出版社 1994 年版。

《史记的学术成就》,杨燕起著,北京师范大学出版社 1996 年版。

《史记研究资料萃编》,张新科等主编,三秦出版社 2011 年版。

《中国叙事学》,[美]浦安迪著,北京大学出版社 2018 年版。

《近代文论学》,舒芜编,人民文学出版社 1999 年版。

《水浒传会评本》,陈曦钟、侯忠义等辑校,北京大学出版社 1981 年版。

《左传之文学价值》,张高评著,台北文史哲出版社 1982 年版。

《华夏美学》,李泽厚著,安徽文艺出版社 1994 年版。

后　记

　　此稿用力多年,又得到国家项目通讯评委的支持,特别是五位终审评委的高度肯定,令人振奋。据他们的建议,章节有所调整,特别是提出理论上的宏观把握,为此花力气作了"导论",纲举目张的作用更为醒豁,视野更为深阔,似乎更为大气。此稿曾为钟书林教授校读一遍,他是武汉大学博导,从前读硕博与我有师生之谊,故为请缨毕此一役。在结项修改时,张萍副教授帮我打印修改稿,历时近两月,劳动量大,工作繁细,这是最应值得感谢的。我所在的西安培华学院只有申报这样的"小项目"的资格,分管科研的副校长与处长都很重视,这些都值得致以深深的谢忱。

魏耕原

2022 年 12 月 28 日

于陕西师范大学雁塔校区寓所